Arznei- und Gewürzpflanzen

Anbau · Ernte · Aufbereitung

avBUCH

Die Fotos stammen von den Autoren G. Spadinger, C. Schellnegger, G. Hackl, W. Dukat und M. Ortner.

Die Abbildungen der Vorratsschädlinge in Kap. 9.3 wurden mit freundlicher Genehmigung dem Buch „Vorratsschädlinge und Hausungeziefer“ von W. Stein, Verlag Eugen Ulmer, Stuttgart 1986 entnommen.

Die Abbildung der Invitro Vermehrung in Kap. 6.4.5 wurde mit freundlicher Genehmigung dem Buch „Drogen und ihre Inhaltsstoffe von Hildebert Wagner, Apotheker Verlag, Stuttgart 1985 entnommen.

Im vorliegenden Buch werden Wirkstoffe und ihre medizinische Verwendung, soweit es notwendig erschien, angeführt. Obwohl wir größte Mühe daran verwendet haben, dass diese Angaben dem Wissensstand bei Fertigstellung des Buches entsprechen, sollen sie keinesfalls zur Selbstmedikation herangezogen werden.

Impressum
© 1999 Österreichischer Agrarverlag
Druck- und Verlagsges.m.b.H. Nfg. KG
Sturzgasse 1A, A-1141 Wien
E-Mail: buch@avbuch.at, Internet: www.avbuch.at

Die Deutsche Bibliothek – CIP-Einheitsaufnahme
Die Deutsche Bibliothek verzeichnet diese Publikation in der Deutschen Nationalbibliografie; detaillierte bibliografische Daten sind im Internet über http://dnb.ddb.de abrufbar.

2. überarbeitete Auflage
Druck und Bindung: agensketterl Druckerei GmbH
Printed in Austria
ISBN 978-3-7040-1360-6

Inhalt

Vorwort 9

ALLGEMEINER TEIL

1. Begriffe und gesetzliche Bestimmungen 11

2. Inhaltsstoffe 19

3. Marktverhältnisse 31

4. Vermarktung und Produktpalette 35

4.1 Vermarktungsformen 36

4.1.1 Frische Ware 36

4.1.2 Inhaltsstoffe konserviert 36

4.1.3 Inhaltsstoffe isoliert 38

4.2 Verwendungsmöglichkeiten 39

4.2.1 Pharmazeutische Verwendung 39

4.2.2 Lebensmittel 40

4.2.3 Körperpflegemittel 41

4.2.4 Non-food-Bereich 42

4.2.5 Genussmittel 43

5. Betriebswirtschaft 45

6. Produktionstechnik 47

6.1 Standortwahl 47

6.2 Fruchtfolge 48

6.3 Düngung 49

6.4 Saat- und Pflanzgut 53

6.4.1 Züchtung 53

6.4.2 Saatgut 59

6.4.3 Sorten und Herkünfte 60

6.4.4 Pflanzenanzucht und Pflanzung 61

6.4.5 Invitro-Vermehrung 64

6.4.6 Topfkultur 65

6.4.7 Sätechnik 66

6.5 Bestandespflege 69
6.5.1 Krankheiten 70
6.5.2 Schädlinge........ 71
6.5.3 Unkrautregulierung 74
6.5.4 Bewässerung 77
6.6 Erntetechnik 80
6.6.1 Blütenernte 80
6.6.2 Blatternte 83
6.6.3 Krauternte 83
6.6.4 Wurzel- und Wurzelstockernte 85
6.6.5 Ernte von Körnerdrogen 87
7. Aufbereitung des Ernteguts 91
7.1 Mechanische Aufbereitung 92
7.2 Thermische Aufbereitung 94
7.2.1 Natürliche Trocknung 95
7.2.2 Künstliche Trocknung 95
7.2.3 Tieffrieren 100
7.2.4 Nasskonservieren 101
7.3 Abtrennen der Inhaltsstoffe 101
7.3.1 Destillation 101
7.3.2 Extraktion 104
8. Qualitätskriterien 105
9. Lagerhaltung 115
9.1 Bauliche Maßnahmen 116
9.2 Mikrobielle Verunreinigungen 117
9.3 Tierische Voratsschädlinge 118
9.4 Bekämpfungsmaßnahmen 120
10. Verpackung 121
10.1 Großverpackung 121
10.2 Einzelhandelsverpackung 122
10.2.1 Etikettierung 123

SPEZIELLER TEIL

11. Kulturanleitungen 129

Ackerstiefmütterchen 129
Alant 131, Arnika 134

Baldrian 136
Basilikum 141, Bibernelle 144, Bockshornklee 146,
Bohnenkraut 148, Brennnessel 150, Buchweizen 153

Dill 156
Dost 160, Drachenkopf 163

Eibisch 165
Engelwurz 168, Enzian, Gelber 171, Estragon 174

Fenchel, Gewürz- 177
Fingerhut, wolliger 181

Goldmelisse 184
Gelber Enzian siehe Enzian 171

Hopfen 186

Johanniskraut 188

Kamille 191
Kerbel 196, Knoblauch 199, Königskerze 203,
Koriander 205, Kornblume 208, Kren (Meerrettich) 210,
Kümmel 213, Kürbis, Öl- 218

Lavendel 221
Lein, Öl- 225, Liebstöckel 229

Majoran 232
Malve 236, Mariendistel 238, Melisse, Zitronen- 241,
Meerrettich siehe Kren 210, Mohn 245

Ölkürbis siehe Kürbis 218
Öllein siehe Lein 225, Oregano siehe Dost 160

Paprika, Gewürz- 249
Petersilie 253, Pfefferminze 256

Ringelblume 261
Rittersporn 264

Saflor ... 266
Salbei 269, Schabzigerklee 273, Schafgarbe 275, Schnittlauch 278, Schwarzkümmel 280, Senf 282, Sonnenhut 286, Spitzwegerich 288, Stechapfel 290, Studentenblume 293

Thymian ... 295
Tollkirsche 299, Türkische Melisse siehe Drachenkopf 163

Weidenröschen ... 302
Wermut 304

Ysop ... 307

Zitronenmelisse siehe Melisse ... 241

12. Kurze Anbauanleitungen für weitere Arten ... 310

ANHANG

13. Botanische und fremdsprachige Bezeichnungen ... 315
14. Leitlinien für die Gute Landwirtschaftliche Praxis . 319
15. Adressen und Bezugsquellen ... 325
15.1 Bezugsadressen für Saatgut ... 325
15.2 Firmenverzeichnis für Maschinen und Geräte ... 325
15.3 Kräutervermarktung und -verarbeitung ... 327
15.4 Interessensverbände ... 328
16. Literatur ... 329
16.1 Gesamtdarstellungen Arzneipflanzen ... 329
16.2 Gesamtdarstellungen Gewürz-, Duft- und Farbstoffpflanzen ... 329
16.3 Pflanzenbauliche Gesamtdarstellungen ... 330
16.4 Ausgewählte Literatur zu einzelnen Kapiteln ... 331
16.5 Zeitschriften ... 339
17. Tabellenverzeichnis ... 340
18. Abbildungsverzeichnis ... 341
19. Sachregister ... 342

Vorwort

Das Interesse an Arznei- und Gewürzpflanzen hat in den letzten Jahren deutlich zugenommen. Das drückt sich nicht nur in einer Fülle von einschlägigen Publikationen aus, sondern auch darin, dass eine neue Auflage dieses Buches notwendig wurde.

Da es fachlich richtiger ist, nicht von Heilpflanzen, sondern besser von Arzneipflanzen zu sprechen, haben wir uns entschlossen, den bisherigen Titel in „Arznei- und Gewürzpflanzen Anbau · Ernte · Aufbereitung " zu ändern.

Für die vorliegende zweite Auflage haben wir den allgemeinen Teil wesentlich erweitert. Den Anbauanleitungen wurden einige Arten hinzugefügt, die bereits vorliegenden überarbeitet und insbesondere hinsichtlich der Sorten auf den neuesten Stand gebracht.

Auf Grund der rechtlichen Situation sahen wir uns gezwungen alle Hinweise – außer bei eindeutig vorliegender Zulassung – auf Pflanzenschutzmittel zu unterlassen. Der Mangel an registrierten Pflanzenschutzmitteln stellt zweifelsohne einen klaren Wettbewerbsnachteil für die europäische Arznei- und Gewürzpflanzenproduktion dar.

Das weitgehende Fehlen von dokumentierten Erfahrungen über biologische bzw. organische Produktionsweise von Arznei- und Gewürzpflanzen hat es uns leider nicht erlaubt, genauer auf dieses Themengebiet einzugehen. Ein biologischer Anbau ist jedoch möglich und wünschenswert. Etliche Betriebe konnten auch zeigen, dass eine organische Produktion möglich ist.

Zahlreiche Personen haben bei der Abfassung in der einen oder anderen Weise geholfen.

Insbesondere möchten wir uns bei folgenden Personen bedanken:

Peter Achermann, Basel; Dea Baricevic, Ljubljana; Bertalan Galambosi, Mikkeli; Eva Nemeth, Budapest; Dragoja Radanovic, Belgrad; Charley Rey, Changins, Katarzyna Seidler-Lozykowska, Poznan, Tone Wagner, Zalec sowie Margarita Auer, Gerhard Bedlan, Peter Cate, Gerald Hackl, Andreas Kahrer und Astrid Plenk, alle Wien, Herbert Fischeraucher und Stephanie Stepischnig, Wies.

Dem österreichischen Agrarverlag danken wir für die angenehme Zusammenarbeit und die gute Ausstattung des Buches.

Uns ist bewusst, dass auf Grund der Breite des Sachgebiets und dem beschränkten Umfang nicht alle Wünsche des Lesers erfüllt werden können. Wir wären aber sehr dankbar, wenn uns der geneigte Leser Anregungen jeder Art zukommen lässt.

Wien, im Sommer 1999

Michael Dachler
Helmut Pelzmann

Allgemeiner Teil

1. Begriffe und gesetzliche Bestimmungen

Pflanzen, die beim Menschen besondere Wirkungen auslösen, haben diesen seit jeher auch besonders fasziniert. Wohlriechende oder wohlschmeckende Pflanzen bzw. deren Inhaltsstoffe machen eintönige Nahrungsmittel attraktiver, überdecken unangenehme Gerüche und manche Inhaltsstoffe besitzen sogar eine pharmazeutische Wirkung. Der Übergang zwischen Arznei-, Gewürz- und Aromapflanzen ist ein fließender. Eine strikte Abgrenzung ist oft nur schwer möglich, aber zumindest im Falle der Arzneipflanzen unbedingt nötig. Pflanzen oder Aufbereitungen davon, die kranken Menschen verabreicht werden, müssen klar definiert sein, ihre Inhaltsstoffe und die Wirkung derselben müssen bekannt sein, die Dosierung eingehalten werden.

1.1 Arzneipflanzen

Die Weltgesundheitsorganisation (WHO) definiert Arzneipflanzen wie folgt:

WHO-Definition

„**Arzneipflanzen** sind jene Pflanzen, welche in einem oder mehreren ihrer Organe Substanzen enthalten, die für therapeutische Zwecke verwendet werden oder die Vorstufen für pharmazeutisch-chemische Halbsynthesen darstellen."

Diese Definition wurde von der WHO bewusst weit gefasst, um auch solche Pflanzen einzuschließen, denen die Volksmedizin Heilkräfte nachsagt, deren wirksame Inhaltsstoffe aber noch nicht isoliert werden konnten.

Drogen

Unter **Droge** versteht die WHO, aber auch der Handel nicht wie der allgemeine Sprachgebrauch Rausch- oder Suchtmittel, sondern im engeren Sinn pflanzliche Stoffe wie Blüten, Blätter und Wurzeln, die, wie sie die Natur liefert, meist getrocknet und mechanisch zerkleinert in Verkehr gebracht werden und therapeutischen Zwecken dienen. Dabei wird zwischen offizinellen Drogen, also solchen, die in Arzneibüchern definiert sind, und nicht offizinellen Drogen, für die es keine gesetzlich verbindlichen Prüfvorschriften gibt, unterschieden. Nicht offizinelle Drogen sind z. B. im Homöopatischen Arzneibuch oder im Deutschen Arzneimittel-Codex bzw. in der österreichischen Arznei- und Abgrenzungsverordnung geregelt. Diese Bestimmungen sind für den Produzenten insofern von Bedeutung, als darin Angaben über Inhaltsstoffe und deren Mindestgehalte bzw. über maximal zulässige Verunreinigungen gemacht werden und deren Einhaltung von der abnehmenden Hand verlangt wird.

Phytopharmaka

Zunehmend wird auch der Begriff **Phytopharmaka** verwendet. Er ist ein Sammelbegriff für Arzneimittel aus getrockneten oder frischen, ganzen oder nur teilweise genutzten Pflanzen oder daraus isolierten Wirkstoffen, die zur Phytotherapie geeignet sind. In Deutschland haben immerhin 50 % der Arzneimittel eine pflanzliche Basis.

Rechtliche Bestimmungen in Österreich

Die rechtliche Grundlage für die Herstellung und das Inverkehrbringen liefert das **„Arzneimittelgesetz“**, das **„Arzneibuchgesetz“** bzw. die **„Arzneibuchverordnung“**. Wichtig ist der Abschnitt, der sich mit dem Vertrieb beschäftigt (§ 59: „Arzneimittel dürfen im Kleinverkauf nur in Apotheken abgegeben werden“).

Österreichisches Arzneibuch (ÖAB)

Das **Österreichische Arzneibuch** (ÖAB) setzt sich aus zwei Teilen zusammen, dem europäischen Teil und dem darüber hinausgehenden österreichischen Teil. Das Europäische Arzneibuch (Pharmacopoea europea) enthält derzeit ca. 30 Monographien von pflanzlichen Drogen, das österreichische rund weitere 50.

Jede Droge, die über Apotheken in Verkehr gebracht wird, muss den Anforderungen des Arzneibuchs entsprechen. Insbesondere sind damit die Bestimmungen über den Mindestgehalt an Inhaltsstoffen (z. B. ätherischer Ölgehalt) bzw. dort, wo eine Gehaltsangabe nicht möglich ist, die Angabe von Wertzahlen (z. B. Quellzahl bei Schleimdrogen oder Bitterwert bei Bitterstoffdrogen) für den Produzenten wichtig. Ferner auch die Angaben über fremde Beimengungen und Aschegehalt.

Die österreichische **„Abgrenzungsverordnung“** (568. Verordnung betreffend die Abgabe und Kennzeichnung bestimmter Arzneimittel im Kleinverkauf vom 25. August 1995 BGBl. 184/95) zählt taxativ jene Drogen auf, die in Apotheken und Drogerien im Kleinverkauf abgegeben werden dürfen. Diese Ware muss ausführlich gekennzeichnet werden, unter anderem mit dem Verwendungszweck und der genauen Art der Zubereitung. In der Anlage zur genannten Verordnung findet sich auch eine verbale Beschreibung der verkehrsfertigen Droge.

Handelsübliche Bezeichnung der verwendeten Pflanzenteile

Drogenarten

- *Flos* (Blüte): getrocknete Einzelblüten oder Blütenstände (z. B. *Flos Malvae*, Malvenblüten)
- *Folium* (Blatt): getrocknete Laub- oder Fiederblätter (z. B. *Folium Menthae*, Pfefferminzblatt)
- *Herba* (Kraut): oberirdische Teile einer krautigen Pflanze ohne verholzte Stängel, auch Sprossspitzen von strauchartigen Pflanzen (z. B. *Herba Thymi*, Thymiankraut)
- *Fructus* (Frucht): ganze Frucht oder Teile einer Frucht (z. B. *Fructus Carvi*, Kümmelfrucht)
- *Radix* (Wurzel): unterirdische Teile, Haupt- und Pfahlwurzel, häufig mit Rhizomteil, geschält oder ungeschält (z. B. *Radix Valerianae*, Baldrianwurzel)
- *Rhizoma* (Wurzelstock): unterirdische Sprossachsen mit sichtbaren Spross- oder Blattnarben, meist mit Wurzeln (z. B. *Rhizoma Calami*, Kalmuswurzel)
- *Semen* (Samen): vollständige, aus Embryo, Nährgewebe und Samenschale bestehende Samen (z. B. *Semen Sinapis*, Senfsamen)
- *Tuber* (Knolle): Knollen oder rübenartig verdickte Rhizome oder Wurzeln (z. B. *Tuber Aconiti*, Eisenhutknollen).
- *Bulbus* (Zwiebel): Zwiebelkuchen und Niederblätter als Speicherorgan (z. B. *Bulbus Allii sativi*, Knoblauchzwiebeln)

Lebensmittel - Tee

Arznei- und Gewürzpflanzen können aber auch unter das Lebensmittelgesetz fallen, und zwar dann, wenn es sich um „teeähnliche Erzeugnisse“ handelt. Diese dürfen sowohl im Lebensmittelhandel als auch bei bäuerlicher Direktvermarktung angeboten werden. Sie unterliegen dann den Bestimmungen des „Österreichischen Lebensmittelbuches“ (ÖLB) und zwar dem Codexkapitel B31 „Tee und teeähnliche Erzeugnisse“. Sie sind als „Pflanzenteile der nachstehend genannten Pflanzen definiert, die getrocknet, fermentiert oder geröstet zur Zubereitung würziger Aufgüsse wie Tee verwendet werden“. Der Lebensmittelhandel darf keine gesundheitsbezogenen Angaben machen.

Tee und teeähnliche Erzeugnisse gemäß Österreichischem Lebensmittelbuch (ÖLB)

Mischungsbestandteile

1. In Mischungen dürfen ohne mengenmäßige Beschränkung (bis 99 %) verwendet werden:

   Schale von Apfel und Trockenobst

   Blätter von Apfelminze, Brombeere, Erdbeere, Himbeere, Krauseminze, Zitronengras

   Frucht von Fenchel, Sanddorn, Hagebutten

   Blüte von Hibiskus

   blühendes Kraut von Griechischem Bergtee

   Kraut von Honigbusch, Rooibus (Rotbusch), Zitronenstrauch

2. Ohne mengenmäßige Beschränkung in ungemischter Verwendung, in Mischungen beschränkt auf 30 % Anteil:

   Blatt von Pfefferminze

   Blüte von Kamille (bei maximal 30 % Krautanteil)

   Blatt von Tee

3. Farbgebende oder schmückende Pflanzenteile:

   In den Mischungen darf die Summe der hier aufgezählten Pflanzenteile 5 % nicht überschreiten.

   Blüte von Färberdistel, Gänseblümchen, Goldmelisse, Katzenpfötchen, Kornblume, Lotos, Mais, Malve, Pfingstrose, Ringelblume, Rittersporn, Rose, Sonnenblume, Stiefmütterchen, Veilchen, Walnuss, Weißklee

   Blatt von Haselnuss, Walnuss

   Holz von Rotem Sandelholz

   Schalenobst

4. Geschmacksgebende Pflanzenteile:
   In den Mischungen darf die Summe der hier aufgezählten Pflanzenteile 20 % nicht überschreiten.
   - Frucht von Anis, Cardamom, Kümmel, Vanille
   - Blüte von Holunder, Lavendel, Linden, Pomeranze
   - Blatt von Jasmin, Johannisbeere, Melisse, Orange, Quendel, Rosmarin, Salbei, Thymian
   - Rhizom von Ingwer
   - Schale von Kakao, Pomeranze, Zitrone
   - Wurzel (geröstet) von Zichorie, Süßholz
   - Rinde von Zimt

Anmerkung: Der Vollständigkeit halber wurden auch die im Codexkapitel genannten von subtropischen und tropischen Pflanzen stammenden Pflanzenteile angeführt. Im Falle der bäuerlichen Direktvermarktung sollen diese nicht eingesetzt werden.

Rechtliche Bestimmungen in Deutschland

Für jene Drogen, die im Arzneimittelbereich verarbeitet und gehandelt werden, ist die gesetzliche Grundlage das **2. Arzneimittelgesetz** vom 24. 8. 1976 (BHGBl. I), das am 1. 1. 1978 in Kraft trat. Es regelt die Verarbeitung, die Neuzulassung und den Handel mit Arzneimitteln. Im Zuge der Neuordnung des Arzneimittelrechts (Gesetz vom 25. 11. 1988) müssen für Arzneimittel ein Nachweis der Wirksamkeit, der pharmazeutischen Qualität, analytische Daten, Nachweis der Unbedenklichkeit bzw. der unerwünschten Wirkungen erbracht werden.

Diese Kriterien sollen für alle Arzneimittel, auch für Homöopathika und die Phytopharmaka gelten. Da beide Arzneimittelgruppen besondere Ansprüche an eine Arzneimittelbewertung stellen, wurden für beide im Rahmen des 2. Arzneimittelgesetzes vom deutschen Bundesgesundheitsamt besondere Kommissionen eingesetzt: Kommission E für Phytopharmaka, Kommission D für Homöopathika.

Für die Apotheker ist das **Deutsche Arzneibuch** verbindlich (DAB 10). Es ist eine Sammlung anerkannter pharmazeutischer Regeln über die Qualität, Prüfung, Lagerung, Abgabe und Bezeichnung sowie Zubereitung und Dosierung von Arzneimitteln und wird von einer Arzneibuch-Kommission ausgearbeitet. Es ist geplant, das DAB etwa alle 5 Jahre in einer neuen Ausgabe herauszubringen, um **DAB** alle notwendigen Revisionen und Neueinfügungen berücksichtigen zu können. Das DAB 10 ist seit 1991 in Kraft. Es gliedert sich wie das österreichische in einen nationalen und europäischen Teil sowie in Kapitel über Methoden, Reagenzien und Monographien. Unter Monographie versteht man kurze Artikel über Einzelstoffe (bzw. Drogen).

DAC Der **Deutsche Arzneimittel-Codex** (DAC) ist eine Sammlung von Monographien und Vorschriften und dient als Ergänzung zum amtlichen Arzneibuch. Er ist kein offizieller Bestandteil des Arzneibuches. Es werden Erkenntnisse über Arzneimittel beschrieben, die bisher nicht im Arzneibuch angeführt sind.

HAB Das **„Homöopathische Arzneibuch“** (HAB), in dem alle Drogen, Mineralien und tierischen Ausgangsstoffe, die in der Homöopathie verwendet werden und zusammen mit ihren Anwendungen und Wirkungen niedergelegt sind, ist in Österreich bereits Teil des ÖAB. Dort ist auch die genaue Zubereitung der Homöopathika dargestellt.

Rechtliche Bestimmungen in der Schweiz

In der Schweiz gibt es kein Arzneimittelgesetz von landesweiter Gültigkeit, sondern lediglich ein „Interkantonales Konkordat über die Kontrolle der Heilmittel“. Diese Richtlinien fassen die einzelnen Heilmittel-Kategorien in Listen (A bis E) zusammen (z. B. rezeptpflichtige, nur in Apotheken erhältliche; apothekenpflichtige, aber in Apotheken frei erhältliche, in Apotheken und Drogerien frei erhältliche und sodann in allen Geschäften verkäufliche Heilmittel). Ein „Eidgenössisches Heilmittelgesetz“ ist allerdings schon in Begutachtung und soll aller Voraussicht im Laufe des Jahres 2001 in Kraft treten. Auf Grund der Neuauflage der Europäischen Pharmacopöe wurde auch die Pharmacopea Helvetica 1997 neu aufgelegt (Ph.Helv.8).

1.2 Gewürze und Aromen

Unter **Gewürz** versteht man Pflanzen und Pflanzenteile, die wegen ihres Gehaltes an besonderen Stoffen geeignet sind, den Speisen einen angenehmen, Appetit anregenden Geschmack und vielfach auch Geruch zu verleihen.

Gewürze lassen sich auch als „naturbelassene Teile von Pflanzen, oft getrocknet und/oder mechanisch bearbeitet, die wegen ihres

Gehaltes an aromatischen und scharfen Bestandteilen als würzende, geschmacksverbessernde Zutaten zur Nahrung geeignet und bestimmt sind", definieren.

Schon früh waren in unseren Breiten die Gewürze des Mittelmeerraumes bekannt, mit der Neuzeit kamen tropische Gewürze hinzu. Gewürze werden frisch, trocken oder tiefgefroren gehandelt.

Lebensmittel - Gewürz

Gewürze gelten in Österreich als Lebensmittel und fallen damit unter das Lebensmittelgesetz (BGBL 1975/86 idgF), das das Inverkehrbringen regelt.

In Deutschland ist die gesetzliche Grundlage für Gewürze und Aromen das Lebensmittel- und Bedarfsgegenständegesetz (LMBG) vom 15. 8. 1974 (BGBL. I. S. 1946) in der Fassung vom 24. 8. 1976. Dieses Gesetz definiert den Begriff Lebensmittel und enthält Vorschriften über die Zusammensetzung von Lebensmitteln und ihren Handel und dient unter anderem auch zur Abgrenzung der Lebensmittel gegenüber den Arzneimitteln.

Bestimmungen über Gewürze hinsichtlich Inhaltsstoffen und möglicher Verfälschungen finden sich in den jeweiligen Lebensmittelbüchern der Länder. (z. B. Codex alimentarius austriacus).

So sind beispielsweise im Codexkapitel B 28 „Gewürze und Gewürzextrakte" in Abschnitt C Mindestgehalte für ätherisches Öl und Maximalgehalte für Asche und Sand für einige Gewürzkräuter angeführt bzw. in Abschnitt E für einige Früchte und Samen.

Echte Aromen

Aromen waren ursprünglich nur in der Natur vorkommende Substanzen, die ausschließlich durch physikalische Verfahren, also durch Pressen, Auslaugen, Extrahieren oder durch Wasserdampfdestillation gewonnen werden. Diese natürlichen Aromen bekommen zunehmend Konkurrenz durch synthetische Ersatzstoffe, deren Vorteil es ist, dass sie in gleichmäßiger Qualität und stetig verfügbar sind.

Naturidente Aromen

Neben den künstlichen, also voll synthetischen Aromen, die z. T. kein unmittelbares Vorbild in der Natur haben, kommen zunehmend sogenannte naturidente Aromen in den Handel. Sie weisen denselben molekularen Aufbau auf, sind aber ebenfalls synthetisch hergestellt, manchmal auch aus natürlichen Ausgangsmaterialien. Natürliche Aromen bestehen allerdings meist aus einer Vielzahl an Einzelverbindungen, die erst in Summe das charakteristische Aroma ausmachen und oft auf synthetischem Wege nur mit unverhältnismäßig hohem Aufwand hergestellt werden können. Andererseits können auch synthetisch hergestellte Verbindungen Spuren von Verunreinigungen enthalten, die den Geruch verändern (z. B. synthetisches Linalool).

Aromastoffe werden einerseits von der EG geregelt (EG-Aromenrichtlinie 88/388/EWG und Verzeichnis der für die Aromenherstellung geeigneten Ausgangsmaterialien 88/389/EWG) bzw. in den nationalen Lebensmittelbüchern (Codexkapitel Aromen). Sie werden v. a. von der Lebensmittelindustrie eingesetzt und sind nicht zum unmittelbaren Genuss geeignet. Das österreichische Lebensmittelbuch schließt mehrere Pflanzenarten zur Herstellung von Aromen explizit aus (z. B. Steinklee oder Poleiminze) bzw. schreibt bei bestimmten Inhaltsstoffen Maximalkonzentrationen vor (z. B. bei Cumarin, Hypericin, Pulegon, Thujon etc.). Auch werden Höchstgehalte an Schwermetallen festgesetzt.

1.3 Kosmetika

Kosmetika sind als Stoffe oder Zubereitungen aus Stoffen, die dazu bestimmt sind, äußerlich am Menschen oder in seiner Mundhöhle zur Reinigung, Pflege oder zur Beeinflussung des Aussehens oder des Körpergeruchs oder zur Vermittlung von Geruchseindrücken angewendet zu werden, definiert. Sie sollten haut- bzw. auch umweltfreundlich sein.

Kosmetikverordnung

Die österreichische „Kosmetikverordnung" (Verordnung über die Zulassung von pharmakologisch wirksamen Stoffen für kosmetische Mittel, BGBl. 51/1996) enthält diesbezügliche Bestimmungen. Die Verordnung macht auch Angaben über den Anwendungsbereich und über Höchst- und Mindestmengen. Als pharmakologisch wirksame Stoffe im Sinne der Verordnung gelten unter anderem Salbei-, Kamillen- und Heublumenextrakt. Von Interesse ist insbesondere Kapitel B 33 „Kosmetische Mittel" und das Teilkapitel „Naturkosmetika und kosmetische Mittel mit Naturstoffen".

In Deutschland gilt für Kosmetika das schon erwähnte Lebensmittel- und Bedarfsgegenständegesetz, ergänzt durch die Kosmetikverordnung vom 16. 2. 1977 (BGBL. I.S. 2589). Sie enthält im Anhang Listen von Stoffen, deren Einsatz in Kosmetika nicht bzw. nur mit Einschränkungen zugelassen ist. Verschreibungspflichtige Stoffe sind zum Einsatz in Kosmetika grundsätzlich verboten.

2. Inhaltsstoffe

Sekundärstoffe

Bei den Inhaltsstoffen der Arznei- und Gewürzpflanzen handelt es sich meistens um Produkte des Sekundärstoffwechsels. Während unter Primärstoffwechsel jener Stoffwechsel verstanden wird, der für den Aufbau der hochmolekularen Gerüst- und Reservestoffe verantwortlich ist (Aufbau der Zellstruktur, der energiebereitstellende Stoffwechsel und der Funktionselemente), sind die Produkte des Sekundärstoffwechsels fast ausschließlich niedermolekular und liegen meist in relativ geringer Konzentration vor. Sie sind für die Pflanze nicht unbedingt lebensnotwendig und nicht allgemein verbreitet. Die Grenze zwischen Primär- und Sekundärstoffwechsel ist fließend. Die Sekundärstoffe werden häufig in stoffwechselarme Kompartimente (Vakuolen, Zellwand, usw.) ausgeschieden. Trotzdem gibt es Tagesschwankungen der Sekundärstoffkonzentration oder es kommt sogar zum Transport in andere Organe. Manche Sekundärstoffe erfüllen physiologische Funktionen (z. B. Wachs als Transpirationsschutz), andere haben ökologische Bedeutung als Duftstoffe, Blüten- und Fruchtfarbstoffe. Die überwiegende Mehrheit der pflanzlichen Sekundärstoffe besitzt aber keine spezifische Funktion und verschafft seinem Besitzer keinen Selektionsvorteil. Der Sekundärstoffgehalt ist genetisch determiniert, erfährt aber durch Umwelteinflüsse unter Umständen starke Modifikationen.

Eine Einteilung der Sekundärstoffe ist vom chemischen Gesichtspunkt oder aufgrund von Gemeinsamkeiten im Biosyntheseweg möglich. Am anschaulichsten ist aber die traditionelle Einteilung nach Wirkungs- und Verwendungszwecken, wenngleich manche Inhaltsstoffgruppen chemisch äußerst inhomogen sind.

2.1 Ätherisches Öl

Ätherische Öle sind geruchs- und geschmacksintensive, in Wasser mehr oder weniger lösliche Pflanzeninhaltsstoffe, die im Gegensatz zu fetten Ölen bereits bei normaler Temperatur vollständig verdunsten und keine Rückstände hinterlassen. Sie riechen charakteristisch und schmecken aromatisch, scharf oder bitter. Chemisch gesehen handelt es sich um Stoffgemische, deren Hauptbestandteile zu den Terpenen und ihren Derivaten und Phenylpropanderivaten gehören. Als Hauptgeruchsträger wirken die Oxidationspro-

Typische Lamiaceaen – Epidermis mit vierzelligen Drüsenköpfchen bzw. einreihigem Drüsenhaar gefüllt mit ätherischem Öl

dukte der genannten Verbindungen (Alkohole, Aldehyde, Ketone, Säuren, Ester, Oxide, Laktone, Phenole etc.). Sie sind Ausscheidungsprodukte des Stoffwechsels und werden in Drüsenhaaren oder -schuppen bzw. in Ölzellen deponiert. Bei mechanischer Beschädigung der Ölbehälter oder bei großer Hitze werden die Exkretbehälter zerstört und das ätherische Öl kann austreten.

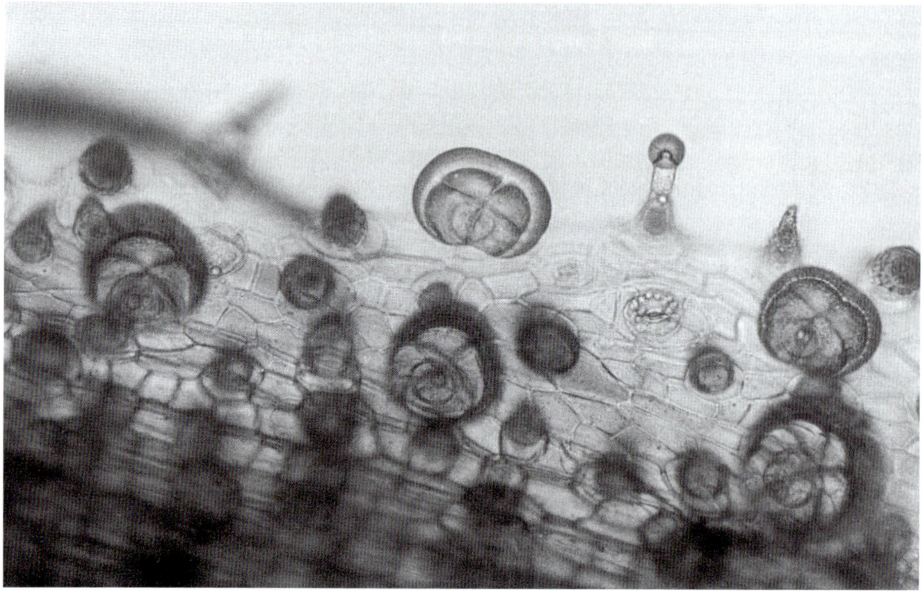

Ätherisches-Öl-Vorkommen

Ätherische Öle sind im Pflanzenreich weit verbreitet. Obgleich bisher etwa 3000 verschiedene Verbindungen beschrieben worden sind, werden nur rund 150 für kommerzielle Zwecke genutzt. Am häufigsten vertreten sind sie in unseren Breiten in den Familien der Lippenblütler *(Lamiaceae)*, Korbblüter *(Asteraceae)*, Doldenblütler *(Apiaceae)* und Kreuzblütler *(Brassicaceae)*, aber auch in Kiefern- und Rautengewächsen. Für die Pflanze können ätherische Öle als Insektenlockstoff dienen, Fraß verhindern und die Transpiration senken.

Ihre Wirkung auf den Menschen ist äußerst vielfältig. Sie können antibakteriell, gärungs- und fäulnishemmend, anregend oder auch beruhigend, entzündungswidrig bei mehr oder weniger starker Hautreizung, krampflösend, auswurffördernd sowie harntreibend wirken.

Neben dem genetischen Faktor beeinflussen vor allem Umweltfaktoren, insbesondere die Temperatur, den ätherischen Ölgehalt. In

Einfluss auf den Ölgehalt

wärmeren Lagen werden im Allgemeinen höhere Gehalte erreicht als in kühleren. Wassermangel führt zu einer Reduktion des Gehaltes. Allerdings bewirkt auch Beregnung oder Starkregen kurz vor der Ernte von Blatt- und Blütendrogen einen Rückgang. Bestandesdichte und Mangelernährung können ebenfalls den ätherischen Ölgehalt beeinflussen. Auch an den verschiedenen Pflanzenorganen treten unterschiedliche Gehalte auf. So enthalten die basalen Blätter von Melisse mehr ätherisches Öl als die Blätter an der Spitze oder die feinen Wurzeln des Baldrians mehr als die starken.

Der Ölgehalt ist auch vom Entwicklungszustand der Pflanze abhängig. In aller Regel enthalten die Pflanzen vor der Blüte bzw. spätestens bei Blühbeginn die höchsten Ölgehalte, bei Wurzeldrogen wird im Spätherbst der höchste Gehalt erreicht.

Große Verluste im Ölgehalt können durch unsachgemäße Ernte bzw. Trocknung auftreten. So können beispielsweise bei zu hohen Trocknungstemperaturen bis zu 2/3 des ätherischen Öls verloren gehen.

Die natürlich vorkommenden ätherischen Öle bestehen aus einer Vielzahl von Einzelverbindungen (bis zu 150). Obwohl meist einzelne Komponenten vorherrschen (z. B. Menthol in Pfefferminze), sind für eine artspezifische Geschmacks- bzw. Geruchsausbildung oft auch Verbindungen in geringer Konzentration mitverantwortlich.

Die Zusammensetzung des Öls ändert sich im Laufe der Vegetation oft deutlich. So steigt beispielsweise der Gehalt von Carvon in Dill im selben Maß, wie der Gehalt an Anethofuran mit fortschreitender Kulturdauer fällt. Damit setzt sich aber auch das ätherische Öl des frischen Krauts (anethofuranreich) ganz anders zusammen als das der Früchte (carvonreich).

Neben diesen Unterschieden an ein und derselben Pflanze bestehen natürlich auch Unterschiede in Abhängigkeit von genetischen Faktoren (Sortenunterschiede). So konnten beispielsweise bei Lavendel Anteile zwischen 6 und 50 % für Linalool – einem der Hauptgeruchsträger – zwischen verschiedenen Varietäten gefunden werden.

Schließlich beeinflussen auch Umweltfaktoren die Zusammensetzung des Öls. So können das Licht- und Wasserangebot, die Seehöhe, die geographische Breite u. a. m. die Zusammensetzung verändern.

2.2 Scharfstoffe

Scharfstoffe gehören keiner einheitlichen chemischen Gruppierung an, im Wesentlichen sind drei Hauptgruppen von Bedeutung. Üblicherweise zählt man die Säureamidverbindungen des Paprikas, die Sulfidverbindungen der Lauchgewächse und die Senföle der Kreuzblütler dazu.

Senföl

Senföle kommen immer an Glucose gebunden als sogenannte Glucosinolate – wie erwähnt – in den Familien der Kreuzblütler, aber auch Liliengewächse vor. Durch Verletzung des Gewebes oder Wärme entstehen aus den Glucosinolaten unter Enzymeinwirkung die sogenannten Senföle. Diese sind entweder stechend riechende, wasserdampfflüchtige Verbindungen oder nicht flüchtige, geruchlose Substanzen mit scharfem Geschmack. Sie besitzen eine antibakterielle Wirkung.

Bei Schwarzem Senf und zum Teil bei Kren entsteht aus dem Glucosinolat Sinigrin Allylsenföl, bei Weißem Senf aus Sinalbin das Hydroxybenzylsenföl. Speisesenf, hergestellt aus Weißem Senf, ist weniger scharf als der von Schwarzem Senf, dafür verliert er nicht seine Schärfe. Neben Senf zählen Meerrettich (Kren) und diverse Kressearten zu den senfölproduzierenden Arten. Der Glucosinolatgehalt kann durch Sortenwahl, Standort und Witterung beeinflusst werden.

Capsaicin

Die Früchte von *Capsicum annuum* L. enthalten in den Drüsenzellen der Fruchtscheidewände scharf schmeckende Capsaicinoide. Capsaicin ist noch in starker Verdünnung (1 : 2 Millionen) wahrnehmbar. Innerlich wirkt Paprika karminativ und äußerlich bei Rheuma und Arthritis bzw. wird als Pflaster oder Liniment eingesetzt.

Allicin

Die Sulfidverbindungen der Lauchgewächse *(Liliaceae)* finden sich auch in Knoblauch (*Allium sativum* L.). Die trockenen Sprosszwiebeln von Knoblauch enthalten das wasserdampfflüchtige Allicin, das dem Knoblauch den typischen Geruch verleiht. Allicin wirkt bakteriostatisch. Auch sollen Knoblauchextrakte antisklerotisch wirken.

Scharfstoffe erregen die Thermo- und/oder die Schmerzrezeptoren der Haut (bzw. Schleimhaut). Sie steigern die Speichelsekretion und regen auf reflektorischem Weg die Magensaftsekretion und Darmperistaltik an.

2.3 Alkaloide

Alkaloiddrogen

sind stickstoffhaltige Pflanzenbasen mit zumeist komplizierter chemischer Struktur und charakteristischer Wirkung auf das Zentralnervensystem, das vegetative Nervensystem und die Atmung. Sie wurden in über 3.000 Pflanzenarten nachgewiesen, hauptsächlich in den Familien der Hahnenfuß-, Mohn-, Gänsefuß-, Nachtschatten-, Raublattgewächse und Hülsenfrüchtler. Viele bekannte Genussmittel wie Kaffee, Tee, Kakao und Tabak enthalten Alkaloide, aber auch Rauschmittel und Arzneidrogen wie Mohnkapseln, Tollkirsche, Herbstzeitlose, Schöllkraut, Bilsenkraut und Stechapfel.

Einfluss auf den Alkaloidgehalt nehmen Höhenlage, Klima, Jahreszeit und vor allem der Vegetationszustand. Der Züchtung ist es gelungen, Varietäten einerseits mit besonders hohem Alkaloidgehalt – z. B. Mohn – und andererseits mit besonders niedrigem Gehalt – z. B. Tabak oder Lupine – zu selektieren.

2.4 Bitterstoffe

Chemisch gehören sie zu keiner einheitlichen Stoffklasse, allen ist aber der bittere Geschmack gemeinsam. Es finden sich vorwiegend Terpenoide, Glycoside und Verbindungen mit einer Lactongruppierung.

Bitterdrogen

Die meisten Bitterstoffdrogen enthalten Begleitstoffe, die ihren Wert mitbestimmen. So enthält z. B. Enzian als wertbestimmenden Bestandteil auch vergärbaren Zucker oder Wermut und Hopfen auch ätherisches Öl. Vom Menschen werden Bitterstoffe durch Erregung der Bitterrezeptoren in den Geschmacksknospen am Zungengrund (bitterer Nachgeschmack!) noch in sehr starker Verdünnung wahrgenommen (Bitterwert, bis 1 : 200.000). Ein sensorischer Test ist demnach noch immer die zweckmäßigste Methode der Qualitätsbeurteilung.

Der Bitterstoffgehalt wird beispielsweise bei Enzian von der Seehöhe beeinflusst, bei Hopfen treten starke Sortenunterschiede auf.

Bitterstoffe regen auf reflektorischem Wege die Speicheldrüsen- und Magensaftsekretion und dadurch die Verdauung an. Sie werden meist in Form alkoholischer Auszüge verwendet (z. B. Enzian, Wermut, Hopfen etc.).

2.5 Herzwirksame Glykoside

Herzwirksame Glycoside bestehen aus kompliziert gebauten Steroiden und wirken sich positiv auf den schwachen Herzmuskel aus. Sie kommen unter anderem im Adonisröschen, Maiglöckchen und im Fingerhut vor. Die Verabreichung erfolgt praktisch nur als Reinsubstanz (Dosierung!), der Anbau nur im Kontrakt mit der pharmazeutischen Industrie. Der Glycosidgehalt ließ sich durch Züchtung steigern (z. B. Wolliger Fingerhut).

Eine gute Phosphorversorgung soll zumindest für Fingerhut besonders wichtig sein. Um Wirkstoffverluste zu vermeiden, sollte man Glykosiddrogen sehr schonend behandeln, nicht verletzen, quetschen und schneiden, bevor sie nicht ganz trocken sind.

2.6 Schleimstoffe

Schleimstoffdrogen

enthalten als Wirksubstanz Heteropolysaccheride mit sehr hohem Molekulargewicht, die in der Pflanze durch Umwandlung von Zellwandstoffen (Membranschleime) bzw. Zellinhaltsstoffen (Vakuolenschleime) entstehen. Bei Hydrolyse liefern Schleime Zucker (z. B. Glucose, Arabinose, Galactose). Pflanzenschleime werden in den genannten Organen oft in erheblicher Menge abgelagert. Bei manchen Samen besteht die Epidermis aus Schleimzellen (Lein). In Wasser quellen schleimhältige Pflanzenteile stark auf. Das Quellvermögen wird mit der sogenannten Quellzahl ausgedrückt. Schleimdrogen werden äußerlich als entzündungshemmendes und innerlich als mildes Abführmittel verwendet. In Mitteleuropa werden Eibisch, Spitzwegerich, Malve, Leinsamen und Bockshornklee genutzt.

Raueres Klima dürfte den Schleimgehalt nicht senken, jedoch überhöhtes Stickstoffangebot.

2.7 Gerbstoffe

Gerbstoffdrogen

sind höhermolekulare, kompliziert zusammengesetzte stickstofffreie, im Pflanzenreich weit verbreitete Verbindungen (meist Polyphenole), die früher zur Umwandlung von tierischer Haut in Leder (irreversibler Vorgang) und heute wegen ihrer adstringierenden (zusammenziehenden) Wirkung verwendet werden (reversibler Vorgang). Die zusammenziehende Wirkung wirkt sich günstig auf die Wundheilung aus. Unter anderem enthalten Heidelbeer- und Walnussblätter Gerbstoffe, als Begleitstoff auch Salbei-, Melissen-, Erdbeer- und Brombeerblätter.

2.8 Saponine

Saponindrogen

Saponindrogen erhielten ihren Namen, weil sie mit Wasser einen stabilen Schaum bilden. Neben dieser Fähigkeit die Grenzflächenspannung zu vermindern, haben sie eine hämolytische, auswurffördernde und abführende Wirkung. Sie enthalten als Hauptwirkstoffe Triterpen und Steroidglycoside. Saponine kommen praktisch ubiquitär vor und werden als Zusatz zu schäumenden Getränken, als Emulgator und als Dispergiermittel in der Kosmetik verwendet. Saponine finden sich u. a. in Primeln, Rosskastanien, in Süßholzwurzeln und Ackerstiefmütterchen in verwertbarer Konzentration.

2.9 Flavonoide

Flavonoiddrogen

kommen in den meisten höheren Pflanzen als zellsaftlösliche Farbstoffe vor. Flavonoide besitzen eine große chemische Mannigfaltigkeit (u. a. Flavonglycoside, Flavonoid-Aglykone, Anthozyane). In der Pflanze kommt ihnen wahrscheinlich die Funktion des Anlockens von Insekten und der Schutz vor Infektionen zu. Ihre pharmakologische Wirkung ist äußerst vielfältig; sie wirken krampflösend, abführend, entzündungshemmend und werden in der Lebertherapie eingesetzt. Arnika, Linden- und Holunderblüten, Mariendistelfrüchte, Birkenblätter, Buchweizen und Stiefmütterchen zählen unter anderen zu den Flavonoiddrogen.

2.10 Cumarine

Cumarindrogen

Als Hauptwirkstoff gilt Benzo-a-pyrone oder davon abgeleitete Verbindungen. Sie leiten sich häufig von der Zimtsäure ab, liegen als Glycoside vor und werden erst bei Zellzerstörung freigesetzt. Sie kommen in vielen Pflanzenfamilien vor, u. a. bei den Doldenblütlern, Hülsenfrüchtlern, Korbblütlern und Gräsern. In Gräsern sind die Cumarine für den typischen Geruch beim Verwelken und Trocknen verantwortlich (Heugeruch). Sie besitzen eine gefäßerweiternde, krampflösende, und bakterizide Wirkung. Früher waren sie als Geschmackskorrigens in Gebrauch. Da sie aber eine leberschädigende und kanzerogene Wirkung haben sollen, ist eine solche Verwendung nicht mehr üblich. Vereinzelt werden sie noch als Zusatz zu Likören eingesetzt. Zu den Cumarindrogen können Engelwurz, Liebstöckel, Steinklee, Bibernelle, Pastinak und andere gezählt werden.

2.11 Fette Öle

werden zumeist als Reservestoff in Pflanzen, insbesondere in Samen, angelegt und finden gepresst oder extrahiert in der menschlichen Ernährung oder für technische Zwecke Verwendung. Entgegen den bisher besprochenen Inhaltsstoffen gehören sie zu den Produkten des Primärstoffwechsels, die für jede pflanzliche Zelle lebensnotwendig sind.

Fettsäuren

Die Hauptbestandteile des Fettes sind Glyceride, das sind Ester des Glycerins mit Fettsäuren unterschiedlicher Kettenlänge. Man unterscheidet zwischen den gesättigten und ungesättigten Fettsäuren. Einige mehrfach ungesättigte Fettsäuren sind für den Menschen essentiell, im engeren Sinn die Linolsäure, γ-Linolensäure und die γ-Homolinolensäure. Arachidonsäure ist an sich auch essentiell, kann aber im Körper synthetisiert werden. Wegen ihres hohen Gehaltes an Linolsäure sind deshalb Saflor-, Mohn- und Kürbiskernöl als wertvolle Speiseöle einzustufen. Ähnlich hohe Werte erreicht nur Traubenkernöl und mit Einschränkungen Sonnenblumenöl.

In letzter Zeit gewannen Öle mit hohem γ-Linolensäuregehalt besondere Beachtung. γ-Linolensäure und andere ungesättigte Fettsäuren stellen eine Vorstufe von lebenswichtigen Gewebshormonen, den Prostaglandinen, dar. Ihnen wird eine Wirkung gegen Arterienverkalkung, Venenleiden, Bluthochdruck und Hauterkrankungen zugeschrieben. Borretsch und Nachtkerze sind reich an γ-Linolensäure.

Andere „ungewöhnliche“ Fettsäuren könnten Bedeutung als oleochemische Rohstoffe gewinnen (z. B. Petroselinsäure aus Dillsamen oder Rizinolsäure aus Ricinus).

Tab. 1:
Durchschnittlicher Fettgehalt (% in FS) und Fettsäuregehalt (in % der Gesamtfettsäure) einiger ölhältiger Pflanzensamen

Fettsäure		Schwarz-kümmel	Saflor	Öllein	Mohn	Senf	Ölkürbis	Borretsch	Nachtkerze
Fettgehalt in %									
		32–35	25–40	30–40	40–55	22–28	35–45	30–36	18–30
Fettsäuremuster									
Palmitinsäure	C 16:0	10–12	2–6	4–8	8–12	4	6–12	9–11	4–10
Stearinsäure	C 18:0	1–3	1–4	1–6	1–2	–	6–8	2– 4	1–2
Ölsäure	C 18:1	18–22	10	15	14	23	20–46	14–18	9–20
Eicosensäure	C 20:1	4–5	–	–		–	–	–	–
Erucasäure	C 22:1	–	–	–	–	36	–	–	–
Linolsäure	C 18:2	55–65	78	20	74	11	45–70	25–40	55–72
γ-Linolensäure	C 18:3	0–1	–	–	–	–	–	25–40	6–14
Linolensäure	C 18:3	–	–	50	–	–	–	–	–

nach Lechner 1996 und Schuster 1992, modifiziert

Pflanzen mit fettem Öl im Samen weisen im Allgemeinen in warmen, trockenen Klimalagen höhere Fettgehalte auf. Der Fettgehalt wird durch Stickstoffdüngung negativ, der Eiweißgehalt positiv beeinflusst. Eine Veränderung des Fettsäurespektrums durch pflanzenbauliche Maßnahmen (etwa Stickstoffdüngung) ist bisher nur innerhalb enger Grenzen beobachtet worden.

Tab. 2:
Einteilung der wichtigsten Arznei- und Gewürzpflanzen nach Wirkstoffen, genutzten Pflanzenteilen und Nutzungsdauer

Ätherische Öle

Name	Leitsubstanz bzw. Nebenbestandteile	Pharmakognosie Geschmack	genutzter Pflanzenteil	Nutzungs-dauer
Alant	Helenin, Inulin	hustenreizstillend	Wurzel	einj.
Arnika	Azulen, Helenalin	entzündungshemmend	Blüte	mehrj.
Baldrian	Valerensäure, Valeranon	beruhigend, krampflösend	Wurzel	einj.
Basilikum	Methylchavicol, Linalool	aromatisch, scharf, etwas süßlich	Blatt	einj.
Bibernelle	Isoeugenol, Cumarine	schleimhautberuhigend, beißend scharf	Wurzel	einj.
Bohnenkraut	Carvacrol, Cymol	scharf, beißend würzig, etwas bitter	Kraut, Blatt	einj.
Dill	Phellandren	aromatisch, würzig	Kraut	einj.
Dost	Carvacrol, Thymol	aromatisch	Kraut	mehrj.
Drachenkopf	Citral, Geranylacetat	intensiv, parfumartig	Kraut	einj.
Engelwurz	Phellandren, Cumarine	verdauungsfördernd, krampflösend	Wurzel, Frucht	mehrj.
Estragon	Methylchavicol, Ocimen	würzig, anisartig	Kraut	mehrj.
Fenchel	Anethol, Fenchon	blähungstreibend, aromatisch, süßlich	Frucht	einj, mj
Johanniskraut	Hypericin	antidepressiv	Blüte, Kraut	mehrj.
Kamille	Chamazulen, Bisabolol	entzündungswidrig, krampflösend	Blüte	einj.
Kerbel	Methylchavicol, Chavibetol	aromatisch, süßlich	Kraut	einj.
Koriander	Linalool, Pinen, Terpinen	blähungstreibend, mild-würzig, süß-scharf	Frucht	einj.
Kümmel	Carvon, Limonen	blähungstreibend, würzig, wenig scharf	Frucht	einj.
Lavendel	Linalool, Linalylacetat	kosmetische Industrie	Blüte	mehrj.
Liebstöckel	Phtalide, Cumarin	harntreibend, süßlich, scharf	Kraut Wurzel	mehrj.
Majoran	Sabinenhydrat, Carvacrol	aromatisch, etwas bitter und scharf	Kraut	einj.
Melisse	Citronellal, Citral	beruhigend, zitronen-grasartig, aromatisch	Blatt	mehrj.
Petersilie	Apiol, Myristicin	grasartig, aromatisch, mild bitter	Blatt, Wurzel	einj.
Pfefferminze	Menthol, Menthon	frisch, leicht scharf, aromatisch	Kraut, Blatt	mehrj.
Salbei	Campher, Thujon, Cineol, Gerbstoffe	balsamisch, würzig, zusammenziehend	Blatt	mehrj.
Schafgarbe	Matrizin, Millefolin	entzündungshemmend	Blüte, Kraut	mehrj.
Schwarzkümmel	Bitterstoffe	aromatisch, bitter, würzig	Samen	einj.
Sonnenhut	Depsid, Echinacosid	Steigerung der Immunabwehr	Kraut	mehrj.
Thymian	Thymol, Carvacrol	schleimlösend, würzig, leicht bitter	Kraut	mehrj.
Wermut	Thujylalkohol	stark bitter, brennend würzig	Kraut	mehrj.
Ysop	Pinocamphon	Hustenmittel, entzündungshemmend, bitter	Kraut	mehrj.

Schleimstoffe

Name	Leitsubstanz bzw. Nebenbestandteile	Pharmakognosie Geschmack	genutzter Pflanzenteil	Nutzungs- dauer
Bockshornklee	Furanonderivat	abschwellend, roh stark bitter	Samen	einj.
Borretsch	Linolsäure, γ-Linolensäure	gurkenartig	Kraut,Samen	einj.
Eibisch	Polyglykonschleim	hustenreizstillend, entzündungshemmend	Wurzel Blatt	einj. mehrj.
Königskerze	Flavonolglycoside, Rutin	Hustenmittel	Blüte	einj.
Lein	fettes Öl	Abführmittel	Samen	einj.
Malve	–	entzündungshemmend	Blatt, Blüte	einj.
Spitzwegerich	–	entzündungshemmend	Blatt	mehrj.

Alkaloide

Mohn	Morphin, Codein, fettes Öl, Linolsäure	schmerzstillend nussartig	Milchsaft Same	einj.
Stechapfel	Hyoscyamin	Asthma	Blatt	einj.
Tollkirsche	Atropin	Asthma, Obstipation	Blatt	mehrj.

Bitterstoffe

Enzian	Gentiopikrin, Amarogentin	bitter, Magenmittel	Wurzel	einj.
Hopfen	Humulon, Lupulon	bitter, beruhigend	Blüte	mehrj.
Wermut	Thujylalkohol, Absinthin	brennend-würzig, stark bitter	Kraut	mehrj.

Herzwirksame Glykoside

Fingerhut, Wolliger	Lanatosid, Digoxin	herzstärkend	Kraut	einj.

Flavonoide

Ackerstief- mütterchen	Flavonglycosid, Rutin	Harnorgane	Kraut	einj.
Arnika	Glycoside, Isoquercitrin äther. Öl, Azulen	entzündungshemmend	Blüte, Wurzel	mehrj.
Brennnessel		Harnapparat	Kraut	mehrj.
Buchweizen	Flavonglycoside, Rutin	gefäßerweiternd	Kraut	einj.
Mariendistel	Silymarinkomplex Silybin, Silydianin	leberstärkend	Frucht	einj.
Ringelblume	Quercitin, Kämpferol	entzündungshemmend, Wundbehandlung	Blüte	einj.
Weidenröschen	Quercitin	Prostata- und Harnapparat	Kraut	mehrj.

Scharfstoffe

Name	Leitsubstanz bzw. Nebenbestandteile	Pharmakognosie Geschmack	genutzter Pflanzenteil	Nutzungsdauer
Knoblauch	Alliin	scharf, süßlich-schwefelig, antiarteriosklerotisch	Zwiebel	einj.
Kren, Meerrettich	Sinigrin	brennend, scharf	Wurzel	einj.
Paprika	Capsacinoide	brennend, scharf	Frucht	einj.
Schnittlauch	Sulfidverbindungen	lauch-zwiebelartig	Blatt	mehrj.
Senf	Sinalbin	brennend-scharf, antirheumatisch	Samen	einj.

Fette Öle

Ölkürbis	Linolsäure	Harnwegserkrankungen	Samen	einj.
Saflor	Linolsäure	–	Samen	einj.

Schmuck- und Farbdrogen

Goldmelisse	äther. Öl, Monardin	Husten, Magenmittel	Blüte	mehrj.
Kornblume	Bitterstoff Cnicin	harntreibend	Blüte	einj.
Rittersporn	–	harntreibend	Blüte	einj.
Studentenblume	Carotinoide	–	Blüte	einj.

3. Marktverhältnisse

Die Informationen über die Marktsituation sind auf allen Ebenen ziemlich undurchsichtig, fragmentarisch und oft auch widersprüchlich.

Gewürze

Der Weltmarkt wird volumsmäßig von den tropischen und subtropischen Gewürzen dominiert, allen voran von Pfeffer, Zimt, Capsicum-Arten und diversen Samen und Früchten. Der internationale Handel ist seit 1970 kontinuierlich gewachsen, die Preise zeigen eine hohe Fluktuation, über einen längeren Zeitraum betrachtet, aber einen abwärts führenden Trend. Der gesamte Welthandel wird auf 60 bis 90.000 t geschätzt, was aber nichts über die Produktion aussagt, da oft große Mengen am heimischen Markt verbleiben. Die Anforderungen an die Qualität sind vergleichsweise gering.

Kräuter

Aromahältige Blatt- und Krautware wird hingegen zumeist in der gemäßigten Klimazone nachgefragt und auch produziert. Sie kommt getrocknet, aber auch frisch oder tiefgefroren auf den Markt, wobei die Qualitätsanforderungen meist höher sind. Das weltweite Marktvolumen wird auf weniger als 50.000 t geschätzt. Für getrocknete Ware ist die Nachfrage während der letzten Jahrzehnte relativ stabil geblieben, während sie für frische Ware bis in die 80er Jahre stark gestiegen ist. In den letzten Jahren zeigt sich insbesondere ein Anstieg des Absatzes für tiefgekühlte Produkte.

Aromen und standardisierte Würzmittel gewinnen für Fertiggerichte immer mehr an Bedeutung. Schnellgerichte, Snacks und Tiefkühlkost sollen trotz langer Lagerung wohlschmeckend bleiben und appetitlich aussehen. Die bei ihrer Herstellung verloren gegangenen bzw. verminderten Eigenschaften müssen ihnen durch Zugabe von Aromen zurückgegeben werden.

Ätherische Öle

Die Weltproduktion an ätherischem Öl wird auf 50.000 t geschätzt mit einem Marktwert von rund 1 Mrd. US$, wobei der Hauptanteil auf diverse Citrusöle (v. a. Orangenöl), Eucalyptus, verschiedene Minzenöle und Lavendel entfällt. Dabei sind nur 16 % der von der Industrie verwendeten ätherischen Öle natürlichen Ursprungs. Von der Gesamtproduktion an ätherischen Ölen gehen rund 55 % in die Lebensmittelindustrie, 20 % in die Parfumerzeugung, 15 % in sonstige Riechstoffe und 5 % in die Pharmazie. Es wird erwartet, dass sich der Einsatz von geschmacksgebenden Stoffen im Lebensmittelsektor weiter ausweitet. Der Parfummarkt hat zwar ein rasantes Wachstum hinter sich – mit weiteren Wachstumschancen –, der Anteil an natürlichen Bestandteilen im Parfum nimmt aber ständig ab.

Der Gesamtumsatz an pflanzlichen Arzneimitteln betrug weltweit 1996 14 Mrd. US$ mit weiter steigender Tendenz. Das größte Marktvolumen für phytotherapeutische Präparate besitzt Europa und hier wieder Deutschland.

Insgesamt scheint der Weltmarkt durch ein weiteres Wachstum gekennzeichnet zu sein. Durch den Rückgang der Sammeltätigkeit bzw. deren Verbot aus Naturschutzgründen treten teilweise Beschaffungsschwierigkeiten auf.

Gründe für einen verstärkten heimischen Anbau können neben Qualitätsproduktion auch kontrollierbare Pflanzenschutzmethoden und die Versorgungssicherheit sein.

In Europa sind neben Spanien und Frankreich die osteuropäischen Länder Ungarn, Polen, und – soweit sich dies heute noch sagen lässt – vermutlich Bulgarien und Rumänien die wichtigsten Produzentenländer. Für die ehemalige Sowjetunion liegen keine genauen Zahlen mehr vor. In der ehemaligen UdSSR wurden jährlich 20.000 t trockene Arzneidrogen großflächig produziert und die ca. gleiche Menge gesammelt.

Tab. 3:
Geschätzte Anbauflächen (in ha) von Arznei- und Gewürzpflanzen in einigen europäischen Ländern

Land	Gesamtfläche in ha	Hauptsächlich angebaute Kulturarten und ihre geschätzte Anbaufläche (in ha)
Belgien	einige 100	Baldrian, Angelika, Eibisch, Petersilie, Dill etc.
Dänemark	–	Kümmel, Öllein, Senf, Schnittlauch (200), Dill (30), Basilikum (3)
Deutschland 1995	5.300	Kamille (660), Majoran (558), Petersilie (547), Mariendistel (456), Pfefferminze (409), Kümmel (390), Dill (327), Fenchel (238), Kren (200), Kreuzdorn (200), Alant (150), Melisse (140), Sonnenhut (140), Thymian (106), Holunder (100), Koriander (89), Bohnenkraut (81), Sellerie (80), Wolliger Fingerhut (70), Johanniskraut (57), Schnittlauch (52), Kerbel (50), Baldrian (50)
Finnland 1996	2.039	Dill, Senf (200), Kümmel (1.600), Petersilie

Land	Gesamtfläche in ha	Hauptsächlich angebaute Kulturarten und ihre geschätzte Anbaufläche (in ha)
Frankreich	25.000	Lavendin (14.500), Mohn (4.300), Lavendel (3.000), Muskatellersalbei (1.000), *100–1.000 jeweils:* Estragon, Petersilie, Fenchel (400), Thymian, Ysop, Flohsame, Gingko (200), Pfefferminze, Mutterkorn, Bockshornklee, Kamille, *10–100 jeweils:* Gelber Enzian, Salbei, Artischoke, Schnittlauch, Koriander, Kerbel, Melisse, Angelika, Rosmarin, Liebstöckel, Wermut, Bohnenkraut, Dill, Basilikum, Klette
Griechenland	4.000	–
Großbritannien	3.250	Senf (1.250), Borretsch (200), Nachtkerze (400), Lavendel (42), Krause Minze, Kamille, Pfefferminze, Angelika, Salbei, Koriander, Kren, Petersilie, Estragon
Irland	44	Petersilie, Thymian, Dill, Koriander
Italien 1996	2.300	Bergamott (1.000), Pfefferminze (250), Manna (250), Kamille (100), Iris (90), Lavendel (50), Krokus (32), Römischer Wermut (30), Salbei (25), Passionsblume (23), Bohnenkraut (23), Malve (20), Melisse (20), Steinklee (15), Lein (15), Römische Kamille (13), Koriander (10), Johanniskraut (10), Jasmin (10), Süßholz (8), Sonnenhut (6)
BR Jugoslawien	2.130	Pfefferminze (800), Kamille (420), Fenchel (260), Melisse (85), Senf (60), Kümmel (55), Salbei (50), Thymian (50), Koriander (30), Anis (25), andere ca. 300
Niederlande	600	Kümmel, Mohn (700), Nachtkerze, Wolliger Fingerhut, Spitzwegerich, Angelika, Liebstöckel, Baldrian
Österreich 1997	2.500	Mohn (880), Kümmel (676), Senf (278), Saflor (78), sonstige Heil- und Gewürzpflanzen insgesamt (545)
Polen	25.000	Kümmel (10.000), Pfefferminze, Mariendistel, Kamille, Salbei, Thymian, Koriander, Engelwurz, Baldrian, Alant, Johanniskraut, Ringelblume, Fingerhut
Schweden	70	Kümmel (60), Thymian, Estragon, Römische Kamille
Schweiz 1997	100	Melisse, Thymian, Salbei
Spanien	19.000	Anis (ca.5.000), Mohn (4.500) Safran (3.800), Lavendel und Lavandin (3.000), Fenchel, Kümmel und andere (800), Salbei (500), Minze (500), andere (1.000)
Ungarn 1997	28.000	Gelber und Schwarzer Senf (15–20.000), Mohn (5–6.000), Fenchel (500–2.000), Kümmel (500–2.000) *bis 1.000 jeweils:* Dill, Koriander, Kamille, Mariendistel, Mutterkorn, Saflor, *einige 100 jeweils:* Majoran, Thymian, Basilikum, Baldrian, Bohnenkraut *<100 jeweils:* Pfefferminze, Melisse, Salbei, Sonnenhut, Muskatellersalbei, Ysop, Angelika, Liebstöckel, Malve, Lavendel, Ringelblume

Diverse Quellen und persönliche Kommunikation

4. Vermarktung und Produktpalette

Die Vermarktung der Arznei- und Gewürzpflanzen geschieht im Wesentlichen über Großhändler zu Apotheken, Drogerien, den Lebensmitteleinzelhandel und zum Teil auch in Selbstvermarktung (Abb. 1).

Wird nicht direkt an den Letztverbraucher vermarktet, so muss der Zwischenhandel für die notwendigen Prüfungen sorgen und für die Qualität bürgen. Da diese Prüfungen relativ aufwendig und teuer sind, sind die Großhändler nur an Mindestmengen in homogener Qualität interessiert. Da nur geringe Nachbearbeitungsmöglichkeiten bestehen, muss die Ware in marktgerechter Form angeboten werden.

Der Zusammenschluss zu einer Arbeits- bzw. Absatzgemeinschaft ist zu empfehlen, um am Markt gemeinsam stärker auftreten zu können. Die Direktvermarktung als Lebensmittel ist bei Gewürzen und bei teeähnlichen Produkten möglich.

Vereinzelt wird vom Landwirt im Vertragsanbau direkt für die weiterverarbeitende Industrie produziert.

Abb. 1:
Vermarktungswege von Arznei- und Gewürzpflanzen

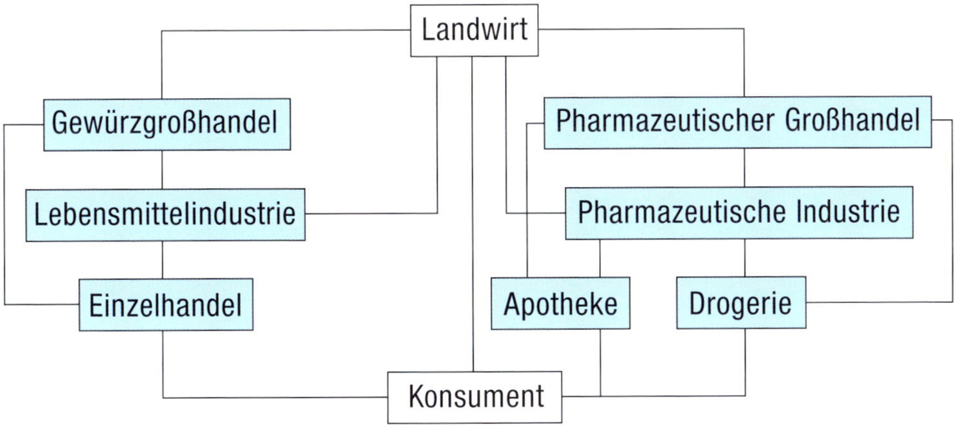

4.1 Vermarktungsformen

Die Vermarktung der Arznei- und Gewürzpflanzen kann in frischem Zustand erfolgen oder nach einem Konservierungsschritt (trocknen, gefrieren usw.), es können aber auch die wertgebenden Inhaltsstoffe nach Abtrennen aus dem Ausgangsmaterial als solche vermarktet werden.

4.1.1 Frische Ware

Frischkräuter

Nur wenige Gewürze werden derzeit frisch vermarktet. Neben Dill, Petersilie und Schnittlauch finden sich manchmal auch Basilikum, Borretsch, Kerbel und Rosmarin im Regal. Auch frische Kräuter müssen rasch in geeignete Lagerräume verbracht werden, um ein vorzeitiges Welken zu vermeiden. Mechanische Beschädigungen wie Quetschen erhöhen die Respiration und geben Krankheitserregern die Möglichkeit beschädigtes Gewebe zu befallen. Eine rasche Kühlung des Ernteproduktes ist daher nötig, bzw. ist auch die Ernte in den kühleren Stunden des Tages angebracht. Als optimale Lagertemperaturen haben sich solche nahe dem Gefrierpunkt erwiesen. Gleichzeitig sollte die relative Luftfeuchtigkeit zwischen 90 und 98 % betragen. Auch Licht soll die Respirationsrate von frischen Blattgewürzen stark beeinflussen.

- Frische Ware in modifizierter Atmosphäre verpackt
  Eine weitere Möglichkeit die Haltbarkeit von frischen Kräutern zu verlängern, ist die Verpackung in kontrollierter oder modifizierter Atmosphäre. Dabei wird die Konzentration von Sauerstoff, Kohlendioxid, Stickstoff oder anderer Gase verändert, die Luftfeuchtigkeit erhöht und die Kräuter werden in gasdichter Verpackung verschweißt. Welche Gaszusammensetzung die geeignete ist, hängt von der Pflanzenart ab. Zusammen mit einer Kühllagerung kann dies die Lebensdauer von frischen Kräutern erheblich verlängern bzw. lässt sich das Angebotsspektrum erweitern.

4.1.2 Inhaltsstoffe konserviert

- Tiefgefrorene Kräuter
  In gefrorenem Zustand werden hauptsächlich Blattgewürze angeboten. Die Produktqualität kommt frischer Ware recht nahe, wenn die Kräuter nach der Ernte sofort schockgefroren

werden. Allerdings muss eine geschlossene Kühlkette bis zum Endverbraucher vorhanden sein. Aroma und teilweise Aussehen bleiben dann weitgehend erhalten. Wenig geeignet sind aus organoleptischer Sicht allerdings Borretsch, Melisse, Minze und Origano. Im Tiefkühlfach finden sich u. a. Basilikum, Dill, Knoblauch (gehackt), Petersilie, Schnittlauch und Kräutermischungen. Sie werden meist in Kleinpackungen angeboten, weil ein Wiedereinfrieren bereits aufgetauter Packungen nicht ratsam ist.

Tiefkühlkräuter

- Gefriergetrocknete Kräuter

  Beim Gefriertrocknen wird das Pflanzenmaterial bei -50 °C schockgefrostet und das Wasser entzogen. Dadurch bleibt die Farbe und Struktur erhalten. Gefriergetrocknete Kräuter werden häufig in der Lebensmittelindustrie (Fertigsuppen) verwendet, finden sich aber auch in Haushaltspackungen. Sie verfügen über ein hohes Wiederaufnahmevermögen für das entzogene Wasser, erlangen bei Wiederbefeuchten ihre natürliche Farbe wieder und entwickeln das Aroma gut. Ihre Struktur wird allerdings etwas schwammig.

- Getrocknete Gewürze und Drogen

  Trockenkräuter

  Der Großteil der Gewürze und Drogen wird zweifellos in getrockneter Form vermarktet. Die natürliche Trocknung ist nur bei sehr kleinen Anbauflächen oder bei Wildsammlung ausreichend. Bei kommerziellem Anbau muss künstlich getrocknet werden. Der Trocknungstemperatur kommt zur Erzielung von guten Qualitäten entscheidende Bedeutung zu. So dürfen bei Ätherisch-Öldrogen im Allgemeinen Trocknungstemperaturen von 42 °C nicht überschritten werden, während Drogen mit herzwirksamen Glycosiden bei 50 °C und Alkaloid- und Schleimdrogen bei 65 °C getrocknet werden können. Häufig wird Krautware zuerst geschnitten und gesichtet, Wurzeldrogen werden zuvor gewaschen. Manche Arten werden nach der Trocknung gerebelt (z. B. Majoran), andere vermahlen (z. B. Paprika). Wegen der Aromaverluste auf Grund der bei der Vermahlung entstehenden Hitze hat sich die Kaltvermahlung durchgesetzt (z. B. mit flüssigem N_2 oder CO_2).

Trockene Gewürze und Kräuter besitzen ein abgerundetes Aroma, das sich langsam entwickelt und lange anhält. Sie sind einfach zu dosieren, aber anfällig für mikrobielle Kontamination und Schädlingsbefall. Sie sollten möglichst luftdicht verschlossen, kühl und trocken an einem dunklen Ort gelagert werden.

- Flüssigkonservierung
  Manche Gewürze kommen auch konserviert in verschiedenen Flüssigkeiten in den Handel. In pflanzliche Öle eingelegte Gewürze (Sonnenblumen- oder Olivenöl) sind gut haltbar und ausgiebig. An Stelle von Öl wird auch Essig oder Salzlake verwendet.

4.1.3 Inhaltsstoffe isoliert

Aufbereitung der Inhaltsstoffe

- Tinkturen
  werden durch wässrige oder alkoholische Extraktion aus dem Pflanzenmaterial gewonnen. Die Inhaltsstoffkonzentration ist meist gering (z. B. *Tinctura Chamomillae*). Oft werden auch Mischungen aus verschiedenen Arten zusammengestellt (z. B. *Tinctura amara*). Tinkturen finden in der Lebensmittelindustrie aber v. a. in der Pharmazie Anwendung.
- Ätherisches Öl
  wird als Gewürz- und Duftöl verwendet und meist mit Hilfe der Wasserdampfdestillation gewonnen. Obwohl ätherische Öle in Mitteleuropa wenig produziert werden, haben sie weltweit eine große Bedeutung. Vor allem die verschiedenen Minz- und Lavendelöle werden im Tausend-Tonnen-Bereich produziert. Verwendet werden sie v. a. von der Lebensmittelindustrie als Würzmittel (Aromen und Würzöle wie z. B. Koriander, Anis oder Wacholder), in der Getränkeindustrie (v. a. für alkoholische Getränke), in der Pharmazie (z. B. Kamillen- oder Pfefferminzöl) und für Kosmetika und Parfums (z. B. Rosenöl). Ätherische Öle sind meist farblos, keimfrei und einfach zu dosieren. Bei höheren Temperaturen können Aromaverluste auftreten, bei Mischen mit anderen Flüssigkeiten auch Mischungsprobleme.
- Extrakte
  Bei der Extraktion werden mit Hilfe eines Extraktionsmittels die zu extrahierenden Inhaltsstoffe möglichst selektiv vom Pflanzenmaterial getrennt und hoch angereichert. Extraktionsverfahren sind dann angebracht, wenn wichtige Inhaltsstoffe nicht flüchtig sind, auch Farbstoffe enthalten oder andere Inhaltsstoffe enthalten sein sollen (z. B. Antioxidantien). Die

extrahierten Stoffe werden als Aromen oder besser als Oleoresine bezeichnet. Sie enthalten den extrahierbaren Geschmack, Geruch und die Farbe. Die Konsistenz reicht von dünnflüssig über halbfest bis zur viskosen Suspension mit Kristallen in der Flüssigkeit. Oleoresine können nach der Extraktion destilliert oder mit Destillaten versetzt werden, um das Aroma und/oder die Haltbarkeit zu erhöhen. Je nach Verwendungszweck werden mehrere Verfahrensschritte miteinander kombiniert. Oleoresine können an Stelle von Gewürzen verwendet werden. Da sie aber wesentlich intensiver sind, ist deren Anwendung üblicherweise auf die Lebensmittelindustrie beschränkt. Sie kommen aber auch verdünnt oder mit Emulgatoren versetzt in den Einzelhandel.

Im pharmazeutischen Bereich finden Extrakte v. a. für diverse Instant-Tees Verwendung bzw. werden auch standardisierte und konzentrierte Arzneimittel daraus hergestellt.

Neben leichtflüchtigen Kohlenwasserstoffen erfolgt die Extraktion zunehmend mit superkritischen Flüssigkeiten. Das Extraktionsmittel ist normalerweise ein Gas unter Druck bei Raumtemperatur (z. B. CO_2). Dieses Verfahren ist zwar noch nicht sehr weit verbreitet, es werden ihm aber wegen der Rückstandsfreiheit große Chancen eingeräumt.

4.2 Verwendungsmöglichkeiten

4.2.1 Pharmazeutische Verwendung

Arzneitee

Die getrocknete Droge kann direkt zur Herstellung von Tee verwendet werden, es können Extrakte daraus bereitet werden oder sie dienen als Ausgangsstoff zur Gewinnung von Inhaltsstoffen.

Zumeist sind Teeaufgüsse zum Trinken bestimmt, in manchen Fällen auch zur Bereitung von Umschlägen. Teedrogen werden als Schnittdroge(concis) oder unzerkleinert als Ganzdroge(toto) angeboten, unvermischt oder als Gemisch mehrerer Drogen (Species) derselben Indikation (z. B. *Species carminativae*, windtreibender Tee aus Pfefferminzblatt, Kamillenblüte, Kalmuswurzel und Kümmelfrüchten).

Teedrogen kommen auch in Filterbeuteln in Apotheke oder Lebensmittelhandel. Neben der exakten Portionierung ist auch ein besserer Aufschluß der Inhaltsstoffe durch eine stärkere Zerkleinerung gegeben. Allerdings können dadurch bei längerer Lagerung Inhaltsstoffe, v. a. ätherisches Öl, vorzeitig verloren gehen bzw. ist die Zusammensetzung der Droge nur mehr sehr schwer überprüfbar. Deshalb werden leider zunehmend Teedrogen in Filterbeuteln zusätzlich – und oft mit künstlichen Aromen – versetzt.

Für den Anwender am einfachsten sind Instant-Tees, die durch erschöpfende Extraktion aus Drogen hergestellt werden.

Darüber hinaus sind Tinkturen (dünnflüssige, farbige Mazerate oder Perkolate, z. B. Baldriantinktur), Extrakte (konzentrierte, standardisierte Extrakte, z. B. Enzianextrakt) und Sirupe (zuckerhaltige Extrakte, z. B. Thymiansirup) und vereinzelt auch fette Öle (z. B. Leinöl) übliche Darreichungsformen.

Arzneipflanzen dienen auch als Ausgangsmaterial für die Isolierung oder Gewinnung spezifischer Inhaltsstoffe, die in weiterer Folge chemisch abgewandelt werden können, um Wirkstoffe mit gewünschtem Wert zu erhalten (z. B. Digitalisglykoside). Schließlich können pflanzliche Inhaltsstoffe als Ausgangsmaterial für Arzneimittelsynthesen dienen (z. B. Sapogenine/Sterole für Steroide). Sie werden in Form von Tabletten, Dragees, Salben oder Aerosolen verwendet. Selbst in der Veterinärmedizin werden Drogen in allen ihren Formen eingesetzt.

4.2.2 Lebensmittel

Im Haushalt finden vor allem Einzel- oder Mischgewürze als Back- oder Bratengewürz oder zum Würzen von Suppen, Fisch, Fleisch, Gemüse und Salat Verwendung. „Gewürzmischungen" dürfen außer pflanzlichen Gewürzen keine anderen Bestandteile enthalten. Hingegen können „Gewürzzubereitungen" auch andere Stoffe enthalten (z. B. Kräutersalz).

In der Lebensmittelindustrie werden darüber hinaus Gewürzextrakte, Oleoresine, Aromen bzw. diverse Zubereitungen daraus angewendet. Sie werden in Snacks, Süßwaren (Kräuterbonbons, Kaugummi, Lakritz) und vor allem als Backwaren- bzw. Wurstgewürz eingesetzt. Kümmel, Anis, Lein, Mohn, Fenchel sind die wichtigsten heimischen Backwarengewürze, Koriander und Majoran die wichtigsten heimischen Wurstgewürze. Senf wird vermahlen mit Essig, Salz und anderen Gewürzen (Estragon) versetzt zu Speisesenf verarbeitet. Kren (Meerrettich) kommt häufig bereits gerieben mit Apfelmus oder Essig in den Handel. Verschiedene Gewürze werden in Sauergemüsemischungen (Dill, Senf) oder in Feinkostgewürzen eingesetzt. Andere in pflanzlichem Öl eingelegt, in dem sie lange ihre Würzkraft erhalten.

Seasonings

Zunehmend Bedeutung erlangen sogenannte Seasonings. Die meisten Speisen werden nicht mit einem Gewürz aromatisiert, sondern mit einer Reihe verschiedener Geschmacksrichtungen. Die Aromaindustrie bietet daher ein komplettes Programm von verschiedenen Mischungen für bestimmte Einsatzzwecke an, die aus Rohgewürzen, ätherischen Ölen, Oleoresinen und allen Arten von Additiven zusammengesetzt sind (Salat-, Suppenseasoning etc.).

In alkoholfreien Getränken werden natürliche Aromen (außer aus Citrusfrüchten) kaum angetroffen. Hingegen sind alkoholische Getränke seit jeher ein breites Einsatzgebiet (Kräuterliköre, Wermutweine, Ale-Bier und Branntweine wie Magenbitter, Ouzo, Gin, Anisette , Enzian, Aquavit).

Auszüge aus folgenden Arten finden in alkoholischen Getränken Verwendung: Anis, Koriander, Kümmel, Süßholz, Angelika, Ysop, Enzianwurzel, Wacholderbeeren, Artischoke, Thymian, Kalmus, Sternanis. Schließlich erhält Bier durch Hopfen seinen herb-würzigen Geschmack.

4.2.3 Körperpflegemittel

Die meisten Körperpflegemittel wie Duschgel, Seife, Haarshampoo, Lippenstift und Haushaltsartikel wie Spül- und Waschmittel, Papiertaschentücher etc. gelangen parfümiert in den Handel. Allerdings werden derartige Massenartikel meist mit künstlich hergestellten Duftstoffen versetzt.

Lediglich in Mitteln der Mundpflege (Zahnpasta, Mundwasser), Körperreinigung und -pflege (Spezialseifen, Haarpflegemittel) sowie der Hautpflege (Einreibemittel und kosmetische Salben) kommen auch natürliche Duftstoffe und Pflanzenextrakte zum Einsatz. Ein bedeutendes Einsatzgebiet für natürliche Duftstoffe bietet die Parfumindustrie. Vor allem bei teuren Parfums wird nach wie vor nicht auf natürliche Materialien verzichtet, weil erst diese dem Parfum die nötige Komplexizität verleihen. Jedenfalls sollten die in der Kosmetik eingesetzten Stoffe haut-, aber auch umweltfreundlich sein.

4.2.4 Non-food-Bereich

Viele Inhaltsstoffe von Arznei- und Gewürzpflanzen haben Eigenschaften, die über die Genuss- oder pharmazeutische Wirkung hinausgehen.

Antimikrobielle Wirkung

So besitzen viele Extrakte bzw. ätherischen Öle ein **antimikrobielles Potential.** Zu den wirksamsten Arten zählen Alant, Bohnenkraut, Hopfen, Liebstöckelwurzel, Salbei, Oregano und Thymian. Hopfenextrakt hat mit Ausnahme auf *Escherichia coli* eine sehr starke Hemmwirkung auf Bakterien. Hefen und Schimmelpilze werden im Wachstum hingegen nicht gehemmt. Bei Alant, Bohnenkraut, Liebstöckelwurzel, Oregano und Wacholder ist die Wirkung auf das ätherische Öl zurückzuführen, bei Hopfen, Rosmarin und Salbei sind in den Extrakten Wirksubstanzen enthalten, die nicht den ätherischen Ölen zuzuordnen sind.

Antioxidative Wirkung

Einige Inhaltsstoffe besitzen auch eine **antioxidative Wirkung.** Die Oxidation von Fetten und Ölen führt zu einem unannehmbaren Geschmack, dem Ranzigwerden, der Nahrungsmittel verdorben macht. Die Zugabe von Antioxidantien soll diese Entwicklung hintanhalten. Bisher wird v. a. Rosmarin (bzw. Rosmarin-Oleoresine) in großem Stil als wirksames natürliches Antioxidans verwendet.

Pestizide Wirkung

Von den tausenden an sekundären Inhaltsstoffen, die das Pflanzenreich entwickelt hat, sind auch einige darunter, die eine **pestizide Wirkung** entfalten. Während der letzten Jahre wurden etliche dieser Wirkstoffe geprüft, wobei die Schwierigkeit darin besteht, die in geringer Konzentration vorliegenden Substanzen in ausreichender Menge zu gewinnen, um ihre Wirksamkeit testen zu können.

Im Wesentlichen entwickeln die Wirkstoffgruppen der Phenole, manche Stoffe der großen Gruppe der Terpenoide und Alkaloide eine pestizide Wirkung.

Unter den Phenolen sind es vor allem die Cumarine, die eine herbizide Wirkung erzielen, während in den Quinonen das größte Potential steckt.

Von den Terpenoiden entwickeln etliche Substanzen eine herbizide Wirkung, ohne dass derzeit eine davon in kommerzieller Verwendung stünde. Sie wirken v. a. keimhemmend und hemmend auf das Wurzelwachstum. Sie besitzen aber auch eine insektizide (z. B. Pyrethrine von Chrysanthemum) oder fungizide Wirkung oder wirken als Repellent bzw. Antifeedant (v. a. das Sesquiterpen Caryophyllen).

Alkaloide (v. a. Nikotinabkömmlinge) wären potente Insektizide, sind aber wegen ihrer Säugetiergefährlichkeit problematisch im Einsatz.

Der Aufwand, der betrieben werden muss, bis ein Wirkstoff zum großtechnischen Einsatz kommen kann, wird oft als größer angesehen als bei synthetischen Wirkstoffen.

Tab. 4:
Einsatzmöglichkeiten von verschiedenen Arten im Non-food-Bereich

Anwendungsfeld	Pflanzenart	Wirkstoff
Antioxidans	Rosmarin Salbei Oregano Majoran Thymian	Extrakt, Rosmanol Carnasol Polyhydroxybenzoesäure Phenole Thymol, Carvacrol
Antifeedant (Insekten)	Römische Kamille Angelikawurzel	Extrakt Extrakt
Antifeedant (Nagetiere)	Chillies (Capsicum)	Extrakt (Capsaicin)
Insektizid	Chrysanthemum Neem Pfefferminze Oregano Rosmarin	Extrakt (Pyrethrine) Extrakt, ätherisches Öl ätherisches Öl Extrakt Extrakt
Repellent	Dillsamen Basilikum Lorbeerblatt	Extrakt ätherisches Öl ätherisches Öl
Keimhemmer am Kartoffellager	Kümmel Dill Krause Minze	ätherisches Öl (Carvon) ätherisches Öl (Carvon) ätherisches Öl (Carvon)

nach Bezzi 1994, Thomann und Bauermann 1993, Nakatani 1995, Lindberg-Madsen und Bertelsen 1996 und Lydon and Duke 1989

4.2.5 Genussmittel

Bei der Herstellung von Tabak werden als Aromaspitze verschiedentlich Pflanzenextrakte verwendet, unter anderem Menthol oder Lakritzsaft.

5. Betriebswirtschaft

Ob die Produktion von Arznei- und Gewürzpflanzen für einen Betrieb wirtschaftlich ist, hängt von vielen Faktoren ab: vom Ertrag, vom Erlös und von den Produktionskosten. Um rentabel zu arbeiten, muss der Produzent bestrebt sein, möglichst hohe Hektarerträge mit möglichst hohen Erlösen bei möglichst niedrigen Kosten zu erzielen.

Das Ertragspotential muss durch standortgerechte Kulturartenwahl und optimale Kulturführung unter Berücksichtigung der geforderten Qualitäten ausgeschöpft werden. Hohe Erträge sind zum Erreichen der Konkurrenzfähigkeit nötig.

Die Produkte müssen auf Grund der geringen Handelsbeschränkungen und niedrigen Zölle mit oft billiger ausländischer Ware konkurrieren. Die Verkaufserlöse sind deshalb meist niedrig, können aber mit zunehmendem Grad der Verarbeitung und mit zunehmender Vermarktungsstufe erhöht werden.

Kooperation notwendig

Sollen die Produktionskosten niedrig gehalten werden, so müssen hohe Produktionsmengen angestrebt werden. Dies ist nur bei Zusammenschluss mehrerer Produzenten möglich, indem Ernte-, Aufbereitungsmaschinen und Trocknungsanlagen gemeinsam genutzt werden. Insbesondere die sehr teuren Trocknungsanlagen sollten nach Möglichkeit überbetrieblich eingesetzt werden, die Auslastung kann durch die Trocknung anderer Produkte erhöht werden (Obst, Gemüse).

Vor Aufnahme von neuen Kulturen sollten daher folgende Fragen geklärt werden :

- Für welche Kulturen gibt es überhaupt Abnehmer?
- Welche Preise können tatsächlich erzielt werden?
- Können die in Frage kommenden Kulturen mit den vorhandenen Maschinen und Geräten produziert werden?
- Sind Investitionen nötig und wenn ja, in welcher Höhe?

Auf Grund dieser Erhebungen sollte eine Probekalkulation durchgeführt werden. Erst wenn diese positiv ausfällt, soll mit einem Probeanbau überprüft werden, ob mit der verwendeten Produktionstechnik die nötigen Erträge und Qualitäten erzielt werden können.

Gleichzeitig sollte laufend der Markt beobachtet werden. Da er für diese Spezialkulturen sehr klein ist, die Ware überdies sehr starr nachgefragt wird, führt ein eventuelles Überangebot sehr rasch zu drastischen Preisausschlägen. Was in einem Jahr noch rentabel erscheint, kann im nächsten Jahr u. U. schon unrentabel sein.

6. Produktionstechnik

6.1 Standortwahl

Die Umweltbedingungen werden durch die Komplexe Boden und Klima charakterisiert; Boden wieder durch seine mineralische Zusammensetzung, Struktur, Textur, organische Substanz, Bodenwasser, pH-Wert und Nährstoffgehalt. Licht (Tageslänge und Intensität), Luftfeuchtigkeit, Niederschläge und die Lufttemperatur machen das Klima aus. Jeder dieser einzelnen Faktoren ist im Stande den Ertrag und den Inhaltsstoffgehalt zu beeinflussen. Es würde aber zu weit führen, auf jeden dieser einzelnen Faktoren einzugehen bzw. sind die Zusammenhänge großteils nur von theoretischem Interesse. Für die Standortwahl sollen daher hier nur grobe Anhaltspunkte gegeben werden.

Standort beeinflusst Wirkstoffgehalt

Ätherische Ölpflanzen weisen im Allgemeinen in wärmeren und trockeneren Klimagebieten höhere Ölgehalte auf. Hingegen scheinen alkaloidhältige Pflanzen höhere Gehalte in feuchteren – und damit stickstoffreicheren – Klimaten aufzuweisen.

Schleimdrogen, die hauptsächlich Membranschleime enthalten, dürften eher in trockenen Gebieten höhere Gehalte aufweisen, weil das Rückhaltevermögen für Wasser bei hohem Schleimgehalt erhöht wird und damit die Überlebensfähigkeit steigt. Oberflächenschleime von Samen sollen für eine bessere Keimfähigkeit sorgen. Der Standorteinfluss bei den restlichen Drogen ist kaum erforscht.

Die Ansicht, dass Pflanzen in höheren Lagen mehr Inhaltsstoffe produzieren, konnte widerlegt werden. Im Allgemeinen liegt er in höheren Lagen niedriger, kann aber durch besonders gute kleinklimatische Bedingungen oder gute Bodenverhältnisse teilweise ausgeglichen werden. Damit gilt für Arznei- und Gewürzpflanzen derselbe Grundsatz wie für andere Kulturpflanzen auch, dass nämlich in den klimatischen und edaphischen Gunstlagen die besten Erträge und Inhaltsstoffgehalte erzielt werden.

Tab. 5:
Standortansprüche einiger Arznei- und Gewürzpflanzen

Für trockenere Lagen geeignet:	Bockshornklee, Bohnenkraut, Eibisch, Fenchel, Knoblauch, Koriander, Königskerze, Lavendel, Majoran, Mariendistel, Öllein, Paprika, Senf, Thymian, Wermut
Für feuchtere Lagen geeignet:	Arnika, Baldrian, Liebstöckel, Schnittlauch, Spitzwegerich, Tollkirsche
Für das subalpine Klimagebiet noch geeignet:	Arnika, Baldrian, Engelwurz, Gelber Enzian, Kümmel, Minzen
Arten mit weiter ökologischer Streubreite:	Kamille, Kümmel, Malve, Mohn, Öllein, Schafgarbe, Stiefmütterchen
Humusreiche Böden bevorzugend:	Baldrian, Borretsch, Dill, Eibisch, Gelber Enzian, Kümmel, Liebstöckel, Majoran, Melisse, Pfefferminze, Schnittlauch, Stechapfel
Kalkreiche Böden bevorzugend:	Fenchel, Koriander, Lavendel, Majoran, Ringelblume, Salbei, Stechapfel, Thymian, Ysop
Kalkarme Böden bevorzugend:	Roter Fingerhut, Kornblume, Spitzwegerich, Weidenröschen

Tab. 6:
Kälteempfindlichkeit einiger Arznei- und Gewürzpflanzen

sehr frosthart:	Baldrian, Eibisch, Engelwurz, Gelber Enzian, Kren, Kümmel, Schnittlauch
frosthart:	Alant, Bibernelle, Kamille, Kornblume, Lavendel, Liebstöckel, Malve, Ringelblume, Rittersporn, Senf, Sonnenhut, Stiefmütterchen, Weidenröschen, Winterknoblauch
mittel frosthart:	Dost, Estragon, Wolliger Fingerhut, Fenchel, Öllein, Saflor
frostempfindlich:	Basilikum, Bohnenkraut, Dill, Majoran, Melisse, Ölkürbis, Paprika, Stechapfel, Speik, Studentenblume

6.2 Fruchtfolge

In einer ackerbaulichen Fruchtfolge sollten mit Arznei- und Gewürzpflanzen keine Fruchtfolgeprobleme auftreten. Haben sich aber Betriebe spezialisiert, so kann es bei zu engen Kulturabständen zu Fruchtfolgeproblemen kommen. Dies kann einerseits auf Wurzelausscheidungen zurückzuführen sein (z. B. Lein), aber vor allem auf vermehrtes Krankheits- und Schädlingsauftreten. So hat z. B. ein unmittelbar aufeinander folgender Mohnanbau zu einem bestandesgefährdenden Auftreten des Mohnwurzelrüsslers geführt. Zur Vermeidung solcher Kalamitäten gelten dann im Prinzip dieselben Regeln wie im normalen Ackerbau auch:

Fruchtfolgeregeln

- zeitlichen Abstand zwischen Kulturarten der gleichen Familie einhalten
- Wechsel zwischen Blatt-, Wurzel- und Körnerdroge
- Wahl der geeigneten Vorfrucht

Als Vorteil von Arznei- und Gewürzpflanzen kann gelten, dass sie zumeist einer Familie angehören, die zu keiner der gängigen Ackerkulturen gehört und damit den vorherrschenden Krankheits- und Schädlingsdruck unterbricht. Sie bereichern daher eine Ackerfruchtfolge, manche Arten führen nicht unerhebliche Mengen an organischer Substanz zu, sind unkrautverdrängend bzw. garefördernd. Manche decken den Boden u. U. über Jahre und vermindern so eine allfällige Bodenerosion und Nährstoffauswaschung.

Zum Problem können andererseits Ausfall bzw. vegetative Pflanzenteile (z. B. Rhizomstücke) werden, die u. U. sehr lange keimfähig bleiben und zur Unzeit wieder keimen (z. B. Mariendistel). Bei Fruchtwechsel ist eine Bekämpfung in der darauf folgenden Ackerkultur dann aber meist möglich. Da derzeit kaum Herbizide zugelassen sind, ist eine Unterbrechung einer arznei- und gewürzpflanzenstarken Fruchtfolge durch Ackerfrüchte allein aus Gründen der Unkrautbekämpfung geboten.

Die Wahl der unmittelbaren Vorfrucht hängt natürlich von den Ansprüchen der Folgefrucht ab. Vor Arten, die ein feines Saatbett benötigen, sollten keine Arten stehen, die grobe Pflanzenreste hinterlassen (z. B. kein Körnermais vor Kamille, Mohn, Oregano, Schafgarbe, Thymian etc.). Der von Leguminosen gebundene Stickstoff sollte dementsprechend von stickstoffbedürftigen Folgefrüchten genutzt werden.

6.3 Düngung

Schon bei der Standortwahl soll man auf einen ausreichend mit Nährstoffen versorgten Boden achten. Arznei- und Gewürzpflanzen sind in der Regel arbeitsintensiv. Verzicht auf Ertrag wegen eines unzureichenden Nährstoffangebots wäre damit umso weniger zweckmäßig, als die Düngung einen verhältnismäßig niedrigen Kostenfaktor darstellt.

Wie bei anderen Kulturarten auch übt die Düngung einen starken Einfluss auf den Ertrag aus. Begrenzende Faktoren sind die genetische Ertragsfähigkeit der Arten und die ökonomischen Gegebenheiten im Sinne des Gesetzes vom abnehmenden Ertragszuwachs.

Um die verfügbaren Nährstoffe des Bodens richtig beurteilen und danach auch düngen zu können, ist eine chemische Bodenanalyse und eventuell eine Prüfung der biologischen Aktivität zweckmäßig. Auf Grund der chemischen Analyse lassen sich die erhaltenen Werte einem von verschiedenen Beratungsorganen ausgearbeiteten Schema zuordnen (z. B. in Österreich: „Richtlinien für die sachgerechte Düngung"). Angestrebt wird eine ausreichende Nährstoffversorgung des Bodens und ein pH-Wert von 5,5–7,5.

Saure Böden bevorzugen nur Weidenröschen, Spitzwegerich und Arnika, die meisten Pflanzen des Mittelmeergebiets gedeihen auf leicht alkalischen Böden besser.

Bei der Bemessung der Düngergaben für Arznei- und Gewürzpflanzen kann nicht auf Datenmaterial zurückgegriffen werden, das aus langjährigen und an mehreren Orten durchgeführten Versuchsserien gewonnen wurde, sondern man ist auf wenige Einzelergebnisse angewiesen. Aus diesen können nur bedingt repräsentative Schlüsse gezogen werden. Dies gilt auch für die Bemessung der Stickstoffdüngung nach der N_{min}-Methode.

Düngung gezielt

Die bei den einzelnen Kulturanleitungen angegebenen Phosphat- und Kalimengen setzen einen ausreichend mit diesen Nährstoffen versorgten Boden voraus (Gehaltsstufe C). Fallen die Bodenanalysewerte in die Gehaltsstufe B, so ist ein 25 %iger Zuschlag, fallen sie in die Gehaltsstufe A so ist ein 50 %iger Zuschlag zu den bei den Kulturen angegebenen PK-Düngermengen empfehlenswert. Ab Gehaltsstufe D soll auf eine Phosphatdüngung verzichtet bzw. die angegebene Kalimenge halbiert werden. Ab Gehaltsstufe E sollte eine PK-Düngung unterbleiben.

Grob vereinfacht kann für Kraut- und Blattdrogen eine stickstoffbetonte Düngung, bei Wurzeldrogen eine kalibetonte und bei Samen- oder Fruchtdrogen eine phosphatbetonte Düngung empfohlen werden. Die angeführten Nährstoffe sollten aber nicht in grobem Missverhältnis zueinander zur Verfügung stehen.

Über die Frage der Düngeform wurden früher zahlreiche Untersuchungen angestellt. Das Problem stellt sich heute kaum mehr, da hauptsächlich Mehrnährstoffdünger verwendet werden und sich der Einfluss der Düngerform zumeist als gering erwies.

Zur Erhaltung der Bodenfruchtbarkeit ist für eine ausreichende Humusversorgung über organische Wirtschaftsdünger oder Gründüngung zu sorgen.

Bei der Bemessung der Düngergaben muss der Nährstoffgehalt von eventuell ausgebrachten Wirtschaftsdüngern berücksichtigt werden. Der Nährstoffgehalt der Wirtschaftsdünger schwankt je nach Tierart, Aufstallungsart und Futtergrundlage in einem weiten Bereich.

Düngung im Biolandbau

Im **biologischen Landbau** (organisch-biologisch, biologisch-dynamisch, ANOG und andere) sind keine leicht löslichen Mineraldünger zugelassen. Als Stickstoffquelle können neben Wirtschaftsdüngern Blutmehl, Hornspäne und Rizinusschrot, als Phosphatquelle Horn- und Knochenmehle, Rohphosphate und als Kaliquelle Kaliumsulfate bzw. zum Teil Gesteinsmehle dienen. Die im biologischen Landbau zugelassenen Düngemittel sind im Anhang zur EU-Verordnung 2092/91 des Rates vom 24. Juni 1991 über den ökologischen Landbau (bzw. den Änderungen mit 2381/94 und 1488/97) angeführt. Da diese Verordnung laufend geändert wird, erscheint eine Nennung der zugelassenen Düngemittel nicht sinnvoll.

Im Sinne einer ausgeglichenen Nährstoffbilanz sollte heute nicht mehr über Entzug gedüngt werden. Nachstehende Tabelle gibt einen Überblick über Entzugszahlen einiger Arznei- und Gewürzpflanzen.

Tab. 7:
Nährstoffentzug durch verschiedene Arznei- und Gewürzpflanzen

Art	Pflanzenteil	FM-Ertrag dt/ha	kg N/ 10dt FM	kg P_2O_5/ 10dt FM	kg K_2O/ 10dt FM	kg MgO/ 10dt FM
Alant	Wurzeln	300	5,0	2,1	7,6	0,7
	Kraut	130	2,8	0,7	9,9	1,1
Arnika	Blütenkörbe	40	4,0	1,6	4,8	0,6
	Wurzeln	60	6,8	3,0	6,5	1,0
	Kraut	70	4,7	1,6	7,4	1,1
Baldrian	Wurzeln	150	2,9	1,9	4,1	0,6
	Kraut	200	2,8	1,0	5,0	0,6
Basilikum	Kraut bei Blühbeginn	150	3,3	0,9	3,9	0,7
Bergbohnenkraut	blühendes Kraut	135	6,5	1,6	7,4	1,5

(FM: Frischmasse)

Art	Pflanzenteil	FM-Ertrag dt/ha	kg N/ 10dt FM	kg P_2O_5/ 10dt FM	kg K_2O/ 10dt FM	kg MgO/ 10dt FM
Bibernelle	Wurzeln	70	3,5	1,7	5,1	0,6
	Kraut	250	4,5	2,1	8,5	0,9
Bockshornklee	Samen	5	38,7	14,0	15,3	14,0
	Kraut zur Ernte	20	6,8	4,2	8,2	1,5
Bohnenkraut	blühendes Kraut	450	3,2	1,2	4,9	0,7
Borretsch	blühendes Kraut	700	1,5	0,5	4,4	0,2
Brennnessel, Große	nicht blühendes Kraut	400	5,9	1,6	6,9	1,0
	Wurzeln	80	3,8	2,0	5,1	1,0
Dill	Kraut	300	2,9	0,8	7,1	0,4
Dost	blühendes Kraut	120	5,0	1,4	5,2	1,7
Drachenkopf	blühendes Kraut	500	2,7	1,1	6,5	0,3
Eibisch	Wurzeln	150	6,6	3,0	7,2	2,0
	Kraut	100	2,2	0,7	8,0	0,5
Engelwurz	Wurzeln	200	3,0	2,3	6,5	0,9
	Krauternterückstände	400	1,5	0,7	7,2	0,4
Estragon, Deutscher	nicht blühendes Kraut	150	5,5	1,6	8,8	0,4
Fenchel	Früchte (Droge)	25	27,8	12,6	25,8	4,3
Johanniskraut	blühendes Kraut	200	5,3	2,0	6,0	0,7
Kamille	Kraut ohne Blüten	60	2,6	0,9	5,3	0,1
	Blüten	40	4,2	2,1	5,4	0,1
Knoblauch	Zehen	80	6,1	2,9	5,2	0,3
	Krauternterückstände	100	2,4	0,9	4,7	0,6
Koriander	Früchte	13	25,0	12,0	14,0	6,0
Kornblume	Blüten	70	4,4	1,9	5,0	0,6
	blühendes Kraut	200	3,7	1,0	6,3	0,5
	Kraut ohne Blüten	130	7,0	0,7	8,8	1,1
Kren (Meerrettich)	Wurzeln	200	6,9	2,2	7,5	0,7
	Krauternterückstände	250	3,8	1,0	6,4	0,6
Kümmel	Früchte	16	34,0	14,0	18,0	5,0
Lein	Samen	13	36,0	14,0	9,0	6,0
Liebstöckel	Kraut	550	3,7	1,1	5,0	0,6
	Wurzel	120	2,1	1,5	2,4	0,8
Malve, Blaue	Blüten	100	3,0	1,6	4,7	0,7
	Kraut ohne Blüten	400	4,1	1,8	8,0	0,7
	blühendes Kraut	500	3,5	1,6	6,9	0,7
Majoran	Kraut bei Blühbeginn	200	4,8	1,4	5,9	0,7
Mohn	Samen	10	39,0	22,0	12,0	7,0

Art	Pflanzenteil	FM-Ertrag dt/ha	kg N/ 10dt FM	kg P_2O_5/ 10dt FM	kg K_2O/ 10dt FM	kg MgO/ 10dt FM
Petersilie	Blätter	330	4,5	1,0	5,3	0,6
	Stängel	270	1,4	0,4	4,9	0,3
Pfefferminze	nicht blühendes Kraut	400	4,2	1,1	5,5	0,8
Ringelblume	Blütenkörbe	60	3,0	1,2	4,6	0,6
	Kraut ohne Blüten	450	2,9	0,7	7,0	0,6
	blühendes Kraut	600	2,9	0,7	5,0	0,5
Saflor	Früchte	17	25,0	10,0	6,0	4,0
Salbei	nicht blühendes Kraut	350	4,9	1,1	6,2	1,3
Senf	Samen	17	49,9	19,0	10,0	5,0
Schabzigerklee	blühendes Kraut	300	3,7	0,8	6,6	0,7
Schafgarbe	Blühhorizont	350	4,6	1,6	7,7	0,5
Sonnenhut, Roter	blühendes Kraut	300	4,4	1,3	8,3	1,4
	Wurzeln	150	4,6	1,4	5,0	1,4
Spitzwegerich	Kraut	200	3,3	1,1	5,3	0,2
Thymian	blühendes Kraut	150	4,4	1,2	7,7	0,8
Zitronenmelisse	nicht blühendes Kraut	300	4,9	1,4	7,6	0,9

Bomme und Nast 1998, ergänzt

6.4 Saat- und Pflanzgut

6.4.1 Züchtung

Der steigende Bedarf an pflanzlichen Rohmaterialien wird immer mehr aus systematischem Anbau aufgebracht. Naturschutzbestimmungen, Umweltbelastungen, die unsichere Versorgung, die Nachfrage nach standardisierter Rohdroge usw. werden künftig das Wildsammelaufkommen weiter zurückgehen lassen. Für eine planmäßige Kultivierung von Arzneipflanzen sprechen die bessere Versorgungssicherheit, die Anforderungen an Identität, Reinheit und Qualität, der kontrollierte Einsatz von Pflanzenschutzmitteln und die künftig zu erwartenden Beschränkungen des Handels mit wild gesammelten Pflanzen.

Für einen erfolgreichen Anbau und für die Produktion höchster Qualitäten pflanzlicher Arzneimittel ist hochwertiges Saat- und Pflanzgut natürlich Voraussetzung. Zuchtsorten sind die beste Garantie für optimale innere und äußere Eigenschaften. Innere

Eigenschaften beziehen sich vor allem auf Wirkstoffe (meist sekundäre Inhaltsstoffe). Sie können aber auch besondere Trocknungs- oder Extraktionseigenschaften betreffen. Äußere Eigenschaften werden Einheitlichkeit des Bestandes, Wuchsfreudigkeit, je nach Nutzung besonderer Blatt-, Wurzel- oder Samenreichtum, Blühfreudigkeit bei Blütendrogen, Winterfestigkeit, rasches Nachwachsen nach einem Schnitt, Krankheits- und Trockenheitstoleranz und vieles andere mehr sein.

Im Vergleich zu den landwirtschaftlichen Kulturpflanzen sind die meisten Arzneipflanzen bis heute noch relativ wenig züchterisch bearbeitet, weil sie für den Züchter auf Grund der geringen Anbauflächen mengenmäßig im Saatgutverkauf nur eine untergeordnete Rolle spielen. Einige Arten befinden sich noch im Stadium von eben erst in Kultur genommenen Wildpflanzen. Einige Arzneipflanzenarten wurden und werden für sogenannte Werkskulturen züchterisch bearbeitet (v. a. Digitalis in den Niederlanden oder der Schweiz). Diese Sorten sind meist für die allgemeine Anbaupraxis nicht verfügbar. Viele Arten stehen nur als Formenmischung oder als Gruppensorte zur Verfügung. Die genetische Nähe zu den Wildpflanzen hat allerdings den Vorteil, aus der hohen natürlichen Variabilität der Populationen relativ rasch geeignete Typen selektieren zu können und zu Verbesserungen zu kommen.

6.4.1.1 Züchtungsmethoden

Vor allem an staatlichen Forschungsinstituten oder Universitäten ist die Züchtung, wenn auch manchmal in bescheidenem Umfang, weiter betrieben worden. In letzter Zeit sind wieder verstärkt Aktivitäten zu beobachten.

Auslesezüchtung

Meistens werden noch die klassischen Zuchtmethoden angewandt. Es sind dies vor allem die schon genannte **Auslesezüchtung,** die Kombinationszüchtung, Polyploidiezüchtung und die Mutationszüchtung.

Durch die hohe genetische Variabilität der meisten Populationen kann es durch einfache Auslesezüchtung auch heute noch gelingen, wertvolles Material zu erhalten. In einem ersten Schritt können die Resistenzeigenschaften der genetischen Ressourcen untersucht und auf gewünschte Qualitätseigenschaften selektiert werden. Neben den üblichen chromatographischen Methoden zur Bestimmung auch oft geringer Wirkstoffkonzentrationen konnten mit dem

Radioimmuntest in verhältnismäßig kurzer Zeit bei zahlreichen Arzneipflanzen wertvolle chemische Rassen entdeckt werden.

Führt die Auslesezüchtung nicht zum gewünschten Ziel oder ist das Material zu homogen, dann lässt sich die Variabilität des Pflanzenmaterials durch verschiedene Züchtungsstrategien erhöhen (Kreuzungszüchtung, Polyploidisierung, Mutationszüchtung).

Kreuzungszüchtung

Kreuzungsmethoden wurden sowohl zur Ertragsverbesserung als auch zur Erhöhung des sekundären Inhaltstoffgehalts angewandt. Die Schwierigkeit dieser Methode besteht darin, dass die genetische Struktur zur Bildung der sekundären Inhaltsstoffe weitgehend unbekannt ist. Die Selektion des gewünschten Genotypen erfordert daher einen hohen Aufwand, weil sie nur auf Grund empirischer Untersuchungen erfolgen kann. Das genetische Material zweier Kreuzungspartner wird dabei rein zufällig gemischt und es ist das Zuchtergebnis daher kaum vorhersagbar. Erst durch Rückkreuzung und wiederholte Auslese wird versucht, die gewünschte Merkmalskombination zum Ausdruck zu bringen.

Durch **Polyploidisierung,** d. h. durch Erhöhung der Zahl der Chromosomensätze in der Zelle, kann die Produktionsleistung deutlich gesteigert werden. Die Polyploidie wird häufig durch den Zusatz von Colchizin initiiert, wodurch die Kernteilung vorzeitig unterbrochen wird. Allerdings muss Polyploidisierung nicht in jedem Fall zu Qualitätsverbesserungen führen.

Sie hat aber z. B. bei Baldrian (höhere Gehalte an Valepotriaten und an Valerensäure), Basilikum (hohe Eugenolgehalte), aber vor allem auch bei Kamille zum Erfolg geführt.

Mutationszüchtung

Mutationen können durch die Einwirkung von γ-Strahlen, oder Chemikalien (z. B. Diethylsulfat, Ethylmethansulfonat) ausgelöst werden. Dabei ist diese Mutationsauslösung keineswegs gerichtet, vielmehr ist oft die Mehrzahl aller Mutanten gar nicht lebensfähig. Doch auch mit dieser Methode sind Neuzüchtungen gelungen, so z. B. bei Lemongras.

Obwohl zum Teil die Voraussetzungen gegeben sind, sind bisher keine Sorten bei Arznei- und Gewürzpflanzen, die aus **Hybridzüchtung** hervorgegangen sind, bekannt geworden. Die Entwicklung von Linien und Teilpopulationen mit einem stabilem Hybridsystem und die Selektion geeigneter Partner mit guter Kombinationseignung durch Testkreuzungen ist mit einem hohen Aufwand verbunden.

Invitro-Kultur

Wildpopulationen setzen sich aus recht unterschiedlichen Individuen zusammen, deren Inhaltsstoffe ebenfalls einer starken Variabilität unterworfen sind. Um von wertvollen Individuen rasch zu erbreinem Material in großer Zahl zu kommen, bietet sich die **Invitro-Vermehrung** an. Die Methode lässt sich nicht nur kommerziell nutzen, sondern bietet auch ein wertvolles Hilfsmittel in der Züchtung, das gerade bei Arznei- und Gewürzpflanzen eingesetzt wurde und wird. Das Anwendungsgebiet reicht von der Erweiterung der genetischen Variabilität über die Unterstützung von Selektionsentscheidungen bis zur schnellen Bereitstellung interessanter Idiotypen in homozygoter Form bzw. der Massenvermehrung derselben.

Die **Haploidenmethode** ermöglicht es dem Züchter innerhalb kurzer Zeit interessante Genotypen in homozygotischer Form in den Zuchtprozess zu integrieren oder Inzuchtschritte zu beschleunigen. So wurden über Antherenkultur unter anderem Koriander, Fingerhut und Stechapfel züchterisch bearbeitet.

Als Zuchtziel steht meist die Erhöhung des Ertrages und des Wirkstoffgehalts sowie die Krankheitsresistenz im Vordergrund. Tabelle 10 soll einen Überblick über mögliche Zuchtziele geben.

Isolierung von Kamillenblüten

Tab. 8:
Zuchtziele bei ausgewählten Arznei-und Gewürzpflanzen

Art	Zuchtziele und angestrebte Inhaltsstoffgehalte
Arnika *Arnica montana*	Feldaufgang, Krankheitsresistenz, Flavonoide > 0,5 %, Sesquiterpenlactone > 0,6 %, Ölgehalt im Wurzelstock > 1 %
Baldrian *Valeriana officinalis*	Wurzelertrag, Ölgehalt > 1,5 %, extrahierbare Stoffe > 30 %, Gesamt-Valerensäuregehalt > 0,5 %, Krankheitsresistenz gegen Echten Mehltau, Phoma; starke Wurzeln, wenig Haarwurzeln, Schossfestigkeit
Basilikum *Ocimum basilicum*	Großblättrigkeit, Chemotypen, Blätter aber < 4 cm, reich an äther. Öl und Citronellal
Bohnenkraut *Satureja hortensis*	Erhöhung des Blattanteils > 35 %, Ertrag, äther. Ölgehalt > 1,5 %
Buchweizen *Fagopyrum esculentum*	Blattertrag, Rutingehalt
Dill *Anethum graveolens*	Blattanteil des Krautes (> 35 %), Gehalt an äther. Öl (> 5 ml/100 g Droge), geringer Carvongehalt des Öls, verzögerte Blütenbildung, geringe Vergilbungsneigung; Fusariumresistenz; fester Kornsitz bei Körnerdill
Drachenkopf *Dracocephalum moldavica*	hoher Blattanteil, äther. Ölgehalt > 0,6 ml/100 g, Citral 30 %, Geraniol
Eibisch *Althea officinalis*	Schleimgehalt > 10 %
Engelwurz *Angelica archangelica*	Wurzelertrag, Ölgehalt > 2 %, Krankheitsresistenz/Rhizoctonia, Fusarium, enges Spross/Wurzelverhältnis
Enzian, Gelber *Gentiana lutea*	Uniformität, Ertragssicherheit, Zucker- und Bitterstoffgehalt
Estragon *Artemisia dracunculus*	generative Vermehrbarkeit des aromatischen Estragons, Verbesserung der Winterhärte, Resistenz gegen Rost
Fenchel *Foeniculum vulgare*	Ertrag, Reife im September bei Direktsaat, Wuchshöhe < 1,2 m, TKG > 9 g, für Teebeutel ≈4 g, äther. Öl > 6 %, Fenchon im Öl 20 %, Estragol im Öl < 5 %, Resistenz gegen Doldenbrand und Blindwanzen
Fingerhut,Wolliger *Digitalis lanata*	Ertragspotential 80 dt/ha Droge, > 0,4 % Digoxin, Steigerung des Gehalts an extrahierbaren Stoffen, aufrechter Wuchs, Pilzresistenz, Schoßfestigkeit
Fingerhut, Roter *Digitalis purpurea*	Erhöhung des Blattertrages und Wirkstoffgehaltes, gute Winterhärte, Resistenz gegen pilzliche Krankheitserreger
Goldrute *Solidago virgaurea*	einheitlicher Blühhorizont, gleichmäßige Blütezeit, Flavonoide > 1,2 %, Phenolglycoside > 0,8 %
Johanniskraut *Hypericum perforatum*	Blütenertrag, Blütenanteil am Kraut, gleichmäßiger Blühhorizont, sicherer und rascher Feldaufgang, Hypericingehalt > 0,15 % in der gesamten Pflanze, Gesamtextraktgehalt > 25 %, Resistenz gegen pilzliche Krankheitserreger

Art	Zuchtziele und angestrebte Inhaltsstoffgehalte
Kamille *Chamomilla recutita*	Eignung für mechanische Ernte, Zerfallsbeständigkeit des Köpfchens, äther. Öl > 0,4 %, Chamazulen, Bisabolol, Flavonoide, Standfestigkeit, einheitlicher Blühhorizont
Königskerze *Verbascum densiflorum*	Mehltauresistenz, hohe Blütenerträge und Wirkstoffgehalte, Einjährigkeit
Koriander *Coriandrum sativum*	feste Sprosse, festsitzende Früchte, hoher äther. Ölgehalt > 2 %
Kümmel *Carum carvi*	Ertrag > 20 dt/ha, Reife Anfang Sept., Mähdruschfestigkeit, Einjährigkeit äther. Ölgehalt > 3 %, Carvongehalt im Öl > 50 %, Mehltauresistenz
Lein *Linum usitatissimum*	Samenfarbe, Fettgehalt, Mähdruschfähigkeit, Schleimgehalt
Liebstöckel *Levisticum officinale*	äther. Ölgehalt > 1,5 ml/100 g
Majoran *Majorana hortensis*	Blattertrag, einheitlicher Feldaufgang, Tockenresistenz im Frühsommer, Blattanteil > 60 %, äther. Öl > 2 %, cis-Sabinenhydrat im Öl > 25 %, grüne Blätter, verbesserte Triebkraft, Alternariaresistenz
Mariendistel *Silybum marianum*	Ertrag, gleichmäßige Abreife, beschränkte Wuchshöhe, Mähdruschfähigkeit, Silymaringehalt 3,5 %, Silybin, Silydianin, Silychristin
Melisse (Zitronen-) *Melissa officinalis*	Winterhärte, ökologische Toleranz, Erhöhung des Blattanteils > 60 %, Steigerung des äther. Ölgehalts > 0,5 %, aufrechter Wuchs, Neral 30 %, Geraniol 40 %
Mohn *Papaver somniferum*	zur Alkaloidgewinnung: besonders hoher Alkaloidgehalt, für Backmohn: besonders niedriger Alkaloidgehalt in Samen und Kapsel
Muskatellersalbei *Salvia sclarea*	Ertrag, Blütenanteil, hoher äther. Ölgehalt, Sclareolgehalt > 1,8 %, Einjährigkeit
Nachtkerze *Oenothera biennis*	frühe gleichmäßige Reife, nicht aufspringende Kapseln, fettes Öl > 25 %, > 10 % γ-Linolensäure
Oregano *Origanum vulgare*	hoher Ertag und äther. Ölgehalt, Thymol bzw. Carvacroltyp (jeweils > 60 %)
Petersilie *Petroselinum crispum*	Blattkrausung, Aroma (Apiol, Myristicin), Winterhärte, aufrechter Wuchs, Regenerationsfreudigkeit, Septoriaresistenz, Blattfarbe dunkelgrün
Pfefferminze *Mentha x piperita*	Blatt- und Stolonenertrag, Blattanteil > 60%, Ertragssicherheit Trockenresistenz, Rostresistenz, äther. Öl > 3 %, Menthol im Öl > 40 %, Menthylacetat im Öl 4,5–10 %, gute Sensorik
Ringelblume *Calendula officinalis*	orangefarbene Blüten, hoher Flavonoidgehalt, Caratinoide
Saflor *Carthamus tinctorius*	leuchtend orangerote Blüten, dornenlos, hoher Fettgehalt der Achänen, hoher Linolsäureanteil
Salbei *Salvia officinalis*	hohe Blatterträge, Blattanteil > 65 %, äther. Öl > 1,5 %, α-Thujon > 30 %, β-Thujon < 4 %

Art	Zuchtziele und angestrebte Inhaltsstoffgehalte
Schafgarbe *Achillea millefolium*	Erhöhung des Blütenanteils, äther. Öl > 1 %, Chamazulengehalt > 0,07 %
Schnittlauch *Allium schoenoprasum*	Verbesserung des Regenerationsvermögens
Spitzwegerich *Plantago lanceolata*	wenig Blüten auch bei spätem Schnitt, Alternariaresistenz, Aucubingehalt
Thymian *Thymus vulgaris*	Blattanteil > 45 %, äther. Ölgehalt > 3,5 %, Ölzusammensetzung (Linalool-, Thymol-, Carvacroltyp), Thymoltyp > 45 %
Ysop *Hyssopus officinalis*	blaue Blüten, hoher äther. Ölgehalt

nach Bundessortenamt 1996, Franz 1996, Pank 1996 und Buschbeck 1997, ergänzt

6.4.2 Saatgut

Saatgutformen

Saatgut von Arznei- und Gewürzpflanzen, welcher Herkunft auch immer, gelangt in verschiedenen Aufbereitungsstufen in den Handel.

- **Normalsaatgut** wird von ausgesuchten Pflanzenbeständen gewonnen und nach bestimmten Vorschriften geerntet, getrocknet, aufbereitet und gelagert. Eine Beizung, soweit zugelassene Präparate vorhanden sind, ist zweckmäßig.
- **Kalibriertes Saatgut** wird durch Absieben aus Normalsaatgut gewonnen und in bestimmten Größenklassen geliefert. Es kann von mechanischen Sägeräten gleichmäßiger erfasst und verteilt werden.
- Bei **graduiertem Saatgut** sind Körner mit geringerem spezifischen Gewicht ausgeschieden. Es besitzt meist eine höhere Keimfähigkeit.
- **Inkrustiertes Saatgut** ist im Inkrustierverfahren z. B. mit Fungiziden, Insektiziden, Naturextrakten, Spurenelementen und sonstigen Wirkstoffen sowie mit einer farbigen Deckschicht hauchdünn und abriebfest überzogen. Es ist die Weiterentwicklung des gebeizten Saatgutes.
- **Pilliertes Saatgut** ist ein von einer Hüllmasse umgebenes, ursprünglich unrundes oder kleines Saatgut von hoher Qualität, das damit für mechanische Sägeräte auf einheitliche Größe und passende runde Form gebracht wurde. Es können wachstumsfördernde und schädlingsabweisende Stoffe sowie Farbstoffe zur

Kennzeichnung beigemischt sein. Zu unterscheiden ist die Freilandpille zur Saat direkt ins Feld und die Topfpille zur Saat direkt in die Anzuchtplatte oder den Erdpresstopf in der Jungpflanzenanzucht.

Keimfähigkeit und Triebkraft müssen Mindestanforderungen genügen, sind jedoch zum Teil gesetzlich geregelt. Der Anteil an Verunreinigungen soll, je nach Art, zwei bis fünf Gewichtsprozent nicht überschreiten. Weitere wichtige Qualitätsmerkmale: Geruch, Feuchtigkeitsgehalt, artspezifische Farbe und das Tausendkorngewicht(masse) (TKG oder TKM) in Gramm.

6.4.2.1 Vegetative Vermehrung

Stecklingsvermehrung

Manche Arten lassen sich nur vegetativ vermehren oder werden aus verschiedenen Gründen sinnvollerweise nicht über Samen vermehrt. Der aromatische Estragon bildet keine Samen, ebensowenig wie Knoblauch, oder lediglich sterile wie Kren. Bei Hopfen oder Pfefferminze können zwar Samen gebildet werden, deren Nachkommenschaft aber eine geänderte Inhaltsstoff-Zusammensetzung aufweisen können. Bei Goldmelisse bleiben samenvermehrte Bestände nicht farbtreu.

Die vegetative Vermehrung kann über sogenannte Fechser (Wurzelschnittlinge) wie bei Hopfen und Kren, über Stolonen (Wurzelausläufer) wie z. B. bei Pfefferminze, Kopfstecklinge wie bei Goldmelisse oder Neben- bzw. Brutzwiebel wie bei Knoblauch erfolgen. Die Pflanzung erfolgt in manchen Fällen noch händisch.

6.4.3 Sorten und Herkünfte

Soweit Sorten verfügbar sind, sind diese bei den einzelnen Kulturbeschreibungen angeführt. Es wurden hauptsächlich jene Sorten aufgenommen, die in den offiziellen Sortenlisten aufscheinen. Darüber hinaus werden vom Saatguthandel landeskulturell wertvolle Sorten angeboten oder auch solche, deren Sortenschutz bereits abgelaufen ist.

Pflanzgut von nur vegetativ vermehrbaren Arten ist nicht immer gleich in großer Menge für eine Inkulturnahme zu beschaffen. Hier bedarf es kleiner Anbauschritte, um zu eigenem Vermehrungsmaterial zu kommen (z. B. Kren, Süßholz, Minze, Goldmelisse, Franz. Estragon, Knoblauch).

Saatgutbeschaffung

Dies gilt insbesondere für bewährte Selektionen aus traditionellen Anbaugebieten, weil Konkurrenz befürchtet wird. Oft sind dies auch keine Sorten im eigentlichen Sinn, sondern eben nur Herkünfte aus bestimmten Gebieten, die sich dort im Laufe der Zeit besonders bewährt haben. Die dortigen Kulturergebnisse und Sorteneigenschaften sind aber nicht vollständig auf andere Anbaugebiete übertragbar. Es ist oft sinnvoller, eigene Selektionen und Vermehrungen vorzunehmen, weil dann die Anpassung an die vorherrschenden Klimaverhältnisse eher gegeben ist.

Bei einigen Arten wird es notwendig sein, eigene Samenvermehrungen aufzubauen, um den Saatgutbedarf zur Sicherung eines langfristigen Anbaues eines bestimmten Arznei- oder Gewürzpflanzen-Typs zu garantieren. Trockenes Saatgut kann in luftdichten Behältnissen jahrelang im Tiefkühllager aufbewahrt werden. Diese Lagerungsmethode ist zur Bewahrung der Keimfähigkeit ohnehin bei einigen Arten wie z. B. Arnika, Engelwurz, Enzian, Liebstöckel, Meisterwurz, Schnittlauch, Sonnenhut u. a. notwendig.

6.4.4 Pflanzenanzucht und Pflanzung

Jungpflanzenproduktion

Eine Direktsaat ist aus klimatischen oder kulturtechnischen Gründen bei vielen Arten nicht möglich. Ursachen können sein: verzögerte Keimung, problematische Unkrautbekämpfung, höhere Saatgutkosten durch größeren Saatgutaufwand, zu niedrige Bodentemperaturen, zu später Vegetationsbeginn, nur vegetative Vermehrbarkeit, nasse Witterung, unförmiges Saatgut usw.

Eine Jungpflanzenvorkultur in beheiz- bzw. belüftbaren Gewächshäusern oder Folientunnel ist daher bei vielen Arten notwendig. Jungpflanzen können entweder im eigenen Betrieb herangezogen oder von spezialisierten Jungpflanzenbetrieben zugekauft werden. Welcher Bezugsform der Vorzug zu geben ist, hängt von mehreren Faktoren ab:

Umfang des jährlichen Pflanzenbedarfs, Auslastung der vorhandenen betrieblichen Kapazitäten, Höhe der Kosten der Eigenanzucht, Vertrauen zum Jungpflanzenproduzenten usw. Bei Fremdbezug muss darauf vertraut werden können, dass die Jungpflanzen der bestellten Art zum richtigen Zeitpunkt in guter Qualität und gewünschter Größe geliefert werden. Die eigene Anzucht wird dann nötig, wenn bestimmte Arten nicht im Programm von Jungpflanzenproduzenten sind. Bei der eigenen Anzucht sind die

Kosten für Saatgut, Stecklingsmaterial, Substrat und Anzuchtplatten, Pikierarbeit, Heizung usw. zu berücksichtigen.

Die Anzucht erfordert geeignete Anzuchträume, einige gärtnerische Einrichtungen, Sachkenntnis, sehr hohen Arbeitsaufwand und sorgfältige Vorausplanung hinsichtlich der Anzuchttermine, der erforderlichen Kulturflächen und der Saatgut- oder Stecklingsmengen. Die Überlegungen beginnen bei der zu wählenden Saatgutform und reichen über das geeignete Substrat bzw. die davon benötigten Mengen, über die Anzuchtgefäße oder Systeme, die Pikierzeiten, bis hin zur einfachen Transportmöglichkeit aufs Feld zum Auspflanzen.

6.4.4.1 Aussaat

Die Aussaat erfolgt entweder in die mit Kultursubstraten befüllten Saatkistchen in Breitsaat mit anschließendem Pikieren (Vereinzeln) der Sämlinge in Anzuchtplatten oder industriell hergestellte Töpfe (Torf oder Kunststoff) oder das Saatgut wird direkt in Anzuchtplatten, Paperpots, Erdpresstöpfen usw. mit Besägeräten abgelegt (Zeitersparnis des Pikierens).

Als Saaterde sollen nur schwach gedüngte Torfkultursubstrate (z. B. TKS 1, Potgrond Triohum, Floradur B) oder selbst gemischte Torf-Kompost-Substrate bzw. anerkannte Biosubstrate verwendet werden. Die optimalen Keimtemperaturen sind dabei zu berücksichtigen, wie bei den einzelnen Kulturanleitungen angeführt.

Aufzuchtsysteme

Es haben sich weitgehend Pflanzenanzuchtgefäße und Vermehrungssubstrate durchgesetzt, die einen möglichst fest geschlossenen Wurzelballen bilden. Rationelle Anzuchtplatten für den mehrmaligen Gebrauch sind z. B. Multitopfplatten, VEFI-Platten, Nespak-Platten, Quickpotplatten, Zapfencontainer, Cultoplant-Platten u. a. Nur einmal verwendet werden die Paperpots, bienenwabenartig zusammengeklebte Papierstreifen, die sich nach dem Angießen lösen. Die Topfgrößen variieren je nach Kulturart und Bodenverhältnissen, Bewässerbarkeit, Jungpflanzenpreis usw. zwischen 35 und 60 mm. Bei Topfgröße und Substrat soll nicht gespart werden.

Eine sehr rentable Jungpflanzenanzucht ist die Verwendung von Erdpresstöpfen. Erdtopfpressen stanzen aus geeigneten Anzuchtsubstraten (Presstopferde) würfelähnliche Formen in Größen von 35 bis 70 mm heraus. In diese Erdpresstöpfe kann maschinell gesät oder pikiert oder es können Stecklinge gesteckt werden. Ein 80 l-Substratsack ergibt z. B. 800 Stück 4 x 4 cm-Würfel.

6.4.4.2 Pikieren

In der Kulturführung ist das rechtzeitige Pikieren der Sämlinge nach dem Aufgang besonders wichtig. Je früher das Pikieren geschieht, desto geringer ist der Verpflanzungsschock. Die Kulturmaßnahmen während der Anzucht wie Beheizung, Belüftung, Gießen, Nachdüngen usw. sind so abzustimmen, dass die Jungpflanzen gedrungen und kompakt bleiben, nicht vergeilen und einen gut durchwurzelten Ballen bilden. Je nach Temperatur- und Lichtangebot wird mit einer Anzuchtdauer von 3–6 Wochen zu rechnen sein (Pikieren bis Auspflanzen).

Pflanzfertige Jungpflanzen verfügen meist über vier bis sechs Laubblätter, sind genügend abgehärtet (durch zeitgerechtes Lüften der Anzuchträume) und bekommen noch eine flüssige Startdüngung. Noch anhaftende Keimblätter sind ein Qualitätsmerkmal.

6.4.4.3 Pflanzung

Pflanzmaschinen

Nach Möglichkeit wird bei trübem Wetter gepflanzt. Sonst wird für entsprechende Bewässerung nach der Pflanzung gesorgt. Kleinere Anbauflächen werden händisch mit Setzschaufel und Pflanzschnur bepflanzt. Die Leistung liegt bei 300 bis 500 Jungpflanzen pro Person und Arbeitsstunde. Größere Anbauflächen werden maschinell bepflanzt. Dafür stehen verschiedene Fabrikate von Pflanzmaschinen zur Verfügung: Klemmscheibengerät Akkord/Weiste, Schnappgreifersystem Kompakta/Metz und Superprefer/Ribouleau, weiters Rumetsch- oder Ungergeräte. Diese mehrreihigen Maschinen verfügen meist über eine Leistung von 1.500–2.000 Jungpflanzen pro Person und Stunde.

Folienlege- und Pflanzmaschine

Größere Pflanzleistungen sind mit Maschinen, welche mit Bandmagazinen ausgestattet sind, erreichbar. Dabei werden durch eine Arbeitskraft mehrere Pflanzreihen bedient. Die Jungpflanzen werden auf Transportbändern bevorratet und von diesen selbsttätig im vorgewählten Abstand im Boden abgelegt. Fabrikatsbeispiele: Exponade, Exponent, beide aus den Niederlanden.

6.4.5 Invitro-Vermehrung

Wie schon erwähnt ist die Invitro-Vermehrung nicht nur ein wertvolles Hilfsmittel für den Züchter, sie bietet auch neue Möglichkeiten der Jungpflanzenanzucht und Vermehrung von Arzneipflanzen durch Gewebekultur. Biotechnische Labors haben diese Methode speziell für Zierpflanzen entwickelt und wenden diese auch für Arznei- und Gewürzpflanzen an.

Jungpflanzen aus dem Labor

Bei Vermehrung durch Gewebekultur lässt sich ein bestimmter Pflanzentyp bekanntlich ident reproduzieren und es spalten nicht wie bei generativer Vermehrung (über Saatgut) die Nachkommen auf. Auch andere Probleme, die bei Vermehrung über Saatgut auftreten, können vermieden werden. So sind Kaltkeimer an bestimmte Aussaattermine gebunden oder manche Sämlinge entwickeln sich zu langsam oder die Keimfähigkeit nimmt zu schnell ab oder Saatgut ist nicht in ausreichender Menge vorhanden. Der andere Weg der ungeschlechtlichen, vegetativen Vermehrung über Stecklinge, Stolonen etc. kann mit Bewurzelungsschwierigkeiten, mit Krankheitsverschleppung, mit zu geringem Ausgangsmaterial u. a. verbunden sein.

In diesen Fällen kann eine Gewebekultur schnell Abhilfe bringen. Es können gesunde (z. B. virusfreie) Pflanzenbestände, die die Grundlage für eine Massenvermehrung bilden, aufgebaut und wertvolles Zuchtmaterial schnellstens vermehrt werden.

Es ist bereits für erstaunlich viele Arznei- und Gewürzpflanzen die Labortechnik entwickelt, und das obwohl für jede Art spezifische

Abb. 2: Invitro-Vermehrung

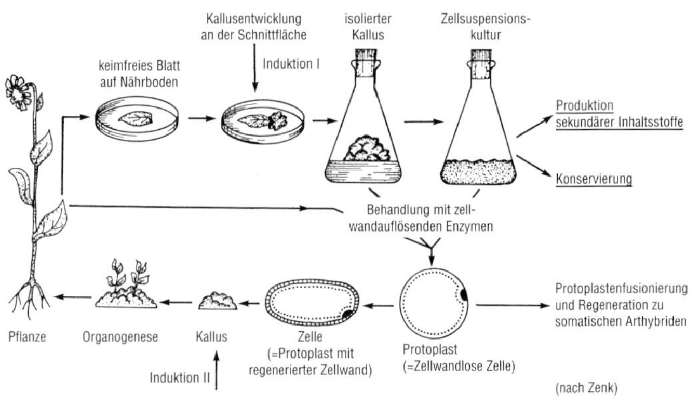

Ansprüche an Nährmedium, Wuchsstoffbehandlung, Temperaturführung usw. gestellt werden. Schwierigkeiten kann es bei der Überführung der bewurzelten Pflänzchen vom künstlichen Nährmedium in gärtnerische Kultursubstrate geben.

Wo aber Möglichkeiten der Zusammenarbeit zwischen Laboratorien und Züchtern bzw. praktischen Arzneipflanzenbauern bestehen, sollten diese genutzt werden. Der Aufwand an Zeit und Kosten wird durch die Verbesserung der Pflanzenqualität in Bezug auf Gesundheit, Wüchsigkeit, Inhaltsstoffe usw. und durch das schnellere Erreichen des Zuchtzieles belohnt.

6.4.6 Topfkultur

Kräuter im Topf

Arznei- und Gewürzkräuter werden zunehmend auch im Topf vermarktet. Bester Vermarktungszeitraum ist der Herbst bzw. das zeitige Frühjahr. Für den Verbraucher bringen getopfte Pflanzen den Vorteil mit sich, dass über einen längeren Zeitraum frische Kräuter zur Verfügung stehen, auch solche, die sich u. U. nur schwer konservieren lassen. Auch sind manche Arten nur mit Können und Erfahrung zu kultivieren. Getopfte Pflanzen eignen sich sowohl für Balkon- und Fensterkästen, aber auch zum Aussetzen ins Freiland.

Durch eine Depotdüngung wird ein ausreichendes Wachstum auch nach dem Verkauf (z. B. bei Basilikum wichtig) sichergestellt.

Tab. 9:
Kennzahlen für Arznei- und Gewürzpflanzen im Topf

Art	Kulturdauer in Tagen bis Topfverkauf	Korn je Topf	Saatgutbedarf g/1000 Töpfe
Basilikum	30–40	10–15	20
Bohnenkraut	30–40	15–20	15
Borretsch	25–30	5–8	150
Dill	35–45	10–20	20
Estragon	35–50	8–15	2
Fenchel	30–35	8–15	20
Kerbel	30–35	8–15	30
Lavendel	40–50	8–10	10
Liebstöckel	30–40	5–10	20
Majoran	35–40	20	5
Petersilie	30–40	15–20	30

Art	Kulturdauer in Tagen bis Topfverkauf	Korn je Topf	Saatgutbedarf g/1000 Töpfe
Pfefferminze	40–50	10–15	1
Pimpinelle	40–50	8–10	80
Rosmarin	30–40	5–10	10
Salbei	45–50	5–10	80
Schnittknoblauch	30–40	15–20	60
Schnittlauch	30–40	15–20	30
Schnittsellerie	40–50	10–15	15
Staudenmajoran	50	10–15	2
Thymian	50	5–10	3
Zitronenmelisse	40–50	10–15	6

nach Chrestensen 1998

6.4.7 Sätechnik

Der Kulturerfolg von Arznei- und Gewürzpflanzen, die direkt ins Feld gesät werden, hängt weitgehend von der richtigen Vorbereitung des Saatbeetes und der optimalen Sätechnik ab.

Beispiele für Direktsaat: Bockshornklee, Fingerhut, Kümmel, Lein, Mariendistel, Mohn, Ringelblumen, Saflor, Spitzwegerich u. a.

Direktsaat ins Feld

Das Samenkorn bzw. seine Aufbereitung, wie im Kapitel Saat- und Pflanzgut ausgeführt, entscheidet über die Wahl der Sämaschine. In letzter Zeit haben sich die Einzelkornsägeräte durchgesetzt, die eine Einzelkornablage oder Bandsaat (Dünnsaat) ermöglichen. Je nach Arbeitsverfahren wird zwischen mechanischen und pneumatischen Einzelkornsägeräten unterschieden. Mechanische Einzelkorngeräte arbeiten mit Zellen- oder Löffelrädern, Lochscheiben oder Lochbändern. Grundsätzlich müssen dabei Zellen, Löffel oder Löcher zur Größe und Form des Saatgutes passen. Das Saatgut muss eine einheitliche Größe haben, sollte also kalibriert oder pilliert sein. Bei pneumatischen Sägeräten wird von einem Gebläse über Düsen Luft angesaugt, Samenkörner werden mitgenommen und nach Abstellen des Unterdruckes abgelegt. Der Vorteil der pneumatischen Sägeräte besteht in einer weitgehenden Unabhängigkeit von Kornform und Korngröße. Die Einzelkornsägeräte sollen vor allem einfach in der Bedienung, leicht zu warten und für viele Arten verwendbar sein. Weiters sollen sie eine hohe Flächenleistung besitzen und natürlich auch preislich vertretbar sein. Nach

Möglichkeit wird man sich auch der Geräte des lokalen Maschinenrings bedienen, um Kosten zu sparen.

Sämaschinen

Säprinzip einiger Fabrikate:

- Lochscheibe: Ebra/Frankreich, Eckstein/D
- Schöpfbecher: Nibex/Schweden
- Lochband: Stanhay/Großbritannien, Sembdner/D
- Bürstenrad: Unger/D
- Pneumatik: Accord/D, Monosem/Frankreich, Namnette/Frankreich, Gaspardo/Italien

Der Saatgutbedarf pro Flächeneinheit ist bei den Kulturanleitungen angegeben, ist aber natürlich an Sämethode und örtliche Verhältnisse anzupassen. Zur genauen Berechnung sind auch die optimale Pflanzenzahl pro m², das Tausendkorngewicht, die Keimfähigkeit usw. zu berücksichtigen.

Tab. 10:
Wichtige Kennzahlen für Saatgut von Arznei- und Gewürzpflanzen

Kulturart	TKG in g	Kornzahl je g	Saatgutbedarf		Mindestreinheit/ Keimfähigkeit in %
			Direktsaat kg/ha	in g für 1000 Pflanzen	
Ackerstiefmütterchen	0,3–0,8	1.000–3.300	4–6	1,5	–
Alant	0,7–2,3	400–1.500	1,5	2,0	–
Arnika	1,4	700	–	3,0	–
Baldrian	0,3–1,0	1.000–3.000	3,0	1,5	85/70
Basilikum	1,0–1,6	600–1.000	4–5	2,0	90/60
Bibernelle	1,0	100	1,5	2,0	–
Bockshornklee	12 –23	40–80	25	–	95/80
Bohnenkraut	0,6–0,7	1.400–1.700	3–4	–	95/70
Brennnessel	0,14	7.000	(4)	0,5	–
Buchweizen	14 –25	40–70	60–80	–	97/80
Dill	1,0–2,0	500–1.000	8–12	–	85/60
Dost	0,1–0,2	5.000–10.000	4–5	0,3	–
Drachenkopf	2,0	500	4–6	–	–

Kulturart	TKG in g	Kornzahl je g	Saatgutbedarf		Mindestreinheit/ Keimfähigkeit in %
			Direktsaat kg/ha	in g für 1000 Pflanzen	
Eibisch	1,6–3,5	300–600	3–6	4,0	85/50
Engelwurz	3,0–7,0	140–330	10–15	20,0	–
Enzian, Gelber	0,8–1,4	700–1.200	–	3,0	–
Estragon, Russischer	0,16–0,33	3.000–6.000	3–5	5,0	96/75
Fenchel, Gewürz–	3,5–7,0	150–300	4–8	–	96/70
Fingerhut, Wolliger	0,3–0,5	2.000–3.300	1,5	0,6	90/60
Goldmelisse	0,6–0,8	1.200–1.600	–	1,5	90/60
Johanniskraut	0,1	10.000	0,5	0,2	–
Kamille	0,04–0,1	10.000–25.000	1–2	–	80/70
Kerbel	2,0–3,0	300–500	10	4,0	96/70
Königskerze	0,08–0,16	6.000–12.000	–	0,25	–
Koriander	4,0–10,0	100–250	4–5	–	–
Kornblume	4,0–6,0	160–250	10	–	–
Kümmel	1,9–3,5	280–520	6–10	–	97/70
Kürbis, Öl-	140–200	5–7	4–6	200	–
Lavendel	0,6–1,0	1.000	–	3,0	–
Lein, Öl-	5,5–12	80–200	70–100	–	99/85
Liebstöckel	2,0–5,3	180–500	4–6	6,0	90/60
Majoran	0,15–0,24	5.000	5–6	0,3	95/65
Malve	3,0–5,0	200–300	3–4	6,0	–
Mariendistel	22–31	40	3–4	40	–
Melisse	0,5–0,7	1.500–2.000	–	3,0	90/60
Mohn	0,3–0,7	1.500–3.300	0,35–1,5	–	98/73
Paprika	5,0–7,0	150–200	8–14	10	97/65
Petersilie	1,0–1,5	600–1.000	7–10	2,0	95/65
Ringelblume	4,0–12,0	80–250	5–8	12	–
Rittersporn	1,9–2,5	450	–	6,0–8,0	–
Saflor	26–32	30–40	30–40	–	98/75
Salbei	3,6–10,6	100–270	4–6	8,0	90/60
Schabzigerklee	1,2–2,7	370–830	20	–	–

Kulturart	TKG in g	Kornzahl je g	Saatgutbedarf		Mindestreinheit/ Keimfähigkeit in %
			Direktsaat kg/ha	in g für 1000 Pflanzen	
Schafgarbe	0,1–0,2	5.000–10.000	3	–	–
Schnittlauch	1,2	830	8–12	2,0	94/60
Schwarzkümmel	1,9–2,6	400–500	15–20	–	–
Senf (Gelber, Sarepta)	5–11	90–200	6–8	–	98/85
Sonnenhut, Roter	3,5–4,4	300	2	5,0	–
Spitzwegerich	1,2	830	12	–	–
Stechapfel	7,0–8,0	130	3–5	10	–
Studentenblume	2,0–3,0	300–500	–	4,0	–
Thymian	0,2–0,3	3.000–5.000	4–6	1,0	90/60
Tollkirsche	0,7–1,3	760–1.400	–	3,0	–
Weidenröschen	0,08–0,1	1.200	–	2,0	–
Wermut	0,08–0,12	800–12.500	4	0,2	96/75
Ysop	0,7–1,1	900–1.400	3–4	1,5	90/60

6.5 Bestandespflege

Für die Vermarktung von Arzneipflanzen ist es notwendig, dass die handelsfähige Droge in Hinblick auf Reinheit und äußerem Aussehen bestimmten Anforderungen entspricht. So soll sie frei von verfärbten Pflanzenteilen, von Beimengungen (Besatz), sonstigen Fremdbestandteilen, von Krankheiten und Schädlingen (Schadorganismen) sein. Die Keimzahl ist möglichst niedrig zu halten. Um diesen Forderungen gerecht zu werden, ist es unumgänglich, gesunde Bestände zu kultivieren, Unkrautregulierung und gezielten Pflanzenschutz zu betreiben.

Pflanzenschutz

Unter Pflanzenschutz sind alle Maßnahmen zu verstehen, die Pflanzen vor Schaden durch Krankheiten und Schädlinge zu bewahren oder befürchtete Schäden durch biologische, chemische, mechanische oder andere integrierte Methoden zu begrenzen.

Wie schon erwähnt, stehen viele Arzneipflanzen noch auf der Stufe der gerade erst in Kultur genommenen Wildpflanzen und sind daher mit vielen natürlichen Resistenzen ausgestattet. Trotzdem können Schadorganismen in einem Ausmaß auftreten, die den Erfolg der Kultur in Frage stellen.

Integrierter Pflanzenschutz

Vorbeugender Pflanzenschutz ist besonders wichtig und verstärkt zu betreiben, da zur Zeit nur wenige Pflanzenschutzmittel registriert sind. Zum vorbeugenden Pflanzenschutz zählen richtige Standort- und Kulturwahl, bedarfsgerechte Düngung, sachgemäße Bodenbearbeitung, Einhaltung von Fruchtfolgeregeln, gesundes Saatgut und hygienische Pflanzenanzucht, Einhaltung von optimalen Saat- und Pflanzterminen, zeitgerechte Kulturpflege und Ernte und ständige Feldbeobachtung.

An Arznei- und Gewürzpflanzen wird eine Vielzahl von Krankheiten und Schädlingen beobachtet. Der folgende Überblick kann daher nicht komplett sein und nur beispielhaft die wichtigsten auftretenden Krankheiten und Schädlinge wiedergeben.

6.5.1 Krankheiten

Pilzkrankheiten

Auflauf-, Vermehrungs- oder Umfallkrankheiten *(Pythium spp., Phytophthora spp., Rhizoctonia spp., Thielaviopsis basicola)* können fast alle Arten im Jugendstadium befallen. Auffällig wird die Krankheit, wenn die Sämlinge schwarz werden und umkippen.

Blattfleckenkrankheiten: Die häufigsten Erreger zählen zu den Gattungen *Septoria*, *Ramularia*, *Cercospora* oder *Alternaria*. *Ascochyta* und *Phyllosticta* wurden seltener beobachtet. Die Symptome sind einander recht ähnlich und die einzelnen Erreger können oft nur mikroskopisch voneinander unterschieden werden. Meist sind sowohl auf der Blattober- als auch -unterseite deutliche Flecken zu erkennen. Diese haben eine rundliche oder unregelmäßige Gestalt, können aber auch scharf durch die Blattadern begrenzt sein.

Von *Cercospora* können auch die Doldenstiele von Kümmel befallen werden und in der Folge die Früchte. Wird solcherart infiziertes Saatgut angebaut, zeigen bereits die Keimpflanzen den typischen Befall. *Septoria* wurde an Eibisch, Stechapfel, Fingerhut, Lavendel, Liebstöckel, Melisse und Mentha-Arten beobachtet, *Cercospora* u.a. an Wermut, Ringelblume und Stiefmütterchen.

Echte Mehltaupilze: Die wichtigsten Erreger zählen zu der Gattung *Erysiphe*. Blätter, Stängel und auch Blüten werden von mehr oder weniger dichten weißen, mehlartigen Belägen überzogen.

Ältere Beläge nehmen ein schmutzig-bräunliches Aussehen an. Sie werden u. a. an Wermut, Estragon, Melisse, Pfefferminze, Oregano, Salbei, Dill, Kümmel, Baldrian und Königskerze festgestellt.

Falsche Mehltaupilze: gehören in den meisten Fällen der Gattung *Peronospora* an. Blattoberseits findet man in der Regel rundliche, mehr oder weniger große Flecken, die allmählich unter Bräunung eintrocknen, blattunterseits findet man einen je nach Pilz weißlichen bis grauen Pilzrasen. Falsche Mehltaupilze werden unter anderem an Fingerhut, Kümmel, Fenchel, Kamille und Baldrian beobachtet.

Rostpilze: Die meisten gehören zur Gattung *Puccinia,* einige auch zu *Uromyces* und *Coleosporium.* An Stängeln und Blättern, vornehmlich an den Blattunterseiten findet man bereits im Frühjahr mehr oder weniger große, leuchtend orange gefärbte Sporenlager. Im Sommer entstehen dann an den ältesten Blättern und Blattstielen zimtbraune Pusteln, die allmählich auch die jüngeren Blätter infizieren können. Zu den bekanntesten zählen Minzen-, Malven- und Wermutrost. Aber auch an Ringelblume, Dill, und Eibisch wurde Rost beobachtet. Darüber hinaus tritt Baldrianrost *(Uromyces valerianae)* oder Alantrost *(Coleosporium inulae)* auf.

6.5.2 Schädlinge

Tierische Schädlinge

Springschwänze *(Collembolen)*: Lavendel, Estragon, Dill, Ysop, Engelwurz

Blasenfüße *(Thripse)*: Fenchel, Fingerhut, Tollkirsche, Eibisch, Pfefferminze

Schildläuse *(Leucanium* und andere Arten): Engelwurz

Wanzen (*Lygus-*, *Dicyphus-*, *Halticus-* und viele andere Arten): Fenchel, Anis, Koriander, Kümmel, Liebstöckel, Engelwurz, Ringelblume, Schafgarbe, Fingerhut, Königskerze und auf vielen anderen Arten

Zikaden (*Chlorita-*, *Empoasca-*, *Eupteryx-* und viele andere Arten): auf fast allen Arznei- und Gewürzpflanzen, größere Schäden besonders auf Labiaten; Estragon, Liebstöckel, Melisse, Kamille, Wermut, Malve, Ysop, Salbei, Eibisch, Bohnenkraut, Pfefferminze, Lavendel, Rosmarin, Kümmel

Blattläuse: über 80 verschiedene Arten sind bekannt, an fast allen Arznei- und Gewürzpflanzen. Führen zur Hemmung des

Wachstums, Beeinträchtigung der Inhaltsstoffbildung, Fleckenbildung und Verunstaltungen an Trieben und Blättern, Verschmutzung durch Honigtau und Virusübertragung: Kümmel, Mohn, Mariendistel, Dille, Liebstöckel, Baldrian, Eibisch, Kamille, Engelwurz, Alant, Majoran, Pfefferminze

Fliegen und Mücken

SCHNAKEN *(Tipulidae)*, HAARMÜCKEN *(Bibionidae)*, TRAUERMÜCKEN *(Lycoriidae)*: Bodenschädlinge an unterirdischen Organen und Keimlingen

GALLMÜCKEN: Über 50 Arten, an Wurzeln, Stängeln, Spross- und Triebspitzen, Blüten, Früchten und Samen

BOHRFLIEGEN: an vielen Arten in Blüten, Blättern und Früchten: Engelwurz, Liebstöckel, Pastinak, Estragon, Wermut, Kamille, Arnika

MINIERFLIEGEN: viele Arten, sehr polyphag, d. h. auf verschiedenen Wirtspflanzen vorkommend

WURZELFLIEGEN (Kohlfliege, Möhrenfliege, Gemüsewurzelfliege): Zwiebelgewächse, Kohlgewächse, Dill, Kümmel, Estragon, Engelwurz

Hautflügler

BLATTWESPEN: an fast allen Kulturen, Minzenarten, Eibisch, Baldrian, alle Kreuzblütler.

ZEHRWESPEN: Schädlinge von Früchten: Koriander, Fenchel, Bibernelle

GALLWESPEN: in Stängeln, Blättern, Früchten, Wurzeln: Mohn, Fingerhut, Salbei

Schmetterlinge

ZÜNSLER: einige Arten aus der Verwandtschaft des Maiszünslers: Pfefferminze, Thymian, Salbei, Alant, Königskerze, Estragon, Wermut

WICKLER: etliche Arten z. B. Schattenwickler: Melisse, Engelwurz, Estragon, Wermut, Salbei, Pfefferminze, Ysop

EULENRAUPEN: Bodenschädlinge, polyphag, an Blättern von fast allen Arznei- u. Gewürzpflanzen

SCHWALBENSCHWANZ: an Dille, Fenchel, Kümmel

KOHLWEISSLINGE: an Kreuzblütlern

MOTTEN: Kleinschmetterlinge aus vielen Familien; Kümmelmotte, Malvenmotte, Wollblumenmotte an Königskerze, Lavendelmotte an Lavendel, Wermut, Thymian, Schafgarbe

ANDERE SCHMETTERLINGE: viele Vertreter von Spinner, Spanner, Bärenspinner usw.

Käfer

ENGERLINGE UND DRAHTWÜRMER: Bodenschädlinge

GLANZKÄFER: Rapsglanzkäfer: Anis, Koriander und andere Kreuzblütler

BLATTKÄFER: z. B. Minzenblattkäfer

ERDFLÖHE: viele Arten an fast allen Arznei- u. Gewürzpflanzen; Minzenerdfloh, Malvenflohkäfer usw.

SCHILDKÄFER: Minzenschildkäfer (Minze, Salbei, Melisse)

RÜSSELKÄFER: Mohnwurzelrüssler, „Liebstöckelrüssler", „Spitzmäuschen" (Malve, Minze), Wollblumenrüssler, Blattrandkäfer (Leguminosen)

Nematoden *(Meloidogyne, Heterodera, Ditylenchus):* Fenchel, Koriander, Kümmel, Pfefferminze, Schafgarbe, Engelwurz

Schnecken (Nackt- und Gehäuseschnecken): Kümmel, Kamille, Schafgarbe

Milben: Spinnmilben: Eibisch, Steinklee
Gallmilben: Kümmelgallmilbe, Pfefferminze, Majoran, Salbei

Vögel: vorwiegend Krähen, Tauben, Hühnervögel. Schäden an ausgesäten Samen, Dohlenfraß an Mohnkapseln

Säugetiere: Mäuseschäden, Wildschaden, Rehverbiss an Kümmel

Nützlingseinsatz

Besonders unter Glas und Folie erlangen Verfahren der biologischen Schädlingsbekämpfung immer größere Bedeutung, indem Nützlinge als natürliche Feinde von Schaderregern zum Einsatz kommen: Gallmücke *(Aphidoletes aphidimyza)* und Florfliege *(Chrysopa)* gegen Blattläuse, Raubmilben *(Phytoseiulus persimilis)* gegen Spinnmilben, Bakterien *(z. B. Bacillus thuringiensis)* gegen frei fressende Schmetterlingsraupen.

Derzeit sind fast keine chemisch-synthetischen Pflanzenschutzmittel zur Bekämpfung von Krankheiten und Schädlingen im Arznei- und Gewürzpflanzenbau in den mitteleuropäischen Ländern registriert. Ein möglicher Ausweg – zumindest in Österreich – ist der Weg über eine Indikationserweiterung nach dem Pflanzenschutzmittelgesetz 1997 (BGBl I, 60. Gesetz). Eine solche kann erteilt werden, wenn ein öffentliches Interesse vorliegt und das Mittel bei Kulturen angewendet wird, die in geringem Umfang angebaut werden, und gegen Schadorganismen, die selten oder in begrenzten Gebieten erhebliche Schäden verursachen. Das Zulassungsverfahren ist aber aufwendig und langwierig. Theoretisch wäre auch eine Zulassung von Mitteln möglich, die in anderen Mitgliedstaaten bereits zugelassen sind. Schließlich kann eine Zulassung bei Gefahr im Verzug erwirkt werden.

Bei **biologischer bzw. ökologischer Produktionsweise** sind im Pflanzenschutz die Richtlinien der jeweiligen Anbauvereinigungen bzw. einschlägige **EG-Verordnungen** einzuhalten (Verordnung EWG 2092/91 des Rates vom 24. Juni 1991 über den ökologischen Landbau und die entsprechende Kennzeichnung der landwirtschaftlichen Erzeugnisse und Lebensmittel bzw. Änderungen 2381/94 vom 30. September 1994 und 1488/97 vom 29. Juli 1997). Da die im dortigen Anhang angeführten erlaubten Mittel einer häufigen Änderung unterliegen, werden sie hier nicht angeführt.

6.5.3 Unkrautregulierung

Die Bodenbearbeitung während der Kulturzeit hat die Aufgabe Verkrustungen und Verdichtungen an der Bodenoberfläche zu lösen, den Wasserhaushalt zu regeln, die Garebildung zu fördern, den Boden zu erwärmen, den Gasaustausch zu ermöglichen und schließlich den Unkrautwuchs einzudämmen. Die Unkrautregulierung ist notwendig, um die Konkurrenz um Standraum, Nährstoffe und Wasser zu mindern und – bei Arznei- und Gewürzpflanzen besonders wichtig – den Unkrautanteil im Ernteprodukt (Reinheit der Droge) möglichst gering zu halten bzw. überhaupt zu verhindern. Giftige Pflanzenteile von Unkräutern dürfen in der Handelsware überhaupt nicht vorkommen und auch der Besatz mit anderen Unkräutern ist möglichst gering zu halten.

Da Herbizide auf Grund der gesetzlichen Lage nur in wenigen Kulturen eingesetzt werden dürfen, kommt allen vorbeugenden Maßnahmen zur Verminderung des Unkrautbefalls besondere Bedeutung zu.

Vorbeugende Maßnahmen zur Unkrautregulierung:

- geeigneten Standort wählen (geringer Unkrautdruck, keine Standorte mit günstigen Wachstumsbedingungen für spezifische Unkräuter)
- Fruchtfolgegestaltung (Fruchtfolgen mit unkrautunterdrückender Wirkung bevorzugen)
- Zwischenfruchtanbau, u. U. auch Untersaaten (z. B. Kümmel unter Getreide)
- Bodenbearbeitung
- Schaffung optimaler Wachstumsbedingungen für die Kultur zur Stärkung ihrer Konkurrenzkraft
- Verhinderung des Einschleppens von Unkrautsamen
- Chemische Bekämpfung der Unkräuter in der Vorfrucht
- Einsatz von Mulchmaterialien

Die Unkrautregulierung kann durch mechanische, chemische und thermische Verfahren erfolgen.

6.5.3.1 Mechanische Unkrautregulierung

Hacke

Bei vielen Arten wird man um eine Handhacke nicht umhin kommen. Diese kann enorme Kosten verursachen und die Rentabilität so mancher Kultur in Frage stellen. Besonders betroffen sind Kulturen mit langsamer Jugendentwicklung und/oder geringer Konkurrenzkraft. Eine gewisse Erleichterung bieten die sogenannten Radhacken, oft auch motorisiert, mit denen die Flächen zwischen den Reihen unkrautfrei gehalten werden können. Auf größeren Flächen werden je nach Bodenart, Kulturart und Wachstumszustand Kultivator, Hackstriegel, Striegelegge, Netzegge, Reihenfräse, Scharhacke, Rollhacke, Hackbürste und andere Systeme eingesetzt.

Bewährt haben sich ganzflächig arbeitende Hackstriegel (Unkrautstriegel), die auch in hängigem Gelände und bei steinigen Böden eingesetzt werden können. Vor allem Drillkulturen wie Bohnenkraut, Salbei, Thymian oder Fenchel können nach der Aussaat oder nach dem Auflaufen ab einem bestimmten Wuchsstadium gestriegelt werden. In bereits gut etablierten Pflanzkulturen kann ein Unkrautstriegel auch eingesetzt werden.

Geeignet sind auch die im Zuckerrübenbau üblichen Reihenhackgeräte, wenn sie, besonders bei steinigen Böden, über größere Tastrollen verfügen. Reihenhackbürsten sind auch auf feuchtem Boden einsetzbar, verstopfen auch bei starkem Unkrautdruck nicht leicht und hinterlassen einen zerbürsteten und zerhackten Unkrautmulch.

Mulchmaterialien

Eine unkrautunterdrückende Wirkung wird durch das Abdecken des Bodens durch organisches Material (Stroh, Mulch etc.) oder durch Mulchfolien, -papier, -vlies (bei Pflanzkulturen) erzielt.

Ackerstiefmütterchen auf Kunststofffolie

Abflammen

Ein bodenschonendes und rückstandsfreies Verfahren ist das Abflammen der keimenden oder gerade auflaufenden Unkräuter als Band- oder Flächenbehandlung. Allerdings weisen die bis jetzt bekannten Verfahren keine ausreichende Wirtschaftlichkeit auf.

Unmittelbar vor der Ernte sollte der Bestand gründlich auf Unkräuter kontrolliert und, falls nötig, auch noch händisch gesäubert werden, um jeden Besatz des Ernteguts – mit allenfalls sogar giftigen Unkräutern – zu verhindern.

6.5.3.2 Chemische Unkrautbekämpfung

Herbizideinsatz beschränkt

Reichen die genannten Verfahren nicht aus, können in einigen wenigen Fällen chemische Herbizide eingesetzt werden. So notwendig der Einsatz weiterer Mittel sein mag, so ist er auf Grund der derzeit herrschenden Gesetzeslage nicht zulässig. Nur bei einer Indikationserweiterung nach dem österreichischen Pflanzenschutzmittelgesetz 1997 könnten weitere Herbizide allenfalls eingesetzt werden.

Im biologischen (bzw. ökologischen) Landbau dürfen keine chemisch synthetischen Herbizide eingesetzt werden.

Nach umfangreichen Versuchen in Deutschland hatte der Einsatz von Herbiziden auf die wesentlichen Qualitätskriterien in der Regel keinen negativen Einfluss. In vielen Fällen konnte sogar eine signifikante Erhöhung des Wirkstoffgehalts beobachtet werden.

Der Bekämpfungserfolg von Vorauflaufherbiziden bei Drillkultur bewährte sich bei allen Kulturen, sofern die Samen nach dem Drillen mit Boden bedeckt waren. Der Pflegeaufwand konnte damit um 20 % reduziert werden. Der Bekämpfungserfolg zweikeimblättriger Unkräuter mit Nachauflaufherbiziden war äußerst unterschiedlich. Er reichte vom Teilerfolg bis zu handarbeitsloser Pflege. Hingegen ist der Bekämpfungserfolg von Gräsern in den meist zweikeimblättrigen Arznei- und Gewürzpflanzenkulturen gut. Quecke kann in mehrjährigen Kulturen im Herbst mit einem Mittel behandelt werden, das seine Wirkung während der Vegetationsruhe entfaltet.

6.5.4 Bewässerung

Wasser ist für die Pflanze Baustoff (auch der sekundären Inhaltsstoffe), Transportmittel (besonders für Nährsalze), Lösungsmittel, Kühlmittel (Transpiration) und verleiht ihr auch die nötige Straffheit.

Künstliche Bewässerung

Reichen die natürlichen Niederschläge für die optimale Entwicklung der Kulturen nicht aus, ist an eine Zusatzbewässerung zu denken. Ungleichmäßige Niederschlagsverteilung im Frühjahr oder während der warmen Sommermonate können den Aufgang von Direktsaaten, Wachstumsfortschritt, Austrieb nach einem Schnitt usw. sehr verzögern. Allgemein kann während der Vegetationszeit mit einem Wasserbedarf von 100 Liter/m² pro Monat gerechnet werden, das entspricht 100 mm Niederschlag. Ist dieser Regen nicht gefallen, so kann eine Beregnung sinnvoll sein. Die Höhe der Gabe wird sich nach Kultur, Entwicklungszustand, Bodenart und Zeitpunkt richten. Eine Bewässerungsgabe soll mindestens 10–15 Liter/m² betragen, um nicht nur den Boden, sondern auch die Kulturpflanze mit Wasser zu versorgen.

Zu beachten ist, dass jede Wassergabe auch eine Bodenabkühlung und erhöhte Gefahr für Pilzbefall mit sich bringt. Verschlämmung und Verkrustung sollen vermieden werden. Bei frühzeitig reichlicher Wasserversorgung bildet die Pflanze ein nur schwaches Wurzelsystem aus und lässt sie spätere Stresssituationen nur schlecht überstehen.

Wasserbemessung nach Feldkapazität

Beregnung von Krautdrogen: Krautdrogen reagieren auf ein zusätzliches Wasseranbot in der Regel sehr positiv. Mit der Beregnung soll aber erst begonnen werden, wenn die Pflanzen mindestens 30 % des Bodens bedecken. Die Beregnung sollte ca. 2 bis 3 Wochen vor der Ernte beendet werden. Beregnung knapp vor der Ernte senkt den Trockenmassegehalt und erhöht die Trocknungskosten. Pfefferminze, Melisse und Spitzwegerich haben besonders hohe Ansprüche an die Wasserversorgung. Bei ihnen sollte die Bodenfeuchte nicht unter 50 % der nutzbaren Feldkapazität (nFK) sinken. Bei den übrigen Krautdrogen reichen 40 %. Lediglich Schafgarbe ist diesbezüglich anspruchsloser. Bei ihr reichen 20 % der nFK. Besonders effizient ist eine Beregnung nach einem Schnitt. Ein kräftiger Neuaustrieb kann damit gesichert werden.

Beregnung von Wurzeldrogen: Wurzeldrogen weisen im Vergleich zu Krautdrogen einen geringeren Zusatzwasserbedarf auf. Für Baldrian und Wurzelpetersilie reichen 30–35 % der nFK, für Eibisch, Liebstöckel und Angelika 20–25 %. Die Beregnung ist vor der Ernte so rechtzeitig einzustellen, dass diese durch zu feuchte Bodenverhältnisse nicht behindert wird. Andernfalls sind Ernteverluste und eine schwierige Reinigung der Wurzeln von anhaftender Erde zu befürchten.

Beregnung von Blüten- und Körnerdrogen: In der Regel ist es ausreichend, einen Bodenfeuchtegehalt von 20–25 % der nFK zu sichern. Eine Zusatzbewässerung wird daher nur in Trockenjahren oder auf sehr durchlässigen Böden notwendig sein. Bei Blütendrogen ist jedenfalls die Beregnung zur Knospenbildung einzustellen und keinesfalls während der Blüte zu beregnen. Bei Körnerdrogen werden die letzten Wassergaben mit beginnender Reife gegeben.

Die notwendige Bodenfeuchte kann außer durch Bewässerung auch durch geeignete kulturtechnische Maßnahmen erhalten werden. Dies kann sein: flaches Hacken zur Brechung der Bodenkruste, Mulchen mit Folien oder organischen Materialien und Windschutz durch entsprechende Schutzpflanzungen. Eine Beschattung des Bodens durch die Pflanze selbst ist durch entsprechende Standwei tenwahl beim Auspflanzen oder bei Direktsaat anzustreben.

Bewässerungstechnik

Für größere Flächen bewähren sich verlegbare Schnellkupplungsrohre mit Standkreisregner. Selbstfahrende Beregnungsmaschinen sind weniger geeignet. Für kleinere Anbauflächen sind Kreisregner auf Schlitten oder Schleppstativen mit Schlauchzuführung sehr praktisch, bei weiträumigen Kulturen auch Tröpfchenbewässerungs-Anlagen.

Zu bedenken ist, dass manche Arznei-und Gewürzpflanzen eine beachtliche Wuchshöhe erreichen und daher nicht alle Beregnungssysteme für großwüchsige Arten geeignet sind.

Bewässerungsempfehlungen

- bei Frühjahrsaussaaten zur rascheren und sicheren Keimung, speziell von Frucht- und Samendrogen;
- in Beständen zur leichteren Bodenbearbeitung (Hackarbeit);
- Krautdrogen nach jedem Schnitt zur Beschleunigung des Neuaustriebes wie auch zur Steigerung des Mengen- und Inhaltsstoffertrages, oft auch in Verbindung mit einer Kopfdüngung;
- Wurzeldrogen zur Förderung der Entwicklung der ober- und unterirdischen Pflanzenteile;
- Blütendrogen nur bis vor Blühbeginn, nicht jedoch während der Blüte;
- Samendrogen nur in Ausnahmefällen.

6.6 Erntetechnik

Erntezeit

Zur Bestimmung des optimalen Erntezeitpunktes bedarf es großer Erfahrung und Sachkenntnis. Für den Landwirt gilt es den höchstmöglichen wirtschaftlichen Ertrag zu erzielen und gleichzeitig dem Abnehmer beste Qualität, auch in Bezug auf Inhaltsstoffe, zu garantieren. Mengenertrag und Wirkstoffgehalt stehen und fallen mit dem richtigen Erntetermin. Je nach zu nutzendem Pflanzenteil werden Entwicklungszustand der Pflanze (Kultur), der erreichbare Wirkstoffgehalt, die Witterungsverhältnisse (sonnig oder trüb), der Bodenzustand (Befahrbarkeit für die Erntegeräte), die Tageszeit (wegen schwankender Ölgehalte beispielsweise), das vorangegangene Licht- und Wärmeangebot, die Arbeitskraft- und Geräteverfügbarkeit, die Leistungsfähigkeit der Trocknungsanlagen oder Darrflächen usw. zu berücksichtigen sein.

Händische Blütenernte

Die Arzneibücher schreiben keine Erntezeiten vor, sondern geben nur Hinweise auf die geforderten Wirkstoffgehalte. Spezielle Anweisungen werden manchmal von der weiterverarbeitenden pharmazeutischen Industrie oder vom abnehmenden Drogengroßhandel gegeben.

Prinzipiell soll die Ernte nur bei trockener Witterung bzw. nach Abtrocknung morgendlicher Taunässe vorgenommen werden. Nach Regenperioden soll zumindest ein trockener Tag folgen. Bei Pflanzen mit ätherischen Ölen schwanken die Gehalte innerhalb weniger Tage und selbst innerhalb der Tageszeit. Gegen Mittag ist der Gehalt am höchsten und nimmt gegen Abend wieder ab. Kraut und Blätter vieler Arzneipflanzen sind bei beginnender Blüte oder im Knospenstadium am gehaltreichsten.

6.6.1 Blütenernte

Die Blüten kommen an sonnigen Tagen in den Vormittagsstunden zur vollen Entfaltung. Der auffallend rege Besuch von Bienen oder anderer Insekten kann ein Hinweis sein. Die Erntearbeiten können bis in die frühen Nachmittagsstunden anhalten, so die Blüten nicht schon nach Mittag abfallen (wie bei Königskerzen) oder sich bald einrollen (wie bei Malven) und keine Qualität ergeben. Die Blütenernte erfolgt vornehmlich händisch, ist zwar nicht beschwerlich, aber doch sehr zeitaufwendig. Zur Ernte von 1 kg getrockneten Goldmelissenblüten werden beispielsweise 8 bis 12 Stunden benötigt. Der Pflückaufwand kann die Rentabilität einer Kultur oft in Frage stellen. Erntehilfen können Pflückkämme sein, die damit erzeugte Qualität entspricht aber nicht immer den Abnehmervorstellungen. Als Sammelbehältnisse bei der Ernte sollen keine Gefäße aus Kunststoff (Vermeidung der Kondenswasserbildung und übermäßiger Erwärmung), sondern luftige Körbe u. a. verwendet werden.

Kamillenernte mit selbstfahrender Pflückmaschine

Erntezeitpunkt beachten

Selbst fahrende Pflückmaschinen gibt es seit längerer Zeit für Kamille (z. B. Linz 3), Blütenpflückmaschinen sind aber auch für Ringelblume, Kornblume und andere Arten verfügbar (Hege 212). Mit Hilfe von Schneidladern lässt sich der obere Blühhorizont z. B. von Schafgarbe oder Johanniskraut ernten.

Das Aufschütten auf die Trocknungsdarren oder die Beschickung der Trocknungsanlagen soll sobald wie möglich erfolgen und nicht erst Tagesernten gesammelt werden. Regenperioden sind bei der händischen Ernte (z. B. bei Goldmelisse, Rittersporn, Malven, Kornblumen, Königskerze, usw.) sehr hinderlich und mindern die Blütenerträge stark.

Aufbaugerät zur Blütenernte

Tab. 11:
Beispiele für den Arbeitszeitbedarf bei händischer Ernte von Blatt und Blüten

Kulturart	Zeitbedarf für 1 kg trockenes Erntegut (Stdn.)	Ernteverfahren
Birke	1–2	Blätter von den Zweigen abstreifen
Dalmat. Insektenpulverpflanze	3	Blütenernte von der stehenden Pflanze
Eibisch	8–10	Blütenernte von der stehenden Pflanze
Estragon	5	Blätter von der frischen Krautware abstreifen
Färberdistel, (Saflor)	10–12	Blütenernte von der stehenden Pflanze
Goldmelisse	8–12	Blütenernte von der stehenden Pflanze
Kamille	9–14	Blütenernte von der stehenden Pflanze
Klatschmohn	15–21	Blütenernte von der stehenden Pflanze
Königskerze	10–15	Blütenernte von der stehenden Pflanze
Lindenblüten	8	Blüten von den Zweigen abreißen
Malve	10	Blütenernte von der stehenden Pflanze
Ölrose	3–5	Blütenernte von der stehenden Pflanze
Pfefferminze	2,5–3,5	Blätter von der frischen Krautware abstreifen
Tollkirsche	3–4	Blatternte von der stehenden Pflanze abstreifen
Zitronenmelisse	3–4	Blätter von der frischen Krautware abstreifen

6.6.2 Blatternte

Blatternte meist händisch

Bei kleinen Anbauflächen wird zur Blatternte das ganze Kraut in entsprechendem Bodenabstand (zur Gewährleistung eines unverzüglichen Wiederaustriebes) meist händisch mit Sichel, Sense oder Kleinbalkenmäher abgeschnitten (z. B. Malve, Eibisch, Melisse, Minze, Tollkirsche). Die einzelnen Blätter werden mit der Hand vom Stängel abgestreift, die Triebspitze abgezwickt und der Stängel verworfen. Diese Art der zeitaufwendigen Blattgewinnung ist bei den meisten Arzneipflanzen nicht mehr wirtschaftlich. Die zum Abstreifen vorgerichtete Krautware sollte der Abstreifleistung angepasst sein und darf nicht zu stark angewelkt sein. Qualität und Streifleistung sinken schnell. Bei Minze und Melisse sind beispielsweise zwei bis drei Arbeitsstunden zur Gewinnung von einem Kilogramm getrockneter Blattware notwendig. Bei einigen Kulturen wird auch die Blatternte von der stehenden Pflanze gehandhabt.

Blatterntegeräte wurden zwar entwickelt, haben aber in der Praxis keine Bedeutung erlangt.

6.6.3 Krauternte

Krauternte mechanisierbar

Wegen der mangelnden Rentabilität der händischen Blatternte wird bei vielen Kulturen die mechanische Krauternte durchgeführt. Der Schnitt auf dem Feld wird mit Grünguterntern, Schneidladern und oft auch mit selbst entwickelten Bergegeräten vorgenommen. Verschiedentlich wurden aus serienmäßigen Grundgeräten Geräte für die Krauternte adaptiert. Unter anderem wurde ein selbst fahrendes, hydrostatisch angetriebenes Grundgerät mit einem Doppelmessermähwerk und mit einer hydraulisch gesteuerten Spezialhaspel ausgestattet. Das Erntegut gelangt über Förderbänder in einen Bunker oder wird durch Verschwenken eines Förderbandes direkt auf einen mitfahrenden Anhänger überladen.

Für die Krauternte sind auch gezogene Mähläder, die ursprünglich für das tägliche Grünfuttereinbringen entwickelt wurden, geeignet. Die Pflanzen werden durch ein hydraulisch angetriebenes Doppelmessermähwerk gemäht und ohne vorherigen Bodenkontakt durch ein Fördersystem von oben – und somit ohne Pressung – in den Laderaum befördert. Die Entladung erfolgt mittels Kratzboden nach Öffnen des Heckentladekorbes. Der Mählader wird für den Mähvorgang seitlich ausgeschwenkt und gewährt eine gute Sicht auf den Mäh- und Ladevorgang.

Das Erntegut wird anschließend mit Schneide- oder Häckselgeräten zerkleinert und über Siebe und Windsichter (Blattsortieranlage) in Blatt- und Stängelteile getrennt.

Dieser sogenannte Krüllschnitt wurde zuerst bei der Pfefferminze eingeführt und bewährt sich jetzt auch bei anderen Arzneikulturen und vor allem bei Gewürzkräutern.

Wichtig ist, dass die Sammelbunker bei den Felderntegeräten nicht zu groß dimensioniert werden, um ein regelmäßiges Entleeren zu sichern. Bei zu hoher Schüttung wäre eine übermäßige Erwärmung, Missfärbigkeit durch Druckstellen und Qualitätsminderung durch raschen Abbau der Inhaltsstoffe zu befürchten.

Ernte auf Trocknungskapazität abstimmen

Die zu beschickende Schneide-, Aufbereitungs- und Trocknungsanlage sollte idealerweise in der Nähe der Anbauflächen gelegen sein, um weite Transportwege mit dem Grüngut zu vermeiden. Die Trocknungskapazität soll die zu erntende Grüngutmenge steuern bzw. müssen die Anlieferungen koordiniert werden. Übermengen von frischer Tagesernte sollen nicht entstehen, das Erntegut auf Ladewagen bzw. Grünguthaufen nicht stundenlang unbearbeitet bleiben. Besonders bei hochsommerlichen Temperaturen ist für eine rasche Aufarbeitung zu sorgen.

Selbst fahrendes Gerät zur Krauternte

6.6.4 Wurzel- und Wurzelstockernte

Wie bei oberirdischen Pflanzenteilen ist der richtige Erntezeitpunkt auch bei unterirdischen Pflanzenteilen wichtig, um optimalen Wirkstoffgehalt, physiologischen Reifezustand und größtmöglichen Ertrag in Einklang zu bringen.

Wurzelernte meist im Herbst

Für Wurzeldrogen liegt der günstigste Erntezeitpunkt nach Abschluss der Vegetationsperiode im Spätherbst, etwa Oktober bis November. Abweichungen sind bei den einzelnen Kulturanleitungen angeführt. Wurzeln und Rhizome wachsen noch bis in die späte Jahreszeit hinein und legen noch einiges an Wirkstoff und Masse zu. Beispiele hierfür sind Baldrian, Meerrettich oder Medizinalrhabarber. Manchmal wird der Vorfrühling (Februar–März) genutzt, wenn widrige Witterungsverhältnisse eine Ernte im Herbst verhindern. Bei stärke- und schleimhältigen Wurzeldrogen sind die Morgenstunden günstiger, da diese Inhaltsstoffe während der Nacht in die Wurzel verlagert werden. Während der Vegetationszeit geerntete Wurzeln sind im Wirkstoffgehalt unzureichend bzw. liegen in einer unerwünschten Zusammensetzung vor, da während der Wachstumsphase ständig Umsetzungen in der Pflanze stattfinden.

Die Ernte soll bei frostfreiem, trockenem Wetter vorgenommen werden, zumindest sollen einige trockene Tage vorausgehen. Dies ist vor allem bei schwereren, schmierigen Böden Voraussetzung, so solche Standorte überhaupt für einen Anbau in Frage kommen.

Technische Wurzelernte

Nur im Kleinstanbau können Wurzel oder Wurzelstöcke händisch mit der Grabgabel ausgegraben werden, da der Arbeitszeitaufwand zu hoch ist. Wurzelhebepflüge und händische Aufnahme des Erntegutes sind schon eine gewisse Erleichterung. Im großflächigen Anbau werden zunächst mit einem Schlegelfeldhäcksler die oberirdischen Teile – Blatt und Stängel – abgeschlagen. Dies ist beispielsweise bei Alant, Baldrian, Eibisch, Bibernelle, und Engelwurz notwendig. Einige Arten ziehen bis Herbst selbst ein (z. B. Arnika, Enzian, Meerrettich).

Zur Rodung können Erntegeräte, wie sie bei anderen landwirtschaftlichen Kulturen (z. B. Kartoffel, Möhren, Rüben usw.) in Gebrauch sind, nach geringfügigen technischen Veränderungen eingesetzt werden. Dies können sein: Schwingsiebroder, Schwingscharroder, Siebkettenroder, Quersiebvorratsroder, Kartoffelvollernter, Rübenvollernter (z. T. auch in Selbstfahrbauweise). Eine einfache aber günstige Lösung stellt der Rüttelscharroder dar, der am Traktor auf der Dreipunkt-Hydraulik angebaut, über die Zapfwelle getrieben durch den Boden gezogen wird. Die zweigeteilte Siebschar wird durch einen Kurbeltrieb gegeneinander vertikal bewegt. Das Gerät ist geeignet auch tief wurzelnde Pflanzen (bis zu einer Rodetiefe von 0,5 m) schonend zu lockern und aus dem Boden nach oben zu heben. Bisher wurde es hauptsächlich für die Ernte von Kren, Enzian und Hopfenwurzeln eingesetzt.

Kombinationsgeräte erlauben Krautschlagen und Roden in einem Arbeitsgang. Um eine möglichst schonende Ernte sicherzustellen, muss das Arbeitsgerät und die Arbeitsgeschwindigkeit der Pflanze und den Bodenverhältnissen richtig angepasst sein. Jede Verletzung bedeutet Wirkstoffverlust und Fäulnisgefahr. In einem weiteren Arbeitsgang sind manchmal Stängelreste von der Wurzel händisch nachzuschneiden und Steine und anhaftende Erdteile abzusieben.

Wurzelreinigung notwendig

Zum Waschen können Gemüsewaschmaschinen adaptiert werden, wie sie für Wurzelgemüse Verwendung finden (Trommel mit Wasserbad oder rotierendes Band mit Düsenbesprühung). Zur leichteren Reinigung sind größere Wurzelstöcke zu teilen. Dies fördert überdies eine raschere Trocknung. Das Erntegut ist nach der Wäsche sofort einer technischen Trocknung zuzuführen, um Fäulnisprozesse zu vermeiden. Natürliche Trocknung ist bei Wurzeldrogen kaum zielführend.

Wurzelrodegerät

6.6.5 Ernte von Körnerdrogen

Aus arbeitswirtschaftlichen Überlegungen wird bei allen Körnerdrogen ein Mähdrusch angestrebt. Die Eignung für einen Mähdrusch hängt von der Ausfallsfestigkeit der Art bzw. Sorte, von der Abreife der Samen- und Fruchtstände und der Beschaffenheit des Laubes zum Erntezeitpunkt ab.

Im Mähdrescher werden die Arbeitsgänge Mähen, Ausdreschen der Fruchtstände, Trennung der ausgedroschenen Körner aus dem Langstroh, Reinigen der Körner von Nichtkornbestandteilen, Sammeln der Körner und Übergabe an Transportfahrzeuge und Ablage der Nichtkornbestandteile auf dem Feld bzw. Häckseln und Verteilen des Strohs zusammengefasst. In der Vergangenheit hat jeder Versuch einen Spezialdrescher zu bauen nach kurzer Zeit als untauglich abgetan werden müssen, weil es einfach zu teuer ist, mit solchen Geräten nur eine Fruchtart ernten zu können. Der Mähdrescher bleibt demnach ein Allesdrescher, der mit möglichst geringen Umbaukosten für alle dreschbaren Früchte einsatzfähig zu machen ist. Dies gilt gerade auch für die vielen unterschiedlichen Arznei- und Gewürzpflanzen mit ihrer vergleichsweise geringen Flächenausdehnung.

Auf den richtigen Druschzeitpunkt kommt es an

Als ausfallssicher mit trockenem Laub zum Erntezeitpunkt gelten Gelbsenf und Saflor. Grüne Stängel und teilweise noch Spätblüher können bei Öllein auftreten. Bei Kümmel treten Sortenunterschiede bezüglich der Ausfallsfestigkeit auf. Koriander neigt etwas zum Ausfallen, das Kraut bei den beiden zuletzt genannten Arten kann zum Erntetermin noch feucht sein. Starker Samenausfall wurde bei Schwarzem Senf bei gleichzeitig noch grünem Laub beobachtet. Sehr grün ist auch das Laub von der Mariendistel zur Samenreife. Am ungünstigsten sind die Verhältnisse bei Angelika: unterarmdicke, sperrige, grüne Stängel mit großen Blättern, die Pflanze zwei Meter hoch, starker Samenausfall und die Abreife sich über 3 Wochen erstreckend. Bei Mohn sind nur die Schüttmohntypen ausfallsgefährdet, wenn auch nicht in dem Ausmaß, wie man gemeinhin annimmt. Trotzdem sollte Mohn nicht unnötig lang auf dem Feld verbleiben, weil sonst die Gefahr besteht, dass die Kapseln innen verpilzen.

Die Saatgutgewinnung bei den anderen Arznei- und Gewürzpflanzen wird wegen des häufig sehr kleinen Saatgutes kaum mit dem Mähdrescher erfolgen. Auch werden für den eigenen

Anbau nur solche Mengen benötigt, die leicht händisch aufbereitet werden können.

Die Ernte von Samen und Früchten bedarf manchmal spezieller Techniken bzw. auch Adaptierungen am Mähdrescher. Dort wo darüber Erfahrungen vorliegen, werden diese bei den einzelnen Arten beschrieben.

Schwaddrusch

In manchen Ländern bzw. für bestimmte Kulturen ist der Schwaddrusch üblich. Das Erntegut wird zuerst gemäht am Schwad einige Tage nachgetrocknet, mit einer speziellen Pick-up-Vorrichtung aufgenommen und gedroschen. Diese Technik ist aber nur empfehlenswert, wenn eine längere Schönwetterperiode zu erwarten ist. In unserem Klimagebiet kommt der Schwaddrusch für Buchweizen, Fenchel, Mariendistel, Koriander und Kümmel in Frage.

In vielen Anbaugebieten wird der Bestand mit geeigneten Mitteln totgespritzt und der trockene, stehende Bestand nach ca. acht Tagen mit dem Mähdrescher geerntet. In Österreich ist eine solche Vorgangsweise unzulässig.

Druschtechnik

Bei Drusch aus dem Stand sollte man alle Körnerdrogen bei hoher Stoppel ernten, weil dadurch die Reinigungselemente des Mähdreschers entlastet werden. Bei hoher Stoppel fallen weniger – oft noch grüne Blatteile an, und diese lassen sich leichter von den Samen und Früchten trennen. Nicht zu „scharf" darf Koriander gedroschen werden, weil sonst zu viele Früchte in ihre Teilhälften zerfallen, die kaum vermarktungsfähig sind. Auch Mohn muss vorsichtig gedroschen werden, weil schon wenige aufgeschlagene Körner durch Ranzigwerden ganze Erntepartien verderben können. Bei Kümmel sollte so scharf gedroschen werden, dass sich die Stielchen von den Teilfrüchten lösen, aber gleichzeitig nicht zu viele Bruchkörner anfallen. Bei Öllein sollte man so lange zuwarten, bis die Stängel halbwegs trocken sind. Die Halme mit ihren äußerst zähen Fasern wickeln sich leicht um Haspel oder Einzugsschnecke und können schließlich unangenehme Trommelwickler verursachen. Auch ist auf scharfe Mähmesser zu achten. Ähnlich wie bei Raps können bei Senf Seitenmähwerke eingesetzt werden. Bei Mohn haben sich selbst gebaute Adaptierungen, bei denen die Kapsel nur gequetscht wird, bewährt.

Gegenüber dem Getreidedrusch muss der Mähdrescher entweder anders gehandhabt oder auch anders eingestellt werden (z. B. Reduzierung der Fahrgeschwindigkeit, der Dreschtrommeldrehzahl, des

Windes oder Auswahl geeigneter Siebe usw.). Bei manchen Arten hat sich eine Abdeckung der Dreschleisten mit Gummi bewährt, um ein Brechen der Samen zu verhindern (Anis, Koriander oder Mariendistel). Genaue Einstellungsdaten sollten bei der jeweiligen Herstellerfirma erfragt werden.

Da viele Körnerdrogen ätherische Öle enthalten, stellt sich auch die Frage nach der günstigsten Tageszeit für die Ernte. Wegen der Ausfallgefahr wäre ein Drusch morgens, nach dem Abtrocknen des Taus, am günstigsten, wobei aber feuchtes Erntegut vermieden werden sollte. Umgekehrt ist der ätherische Ölgehalt zu Mittag zumeist am höchsten. Je nach Qualitätsanforderungen, Ausfallsgefahr und Trocknungsmöglichkeit muss daher jeder Produzent den für ihn geeignetsten Kompromiss suchen.

Tab. 12:
Empfohlene Mähdreschereinstellungen bei der Ernte von Körnerdrogen (Einstellhinweise der Mähdrescher-Erzeuger beachten)

Art	Untersieb		Dreschtrommel		Wind-geschwindigkeit
	Sieblochung Form	Lochgröße mm	Umdrehungen pro Minute	Abstand mm	
Bockshornklee	rund	3–4	400–600	8–10	mittel
Braunsenf	rund	3–3,5	400–600	8–10	mittel
Dill	rund	6	600–800	8–10	niedrig
Engelwurz	rund	8–10	600–800	20–25	niedrig
Fenchel	lang	4,5–20	400–600	8–10	niedrig
Gelbsenf	rund	3–4,5	400–600	8–10	mittel
Kümmel	lang	4,5–20	400–600	8–10	niedrig
Lein, Öl-	rund	3–4	1100–1300	6–9	mittel
Liebstöckel	rund	8–10	600–800	20–25	niedrig
Mariendistel	rund	8–10	800	10–12	mittel
Salbei	rund	3–4,5	400–600	8–10	mittel

nach Galambosi 1991

Erntegerät Mähladr

7. Aufbereitung des Erntegutes

Die Inhaltsstoffe der Arznei- und Gewürzpflanzen unterliegen nach der Ernte einem biochemischen Abbauprozess. Um sie zu erhalten, muss das geerntete Pflanzenmaterial entweder auf geeignete Weise konserviert oder die Inhaltsstoffe müssen isoliert werden.

Abb. 3:
Aufbereitung des Erntegutes

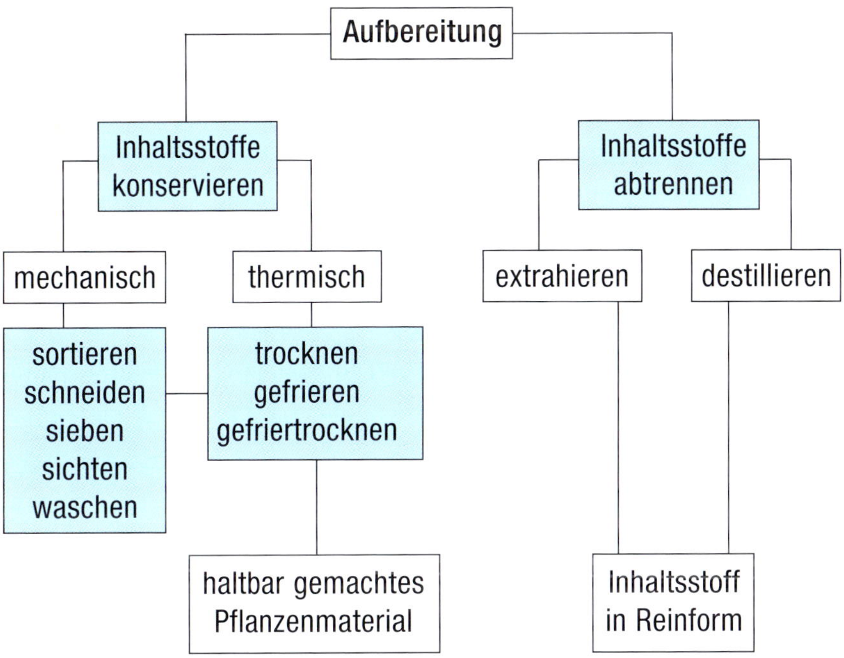

Für den landwirtschaftlichen Produzenten sind vor allem die mechanischen Aufbereitungsschritte und von den thermischen das Trocknen wichtig. Gefrieren und Extrahieren bleibt wegen des hohen apparativen Aufwands dafür ausgerüsteten Industriebetrieben vorbehalten. Die Destillation lässt sich durchaus in kleintechnischem Maßstab durchführen, wird aber in Mitteleuropa wenig praktiziert. Alle Aufbereitungsschritte sind mit relativ hohen Investitionskosten verbunden, weshalb nur eine überbetriebliche Anschaffung und Verwendung in Frage kommt. Die Abfolge der einzelnen Aufbereitungsschritte kann je nach örtlichen Gegebenheiten oder angestrebter Produktqualität sehr unterschiedlich sein.

7.1 Mechanische Aufbereitung

Durch die mechanische Aufbereitung soll das Erntegut von Verunreinigungen weitgehend befreit und in die gewünschte Größe gebracht werden.

Vom Anhänger sollte Blatt- und Krautware direkt auf ein Förderband gekippt werden, das auch zur Mengendosierung dient. Zwischenlagerung sollte wegen der Verschmutzungsgefahr und – bei längerer Lagerung – Erwärmungsgefahr so weit wie möglich vermieden werden. Das Förderband kann auch als Verleseband zur Entfernung unerwünschter Bestandteile ausgelegt sein.

Ein **Schwergutabscheider** entfernt alle groben Fremdkörper bis herunter zu Sand. Er ist zumeist als Vibrationsrinne ausgeführt, in der die Abscheidewirkung durch einen Luftstrom unterstützt wird.

Schneidetechnik

Schneidemaschinen bestehen aus einem Vorpresskanal und einem Schneidrotor mit Messer. Der Schnitt kann am frischen, aber auch getrockneten Pflanzenmaterial erfolgen. Das Pflanzenmaterial wird durch zwei synchron laufende Einzugsbänder schonend bis zu einem maximalen Verdichtungsverhältnis von 7 : 1 verdichtet (bei frischer Ware führt eine zu hohe Verdichtung zu verfärbten Druckstellen). Die Verdichtung hat einen wesentlichen Einfluss auf die Exaktheit des Schnitts. Durch einen abgesetzten Vorschub wird sichergestellt, dass der Schnitt exakt ausgeführt wird und das Material nicht aus dem Schneidmaul herausgerissen wird. Für einen Streifenschnitt kann die Schnittbreite normalerweise von 0,5–22 mm variiert werden. Für viele Drogen ist aber ein Rechteck- oder Quadratschnitt üblich. Dafür wird am Schneidkopf unterhalb der zum Schneidmaul parallelen Hauptmesserschneide ein spezieller Messervorsatz angebracht. Dieser sogenannte Ritzmesserbalken enthält eine Vielzahl von schmalen Messern, deren Schneiden gegenüber den Hauptmesserschneiden um 90° versetzt sind. Durch spezielle Zwischenstücke haben die einzelnen Ritzmesser einen exakten Abstand zueinander, der von 2–15 mm variiert werden kann. Somit können Quadratschnitte von 2 x 2 bis 15 x 15 mm durchgeführt werden.

Schneideanlage

Es werden Schneidemaschinen unterschiedlicher Größe und mit unterschiedlichem Durchsatz angeboten, der je nach Pflanzenmaterial 200–900 kg pro Stunde betragen kann. Grundsätzlich kann fast jedes Pflanzenmaterial geschnitten werden. Der Einsatzbereich reicht von Blüten, Früchten, Blättern bis hin zu – relativ harten – Rinden und Wurzeln.

Reinigung mit Luft

Eine **Sichtung** ist oft als Windsichtung ausgelegt, bei der das geschnittene Gut auf einer kurzen Strecke mit Luft weitertransportiert wird. Die Luftgeschwindigkeit ist so eingestellt, dass schwere Teile frühzeitig zu Boden sinken und damit von leichteren getrennt werden können, die weiter fliegen. Stängel sollen vor der Trocknung entfernt werden, um Trocknungskosten zu sparen.

Daneben werden vibrierende Sortiergitter angeboten, bei denen die Stängel über ein Förderband ausgetragen werden. Aufwendigere Anlagen arbeiten mit horizontal kreisenden, schwingenden, großflächigen Siebflächen, wobei mehrere Siebböden hintereinander geschaltet werden können. Bei der Siebung wird das Material in zwei oder mehrere Fraktionen getrennt. Dabei ist es wichtig, dass durch Streckung des Aufgabestroms jedes Teilchen die Gelegenheit bekommt, an eine freie Sieböffnung zu gelangen. Derartige Anlagen werden oft direkt vor der Absackanlage eingebaut.

Rebelanlagen werden zur weiteren Aufbereitung von bereits trockenem Material benötigt (z. B. Majoran). Daran müssen sich Sortier- und Siebanlagen anschließen, die Blatt- und Stängelteile voneinander trennen.

Waschanlagen werden insbesondere für Wurzeldrogen, in speziellen Fällen auch für Blattdrogen benötigt. Für das Waschen sprechen die Absonderung von Verschmutzung (Staub, Sand, Steinchen) und die Reduzierung oberflächlich anhaftender Chemikalien (Pflanzenschutzmittel, Umweltschadstoffe). Dagegen spricht, dass Inhaltsstoffe ausgewaschen werden können, eine eventuelle Wasseraufnahme des Produkts und eine eventuelle Kontamination mit

Abb. 4:
Arbeitsablauf bei der Krauternte und -aufbereitung

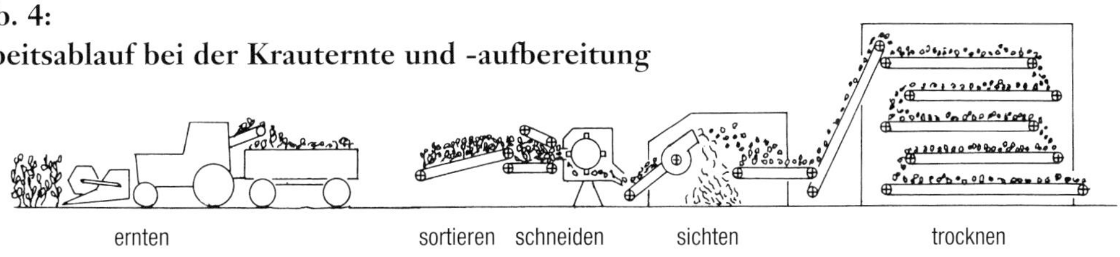

Abb. 5:
Arbeitsablauf bei der Wurzelernte und -aufbereitung

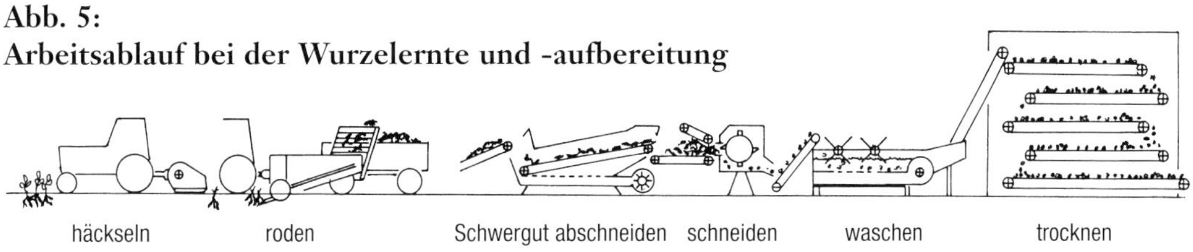

Bakterien und Keimen erfolgt. Für das Waschen kommen einfach konstruierte, manchmal auch adaptierte Trommelwaschmaschinen in Frage. Dabei ist auf einen ausreichenden Wasserdurchsatz zu achten. Je nach Pflanzenart und Boden ist mit einem Bedarf von 15–25 m^3/h zu rechnen. Die Entsorgung des Waschwassers kann problematisch sein. Jedenfalls sollte es über ein Absetzbecken geführt werden. Die Waschleistung wird verbessert, wenn Wurzelstöcke schon vor dem Waschen zerkleinert werden.

Es werden auch Kombinationsgeräte angeboten, mit denen eine Trockenenterdung, eine Schwergutabscheidung und ein intensives Waschen besonders von Knollen- und Wurzelprodukten möglich ist.

Gebläsewaschmaschinen mit ein oder mehr Kammern werden zur besonders schonenden Reinigung eingesetzt. Das Waschgut wird dabei intensiv mit einem zirkulierenden, reinen Wasser-Luft-Gemisch gewaschen. Daran kann sich eine Entwässerungsrinne anschließen, in der oberflächlich anhaftendes Wasser abfließen kann.

7.2 Thermische Aufbereitung

Trocknung

Eine rasche und effektive Trocknung ist unerlässlich, um aus dem oft sehr feuchten Erntegut ein lagerfähiges und wirkstoffreiches Trockengut zu machen. Die Trocknung muss gründlich erfolgen, damit die Ware ihre natürliche Farbe behält und keinen Nährboden für Mikroorganismen bietet. Im Allgemeinen wird je nach Pflanzenart ein Wassergehalt von 10–14 % angestrebt, für stark ölreiche Samen auch etwas darunter. Für einige Arten fordern die Arzneibücher bestimmte Endfeuchtegehalte. Eine stärkere Trocknung verursacht nicht nur höhere Kosten, sondern kann auch geschmacksbeeinflussend wirken.

Mit der Trocknung einher geht eine starke Gewichtsreduktion, die mit dem sogenannten Eintrocknungsverhältnis charakterisiert wird. Die Zahlen drücken das Verhältnis zwischen Masse an Frischgut aus, das zur Produktion von einem kg trockener Droge notwendig ist.

Eintrocknungsverhältnis

Als Faustzahl ist bei frischen Blüten mit einem Eintrocknungsverhältnis von 5–8 : 1, bei Blatt von 5–6 : 1, bei Kraut von 4–5 : 1, bei Wurzeln von 3–4 : 1 und bei Früchten von 1,2–1,5 : 1 zu rechnen.

7.2.1 Natürliche Trocknung

Für Kleinproduzenten kann u. U. eine natürliche Trocknung ausreichen, bei größeren Ernteflächen muss das in großen Mengen anfallende Erntegut künstlich getrocknet werden.

Für die natürliche Trocknung sind wetterfeste Hallen, Dachböden und Scheunen geeignet, wenn sie ausreichend belüftet werden können. Um den Raum optimal zu nützen, sind sogenannte Trockenhorden anzulegen. Dafür werden Holzrahmen mit Schattiergewebe oder Jute bespannt und im Abstand von ca. 25 cm in Gestelle geschoben. Diese Gestellhürden sind leicht zu beschicken, sollen aber – zur leichteren Manipulation – von zwei Seiten zugänglich sein. Hänge- oder Stapelhürden sind umständlicher zu handhaben. Die Hürden sollten nicht größer als 2 m^2 sein. Die Schütthöhe darf wenige Zentimeter nicht übersteigen. Auf einer Fläche von einem m^2 sollten nicht mehr als 0,5 kg frische Blüten, 1–1,5 kg frische Blätter oder 2–2,5 kg frische Wurzeln zum Trocknen aufgelegt werden. Als Unterlage sind unbedrucktes Papier oder Karton geeignet, Kunststoffmaterialien oder Zeitungspapier sind ungeeignet.

Eine laufende Kontrolle des Feuchtezustandes ist notwendig, bei Bedarf ist zu lockern oder zu wenden. Zu häufiges Wenden ist aber für die Struktur des Trockengutes eher nachteilig. Die Raumtemperatur soll 42 °C nicht übersteigen, was beispielsweise auf Dachböden im Sommer überschritten werden kann. Boden- oder Gerüsttrocknung auf dem Feld ist aus den verschiedensten Gründen abzulehnen.

7.2.2 Künstliche Trocknung

Trocknungstemperaturen

Die Auslegung der meist industriell hergestellten Trocknungsanlagen richtet sich nach Trocknungsgut (Wurzel-, Blatt- oder Blütendroge) und nach Trocknungsmenge.

Die Trocknungstemperatur ist abhängig von den Inhaltsstoffen des zu trocknenden Gutes. Eine besonders schonende Trocknung erfolgt bei Niedrigtemperaturen von 32–34 °C. Warmlufttrocknung ist für ätherische Ölpflanzen geeignet, wobei der Temperaturbereich zwischen 38 und 42 °C liegt. Der Verlust an ätherischem Öl steigt bei höheren Temperaturen rapide an (bei Minze z. B. bei 45 °C: 5%, bei 60 °C: 37 % und bei 100 °C: 90 %). Geringere Temperaturen werden bei Baldrian und bei Blütendrogen empfohlen (35–40 °C). Herzwirksame Glykoside können bei 50 °C, Alkaloid- und Schleimdrogen bei bis zu 65 °C getrocknet werden.

Tab. 13:
Gebräuchliche Trocknungsverfahren für Arzneipflanzen (laxhuber 1998)

Trockner-Bauart	Art der Energiezufuhr	Prinzip der Wasserentfernung	Betriebsweise	erzielbare Produktqualität	Investitions-kosten*	Produktions-kosten*	maximale Durchsatzleistung
Verfahren: reine Konvektionstrocknung							
Schwaden-~	Sonnenstrahlung	freie Verdunstung	manuell	X(X)	X	X	X(X)
Horden-~	Konvektiv durch Trocknungsgas	Konvektiv durch Trockungsgas	manuell	XX(X)	X(X)	XX(X)	XX(X)
Luftband-~	Konvektiv durch Trocknungsgas	Konvektiv durch Trocknungsgas	voll mechanisiert	XXX	XXX	XXX	XXXXX
Schubwende-~	Konvektiv durch Trocknungsgas	Konvektiv durch Trocknungsgas	teilmechanisiert	XXX	XX	XX	XXX
Verfahren: reine Gefriertrocknung							
Gefrier-~	Kontaktwärme od. Wärmestrahlung	Eiskondensation und Sublimation	voll mechanisiert	XXXXX	XXXXX	XXXXX	XX
Verfahren: reine Vakuumtrocknung							
Vakuum-~	Kontaktwärme od. Wärmestrahlung oder Mikrowelle	Verdampfung und Abpumpen	voll mechanisiert	XXXXX	XXXX(X)	XXXX(X)	XX(X)
Verfahren: Kombinationstrocknung							
Luftband-~ kombiniert mit Gefrier-~	Konvektiv durch Trocknungsgas Kontaktwärme od. Wärmestrahlung	Konvektiv durch Trocknungsgas Eiskondensation und Sublimation	voll mechanisiert	XXXXX	XXX(X)	XXX	XXX(X)
Luftband-~ kombiniert mit Vakuum-~	Konvektiv durch Trocknungsgas Kontaktwärme od. Wärmestrahlung od. Mikrowelle	Konvektiv durch Trocknungsgas Verdampfung und Abpumpen	voll mechanisiert				

* bezogen auf gleiche Durchsatzleistung

X sehr gering
XX gering
XXX mittel
XXXX hoch
XXXXX sehr hoch

Kaltbelüftung

Ganz einfache Anlagen, wie etwa Grünfuttertrocknungsanlagen mit Kaltbelüftung, bei der mit normaler Umgebungsluft belüftet wird, sind für die anspruchsvollen Arznei- und Gewürzpflanzen wenig geeignet. Dieses Verfahren ist allerdings für große Mengen an Trocknungsgut geeignet, kann aber nur wirksam betrieben werden, wenn die relative Luftfeuchtigkeit nicht mehr als 50 % beträgt. Eine gewisse Vorwärmung der Luft erhöht die Effektivität.

Energiequellen

Für die Lufterwärmung kommen hauptsächlich fossile Brennstoffe wie Erdöl (Leicht- oder Schweröl), Kohle, Brikett und, wo vorhanden, auch Erdgas in Frage. Mit elektrischem Strom fallen hohe Betriebskosten an. Nachwachsende Brennstoffe sind nur dann geeignet, wenn eine kontinuierliche Verbrennung erreicht wird (Hackschnitzelheizung). Die Nutzung der Sonnenenergie über Solaranlagen zur Trocknung hat in den letzten Jahren starke Fortschritte gemacht.

Bei Verwendung von Brennstoffen ist jedenfalls ein Wärmeaustauscher vorzuschalten. Eine direkte Verwendung der Abgasluft hinterlässt am Trocknungsgut gesundheitsgefährdende Rückstände. Der Wärmetausch wird meistens über einen Wasserkreislauf geführt. Über Rohrleitungen kann die Wärme auch über kürzere Distanzen zum eigentlichen Trockner gebracht werden.

Energiebedarf

Der Energiebedarf liegt in effizienten Anlagen zwischen 900 und 1.200 kcal pro kg Wasserverdampfung, kann aber auch bis zum Doppelten betragen. Wegen der damit verbundenen Investitions- und Energiekosten wird die Trocknung zu einem der wesentlichen Kostenfaktoren bei der Produktion von Arznei- und Gewürzpflanzen überhaupt.

7.2.2.1 Trocknungsanlagen

Samen und Früchte können in den normalen Trocknungsanlagen, die auch für die Getreidetrocknung in Verwendung stehen, getrocknet werden (Satz-, Umlauf-, Durchlauftrockner). Da auch für Brotgetreide keine höheren Temperaturen am Korn als für ätherische Öldrogen zulässig sind, gibt es für ihren Einsatz keine Einschränkung. In der Praxis ergaben sich bei Großtrocknungsanlagen insofern Schwierigkeiten, als die Übernahme von Sonderkulturen während der Getreideernte wegen der Verunreinigungsgefahr von Gosse und Umzügen häufig verweigert wird.

Trocknersysteme

Satztrockner existieren in den unterschiedlichsten Behälterformen und können auch für die Trocknung von Drogen herangezogen werden. Auf dem Siebboden des Behälters ruht das Trocknungsgut in einer Schichtdicke von maximal 1,5 m. Die Warmluft wird von unten zugeführt und von unten nach oben durch die Schüttung gepresst. Da die unterste Schicht dauernd der trockenen Warmluft ausgesetzt ist, wird sie eher übertrocknet, während die oberste Schicht noch untertrocknet ist. Trotzdem sollte die Trocknung

Hordentrocknung

Boxentrocknung

dann abgebrochen und das Material vermischt werden, um eine einheitlich trockene Ware zu erhalten. Satztrockner sind zwar einfach in der Konstruktion, aber wärmetechnisch ungünstig. Dieser Trocknertyp arbeitet diskontinuierlich.

Hordentrockner (oder Etagentrockner) eignen sich für kleinere bis mittlere Trockenmengen. Sie arbeiten nach demselben Prinzip wie die Satztrockner, nur dass bis zu fünf Horden übereinander angeordnet sind. Die oberste Horde wird mit Frischgut beschickt. Die trockene Warmluft trifft zuerst auf das schon fast trockene Gut der untersten Horde, die mit Feuchtigkeit angereicherte Luft durchströmt zuletzt das Frischgut der obersten Horde. Das Trocknungsgut gelangt bei manchen Anlagen durch Kippen der Horden auf die darunter liegende Fläche, bei anderen werden die Horden wie bei einem Fahrstuhl nach unten bewegt. Hordentrockner arbeiten quasi-kontinuierlich.

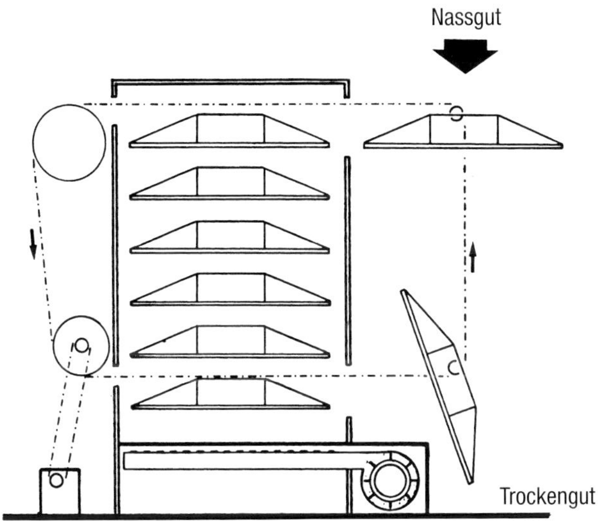

Abb. 6: Hordentrockner

Bandtrockner sind in der Lebensmitteltrocknung weit verbreitet, für Arznei- und Gewürzpflanzen meist als Mehrbandtrockner ausgeführt. Das Trocknungsgut wird, wie beim Hordentrockner, auf das oberste Band aufgebracht, weitertransportiert und nach einiger Zeit auf das darunter liegende Band abgeworfen. Durch das Abwerfen wird das Material aufgelockert und durchmischt, was den Trocknungsvorgang beschleunigt. Durch Regeln der Bandgeschwindigkeit lässt sich der Trockner auf unterschiedliches Trocknungsverhalten verschiedener Drogen einstellen. Da der Trockner kontinuierlich arbeitet, muss er auch kontinuierlich beschickt werden bzw. muss das Trockengut kontinuierlich weiter aufbereitet werden. Da auch die Investitionskosten relativ hoch sind, muss eine entsprechende Anbaufläche vorhanden sein, damit der Trockner rentabel arbeitet.

Trommeltrockner sind hochleistungsfähige Trockner, die mit Temperaturen bis zu 250 °C arbeiten. Sie sind daher eigentlich nur für wenige Arten und wegen ihres hohen Preises eher für die Lebensmittelindustrie als für bäuerliche Gemeinschaftsanlagen geeignet.

Eine neuere Entwicklung stellt der **Freistrahltrockner** dar. Die Trockenluft wird unter hoher Geschwindigkeit über Heizregister mit Freistrahlwirkung durch einen Drahtgewebegurt und dann durch das zu trocknende Gut gepresst. Ein zweiter darüber liegender Drahtgewebegurt verhindert das Verblasen des Pflanzenmaterials. Die beim Trocknungsvorgang verdunstende Wassermenge führt zur Abkühlung des zu trocknenden Gutes, sodass Temperaturen von 45 °C nicht überschritten werden. Die Vorteile dieses Systems sollen in der kurzen Trocknungszeit und dem geringen Energieaufwand liegen.

Sehr gute Ergebnisse hinsichtlich der Konservierung der Inhaltsstoffe werden auch durch Mikrowellentrocknung erzielt. Das Verfahren ist jedoch derzeit noch technisch zu aufwendig und kostenintensiv, wird aber weiterentwickelt.

7.2.3 Tieffrieren

Mit dem Gefrieren stünde eine ausgereifte Technik zur Verfügung, deren Produktqualität frischer Ware am nächsten kommt. Sie erfordert aber einen hohen technologischen und logistischen Aufwand, weil eine geschlossene Kühlkette bis zum Endverbraucher vorhanden sein muss. Um das typische Aussehen zu erhalten, muss das Erntegut sehr rasch tiefgefroren werden. Dafür bleibt das Aroma und z. T. das Aussehen erhalten. Aus organoleptischer Sicht sind folgende Arten nur mit Beeinträchtigung zum Tieffrieren geeignet: Borretsch, Majoran, Melisse, Minze, Oregano. Die meisten anderen Arten können ohne Beeinträchtigung tiefgefroren werden.

Gefriergetrocknete Ware entspricht in organoleptischer Hinsicht getrockneter Ware. Borretsch, Dill, Melisse, Schnittlauch, Minze,

Bibernelle, Weinraute, Salbei und Bohnenkraut eignen sich nur mit Einschränkung zum Gefriertrocknen.

7.2.4 Nasskonservieren

Zur Aromatisierung von Gemüsekonserven werden teilweise Gewürze zugesetzt. Auf dem Boden des Glases werden z. B. bei Gewürzgurken Dill, Estragon und Senfkörner oder bei Roter Rübe Krenscheiben und Kümmel aufgelegt, mit dem Gemüse und einem Aufguss von Essigsäure, Zucker, und Kochsalz aufgefüllt und pasteurisiert. Auch Knoblauch gelangt neuerdings in Lake eingelegt in den Handel. An Stelle der Gewürze werden auch Gewürzauszüge verwendet.

Diverse pflanzliche Öle können auch als Konservierungsmittel verwendet werden. Derartige Produkte zeichnen sich durch Würzkraft und gute Haltbarkeit aus.

7.3 Abtrennen der Inhaltsstoffe

7.3.1 Destillation

Ätherischölgewinnung

Im Prinzip wird das ätherische Öl aus dem Pflanzenmaterial dadurch freigesetzt, dass durch die Erwärmung die Zellwände platzen und Kapillarrisse entstehen. Das ätherische Öl kann durch diese Risse austreten. Während der Destillation kann es in Abhängigkeit von der Temperaturführung zu vorteilhaften, aber auch unvorteilhaften chemischen Veränderungen des Öls kommen. Der Temperaturführung kommt demnach eine entscheidende Bedeutung hinsichtlich der chemischen Zusammensetzung und damit der Qualität des ätherischen Öls zu.

Destillationsmethoden

Prinzipiell besteht eine Anlage aus dem Destillierkolben (-blase), einem Kondensator (Kühler) und einer sogenannten Florentiner Flasche (zur Abtrennung des ätherischen Öls). Die wichtigsten Methoden der Destillation sind: Wasserdestillation, Dampf- und Wasserdestillation, Dampfdestillation und Mazeration/Destillation.

Bei der **Wasserdestillation** wird das Pflanzenmaterial in Wasser aufgenommen und dieses zum Sieden gebracht. Der aufsteigende Dampf wird gekühlt, kondensiert und das Gemisch aus Wasser und ätherischem Öl kann leicht durch Dekantieren oder Zentrifugieren voneinander getrennt werden. Dabei muss im Destilliergefäß Wasser immer im Überschuss vorhanden sein, weil sonst das Pflanzenmaterial überhitzt wird und dies in der Folge zu Fehlaromen führt. Die Wasserdestillation wird in Kleinanlagen oder bei Laborbestimmungen verwendet, sie ist langsam und daher wenig energieeffizient. Durch Wasserdestillation gewonnene Öle gelten als qualitativ schlechter als solche durch andere Methoden gewonnene.

Bei der **Dampf/Wasserdestillation** befindet sich zwar Wasser und Pflanzenmaterial im selben Gefäß, sie sind aber durch ein perforiertes Blech voneinander getrennt. Der erzeugte Wasserdampf kann durch das perforierte Blech aufsteigen und das ätherische Öl so vom Pflanzenmaterial trennen. Solcherart gewonnene Öle sind von besserer Qualität, der Verlust von polaren Verbindungen ist geringer. Der Prozess ist rascher und energieeffizienter.

Bei der **Dampfdestillation** wird der Dampf außerhalb des Destilliergefäßes erzeugt und durch das ebenfalls auf einem perforierten Blech liegende Pflanzenmateral geführt. Da bei diesem Verfahren das Pflanzenmaterial nicht auf mehr als auf 100 °C erhitzt wird, kommt es auch zu keinen Fehlaromen. Die Dampfdestillation ist das am weitesten verbreitete industrielle Destillationsverfahren, erfordert aber auch höhere Investitionen.

Normalerweise arbeitet dieses System drucklos, bei hitzeempfindlichen Inhaltsstoffen kann auch Niederdruck verwendet werden.

Containerdestillation

Durch mobile Ausführung der Dampfdestillation (Containertechnologie) kann Zeit und Arbeitskraft gespart werden. Dabei dient der Erntebehälter gleichzeitig als Destillationsblase. Das pflanzliche Rohmaterial wird direkt aus dem Pflanzenbestand in den Container gehäckselt und dieser zu einer stationären Destillationsanlage gefahren. An der Destillationsanlage erfolgt der hermetische Anschluss an einen geeigneten Kondensator mit nachfolgendem Abscheidegefäß. Dann wird Wasserdampf in den Container geleitet, der über ein am Boden befindliches Rohrsystem gleichmäßig verteilt wird. Nach Abschluss des Destillationsvorganges wird das Pflanzenmaterial abgekippt, der Container steht zur weiteren Befüllung zur Verfügung. Durch Verwendung zweier oder mehrerer Container ist ein quasi-kontinuierlicher Betrieb möglich. Bei den üblichen Containern in Anhängergröße sollte die Schütthöhe 120 cm nicht übersteigen, das Fassungsvermögen beträgt dann ca. 3 t, bzw. 2,5–3,5 m^3, die Destillationszeit ca. drei Stunden.

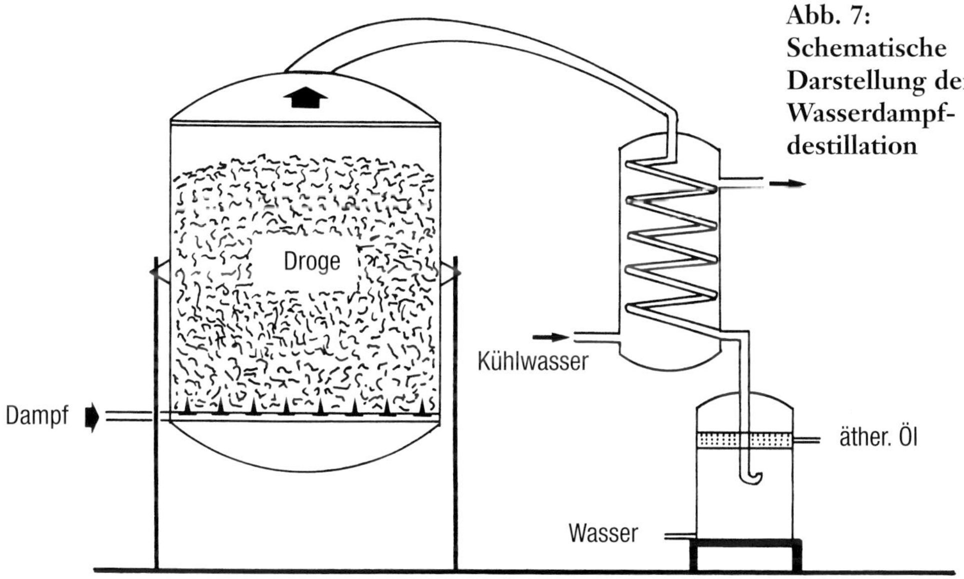

Abb. 7: Schematische Darstellung der Wasserdampf-destillation

Auch Körnerdrogen können mit einigen Modifikationen mit der Containertechnologie destilliert werden. Dabei soll das Destillationsgut nicht direkt auf die Dampfverteiler aufgebracht werden, weil dies die Austrittsöffnungen verlegt. Zur besseren Ausbeute sollen die Früchte oder Samen zuvor gequetscht werden.

Der Vorteil von kontinuierlich arbeitenden Destillationsanlagen liegt in der raschen Verarbeitungszeit bei gleichzeitig hohem Durchsatz und geringem Energie- und Wasserverbrauch.

Manche Arten wie Knoblauch, Zwiebel oder Senf können erst nach Mazeration in warmem Wasser destilliert werden, weil ihre flüchtigen Bestandteile glycosidisch gebunden sind.

Nach der Destillation wird das Dampf/Ätherischöl-Gemisch durch einen Kondensator geleitet und damit wieder flüssig. Der Kondensator kann entweder ein spiralförmig angeordnetes Rohr sein oder ein Bündel an Rohren. Das Material besteht aus Kupfer, Aluminium oder rostfreiem Stahl. Gekühlt wird zumeist mit Wasser.

Florentinerflasche

In der sogenannten Florentiner Flasche wird das Wasser/Ölgemisch auf Grund des unterschiedlichen spezifischen Gewichts voneinander getrennt. Je nachdem ob das ätherische Öl schwerer oder leichter als Wasser ist, erfolgt die Konstruktion der „Flasche“. Das derartig gewonnene ätherische Öl muss zumeist noch von Unreinheiten (Schwebstoffen) gereinigt werden.

7.3.2 Extraktion

CO_2-Extraktion

Die fest-flüssige Extraktion ist ein in der Weiterverarbeitung landwirtschaftlicher Produkte bekanntes Verfahren. Als Lösungsmittel diente früher normales Wasser, heute sind es leicht flüchtige Kohlenwasserstoffe bzw. überkritisches CO_2, die die zu extrahierenden Inhaltsstoffe möglichst selektiv und hoch angereichert vom Pflanzenmaterial trennen sollen. Anschließend müssen die Wirkstoffe vom Lösungsmittel getrennt werden. Der technische Aufwand für die Extraktion ist sehr hoch, weshalb diese Technologie weitgehend der Lebensmittelindustrie vorbehalten bleibt. Die größte Bedeutung bei Gewürzpflanzen hat sie zur Extraktion von Paprika oder der Bitter- und Gerbstoffe bei Hopfen.

8. Qualitätskriterien

Auf einem Markt, der zu einem großen Teil von Billiglohnländern bedient wird, können vermutlich in Hinkunft nur jene Produzenten Erfolg haben, die eine besondere Qualität anbieten. Die Ware wird daher einerseits „formalen“ Erfordernissen, wie sie etwa in Lebensmittel- oder Arzneibüchern beschrieben sind, entsprechen müssen, aber auch den Verbrauchererwartungen hinsichtlich Geschmack und Aussehen.

Die Qualität von Drogen wird durch eine Reihe von äußeren und inneren Merkmalen bzw. unerwünschten Stoffen geprägt.

Tab. 14:
Wichtige Qualitätsmerkmale von Arznei- und Gewürzpflanzen

Äußere Qualitätsmerkmale	Identität, Reinheit, Aussehen, Geruch, Geschmack
Innere Qualitätsmerkmale	wertgebende Inhaltsstoffe, unerwünschte (pflanzeneigene) Begleitstoffe
Mikrobiologische Verunreinigungen	ubiquitäre Keimbelastung bzw. unerwünschte verderbniserregende Mikroorganismen und Sekundärprodukte (z. B. Aflatoxine)
Tierische Verunreinigungen	Rückstände von Kot, Insekten etc.
Pestizidrückstände	Insektizide, Akarizide, Fungizide, Herbizide, Entwesungs- bzw. Entkeimungsmittel und deren Reaktionsprodukte sowie deren Metabolite
Natürliche und künstliche Radionukleide	Kalium 40, Strontium 90, Caesium 134 und 137 etc.
Toxische Spurenelemente	Schwermetalle wie Blei, Cadmium, Quecksilber bzw. Arsen etc.

GAP-Regeln

Um in jeder Hinsicht qualitätvolle Ware zu erzeugen, sind in erster Linie die eigenen Produktionsverfahren danach einzurichten. Eine Anleitung dafür können die „Leitlinien für die gute landwirtschaftliche Praxis von Arznei- und Gewürzpflanzen“ (siehe Anhang) liefern. Soweit dies machbar ist, sollte auch eine Eigenkontrolle erfolgen. Zumeist überzeugt sich aber die abnehmende Hand (Arzneimittelhersteller, Drogengroßhändler, Gewürzhandel usw.) an Hand von Verkaufsmustern von der Qualität der angebotenen Ware. Darüber hinaus kontrollieren staatliche Stellen stichprobenartig die Ware v. a. auf Pestizidrückstände und Schwermetallgehalte.

Den verarbeitenden Firmen bereitet die mikrobielle Belastung, gefolgt von Pflanzenschutzmittelrückständen und Schwermetallbelastung die größten Probleme.

Äußere Qualitätsmerkmale

Identität

Die Pflanzenteile müssen nach botanischen Merkmalen erkennbar sein und mit der angegebenen Bezeichnung übereinstimmen. Beschreibungen finden sich beispielsweise in den Monographien der Arzneibücher. Die Prüfung auf Identität kann schon bei Krautware auf Schwierigkeiten stoßen, v. a. wenn bestimmte Merkmale auf mehrere Arten zutreffen. Wichtige Unterscheidungsmerkmale wie Blütenfarbe, Behaarung, Blattzahnung, -form und -größe etc. sind daher zu berücksichtigen. Handelt es sich um pulverförmige Ware, dann können nur mehr unter dem Microskop die Identität oder allfällige Vermischungen festgestellt werden. Neben Zellformen und Gewebeausbildung (Epidermis, Endokarp, Endosperm etc.) bilden vor allem die Ölgänge und -zellen typische Unterscheidungsmerkmale bei Ätherisch-Ölpflanzen.

Reinheit

Unter Reinheit wird das Fehlen von Fremdstoffen verstanden. Man unterscheidet zwischen pflanzlichem Fremdbesatz (wie Unkräuter, Stängelteile in Blattware, Blätter in Blütenware etc.) und nicht pflanzlichem Fremdbesatz. Dies können die verschiedensten Stoffe sein wie Sand, Erde, Reste von Verpackungsmaterial (Pappe, Papier, Bindfäden), aber auch Glas und Keramikteile, Eisenteile, Zigarettenstummel und andere unangenehme Verunreinigungen.

Sand- oder Erdverunreinigungen können mit der Bestimmung des Aschegehaltes ermittelt werden. Sowohl das Lebensmittel- als auch das Arzneibuch sieht für viele Arten spezifische Grenzwerte vor.

Aussehen

Auch das Aussehen sollte in Form und Farbe arttypisch sein. Samen oder Früchte sollten kaum Bruchkorn (außer es ist produktspezifisch) aufweisen oder Krautware nur einen geringen Anteil zerbröselter Ware. Weiters sollte kein sichtbarer Schädlings- oder Krankheitsbefall erkennbar sein.

Die Färbung sollte frisch sein, nicht missfärbig, verbräunt, verschwärzt oder aufgehellt und v. a. arttypisch (z. B. Melisse: Blattoberseite dunkelgrün, Blattunterseite hellgrün; Basilikum: hellgrün, nicht braun; Kornblumenblüte: tiefblau, nicht ausgebleicht oder weiß).

Geruch und Geschmack

Wie schon weiter oben erwähnt, werden unter Geschmack die im Mund wahrnehmbaren Geschmacksempfindungen salzig, bitter, sauer und süß verstanden. Diese Geschmacksempfindungen werden von der Zunge wahrgenommen. Der Eindruck scharf ist eigentlich ein Schmerzempfinden der Thermorezeptoren der Mundschleimhaut. Das Aroma hingegen wird vom Riechepithel der Nase wahrgenommen. Erst beim Kauen werden die Aromastoffe freigesetzt und steigen in die Nasenhöhle auf. Aromastoffe werden daher nicht in der Mundhöhle geschmeckt, sondern gerochen. Das Aroma setzt sich in der Regel aus den vielfältigsten Komponenten zusammen. Obwohl das Aroma einer Pflanzenart starken Schwankungen unterworfen sein kann, hat der Mensch aus Gewohnheit bestimmte Vorstellungen vom typischen Geschmack eines Gewürzes oder einer Arzneipflanze. Es sollte jedenfalls pflanzentypisch sein. So sollte sich beispielsweise beim Zerreiben von Pfefferminzblättern zwischen den Fingern der erfrischend-würzige, aromatisch-typisch mentholige Geruch entwickeln.

Diesen Verbrauchervorstellungen zu entsprechen, muss auch Ziel der Produktion sein. Dies ist vor allem bei der Sortenwahl zu berücksichtigen. So kann eine Sorte trotz bester Produktionsleistungen für den Verkauf nicht geeignet sein, wenn sie dem erwarteten Aromaprofil nicht entspricht.

Darüber hinaus mindert muffiger, dumpfer oder erstickter Geschmack oder Geruch den Wert der Ware erheblich.

Die Abnehmer prüfen Geschmack oder Würzkraft chargenweise, öfters auch durch Verkostung.

Wertgebende Inhaltsstoffe und unerwünschte Begleitstoffe

Innere Qualitätsmerkmale

Die Inhaltsstoffe der Arznei- und Gewürzpflanzen werden im Kapitel 2 ausführlich beschrieben. Die wichtigsten seien daher hier nur mehr kurz taxativ aufgezählt: ätherisches Öl, Schleimstoffe, Alkaloide, Bitterstoffe, herzwirksame Glykoside, Scharfstoffe, Flavonoide, Cumarine und fettes Öl.

Während der Gewürzhandel in der Regel auf bestimmte Gehaltswerte geringeren Wert legt, solange Aussehen, Farbe, Geschmack und Würzkraft entsprechen, unterliegt Apothekenware schon höheren Anforderungen.

So sieht das Österreichische Lebensmittelbuch (ÖLB) nur für einige Gewürze Mindestgehaltswerte für den ätherischen Ölgehalt vor.

Tab. 15:
Qualitätskriterien für Gewürze laut Österreichischem Lebensmittelbuch

Art	ätherisches Öl Minimum in %	Asche maximal in %	Sand maximal in %
Anis	2	10	3
Basilikum	–	16	3
Bohnenkraut	0,9	12	3
Dost (Oregano)	1,5	12	–
Estragon	–	15	–
Fenchel	2	9	3
Koriander	–	8	3
Kümmel	3	9	2
Majoran ganz	1	18	5
Rosmarin	1	7	–
Salbei	1,2	12	1
Senf	–	6	0,5
Thymian	1	13	4

(Codexkap. B 28, Abschnitt C und E)

Das Arzneibuch kennt hingegen nicht nur Mindestgehalte für ätherisches Öl, sondern auch Bitterwerte, Quellfaktoren (für Schleimstoffgehalt) und andere Wirkstoffmindestgehalte.

Tab. 16:
Qualitätskriterien nach dem Österreichischen Arzneibuch (ÖAB)

Art	äther.Öl in %	Bitterwert	Quellfaktor	fremde Stoffe in %	Asche in %	säureunl. Asche in %
Angelikawurzel	0,3		–	5	10	–
Arnikablüten -wurzel			– –	1 5	10 8	– –
Bockshornsame	–	–	6	2	5	–
Eibischblatt -wurzel	– –	– –	12 10	3 –	15 6	2 –
Fingerhutblatt, Wolliges	–	–	–	–	12	1,5
Königskerzenblüten	–	–	–	2	6	–
Koriander	0,5	–	–	1	7	–

Art	äther. Öl in %	Bitterwert	Quellfaktor	fremde Stoffe in %	Asche in %	säureunl. Asche in %
Kümmel	3,0	–	–	1	7	–
Liebstöckelwurzel	0,5	–	–	5	8	–
Malvenblatt	–	–	8	3	15	2
Malvenblüte	–	–	15	2	15	2
Melissenblatt	0,05	–	–	3	12	1
Salbeiblatt	1,5	–	–	3	8	–
Schafgarbenkraut	0,2	–	–	2	10	1
Senfsame	–	–	–	3	5	–
Spitzwegerichblatt	–	–	–	3	12	1,5
Stiefmütterchenkraut	–	–	–	1	12	1
Tollkirschenwurzel	–	–	–	–	6	–
Wermutkraut	0,3	10.000	–	5	10	–

Anmerkung: Zusätzlich schreibt das Arzneibuch bei einigen Arten noch weitere Anforderungen vor wie z. B. Azulengehalt bei der Schafgarbe. Hinweise darauf finden sich im speziellen Teil bei der Beschreibung der Arten.

Tierische Verunreinigungen

Rückstände wie Kot von Haus- und Nutztieren (Reste von Stallmist und Gülle), Vogelkot, Federn von Geflügel, Larven von Schädlingen oder sonstigen Insekten (tote Fliegen) und Fraßspuren sind besonders zu vermeiden, weil von ihnen auch die Gefahr einer mikrobiologischen Verunreinigung ausgeht.

Mikrobiologische Verunreinigungen

Mikrobiologische Belastung

Arznei- und Gewürzpflanzen sind fast immer mit Mikroorganismen – allerdings in sehr unterschiedlichem Ausmaß behaftet. Es handelt sich dabei meist um Oberflächenkontamination von aeroben Sporenbildnern und Schimmelpilzen. Infiziert wird die Ware primär über den Boden, der bis zu 10^{13} Keime und zusätzlich 10^{4} Pilze je Gramm enthalten kann. Es ist daher verständlich, dass insbesondere Arten, die bei der Ernte mit dem Boden in Berührung kommen, erhöhte Keimraten aufweisen können (z. B. Basilikum, Majoran, Thymian etc.).

Eine akute Gefahr geht von Gewürzen oder Arzneipflanzen in der Regel nicht aus. Werden allerdings Gewürze in andere Lebensmittel eingebracht, dann können sich Mikroorganismen darin rasant vermehren und eine Gefährdung darstellen.

Bei der Aufbereitung von Arznei- und Gewürzpflanzen sind die Hygieneverordnungen zu beachten (EG Richtlinie 93/43 EWG über Lebensmittelhygiene; Lebensmittelhygiene VO, 31. VO Teil II von 3. Februar 1998)

Tab. 17:
Mikrobiologische Richt- und Grenzwerte für Gewürze nach dem deutschen Lebensmittel- und Bedarfsgegenständegesetz

	Richtwert	Grenzwert
Salmonella spp.		nicht nachweisbar in 25 g
Staphylococcus aureus	$1{,}0 \times 10^2$/g	$1{,}0 \times 10^3$/g
Bacillus cereus	$1{,}0 \times 10^4$/g	$1{,}0 \times 10^5$/g
Escherichia coli	$1{,}0 \times 10^4$/g	$1{,}0 \times 10^5$/g
sulfitreduzierende Clostridien	$1{,}0 \times 10^4$/g	$1{,}0 \times 10^5$/g
Schimmelpilze	$1{,}0 \times 10^5$/g	$1{,}0 \times 10^6$/g

Das DAB 1996 kennt ebenfalls Regelungen zur mikrobiologischen Reinheit (Kategorie 4):

A. Pflanzliche Arzneimittel, denen vor der Anwendung siedendes Wasser zugesetzt wird:

max. 10^7 aerobe Bakterien/g oder ml und max. 10^5 Pilze/g oder ml und max. 10^2 *Escherichia coli*/g bzw. ml

B. Andere pflanzliche Arzneimittel:

max. 10^5 aerobe Bakterien/g oder ml und max. 10^4 Pilze/g oder ml; max. 10^3 Enterobakterien; Salmonellen und *Escherichia coli* dürfen nicht vorhanden sein.

Manche Mikroorganismen, insbesondere bestimmte Aspergillus- und Penicilliumstämme bilden in ihrem Stoffwechsel sogenannte Mycotoxine. Zu den bekanntesten zählen die **Aflatoxine.** Im Allgemeinen ist die Belastung des Menschen mit Aflatoxinen durch Gewürze wegen der geringen verzehrten Mengen vernachlässigenswert.

In Deutschland liegt – analog zur Aflatoxinverordnung aus dem Lebensmittelbereich – ein Entwurf vor, der für Aflatoxin B_1 eine Höchstmenge von 2 µg/kg bzw. die Summe der Aflatoxine B_1, B_2, G_1 und G_2 von 4 µg/kg vorsieht.

Pestizidrückstände

Obwohl nur wenige Pestizide im Arznei- und Gewürzpflanzenbau zugelassen sind, kennen sowohl das Europäische Arzneibuch als auch das Österreichische (und Deutsche) Lebensmittelbuch Grenzwerte.

Tab. 18:
Höchstzulässige Pestizidrückstände laut Europäischem Arzneibuch

Alachlor	0,02
Aldrin, Dieldrin, Chlordan, Endrin, Fonophos, Heptachlor	0,05
Chlorpyriphos-methyl, Hexachlorbenzol, Phosalon	0,1
Chlorpyriphos, Methidathion, Parathion-methyl	0,2
Hexachlorcyclohexan-Isomere	0,3
Chlorvinphos, Deltamethrin, Diazinon, Fenitrothion, Parathion	0,5
Lindan	0,6
Azinphos-methyl, Cypermethrin, DDT, Dichlorphos, Malathion, Permethrin, Quintozen	1,0
Fenvalerat	1,5
Dithiocarbamate, Ethion	2,0
Brompropylat, Endosulfan, Piperonylbutoxid, Pyrethrine	3,0
Pirimiphos-methyl	4,0

(in mg/kg = ppm)

Höchstwerteverordnung

Die österreichische Schädlingsbekämpfungsmittel-Höchstwerteverordnung (1995 bzw. Änderung aus 1997) sieht für eine große Zahl an Wirkstoffen Grenzwerte für frische Kräuter, teeähnliche Erzeugnisse und Gewürze vor. Darüber hinaus gelten Grenzwerte für Wirkstoffe, die für alle Arten von Lebensmitteln gelten und damit auch für Arznei- und Gewürzpflanzen. Mehrere in der Verordnung aufgelistete Wirkstoffe dürfen in oder auf Lebensmitteln pflanzlicher Herkunft überhaupt nicht vorhanden sein. Für Wirkstoffe, die in der Verordnung nicht genannt sind, gilt ein Höchstgehalt von 0,01 mg/kg.

In Deutschland erfolgt eine Prüfung auf Pflanzenschutzmittelrückstände nach der Rückstandshöchstmengenverordnung (RHmV) des Lebensmittel- und Bedarfsgegenständegesetzes bzw. finden sich Regelungen im DAB.

Pestizid-Rückstände können auch von Vorratsschutzmitteln stammen.

Natürliche und künstliche Radionukleide

Manche Radionukleide sind nicht vermeidbar, weil sie entweder geogen bedingt sind oder mit Düngemitteln ausgebracht werden (z. B. ^{40}K oder Uran). Die auftretenden Strahlungen sind aber so gering, dass sie vernachlässigenswert sind. Nach dem Kernkraftwerksunglück in Tschernobyl (Ukraine, 1986) traten vor allem Cäsium 134 und 137 bzw. Strontium in regional stark unterschiedlichem Ausmaß auf. Die Belastung ist seither aber stark zurückgegangen.

Die EG-Verordnung 737/90/EWG hatte für Lebensmittel eine kumulierte Radioaktivität für Cs 134 und 137 von 600 Bq/kg (für Kindernahrungsmittel von 360 Bq/kg) vorgeschrieben. Mit weiteren Verordnungen sind Arzneipflanzen von der Regelung wieder ausgenommen worden.

Toxische Spurenelemente

In den letzten Jahren traten Verunreinigungen mit Spurenelementen und da insbesondere mit Schwermetallen immer mehr in das Blickfeld des Interesses. In der Folge kam es zu Richt- und Grenzwertregelungen.

Schwermetallbelastung

Vor allem Cadmium, Blei und Quecksilber als besonders toxische Schwermetalle wurden geregelt. Cadmium akkumuliert im menschlichen Körper vor allem in den Nieren.

Die menschliche Belastung mit Schwermetallen erfolgt am stärksten mit Nahrungsmitteln, die in großen Mengen konsumiert werden. Sowohl Arznei- als auch Gewürzpflanzen werden aber fast ausschließlich in geringen und geringsten Mengen aufgenommen. Die Gefahr, die von ihnen ausgeht, ist daher ebenfalls als gering einzustufen. Andererseits werden Arzneipflanzen insbesondere von kranken Menschen zu sich genommen, weshalb sie auch möglichst wenige schädliche Stoffe aufweisen sollten. Nicht zuletzt wegen der gesetzlichen Regelungen sollte der Produzent darauf achten.

Das Österreichische Lebensmittelbuch (3. Aufl.) kennt unter anderem für einige Pflanzen Richtwerte für Blei und Cadmium (Tab. 20). Überschreitet eine Probe 100 % des Richtwertes, so gilt sie als verdorben.

Tab. 19:
Richtwerte für Blei- und Cadmiumgehalte laut Österr. Lebensmittelbuch (3. Aufl.)

	Blei	Cadmium
Kren		150
Kürbiskerne	200	20
Lein	–	300
Mohn	–	800

in µg/kg FM

Ähnliche Regelungen gelten für Deutschland.

Tab. 20:
Richtwerte für Blei-, Cadmium-, und Quecksilbergehalte in Arznei- und Gewürzpflanzen in Deutschland (BGA 1993)

	Blei	Cadmium	Quecksilber
Arzneipflanzen [1]) in mg/kg TM	5,0	0,2	0,1
Gewürzpflanzen [2]) in mg/kg FM	2,0	0,1	0,05
Leinsamen, Weißdorn, Schafgarbe	–	0,3	–
Birkenblätter, Johanniskraut			
Stechpalme, Weidenrinde	–	0,5	–

[1]) Laut Kontaminantenempfehlung Schwermetalle; Arzneipflanzen, die im Lebensmittelbereich eingesetzt werden, unterliegen dem LMBG
[2]) Laut Lebensmittel- und Bedarfsgegenständegesetz (LMBG); Richtwerte für Schadstoffe in Lebensmitteln

Blei

Wie verschiedene Untersuchungen der letzten Jahre gezeigt haben, können insbesondere Arten mit großer Blattoberfläche mit Blei überdurchschnittlich belastet sein. Die Bleibelastung ist im überwiegenden Ausmaß auf Luftdeposition, sei es durch Auto- oder Industrieabgase, zurückzuführen. Da der Eintrag über die Luft in den letzten Jahren nachweislich zurückgegangen ist, ist auch damit zu rechnen, dass die Belastung mit Blei geringer wird.

Quecksilber

Quecksilberanreicherungen erfolgen sowohl über die Wurzel als auch über die Spaltöffnungen. Der Quecksilbereintrag stammt zu ca. 70 % aus den Ausgasungen der Weltmeere und zu 30 % aus anthropogenen Einträgen (Kohlekraftwerke, quecksilberverarbeitende Industrie). Wie umfangreiche Untersuchungen in Deutschland gezeigt haben, ist die Quecksilberbelastung im Allgemeinen sehr gering.

Cadmium

Anders verhält es sich mit Cadmium. Cadmium wird von der Pflanze aus dem Boden aufgenommen und von ihr akkumuliert. Die Zufuhr von Cadmium über Luftdeposition, Düngemittel, Klärschlamm usw. übersteigt nach wie vor den Entzug deutlich; d. h. es kommt zu einer weiteren Anreicherung im Boden. Die Aufnahme von Cadmium durch die Pflanze hängt vom Cd-Gehalt des Bodens, von dessen pH-Wert (je saurer der Boden, desto höher die Akkumulation), der organischen Substanz und dem Tongehalt ab. Eine Bodenanalyse kann über den Cadmiumgehalt des Standortes Auskunft geben. Standorte mit niedrigem pH-Wert und erhöhten Cd-Bodengehalten lassen auch erhöhte Cadmiumgehalte in der Pflanze erwarten.

Das Risiko kann durch Kalkung und das Vermeiden von belasteten Düngemitteln (Klärschlamm, Biotonnenkompost) reduziert werden. Auch weisen die verschiedenen Pflanzenarten ein unterschiedliches Aneignungsvermögen für Cadmium auf. Höhere Gehalte finden sich unter anderem in Wurzeldrogen wie Sonnenhut, Baldrian, Enzian, aber auch Samendrogen wie Lein oder Mohn bzw. Blüten- oder Krautdrogen wie Schafgarbe, Kamille, Estragon, Johanniskraut, Ringelblume und Majoran.

9. Lagerhaltung

Da das meiste Erntegut einer sofortigen Trocknung und Weiterbearbeitung zugeführt werden soll, ergibt sich für den Produzenten zwangsläufig die Notwendigkeit zumindest ein Zwischenlager zu betreiben. Die Beschaffenheit und der Umgang mit der Droge auf dem Lager kann aber die Drogenqualität erheblich beeinflussen.

Um überhaupt lagerfähige Produkte zu erhalten, sind schon während der Kultur und Ernte vorbeugende Maßnahmen zu ergreifen:

Minderung der Keimflora

- keine Wirtschaftsdünger auf wachsende Kulturen ausbringen
- bei der Ernte oberirdischer Pflanzenteile Berührung mit dem Erdboden vermeiden
- keine nassen oder taufeuchten Pflanzen ernten
- nur saubere Anhänger für Frischgut benützen
- möglichst keine Zwischenlagerung vor der Trocknung
- gründliches Waschen bei Wurzeldrogen
- rasche und gründliche Trocknung
- sauber halten der Aufbereitungsanlagen und schließlich
- trockene und saubere Lagerung

Lagerung senkt Inhaltsstoffgehalt

Auf die Inhaltsstoffe der verschiedenen Arten hat eine längere oder gar unsachgemäße Lagerung unterschiedlich starke Auswirkungen.

Ätherische Öldrogen reagieren gegenüber unsachgemäßer Lagerung besonders empfindlich. Ätherisches Öl verdunstet leicht bzw. kann es auch zu Verharzungsvorgängen kommen, wodurch die Ware in ihrem Wert gemindert wird. Drogen mit exogenen Exkretbehältern (v. a. Blattdrogen wie Pfefferminze oder Melisse etc.) verlieren sehr viel eher ätherisches Öl als solche mit endogenen Sekretbehältern (z. B. Wurzeln von Baldrian oder Früchte von Kümmel). Jede Zerkleinerung führt zu starken Verlusten, weshalb pulverförmige Drogen nur sehr kurz gelagert werden sollten.

Auch bei getrockneten **Glycosiddrogen** kommt es durch Glycosidasen zu einem enzymatischen Stoffabbau, weshalb der Restfeuchtegehalt bei längerer Lagerung besonders niedrig sein sollte (3%).

Lagerbedingungen

Während der Lagerung von **Gerbstoffdrogen** können sich durch Kondensations- und Oxidationsprozesse Catechingerbstoffe in wertlose Gerbstoffe und Tanningerbstoffe in wertlose Phlobaphene umwandeln.

Alkaloiddrogen sind dagegen relativ beständig. Allerdings kann es während der Trocknung zu chemischen Veränderungen kommen.

Tab. 21:
Faktoren, die bei der Lagerung beachtet werden sollten

Feuchtigkeit	trocken, d. h. bei maximal 60 % Luftfeuchtigkeit
Temperatur	kühl, d. h. nicht über 25 °C
Licht	lichtarme Räume bzw. lichtundurchlässige Verpackungen
Zerkleinerungsgrad	zerkleinerte Droge nur möglichst kurz lagern
Schädlingsbefall	Befall mit Vorratsschädlingen bzw. deren Verbreitung muss verhindert werden
Lagerorganisation	Drogen müssen übersichtlich und verwechslungsfrei gelagert werden. Jedes Packstück ist zu etikettieren und die Einlagerung sollte chargenweise erfolgen.

9.1 Bauliche Maßnahmen

Lagerraum

Die richtige Ausgestaltung der Lagerräume gehört mit zu den wichtigsten prophylaktischen Maßnahmen. In kleineren Anlagen kann eine entsprechende Belüftungsanlage ausreichen (Ventilatoren). Größere Fenster und Türflächen können Ventilatoren zumindest teilweise ersetzen, bieten aber Einflugmöglichkeiten für Insekten. Ein Abschluss mit Kunststoffgaze, Maschenweite 1–2 mm, bietet dagegen Abhilfe. Wo die Gefahr besteht, dass Ratten oder Mäuse eindringen, müssen entsprechend starke Eisengitter zum Abschluss von Öffnungen verwendet werden. Ein Eindringen von Regenwasser muss absolut vermieden werden.

Aus der Sicht des Vorratsschutzes sind massive Betonkonstruktionen am günstigsten. Doppelböden und -wände sind ideale Verstecke für Schädlinge. Tote Räume hinter Maschinen, Stellagen und Regalen sollen vermieden werden bzw. für eine Reinigung zugänglich sein. Lagereinrichtungen sollten nicht aus Holz, sondern aus Metall sein, um Schädlingen keine Möglichkeit zu geben, sich zur Anfertigung von Puppenwiegen ins Holz einzunagen. Trotz aller Vorsichtsmaßnahmen ist ein Krankheits- und Schädlingsbefall nie ganz zu vermeiden.

9.2 Mikrobielle Verunreinigungen

Schon die frische und unverschmutzte Pflanze weist eine nicht unerhebliche natürliche Keimflora (Bakterien, Hefen, Schimmelpilze) auf. Auch bei sachgemäßer Aufbereitung verändert sich diese Keimzahl nicht. Allerdings sind in der Regel kaum pathogene Keime anzutreffen, sondern weithin verbreitete Sporenbildner und Enterobakterien, gegenüber denen der Mensch durch dauernden Kontakt fast immunisiert ist. Überdies bringt es die Verwendung vieler Drogen als Tee mit sich, dass bei den hohen Temperaturen des Kochens fast alle Keime abgetötet werden. Anders ist es bei Kaltauszügen, die beispielsweise von Leinsamen, Eibisch und Baldrian hergestellt werden. Bei Wurzeldrogen wird die Verkeimungsgefahr durch den direkten Kontakt mit dem Erdboden noch zusätzlich erhöht. Auch stellt der Schleim der Schleimdrogen einen idealen Nährboden für Mikroorganismen dar.

Ein erhöhtes Gefahrenpotential besteht bei allen Gewürzen, die roh genossen oder nur schwach erhitzt werden. Insbesondere ist dies bei Wurstprodukten der Fall, bei denen die Gewürze die größte Keimquelle darstellen und bei Kontamination für ein vorzeitiges Verderben der Ware verantwortlich sind. Auch Gewürze, die erst nach dem Garen zugesetzt werden und wie in Großküchen noch längere Zeit warmgehalten werden, können eine Gefahrenquelle darstellen.

Bei pilzlichen Erregern im Allgemeinen besteht die Gefahr der Mykotoxin-, bei Schimmelpilzen im Speziellen die der Aflatoxinbildung. In den bisher durchgeführten Untersuchungen konnte zumindest in Medizinaldrogen keine Aflatoxinbildung nachgewiesen werden bzw. trat bei künstlicher Kontamination kein Übergang in die wässrige Phase ein.

Verderb

Eine mikrobielle Kontamination bewirkt selbstverständlich auch ein äußerlich sichtbares Verderben der Ware, wodurch diese nicht mehr handelsfähig ist. Eine Entkeimung äußerlich noch unverdorbener Ware wäre zwar prinzipiell mit Ethylenoxid oder ionisierender Bestrahlung möglich, ist aber in Österreich und Deutschland verboten.

Bestrahlung

In anderen Staaten ist allerdings die Bestrahlung gerade von Gewürzen mit γ-Strahlen gestattet. Der Effekt der Bestrahlung resultiert aus der Tatsache, dass verderbniserregende Organismen wie Bakterien, Schimmelpilze und Hefen inaktiviert werden. Die

Bestrahlung zerstört auch Würmer und Insekten, die während der Lagerung auftreten. Der Grad der Inaktivierung hängt von der angewandten Dosis ab. Während eine Dosis von 30 kGy (kilogray) für trockene Gewürze angewendet werden kann – wobei die Gewürze damit praktisch sterilisiert werden – halten viele eine von 10 kGy für ausreichend, ohne dass die Gefahr einer Geschmacksbeeinflussung bestünde. Angeblich haben derart bestrahlte Lebensmittel keine mutagenen oder toxikologischen Effekte in Fütterungsversuchen gezeigt.

Weiters werden zur Keimreduzierung das Hochdruckverfahren bzw. Zellcracking verwendet bzw. in manchen Fällen eine Dampfautoklavierung (Micro control-Verfahren, z. B. bei Pfeffer, Paprika, Kümmel, Petersilie).

9.3 Tierische Vorratsschädlinge

Abb. 8: Tierische Vorratschädlinge

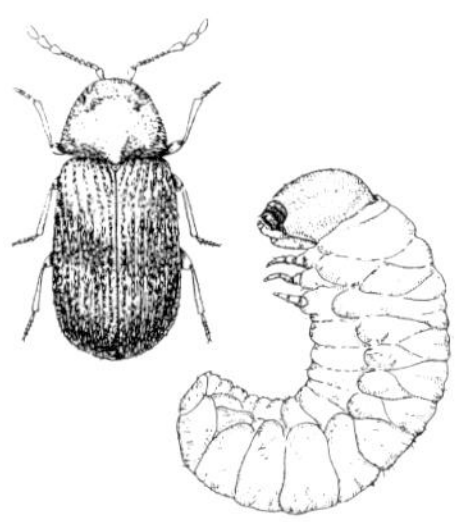

Brotkäfer

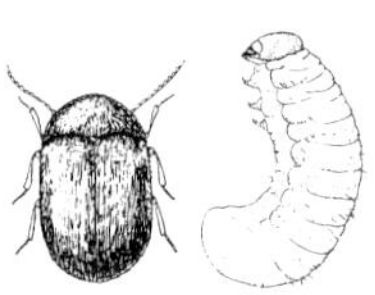

Kleiner Tabakkäfer

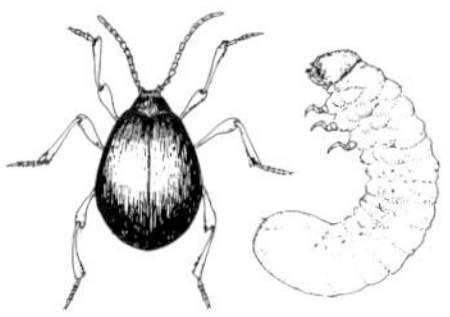

Kugelkäfer

Neben Mäusen und Ratten treten hauptsächlich Insekten auf.

Käfer: Schaden durch Fraß der Larven und Verunreinigungen

Brotkäfer *(Stegobium paniceum)*

Kommt auf einer Vielzahl von Drogen vor und fällt durch seine unzähligen Bohrlöcher auf. Vermag giftige Pflanzeninhaltsstoffe zu verdauen

Aussehen: Käfer 2–3 mm groß, rötlich-braun, behaart, flugfähig, Larve bis 5 mm groß

Tabakkäfer *(Lasioderma serricorne)*

Befällt neben Tabak auch Drogen und Gewürze;
fällt durch kleine Bohrlöcher mit wenig ausgeworfenem Kot auf

Aussehen: Käfer 2–4 mm groß, rotbraun, behaart, flugfähig

Kugelkäfer *(Gibbium psyloides)*

Wurde u. a. auf Paprika, Kamille und Pfefferminze festgestellt

Aussehen: 2–3 mm, braunrot glänzend, fast kugelig, hoch gewölbt

Kräuterdieb *(Ptinus fur)*

Frisst vor allem an Kräutern. Beschädigt die Verpackung beim Ausbohren der Käfer.

An der Innenseite anhaftende Puppenkokons

Aussehen: 2–4 mm, Männchen: rotbraun, flugfähig. Weibchen: dunkelbraun oval mit zwei hellen Binden an den Flügeldecken

Abb. 8: Tierische Vorratschädlinge

Australischer Diebskäfer *(Ptinus tectus)*

Hauptsächlich an Gewürzen, aber auch an anderen Lebensmitteln

Aussehen: 2–4 mm, dunkelbraun mit goldbrauner Behaarung, flugunfähig, aber wandert weit

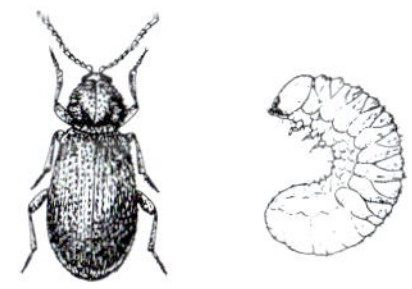

Australischer Diebskäfer

Wollkrautblütenkäfer *(Anthrenus verbasci)*

Die Larven fressen an Kamille, Pfefferminze, Melisse u. a.

Aussehen: 2–3 mm, dunkel, mit vielen hellen Zeichnungen

Schmetterlinge: Schäden durch Fraß und Verunreinigung durch Kot und Spinntätigkeit

Dörrobstmotte *(Plodia interpunctella)*

Fraßlöcher an Gewürzen und Teemischungen. Derzeit gefährlichster Schädling

Aussehen: Spannweite 15–20 mm, Vorderflügel innen silbergrau, außen rötlich bis bronzefarben, Hinterflügel grau

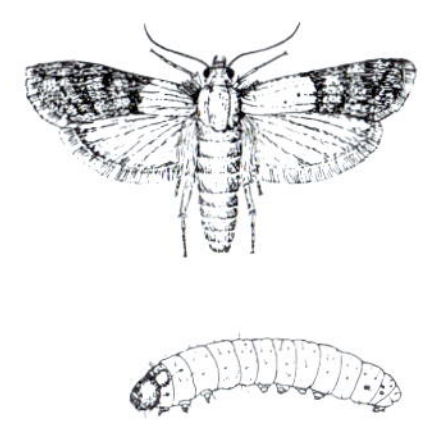

Dörrobstmotte

Speichermotte *(Ephistia elutella)*

Fraßstellen an Sämereien und Teekräutern in Verbindung mit Gespinsten, welche Nahrungspartikel und rundliche Kotballen zu Klumpen verbinden

Aussehen: Vorderflügel grau bis graubraun mit hellen Querbinden, Hinterflügel hellgrau, Spannweite etwa 20 mm

Mehlmotte *(Ephistia kuehniella)*

Gespinstklumpen in befallenen pulverförmigen Gewürzen

Aussehen: Vorderflügel grau mit dunklen Querbinden, Hinterflügel weißlich-grau, Spannweite 20–25 mm

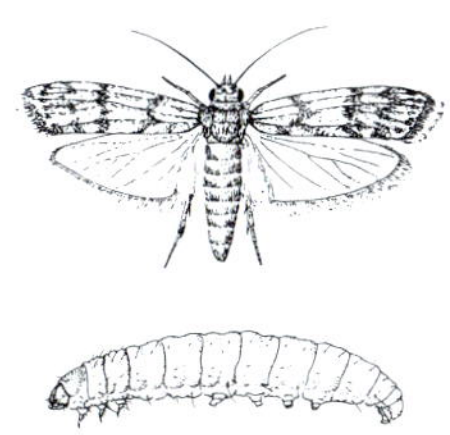

Mehlmotte

Außer den genannten können gelegentlich noch eine Reihe anderer Käfer und Insekten auftreten.

9.4 Bekämpfungsmaßnahmen

Wirksam bekämpft werden tierische Schädlinge nur mit chemischen Mitteln. Leere Lagerräume können mit Spritz- bzw. Sprüh- und Vernebelungsmitteln behandelt werden. DDVP-Mittel wirken besser gegen Schmetterlinge (Motten), Pyrethrumpräparate besser gegen Käfer. Bei schwerem Befall kann eine Begasung notwendig werden, die aber nur von konzessionierten Firmen oder bei Selbstanwendung nach Schulung und besonderer Genehmigung des Landeshauptmanns erfolgen darf. Eine chemische Bekämpfung des Produktes selbst, muss wegen der Rückstandsproblematik bzw. der unklaren Rechtslage unterbleiben.

Unter Umständen können bei schwachem Befall auch Licht- und Lockstofffallen (z. B. Pheromonkapseln gegen die Dörrobstmotte) eingesetzt werden. Sie sind jedenfalls gut als Indikatoren für Schädlingsbefall geeignet.

Durch eine Kühllagerung von ganzjährig unter 15 °C kann der Vermehrungszyklus von Schädlingen unterbrochen und damit der Neubefall wirksam hintangehalten werden.

Die Keimzahl- und Schädlingsreduktion mit Hilfe von Mikrowellen steht noch im Versuchsstadium. Bei den bisherigen Versuchen konnte eine signifikante Reduktion erreicht werden, allerdings nur, wenn das Material dabei bis 55 °C erhitzt wurde. Bei solchen Temperaturen können aber bereits Wirkstoffverluste eintreten.

Für kleinere Drogenmengen ist ein Abtöten von Insekten durch relativ kurzzeitige Tiefkühllagerung empfehlenswert.

10. Verpackung

10.1 Großverpackung

Zur leichteren Manipulation bei Lagerung und Versand ist eine zweckmäßige Verpackung notwendig. Zweckmäßig kann heißen: nicht zu schwere Gewichtseinheit, lichtgeschützt, stabil gegen Bruch, Quetschung und Druck, stapelbar, luftdurchlässig, werbemäßig bedruckbar, manchmal auch seetüchtig oder zumindest wassergeschützt, insektensicher.

Die Rohdroge ist entsprechend den Usancen oder Anweisungen der verarbeitenden pharmazeutischen Industrie oder des Drogengroßhandels zu verpacken. Oft wird auch von den abnehmenden Firmen das Verpackungsmaterial zur Verfügung gestellt, da werbegerechte Aufmachung und palettengerechte Maße für die weiteren Vermarktungswege wichtig sind.

Die Verpackungseinheiten können je nach Kosteneinsatz aus verschiedenen Materialien hergestellt werden, sollen aber immer eine gewisse Luftdurchlässigkeit besitzen, um einen geringen Luftaustausch zu gewährleisten. Kunststoffbeschichtungen oder Inneneinlagen bewähren sich nicht immer. Die Gewichtseinheiten werden nicht zu groß gewählt, um Transportmöglichkeit und Stabilität des Verpackungsmaterials zu sichern.

Kennzeichnung

Äußerst wichtig ist die Kennzeichnung nach Drogenart, Drogenform, Aufbereitung, Klassifizierung, Herkunft, Erntejahr, Gewichtseinheit und anderen notwendigen Angaben. Besonders die giftigen Drogen wie Bilsenkraut, Eisenhut, Fingerhut, Lobelienkraut, Rizinus, Stechapfel oder Tollkirsche sind auffällig zu kennzeichnen und getrennt zu lagern.

Druckempfindliche Blatt- oder Blütendrogen werden in Kartons oder Kisten, Wurzel- und Samendrogen meist in Jute- oder Kunststoffgewebesäcken und Krautdrogen in Papier- oder Jutegewebesäcken abgefüllt. Stark wasseranziehende Drogen und solche, die vor Insektenfraß geschützt werden müssen, kommen in Blechbehältnisse. Importdrogen aus Übersee werden auch manchmal in gepressten Ballen gehandelt. Stimmen Drogenpreis und Verpackungskosten pro Gewichtseinheit ungefähr überein, wird auch die Brutto für Netto-Berechnung gehandhabt.

Tab. 22:
Verpackungsarten und -größen

Verpackungsart	Maßbeispiele
Wellpappekarton	60 x 40 x 60 cm (0,14 m^3) 60 x 60 x 80 cm (0,28 m^3)
Papiersack (3-lagig)	60 x 120 cm 70 x 130 cm 80 x 140 cm
Jutegewebesack	55 x 105 cm 70 x 110 cm
Polypropylen (PP Gewebesack)	50 x 75 cm 95 x 130 cm
Holzkiste (Pressspan) Palettenmaß	60 x 60 x 60 cm (0,21 m^3) 80 x 120 cm 100 x 120 cm

10.2 Einzelhandelsverpackung

Die Anforderungen an Kleinverpackungen sind vielfältig: Riechstoffdichtheit, Wasserdampfdichtheit, Lichtdichtheit, Korrosionsbeständigkeit, Dosiereinrichtung, Wiederverschluss, Standfestigkeit. Die Verpackung sollte einer Verkeimung des Inhalts vorbeugen und Aromaverluste möglichst hintanhalten. Nach Untersuchungen von Schilcher (1987) weisen die verschiedenen Arznei- und Gewürzpflanzen durchaus unterschiedliche Verluste an ätherischem Öl nach Lagerung auf. So traten bei Fenchelfrüchten kaum Verluste auf, während bei Kamillenblüten in Abhängigkeit vom Verpackungsmaterial Verluste bis 40 % und bei Pfefferminze bis 50 % zu beobachten waren.

Natürlich, besonders aber künstlich getrocknete Drogen sollen nicht unmittelbar nach der Trocknung verpackt werden, sondern langsam abgekühlt und an die Umgebungstemperatur angeglichen werden. Zumindest sollen die Verpackungsgefäße nicht sofort verschlossen werden. Krautdrogen werden zur Minderung von Bruch und Grusbildung nicht darretrocken, sondern mit Restfeuchte abgesackt.

Glas ist wegen seiner Materialeigenschaften zumindest für Gewürze ein bevorzugtes Packmittel. Wie Untersuchungen gezeigt haben, weisen Gewürze bei Lagerung in Glas die geringsten Verluste an ätherischem Öl infolge Lagerung auf. Es werden meist Weithalsgläser verwendet, die oft mit einer Dosiervorrichtung aus Kunststoff versehen sind. Zum Verschluss dienen Aluminium-Siegeldeckel oder Schraubverschlüsse aus Duroplasten, manchmal auch Schraubkappen aus Weißblech.

Häufig finden sich Verbundfolien aus Papier, meistens ein- oder beidseitig beschichtet (z. B. Polyethylen) oder mit einer Aluminiumfolien-Zwischenschicht. Damit wird das Papier siegelfähig, eine Voraussetzung für die Herstellung von Schlauchbeuteln oder anderen Beutelformen. Mit der Beschichtung wird auch eine Wasser- und Gasbarriere errichtet.

Größere Gebinde – v. a. für die Gastronomie – werden auch in Kunststoffdosen angeboten (PET, PP oder PEN).

Es kommen auch sogenannte Wickeldosen in den Handel, die aus einer Kombination von Kunststoff-Papier-Aluminiumfolie-Papier bestehen. Reine Metalldosen sind kaum üblich.

Beutel der verschiedensten Form sind aus diversen Kunststofffolien gefertigt. Da eine vollkommene Gasdichtheit nicht erwünscht ist, wird durch eine Mikroperforation ein Entweichen von Wasserdampf ermöglicht.

Normales Papier wird wegen der hohen Aromadurchlässigkeit kaum verwendet, besser sind Pergamin- oder Zellophansäckchen. Erwähnenswert ist noch Zellglas, dessen Permeabilitäts-Eigenschaften es für Gewürze besonders geeignet erscheinen lassen.

10.2.1 Etikettierung

Lebensmittelkennzeichnungsverordnung

Die Etikettierung ist in Österreich nach der Lebensmittelkennzeichnungsverordnung 1993 vorzunehmen. Danach sind folgende Angaben zu machen:

Handelsübliche Sachbezeichnung: Teeähnliche Erzeugnisse werden mit dem Zusatzwort „-tee“ gekennzeichnet (bei Mischungen nach jener Art, die vorherrscht). Gesundheitsbezogene Bezeichnungen oder Angaben sind verboten!

Name und Anschrift des Direktvermarkters: zusätzliche Angaben wie Logo, Markenzeichen, Herkunfts- oder Regionsemblem usw. sind möglich. Bei Lieferungen ins Ausland ist das Herkunftsland anzugeben.

Nettofüllmenge: muss in Gramm oder Kilogramm angegeben werden.

Los oder Charge: Um bei eventuellen Beanstandungen auf eine bestimmte Produktionseinheit oder Erzeugungsdatum schließen zu können, wurde die Chargennummer eingeführt. Der Erzeuger muss aus der Losbezeichnung (z. B. L37) die gesamte Produktionseinheit erkennen und notfalls aus dem Verkehr ziehen können.

Angaben zur Haltbarkeit: Beträgt die Haltbarkeit weniger als drei Monate, so ist: „Mindestens haltbar bis Tag und Monat“ und eine Chargennummer anzugeben.

Für Tee- und Gewürzkräuter beträgt die Haltbarkeit meistens 3 bis 18 Monate. In diesem Fall ist „Mindestens haltbar Ende Monat/Jahr“ und eine Losnummer anzugeben oder „Mindestens haltbar bis: Tag-Monat-Jahr“. In diesem Fall kann die Losnummer entfallen.

Lagerbedingungen: Die Angabe wird meistens „Kühl und trocken lagern“ lauten.

Zutaten: Alle verwendeten Zutaten müssen in absteigender Reihenfolge ihres Gewichtsanteils angegeben werden. Das Wort Zutaten ist dieser Angabe voranzustellen.

Abb. 9: Beispiel für eine korrekte Etikettierung

1. Handelsübliche Bezeichnung	**KRÄUTER-TEE**
2. Name & Anschrift	Rosa Blümchen vgl. „Ringl“ A-2222 Salbeidorf 16 Tel. 03478/2816
3. Nettofüllmenge	40 Gramm
4. Los	L 31/95
5. Angaben zur Haltbarkeit	Mindestens haltbar bis Ende Monat/Jahr
6. Lagerbedingungen	Kühl und trocken lagern!
7. Zutaten	Pfefferminz-Blatt, Himbeer-Blatt, Goldmelisse-Blüte, Kornblumen-Blüte
8. Gebrauchsanweisung	Zubereitung: ....

Gebrauchsanleitung: Die Lebensmittelkennzeichnungsverordnung schreibt die Angabe einer Gebrauchsanleitung vor, sofern sie für die bestimmungsgemäße Verwendung erforderlich ist. Bei Teekräutern muss zumindest angegeben sein: „Mit heißem Wasser überbrühen“.

Spezieller Teil

11. Kulturanleitungen

ACKERSTIEFMÜTTERCHEN

Viola tricolor L. *ssp. arvensis* GAUP.
und *ssp. eutricolor* Veilchengewächs *(Violaceae)*

Sonstige Bezeichnungen:
Acker-, Feld-, Sandstiefmütterchen, Dreifaches Veilchen, Dreifaltigkeitskraut

Gebräuchliche Pflanzenteile:
die zur Blütezeit gesammelten und getrockneten oberirdischen Teile

Handelsbezeichnung:
Herba Violae tricoloris – Stiefmütterchenkraut (ÖAB), *Herba Jaceae* (veraltet)

Aufkommen:
aus Wildsammlung oder Kultur

Verwendung und Inhaltsstoffe

Im blühenden Kraut (und besonders in der Wurzel) sind Saponine und in geringen Mengen ätherisches Öl (0,01 %) enthalten, in der Blüte das Flavonolglykosid Rutin und das Anthocyanglykosid Violanin. Die Anwendung in der Heilkunde erfolgt in erster Linie gegen Erkrankungen der Harnorgane, bei Hautkrankheiten und wegen seines Schleimgehaltes als auswurfförderndes Mittel bei Katarrhen der Luftwege. Stiefmütterchenkraut ist Bestandteil von Stoffwechseltees.

Botanik

Das Ackerstiefmütterchen ist ein einjähriges bis einjährig überwinterndes 30 cm hohes Kraut. Der Stängel ist aufrecht, schwach, ästig, kantig bis rund, manchmal bewurzelt. Die Blätter sind gekerbt, herz-eiförmig bis länglich-lanzettlich, die Blüten langgestielt, mit grünen Kelchblättern und fünf verschiedenfarbigen Blumenblättern (weißlich, gelb, blau, violett). Das untere Blumenblatt ist in einen Sporn ausgezogen. Ackerstiefmütterchen besitzen ein fein verzweigtes, reich befasertes Wurzelsystem. Die Frucht ist eine dreiklappige Kapsel, die beim Aufspringen zahlreiche, 1 mm große gelblich-braune Samen herausschleudert. Tausendkorngewicht 0,3–0,8 g.

Standort Stiefmütterchen sind auf allen Böden wie Sand-, Moor- und Lehmböden kultivierbar. Gutes Wachstum zeigen die Pflanzen auf humosen Sandböden mit genügender Feuchtigkeit. Keine Ansprüche an die Vorfrucht. Nicht kälteempfindlich.

Düngung Neben einer guten Stallmist- oder Kompostgabe liegt der Nährstoffbedarf bei 80 kg/ha Stickstoff, 60 kg/ha Phosphat und 100 kg/ha Kali. Ein Drittel der N-Düngermenge soll erst nach dem ersten Schnitt gestreut werden. Bei Pflanzkultur auf Mulchfolie muss der gesamte vorgesehene Dünger vor dem Folienverlegen gegeben werden.

Sorten Zuchtsorten sind nicht im Handel, es gibt vorwiegend gelbblühende, vorwiegend violett-blühende oder andere Mischformen-Herkünfte.

Sortenbeispiele aus dem Zierpflanzensortiment:
„Alpensommer“ (kleinblütig) und „Lanceolet“.

Anbau *1. Direktsaat:* Das Saatbeet ist für den feinen Samen sorgfältig durch mehrmaliges Eggen und Anwalzen vorzubereiten. Die Saat erfolgt mit Einzelkornsägeräten ab Anfang April mit einer Saatstärke von 4–6 kg/ha mit 30 cm Reihenabstand. Bei genügender Bodenfeuchte und Temperatur läuft der Samen in zwei Wochen auf (Lichtkeimer).

2. Pflanzkultur: Möglich ist auch eine Jungpflanzenvorkultur (Erdpresswürfel mit 3–4 Korn) mit Saat Anfang August und Pflanzung Mitte September auf schwarzer Mulchfolie (1 m breit, 0,04 mm stark, Polyethylen), drei Pflanzreihen pro Folienbahn, 25 x 25 cm Pflanzabstand, 140 cm Abstand von Folienmitte zu Mitte, Folienbedarf 80 m/100 m², Pflanzenbedarf 800/100 m² bzw. 12 pro Laufmeter Folie. Diese Kulturweise erleichtert wesentlich die Unkrautbekämpfung und erhöht den Krautertrag.

Bei beiden Kulturmethoden ist der Bestand zwischen den Reihen möglichst durch mehrmaliges Hacken unkrautfrei zu halten.

Krankheiten und Schädlinge Falscher Mehltau *(Peronospora violae)*, Blattfleckenkrankheiten, hervorgerufen durch *Colletotrichum dematium*, *Ramularia lactea* oder *agrestis*, *Cercospora violae*, Grauschimmel *(Botrytis cinerea)*, Echter Mehltau *(Sphaerotheca polyphaga)*.

Ernte und Ertrag Der erste Schnitt des Krautes erfolgt bei Vollblüte, meist Mitte Juni bis Anfang Juli, bei Pflanzkultur schon Mitte bis Ende Mai. Zu diesem Zeitpunkt platzen die ersten reifen Samenkapseln. Beim

Schneiden des Krautes ist darauf zu achten, dass der Mähbalken so hoch gestellt wird, dass die untersten gelb gewordenen Laubblätter nicht mit erfasst werden bzw. die untersten Triebteile wieder austreiben können. Bei zu tiefem Schnitt kann ein Vertrocknen der Pflanzen vorkommen. Ein zweiter Schnitt ist Mitte August möglich, bei Pflanzkulturen schon Anfang Juli. Das Erntegut soll rasch der Trocknung (Temperatur 40–50 °C) zugeführt werden, damit das Kraut die frischgrüne Farbe beibehält und der Saponingehalt nicht herabgesetzt wird. Das Kraut ist lichtgeschützt zu verpacken. Das Eintrocknungsverhältnis beträgt 5–6 : 1. Die Krauterträge liegen bei 30–40 dt/ha je nach Kulturerfolg des zweiten, manchmal auch dritten Schnittes. Der reine Blütenertrag liegt bei ca. 15 kg/ar, wobei ein Arbeitszeitbedarf von 16–18 Akh/kg Blütendroge besteht.

ALANT

Inula helenium L.
Korbblütler, *Asteraceae (Compositae)*

Sonstige Bezeichnungen:
Alantwurz, Echter Alant,
Helenenkraut, Olant

Gebräuchliche Pflanzenteile:
der getrocknete und geteilte Wurzelstock

Handelsbezeichnung:
Radix Inulae – Alantwurzel,
auch *Rhizoma Helenii*, Alantwurzelstock

Aufkommen:
aus Kultur, selten aus Wildsammlung

Verwendung und Inhaltsstoffe

Die Alantwurzel enthält ätherisches Öl (bis 3 %), bis 40 % Inulin (Stärkeart und Reservepolysaccharid), ferner terpenoide Bitterstoffe und Zucker. Hauptwirkstoff ist Helenin, ein Gemisch aus Alantolacton und Isoalantolacton, das allergen wirken kann.

Die Alantwurzel wirkt stoffwechselfördernd und hustenreizstillend; sie wird gegen Keuchhusten, Bronchialkatarrh sowie als Aromatikum gegen Appetitlosigkeit und Verdauungsbeschwerden eingesetzt. Alant hat auch Bedeutung in der Spirituosenindustrie und als Diabetiker-Nährmittel (Inulin wird bei der Verdauung nicht abgebaut, liefert bei Hydrolyse v. a. Fructose).

Botanik Alant ist eine bis 2 m hoch wachsende, attraktive, ausdauernde Staude mit einem kräftigen Wurzelstock. Die grundständigen, bis 80 cm langen Laubblätter sind eiförmig-elliptisch und zugespitzt. Die Blätter der Stängel sind herz-eiförmig, stängelumfassend. Der Blütenstängel treibt erst ab dem zweiten Standjahr und ist schwachgefurcht und zottig behaart. Alle Laubblätter sind auf der Unterseite filzig behaart, am Rande gekerbt. Die gelben Blüten stehen einzeln in Blattachseln. Blütezeit Juli bis August. Der Samen verfliegt mit dem Flugorgan leicht. Das Tausendkorngewicht beträgt 1,6 g. In der erwerbsmäßigen Kultur wird Alant nur einjährig bis einjährig überwinternd geführt.

Standort Tiefgründige, humose, wasserhaltende Böden wählen, die möglichst steinfrei und nicht staunass und frei von Wurzelunkräutern sind. Beregnungsmöglichkeit zur Erhöhung des Wurzelertrages vorsehen. Alant ist mit sich selbst verträglich, doch ein Nachbau ist wegen der Verunkrautung nicht zu empfehlen. In der Fruchtfolge nach stark gedüngten Hackfrüchten stellen. Frostverträglich.

Düngung Alant ist sehr nährstoffbedürftig, daher reichliche Stallmist- oder Kompostgaben vorsehen. Bedarfsrichtwerte sind: 140 kg/ha Stickstoff, 60 kg/ha Phosphat und 180 kg/ha Kalium. Die Stickstoffgaben sind zu unterteilen.

Sorten Außer der alten tschechischen Sorte „Golias“ sind keine Zuchtsorten verfügbar. Wurzel- und ölreiche Ökotypen sind zur eigenen Samengewinnung zu selektieren.

Anbau Im Prinzip ist eine Direktsaat Anfang August mit 1,5 kg/ha Saatgut möglich, jedoch mit Unkrautproblemen verbunden. Für die Jungpflanzenvorkultur in Anzuchträumen wird ab Mitte März in Saatkistchen (2 g pro 40 x 30 cm-Kiste) zum Pikieren gesät. Auch eine Breitsaat in Kisten, welche mit Paperpotbögen bespannt (Bh 505) sind, mit 3 g Samen, ohne zu pikieren, ist auch möglich. Nach 4–6-wöchiger Anzuchtdauer wird ab Ende April bis Anfang Mai maschinell auf Reihenweiten von 60–70 cm und 30–40 cm Abstand in der Reihe ausgepflanzt. Der Pflanzenbedarf beträgt dabei 40.000–50.000 Stück/ha.

Es können auch Wurzelstücke mit einer Länge von 3–10 cm im Herbst 10 cm tief ausgelegt werden (ca. 15 kg/ar). Für ein zügiges Anwachsen ist das Feld unter Umständen künstlich zu bewässern. Auch eine Sommeranzucht für die Pflanzung Mitte September ist praktikabel und bringt höhere Wurzelerträge.

Das Feld ist durch mehrmaliges mechanisches Hacken bis zum Bestandesschluss unkrautfrei zu halten.

Krankheiten und Schädlinge

Wirtschaftlich nicht bedeutsam. Befall möglich mit Echtem Mehltau *(Sphaerotheca fuliginea)*, Gelbrost *(Coleosporum inulae)* und viröse Blattaufhellungen. Lochfraß durch den Schildkäfer *(Cassida murraea)*, Saugschäden durch Zikaden *(Eupterix atropunctata)* und andere nicht näher bestimmte Insekten.

Ernte und Ertrag

Zur Erntevorbereitung werden die sich im Frühherbst einziehenden Laubblätter mit einem Schlegelfeldhäcksler möglichst tief abgeschlagen. Im Oktober, November oder im Frühjahr vor dem Austrieb, werden die Wurzeln mit Siebkettenroder, Wurzelgemüseernter oder Meerrettichpflügen gerodet. In Trommelwaschmaschinen wird anschließend gründlich gewaschen. Zur leichteren Trocknung werden die Wurzelstöcke geteilt (händisch mit dem Beil oder mit dem Scheibenradhäcksler, aber Vorsicht auf die eingewachsenen Steine).

Die Trocknungstemperatur beträgt 50 °C. Für 10 % Restfeuchte sind über 40 Stunden Trocknungsdauer notwendig. Das Eintrocknungsverhältnis beträgt 2,7–4 : 1. Bei einjähriger Kulturdauer ist mit einem Wurzelertrag von 10–15 t/ha Frischware bzw. 3–4 t/ha getrocknete Wurzeln zu rechnen. Verpackung lose im Jutesack.

ARNIKA

Arnica montana L.
Korbblütler, *Asteraceae (Compositae)*

Sonstige Bezeichnungen:
Bergdotterblume, Bergwohlverleih

Gebräuchliche Pflanzenteile:
das getrocknete Blütenkörbchen

Handelsbezeichnung:
Flos Arnicae (cum et sine calycibus), (ÖAB, DAB 10, Ph. Helv. VII), *Rhizoma A.*, *Herba A.* – Arnika-Blüten mit und ohne Kelch, Wurzelstock, Kraut

Aufkommen:
aus Wildsammlung und Kultur; in einigen Ländern unter Naturschutz

Verwendung und Inhaltsstoffe

Arnikablüten enthalten ätherisches Öl (ca. 0,2 %, vor allem Azulen, Thymolmethyläther und Thymol), Flavonglykoside (Isoquercitrin etc.) und Sesquiterpenlactone. Als wirksames Prinzip wird Helenalin angesehen, das aber in höheren Dosen cardiotoxisch und allergen wirkt. Trockene Arnikawurzeln enthalten rund 1,4 % ätherisches Öl.

Arnika wird äußerlich in Form von Umschlägen und Salben bei Entzündungen und Schwellungen der Haut und innerlich als Herz-Kreislauftonikum angewendet. Arnika ist auch Bestandteil von homöopathischen Präparaten.

Botanik

Arnika ist eine ausdauernde Pflanze, die aus einem im Boden kriechenden, dünnen, braunen Wurzelstock eine grundständige Blattrosette treibt. Die bis 40 cm hohen Stängel stehen aufrecht und sind behaart. Im oberen Teil entspringen aus einem Blattpaar zwei Seitentriebe. Diese und der Haupttrieb tragen endständige Blütenkörbchen. Die Blätter sind verkehrt eiförmig, behaart, ganzrandig und haben fünf kräftig bogige Nerven. Die Blüten sind dunkeldottergelb mit zungenförmigen Randblüten und röhrenförmigen Scheibenblüten. Die Früchte sind bis 8 mm lang, meist vierkantig und schwach gefurcht. Das Tausendkorngewicht beträgt 1,0–1,4 g. Das Saatgut bleibt nur tiefgekühlt gelagert keimfähig. Arnika fällt wegen der Gefahr des Aussterbens unter das Washingtoner Artenschutzabkommen.

Standort

Standorte mit lockeren, humosen gut durchlüfteten Böden mit guter Wasserführung. Der pH-Wert des Bodens kann sauer bis alkalisch sein, jedoch sollte der Kalkgehalt 1,5 % nicht übersteigen. Grünland ist eine mögliche Vorfrucht, soweit dieses nicht zu stark aufgedüngt wurde. Reichliche Besonnung sowie starke Niederschläge werden vertragen.

Düngung

Soweit bisher Anbauversuche ergeben haben, reagiert Arnika auf nährstoffreiche Böden bzw. auf eine Mineraldüngergabe äußerst empfindlich. Es kann zu Blattverbrennungen und zum Eingehen der ganzen Pflanze kommen. Auf eine Düngung v. a. N und P kann daher in den meisten Fällen verzichtet werden. Bei Auftreten von Chlorosen kann dies mit einer Eisen-Blattdüngung behoben werden.

Sorten

Keine Zuchtsorten verfügbar, nur ökotypische Herkünfte (z. B. aus den Bayerischen Alpen, Graubünden, auch aus dem Flachland) im Samenhandel erhältlich. Oft mangelnde Keimfähigkeit. Nach Möglichkeit eigene Samenvermehrung aufbauen.

Anbau

Die bisherigen Anbauversuche waren weniger der Direktsaat ins Feld (gleich nach der Samengewinnung), sondern mehr der Jungpflanzenvorkultur gewidmet. Die Aussaat erfolgt ab Februar in Kistchen, die mit Paperpots (Bh 505) bespannt und mit einem schwach gedüngten Anzuchtsubstrat (z. B. Einheitserde Typ 0) gefüllt sind. Das Pikieren wird von den Arnika-Sämlingen nicht gut vertragen. Die einzelnen Paperpots sind sodann mit 2–3 Pflänzchen belegt. Die optimale Keimtemperatur beträgt 20 °C. Die Anzuchtdauer im geschützten Kulturraum beträgt 6–8 Wochen. Ab Anfang Mai kann in das Freiland beetweise im Abstand 40 x 30 cm (manchmal auch enger) gepflanzt werden, das ergibt ca. 830 Pflanzstellen/100 m^2. Der Bestand ist unkrautfrei zu halten, da Arnika wenig konkurrenzfähig ist.

Krankheiten und Schädlinge

Chlorose-Erscheinungen auf nicht geeigneten Böden (zu alkalisch bis neutral). Welkekrankheit *(Phyllosticta arnicae)*. Zerfressene, vermadete Blütenböden durch die Blütenkopfbohrfliege *(Tephritis arnicae)* oder durch *Trypeta*-Arten. Blattverbrennungen durch nicht parasitäre Einwirkungen. Echter Mehltau *(Sphaerotheca humuli var. fuliginea)*.

Ernte und Ertrag Meist erst ab dem zweiten Standjahr werden die Blütenköpfchen ab Ende Mai bis Ende Juli ständig geerntet. Samenreife tritt ab Mitte Juli ein. Vermadete Köpfchen sind vor der Trocknung auszuscheiden. Die natürliche oder künstliche Trocknung soll bei maximal 42 °C erfolgen. Begehrt der Handel reine Blütenware, so werden die Kelche vor der Trocknung entfernt. Das Eintrocknungsverhältnis beträgt 4–5 : 1 bei Blüten und 3 : 1 bei den Wurzeln. Die Wurzelrodung erfolgt zweckmäßigerweise erst nach einigen Jahren der Blütengewinnung. Es ist mit 30 kg/100 m² (und mehr) getrockneten Wurzeln, 5–10 kg/100 m² Blütendroge mit Kelch und 3–7 kg/100 m² ohne Kelch zu rechnen. Die Blütenerträge sind in den Folgejahren geringer als im ersten Erntejahr.

Verwandte Arten Bei den im Drogenhandel bisweilen angebotenen *Flores Arnicae c.c.* mexicane handelt es sich um keine Droge aus der Gattung Arnica, sondern um *Heterotheca inuloides* Cass., deren Blütenköpfchen in Mexiko als „Arnica“ dieselbe medizinische Anwendung finden wie *Arnica montana*. Gelegentlich wird auch die Wiesenarnika *(Arnica chamissonis ssp. foliosa)* angebaut und als gleichwertige Droge anerkannt.

BALDRIAN

Valeriana officinalis L.
Valerianaceae, Baldriangewächse

Sonstige Bezeichnungen:
Hexenkraut, Katzenkraut, Echter Baldrian

Gebräuchliche Pflanzenteile:
der getrocknete, etwa 5 cm lange und 2–3 cm dicke Wurzelstock mit den 15–20 cm langen Rhizomen

Handelsbezeichnung:
Valerianae Radix (Rhizoma) – Baldrianwurzel (Ph. Eur, DAB 10, Ph. helv. VII)

Aufkommen:
aus Kultur; Hauptproduktionsländer sind Indien, Mexiko und Polen

Verwendung und Inhaltsstoffe

Baldrian hat eine erwiesen beruhigende Wirkung bei gleichzeitiger Steigerung des Konzentrations- und Leistungsvermögens. Welche Inhaltsstoffe die beruhigende Wirkung hervorrufen, ist umstritten. Ursprünglich wurde sie dem ätherischen Öl zugeschrieben, später den sogenannten Valepotriaten (Valeriana-Epoxy-Triester). Da diese Valepotriate im offizinellen Baldrian nur in verhältnismäßig geringen Mengen vorkommen, rückten die beiden Arten *V. wallichii* und *V. edulis*, die höhere Valepotriatgehalte aufweisen, in den Vordergrund. Heute schreibt man die beruhigende Wirkung zu einem Drittel dem ätherischen Öl und zu zwei Drittel den Valepotreaten zu.

In der heimischen Baldriandroge (Rhizom) überwiegt Valtrat und Isovaltrat, in nur geringen Anteilen kommt Didrovaltrat und Acevaltrat vor. Die Valtratkonzentrationen liegen im Rhizom deutlich über denen der Wurzeln, insbesondere der dicken Wurzeln. Der Gesamtvalepotriatgehalt beträgt bei *V. officinalis* bis 1,5 %, bei *V. wallichii* bis 4 % und bei *V. edulis* bis 9 %.

Das ätherische Öl ist in der Rinde von Rhizom und Wurzel lokalisiert. Die Gehalte können zwischen 0,5 und 1,5 % schwanken (wirksam v. a. Valeranon und Valerensäurederivate). Dünn wurzelige Formen weisen einen höheren ätherischen Ölgehalt auf als dickwurzelige (dünnwurzelige Formen sind allerdings schwerer von anhaftender Erde zu reinigen). Der getrockneten Baldrianwurzel verleiht freie Isovaleriansäure bzw. Bornylisovalerianat seinen typischen – auf Katzen so anziehend wirkenden – Geruch.

Laut Europäischem Arzneibuch muss der ätherische Ölgehalt mindestens 0,5 % betragen. Das DAB 10 verlangt zusätzlich einen Mindest-Extraktgehalt von 15 %.

Baldrian, als Tee zubereitet, wirkt krampflösend und beruhigend. Er ist auch Bestandteil unzähliger Fertigarzneimittel (Extrakte, Tinkturen, Tee, Tabletten, Tropfen). Baldriansucht kann auftreten.

Botanik

Baldrian ist eine zwei- bis mehrjährige Staude, die 0,5–1,7 m (und darüber) hoch werden kann. In der erwerbsmäßigen Kultur wird Baldrian einjährig bis einjährig überwinternd geführt. Im ersten Vegetationsjahr bildet Baldrian buschig stehende, unpaarig gefiederte Grundblätter aus. Spätestens im zweiten Jahr werden Blütentriebe ausgebildet. Die Stängel sind gefurcht, unten behaart und oben kahl. Die Blütchen sind weiß bis rosa, zu Trugdolden vereinigt und verströmen einen charakteristisch angenehmen Geruch. Die Früchte sind etwa 3 mm lang und ca. 1,4 mm breit, gelblich-braun und tragen auf der einen Längsseite einen Kiel, auf der anderen drei Längsrippen. An der Spitze der Frucht befindet sich ein Pappus, der für eine Verbreitung über den Wind sorgt. TKG 0,5–0,6 g. Baldrian verliert seine Keimfähigkeit rasch, im zweiten Jahr kann sie schon unter 30 % liegen.

Die Wurzeln gehen von einem kurzen, vertikalen, graubraunen Rhizom (2–5 cm lang und 2–3 cm dick) aus und werden bis 20 cm lang und 2–5 mm dick.

Baldrian ist eine Sammelart mit folgenden Grundtypen: *exaltata* (diploid), *nitida* und *collina* (tetraploid), *procurrens* und *sambucifolia* (oktoploid). Neben den genannten Grundtypen gibt es eine Fülle von Übergangsformen, sprich Öko- und Chemotypen.

Standort Obwohl Baldrian eine weite ökologische Streubreite aufweist, gedeiht er auf frischen, leichteren, tiefgründigen und siebfähigen Böden am besten. Bindige oder zu stark humose Böden sind wegen der schwierigen Wurzelreinigung nicht zu empfehlen. Baldrian ist sehr frostfest.

Als Vorfrucht ist insbesondere Getreide, außer Wintergerste, geeignet. Keine Vorfrucht aus derselben Familie (z. B. *Valerianella locusta*, Feldsalat, Rapunzel) wählen. Anbaupause nach sich selbst von 4–5 Jahren. Arten mit ausdauernden Wurzeln sind keine geeignete Vorfrucht.

Vorsicht bei Atrazin-, Linuron- und Rückständen anderer Herbizide. Sehr leichte Böden haben geringe Inhaltsstoffgehalte zur Folge. In Abhängigkeit von der Jahreswitterung sind Inhaltsstoffschwankungen zu erwarten.

Düngung Eine Stallmistgabe von 200–300 dt/ha ist vor allem auf humusarmen Standorten angebracht. Die Düngeempfehlungen reichen bis 120 kg N/ha bei Pflanzung und bis 150 kg N/ha bei Direktsaat. Auch werden bis zu 200 kg K_2O/ha empfohlen. Die Stickstoffgabe sollte geteilt werden bzw. kann bei Frühjahrspflanzung unter der angegebenen Menge liegen. Zu hohes Stickstoffangebot fördert das Blattwachstum zu Ungunsten des Wurzelwachstums. Phosphor fördert den Extraktstoffgehalt. Wie bei allen Wurzeldrogen ist auf ausreichendes Kaliangebot zu achten. Ein Einfluss der Düngung auf den ätherischen Öl -oder Valepotriatgehalt konnte nicht festgestellt werden.

Sorten Mittlere Erträge, aber sehr hohe Valepotriat- und Ätherischölgehalte weist die deutsche Sorte „Anthos“ (1973) auf. Sie ist starkwüchsig und bringt einen mittelhohen Wurzelertrag. „Schipka“ (Bulgarien 1974) hat auch hohe „Samen“erträge; die starke Ausläuferbildung vermindert aber die Rohstoffqualität; ebenfalls aus Bulgarien „Samokov 48“. „Marau“ (Deutschland) hat auf Grund des hohen Ertrages – trotz des nur wenig überdurchschnittlichen Inhaltsstoffgehalts – hohe Ätherisch-Öl- und Valepotreaterträge. Weniger gut schnitten „Kardiola“ (Russland 1981), „Samokov 39“ (Bulgarien) und „P 1“ (Ungarn) ab. Weitere Sorten: „Krajovy“ (1941) und „Trazalyt“ (1990, beide Tschechien), „Polka“ (1970; 0,7 % äther. Öl, 0,5 % Valepotriate) und „Lubelski“ (1994, beide Polen), „Maun“ (1987, Russland), „Magurele 100“ (Rumänien).

Anbau

Der Anbau kann direkt, mit Vorkultur oder durch Mutterstockteilung erfolgen. Der Direktanbau hat sich in manchen Anbaugebieten kaum bewährt.

Vorkultur im Saatbeet: Die ausgebrachten „Samen“ werden leicht angewalzt und mit einer dünnen Erdschicht bedeckt, feucht gehalten und gegebenenfalls auch schattiert. Auf 1 m^2 Saatbeet können 250–500 Pflanzen produziert werden. Die Aussaat erfolgt im Sommer unmittelbar nach der Ernte der nicht ganz reifen Früchte, wenn diese eine gelbe Farbe annehmen. Vollkommen reife Früchte sollen eine geringere Keimfähigkeit aufweisen.

Anzucht im Gewächshaus ist ab Mitte Februar möglich. Bis zur Keimung ist hierbei eine Temperatur von 18 °C einzuhalten, danach kann kontinuierlich abgesenkt werden.

Bei beiden Anzuchtverfahren können auch Paperpots oder Erdpresswürfel verwendet werden.

Stockteilung: Hierzu teilt man die Mutterstöcke in 10–20 Einzelteile, die gut mit Wurzeln und Knospen besetzt sein sollen. Diese Methode ist zwar arbeitsaufwendig, garantiert aber genetisch homogenes Material.

Die Auspflanzung erfolgt ab April oder aber auch schon Ende September (in manchen Gebieten ertragreicher). Bei späterer Auspflanzung als Anfang Oktober können die Setzlinge durch Frühfröste beschädigt werden. Insbesondere bei trockener Witterung ist auf eine ausreichende Wasserversorgung der versetzten Pflanzen zu achten.

Der Pflanzabstand richtet sich nach dem Reihenabstand der Erntemaschine (42–62,5 cm), in der Reihe sind Abstände zwischen 20 bis max. 40 cm üblich.

Direktsaat: Der Sommertermin (Mitte August) ist den anderen vorzuziehen (September bzw. April). Bei einer Saatstärke von 3 kg/ha ist ein Ausdünnen des Bestandes nicht nötig. Im fein krümeligen und abgesetzten Saatbett wird in einem Reihenabstand von 40–45 cm seicht gedrillt und möglichst angepresst.

Anbauzeitpunkt und Bestandesdichte beeinflussen den Inhaltsstoffgehalt kaum.

Da der Handarbeitsaufwand für die Pflege von Baldrian bis 350 Stunden/ha betragen kann, ist eine mehrmalige mechanische Unkrautbekämpfung in jedem Fall empfehlenswert.

Krankheiten und Schädlinge

An Schädlingen wurden vor allem Blattläuse *(Aphis fabae)* beobachtet, die Saugschäden an den Blütenständen hervorrufen, die aber nur in Samenbeständen bekämpfungswürdig sind. Thripse rufen Saugschäden an jungen Pflanzen hervor und sollen vor allem nach Wintergerste auftreten. Gegen Ende des Sommers wurden auch Mehltau *(Erysiphe valerianae)* und Peronospora *(Peronospora valerianae)* beobachtet.

In Vermehrungsbeständen kann die Welke *(Phoma exigua)* den Bestand im zweiten Jahr gefährden. Eine vorbeugende Saatgutbeizung stellt die einzige Bekämpfungsmöglichkeit dar. *Verticillium*-Welke ist selten bestandesgefährdend.

Ernte und Ertrag

Die Ernte erfolgt im Herbst (nicht vor Ende September bis Anfang November). Je später sie erfolgt, desto höher ist der zu erwartende Wirkstoffgehalt. Auch bei Ernte im zeitigen Frühjahr sind die Drogenerträge und Wirkstoffmengen hoch. Allerdings bleiben hohe Wirkstoffgehalte auf eine kurze Zeit beschränkt, vermutlich bis zum Beginn des Schossens.

Vor der Rodung muss das Kraut entfernt werden. Die eigentliche Ernte sollte bei trockenen Bodenverhältnissen mit einem Schwingsiebroder erfolgen. Die ausgegrabenen Wurzeln werden händisch gesammelt, die grünen Teile und die lose anhaftende Erde wird entfernt. Die Ernte geht mit einem Kartoffelvollernter rascher und sauberer vonstatten, führt aber auch zu höheren Ertragsverlusten.

Erträge von 100–150 dt/ha frischen Wurzeln sind zufriedenstellend. Nach der Ernte müssen die Wurzelstöcke geteilt und gründlich gewaschen werden (z. B. in einer Waschanlage für Wurzelgemüse). Das Waschen sollte nicht länger als 20 Minuten dauern, da bei längeren Waschzeiten Inhaltsstoffe verloren gehen.

Die Trocknung erfolgt bei 30–40 (max. 50) °C. Sie nimmt bis zur vollständigen Trocknung (sobald sich die Wurzel leicht brechen lässt) mehrere Tage in Anspruch. Höhere Trocknungstemperaturen führen zu Wirkstoffverlusten. Ertrag an trockener Ware 40–85 dt/ha. Die Trocknung und Lagerung von Baldrian sollte wegen des starken Geruchs getrennt von anderen Drogen erfolgen und unzugänglich für Katzen sein, die die Droge verschmutzen könnten. Das Eintrocknungsverhältnis beträgt 3 : 1. Samenertrag 80–100 kg/ha.

Basilikum

Ocimum basilicum L.
Lippenblütler, *Lamiaceae (Labiatae)*

Sonstige Bezeichnungen:
Balsam, Basilienkraut, Königskraut, Suppenbasil

Gebräuchliche Pflanzenteile:
das frische oder getrocknete Kraut

Handelsbezeichnung:
Basilici Herba – Basilikumkraut

Aufkommen:
aus Kultur

Verwendung und Inhaltsstoffe

Basilikum enthält in den angenehm aromatisch schmeckenden Blättern bzw. im Kraut 0,5 bis 1,5 % (je nach Herkunft in der Zusammensetzung stark wechselndes) ätherisches Öl, darunter fast die Hälfte Methylchavicol (Estragol), weiters Linalool, Cineol, Campher, Eugenol und Gerbstoffe. Basilikum wird innerlich vor allem als Magenmittel, zur Verhinderung von Blähungen und zur Anregung der Milchsekretion eingesetzt. In der Homöopathie wird die aus frischen Blättern bereitete Essenz verwendet. Der größte Verbrauch von Basilikum besteht in der Gewürzindustrie (vielseitiges Küchengewürz, Bestandteil von Pesto). Basilikum wird wegen seiner schlechten Lagerfähigkeit zunehmend im Kräutertopf angeboten.

Botanik

Basilikum ist eine einjährige Pflanze mit dünnen, verzweigten Wurzeln. Die einfach bis ästigen, aufrechten, bis 60 cm hoch wachsenden Stängel tragen verschieden eiförmig-längliche Blätter. Die Blattfläche ist wellig bis blasig, besonders bei den löffelblättrigen Typen. Die Blüten befinden sich als Scheinwirtel an der Spitze der Stängel. Die Blüte setzt im Juni bis Juli ein. Die Samen haben die Form eines Nüsschens oder sind eiförmig und haben ein Tausendkorngewicht von 1,0–1,8 g. Die Samen erhalten ihre Keimfähigkeit für 4–5 Jahre.

Standort Humusreiche, sandige Lehmböden, die sich rasch erwärmen und sonnige Lagen werden bevorzugt. Auf kalte oder vernässte Böden kein Basilikum stellen. Moorböden sind auch geeignet. In der Fruchtfolge ist Basilikum nicht empfindlich, soll aber nicht nach sich selbst gestellt werden. In nasskalten Jahren ist die Basilikum-Kultur wenig erfolgreich bzw. sollten nur die warmen Sommermonate genutzt werden. Basilikum ist sehr frost- bzw. kälteempfindlich (Absterben der Pflanzen ab 0 °C).

Düngung Organische Düngung wird zur Vorfrucht gegeben. Richtwerte für optimale Kraut- und Ölerträge: 80–100 kg/ha Stickstoff, 60 kg/ha Phosphat und 100 kg/ha Kali. Überhöhte Phosphorgaben mindern den Ölertrag. Die N-Düngergaben werden geteilt: zum Anbau, vier Wochen nach dem Anbau und nach der ersten Ernte.

Sorten Zuchtsorten und Herkünfte unterscheiden sich in Blattgröße, Wuchshöhe, Blattfarbe, Blattwölbung und Blütenfarbe. Es werden auch Zierformen angeboten oder Sorten mit zitronen- oder zimtartigem Duft. Für die Topfkultur eignen sich insbesondere großblättrige, kompakte Formen. Zur Kampfergewinnung finden gelegentlich die Arten *Ocimum canum* und *Ocimum sanctum* Verwendung.

Sorte	Herkunft	Blattfarbe	Wuchshöhe	Blattgröße und -form	Anmerkung
Bavires	D				
Bubikopf	D	grün	niedrig	sehr klein, glatt	auch für Zierzwecke
Dark Opal, Opal	div. Firmen	rot	mittelhoch	mittel-groß, glatt, gering blasig	–
Feinblättriges	div. Firmen	grün	mittelhoch	mittelgroß	–
Genoveser	div. Firmen	grün	mittel-hoch	groß-sehr groß, stark blasig	für Topfkultur geeignet
Großes Grünes	div. Firmen	grün	hoch	groß, konkav gewölbt	für Topfkultur geeignet
Keskenylevelü	H	grün	mittelhoch	mittelgroß, gering gewölbt	–
Kleinblättriges	div. Firmen	grün	mittelhoch	s. klein-klein, v-förmig gewölbt	–
Lemon	D	grün	mittelhoch	klein- m. groß, eben-V-förmig	zitronenähnliches Aroma
Litra	CZ	grün	mittelhoch	mittelgroß, blasig	–
Mammouth	div. Firmen	grün	mittelhoch	s. groß, gering konkav gewölbt	–
Mittelgroßblättriges Grünes	div. Firmen	grün	mittelhoch	mittel-groß,	–
Ohre	CZ	grün	mittel-hoch	mittelgroß, glatt	–
Purple Ruffles	div. Firmen	rot	mittelhoch	groß-sehr groß, m-stark blasig	
Rothaut	D	rot	mittelhoch	mittel-groß, eben	–
Rubin	D	rot	mittelhoch	mittel-groß, eben	–
Salatblättriges	D	grün	mittelhoch	sehr groß, konvex, v-förmig	–
Sperlings Balkonstar	D	grün	niedrig	sehr klein- klein, gering V-förmig	–

Bundessortenamt 1996

Anbau

Bei Basilikum ist eine Direktsaat ab Anfang Juni oder später mit Einzelkornsägeräten prinzipiell möglich, jedoch sind die außerordentliche Kälteempfindlichkeit und das sehr langsame Auflaufen (14–21 Tage) zu berücksichtigen. Der Saatgutbedarf liegt bei einem Reihenabstand von 30–40 cm bei 3–5 kg/ha. Um das Risiko eines mangelhaften Aufgangs zu mindern, werden manchmal bis 20 kg/ha verwendet. Saattiefe 0,5 cm.

Zweckmäßiger ist eine Jungpflanzenvorkultur bei Aussaat ab Mitte April in Erdpresswürfel (Direktablage) oder im Saatkistchen zum Pikieren in Anzuchtplatten. Ausgepflanzt wird ab Mitte Mai bis Ende Mai, eventuell auch später. 3–4 g Saatgut ergeben 1.000 Jungpflanzen. Beim Auspflanzen beträgt der Reihenabstand 30–40 cm, der Abstand in der Reihe 20–25 cm, das ergibt einen Bedarf von 1.000–1.600 Pflanzen für 100 m^2. Bei kleineren Flächen kann eine mehrwöchige Flachbedeckung nach dem Auspflanzen mit einem Polypropylenvlies als Kälteschutz zum leichteren Anwachsen der Kultur verwendet werden.

Der Bestand ist schlecht deckend und muss durch mehrmaliges, arbeitsaufwendiges Hacken unkrautfrei gehalten werden. Basilikum ist sehr wasserbedürftig, gelegentlich ist eine künstliche Bewässerung, besonders nach dem ersten Schnitt im Hochsommer, notwendig.

Krankheiten und Schädlinge

Blattflecken *(Septoria organicola)*, Blattfraß durch die Raupe der Ampfereule *(Acronicta rumicis)* und andere Eulenraupen *(Noctuidae)*, Saugschäden mit Verkrüppelungen an den Triebspitzen durch Wiesenwanzen. Weitflächige Vergilbungen an den Blättern sind auf das Luzernemosaikvirus zurückzuführen.

Ernte und Ertrag

Der erste Schnitt erfolgt bei Blühbeginn, das ist meist 7–8 Wochen nach der Pflanzung. Bewährt haben sich Schneidlader, die nicht zu tief einzustellen sind (10–12 cm Schnitthöhe), um einen zweiten Aufwuchs zu ermöglichen. Das Schnittgut ist sehr druckempfindlich und sollte einer raschen Trocknung zugeführt werden. Der zweite Schnitt erfolgt Anfang September. Die Trocknungstemperatur soll 40 °C nicht übersteigen. Das Eintrocknungsverhältnis beträgt 7–8 : 1.

Für den Frischmarkt wird händisch geerntet und das Kraut gebündelt.

Die Frischkrauterträge liegen bei 120–180 kg/100 m^2, die von trockenem Kraut bei 15–30 kg/100 m^2, je nachdem, ob im September ein zweiter Schnitt möglich ist. Grobstängelige Ware ist abzurebeln.

Bibernelle

Pimpinella saxifraga L. (syn. *Pimpinella peregrina*)
Doldenblütler, *Apiaceae (Umbelliferae)*

Sonstige Bezeichnungen:
Bibernellwurzel, Bockspetersilie, kleine Bibernelle, Pimpinelle (fälschlich)

Gebräuchliche Pflanzenteile:
die im Frühjahr und Herbst gegrabenen Wurzeln, die zuweilen auch Anteile des Rhizoms der Pfahl- und Sekundärwurzel enthalten

Handelsbezeichnung:
Pimpinellae Radix – Bibernell-Wurzel (gelegentlich auch von *Pimpinella major*)

Aufkommen:
aus Kultur

Verwendung und Inhaltsstoffe

In der Bibernelle sind hauptsächlich ätherisches Öl (mind. 0,2–0,4 %) und die Cumarinderivate Pimpinellin, Isoeugenol, Bergapten, Umbelliferon, Sphondin, etwas Gerbstoffe und Harze enthalten. Der Wurzelextrakt wird für schleimhautberuhigende und hustenstillende Zubereitungen bzw. zur Herstellung von Bitterschnäpsen und Gewürzextrakten verwendet.

Botanik

Die Bibernelle ist eine zwei- bis mehrjährige Staude mit länglichen, petersilienähnlichen Wurzeln von 2–3 cm Stärke. Die Pflanze bildet im ersten Standjahr eine dichte Blattrosette. Die grundständigen Blätter sind dunkelgrün, einfach und doppelt gefiedert, mit eiförmigen, gezähnten Fiederblättchen. Die oberen Blätter unterscheiden sich in ihrer Form deutlich von den grundständigen. Die kleinen weißen Blüten stehen in endständigen Dolden ohne Hülle. Der Geruch der Pflanze ist scharf, der der Wurzel bocksartig. Das Tausendkorngewicht des Samens beträgt 1 g. Die Bibernelle ist nicht kälteempfindlich und wird in Kultur nur einjährig angebaut.

Standort

Für die Kultur der Bibernelle werden tiefgründige, steinlose und siebfähige Böden gebraucht. Stauende Nässe und stark verunkrautete Standorte sind wegen der Direktsaatmethode zu vermeiden.

Bei zu leichten Böden ist die Wurzelverzweigung zu stark und damit Ernte und Reinigung erschwert. In der Fruchtfolge nicht nach sich selbst und nicht nach Doldenblütlern wie Dill, Engelwurz, Möhren, Petersilie und Sellerie stellen.

Düngung

Die Bibernelle ist als junge Pflanze sehr salzempfindlich, was sich in trockenen Jahren und bei zu hohen Düngergaben wachstumshemmend auswirken kann. Phosphor und Kali werden als Grunddüngung bereits im Herbst gestreut, Stickstoff in Teilgaben zum Anbau im Frühjahr und während der Vegetation.
Als Richtwerte gelten 120 kg/ha Stickstoff, 60 kg/ha Phosphor und 150 kg/ha Kalium. Magnesiumhältige Dünger sind zu bevorzugen.

Sorten

Keine Zuchtsorten verfügbar, nur lokale Herkünfte. Eventuell eigene Samenvermehrungen aufbauen. (Druschzeit nicht versäumen, Bibernelle samt leicht aus.)

Anbau

Direktsaat mit Einzelkornsägerät ab Ende März bis Mitte April in Reihenabständen von 45–62 cm mit seichter Ablage. Der Saatgutbedarf beträgt 1,5 kg/ha. Ist das Saatbeet feinkrümelig hergerichtet und abgesetzt, erfolgt der Aufgang nach 14 Tagen. Der Bestand wird nicht mehr vereinzelt. Herbstsaat um Mitte September ist im Prinzip möglich, birgt aber das Risiko des zu hohen Schosseranteiles in sich.
Eine zwei- bis dreimalige Unkrauthacke wird bis zum Bestandesschluss zur Jahresmitte notwendig sein.

Krankheiten und Schädlinge

Echter Mehltau *(Erisyphe heraclei)*, Blattfleckenkrankheiten *(Septoria pimpinellae)*, Wurzelfäule *(Rhizoctonia sp.)*. Bei Überwinterungsbeständen für die Frühjahrsernte können Schäden durch Wühlmäuse auftreten.

Ernte und Ertrag

Vor der Ernte im Oktober oder November wird das Kraut mit einem Schlegelhäcksler oder Kreiselmäher abgeschlagen. Die Wurzelrodung wird mit dem Schwingsiebroder, Siebkettenroder oder Kartoffelvollernter vorgenommen. Die Wurzeln werden unzerkleinert gewaschen, möglichst erdfrei und bei Temperaturen von 45 °C getrocknet. Nach 20 Stunden Trocknungszeit sollen sich die Wurzeln leicht brechen lassen. Verbleibende Restfeuchte etwa 10 %. Das Eintrocknungsverhältnis beträgt 4–4,5 : 1.
Die mittleren Erträge liegen bei 6–10 t/ha Frischware und 1,5–2,5 t/ha getrockneten Wurzeln.

Wurzel von Bibernelle

BOCKSHORNKLEE

Trigonella foenum graecum L.
Hülsenfrüchtler, *Fabaceae (Leguminosae)*

Sonstige Bezeichnung:
Griechisch Heu

Gebräuchliche Pflanzenteile:
die reifen getrockneten Samen

Handelsbezeichnung:
Semen Foenugraeci – Bockshornsamen
(ÖAB, DAB 10, Ph. Helv. VII)

Aufkommen:
aus Kultur

Verwendung und Inhaltsstoffe

Als Gewürz werden die reifen, getrockneten und gemahlenen Samen verwendet. Vor der Vermahlung wird der Samen auch geröstet. Roh schmecken die Samen stark bitter und schleimig, nach einem Kochprozess sind sie wohlschmeckend. Die Verwendung von Bockshornkleesamen ist vor allem in Asien, aber auch in den angelsächsischen Ländern verbreitet, wo auch die Blätter und jungen Hülsen als Gemüse genutzt werden. Er findet sich auch in Gewürzmischungen, so beispielsweise in Curry.

In der Medizin wird Bockshornkleesamen äußerlich zur Behandlung von Furunkeln, Geschwüren und Drüsenschwellungen und innerlich als Hustenmittel verwendet.

Der Samen enthält hauptsächlich Schleim (20–30 %, Galactomannan) und fettes Öl (6–10 %), Eiweiß (23–27 %), Alkaloide (Trigonellin 0,1–0,4 %, Cholin) und Bitterstoffe. Der zumindest sonderbare (Bockshorn-)Geruch soll durch das ätherische Öl hervorgerufen werden (0,01–0,02 %). Der Quellungsfaktor muss mindestens 6 betragen.

Botanik

Bockshornklee ist einjährig, hat eine lange, spindelförmige Pfahlwurzel und verzweigte, aufrechte Stängel, die eine Wuchshöhe von bis zu 60 cm erreichen. Die Blätter sind verkehrt eiförmig und ähneln denen der Luzerne. Die hellgelben, am Grunde violetten Blüten sitzen alleine oder zu zweien in den Blattachseln. Die Hülsen, die vorne in einem mehrere Zentimeter langen Schnabel enden, werden bis 15 cm lang. In den Hülsen befinden sich 10–20 hellbraune, rötlich bis gelblich-graue, sehr harte und ca. 4 mm große, in der Mitte deutlich-gekerbte, rhombenförmige Samen. TKG ca. 20 g.

Standort

Wärmere Standorte mit trockenem Herbst sind am besten geeignet. Er bevorzugt nährstoffreiche, kalkhältige und nicht zu leichte Böden.
In der Fruchtfolge steht er am besten hinter Getreide und hat als Leguminose einen guten Vorfruchtwert.

Düngung

60 kg P_2O_5 und 70 kg K_2O/ha müssten auf ausreichend versorgtem Boden genügen. Außer einer geringen Startgabe auf ertragsarmen Standorten kann auf Stickstoff verzichtet werden.

Sorten

Sorten gibt es keine. Bei einer eventuellen eigenen Auslese sollte auf Platzfestigkeit der Hülsen, Standfestigkeit und gleichmäßige Abreife ausgelesen werden.

Anbau

Ab Anfang April kann mit einer Reihenweite von 25 cm gedrillt werden, wobei eine Saatstärke von 25 kg/ha angestrebt wird. In der Reihe sollte Bockshornklee nicht zu dicht stehen, weil das die Lagergefahr erhöht. Die Saattiefe sollte höchstens 2 cm betragen. Das Saatgut sollte gebeizt werden. Die Kultur läuft nach etwa zehn Tagen auf.
Da der Bestand nur mangelhaft den Boden deckt, ist auf die Unkrautbekämpfung besonders zu achten. Oft wurde eine Spätverunkrautung beobachtet.

Krankheiten und Schädlinge

Gegen Vegetationsende tritt oft eine Mehltauinfektion *(Erysiphe trifolii)* auf. Auch verschiedene Fusariumformen können den Bestand befallen.

Ernte und Ertrag

Die Ernte der Samen erfolgt dann, wenn die unteren Hülsen eintrocknen und zu platzen beginnen. Vor allem bei Mähdrusch ist wegen der Ausfallgefahr relativ früh zu ernten und nachzutrocknen (Anfang bis Mitte August). Erträge von 17–21 dt/ha sind in wärmeren Lagen möglich. Für Gemüsezwecke wird geerntet, wenn die Pflanzen eine Wuchshöhe von 20 cm erreicht haben.

BOHNENKRAUT

Satureja hortensis L.
Lippenblütler, *Lamiaceae (Labiatae)*

Sonstige Bezeichnungen:
Käsekraut, Pfefferkraut, Satrei, Sommerbohnenkraut, Wein- oder Wurstkraut

Gebräuchliche Pflanzenteile:
das getrocknete, blühende Kraut

Handelsbezeichnung:
Saturejae Herba – Bohnenkraut

Aufkommen:
aus Anbau

Verwendung und Inhaltsstoffe

Bohnenkraut enthält im Kraut 1–1,4 ml/100 g Droge (manche bis 4,2) ätherisches Öl, davon ca. 40 % Carvacrol, 20 % p-Cymol, außerdem 4–8 % Gerbstoffe und wenig Schleim. Bohnenkraut wird als Tee zur Förderung der Verdauung, gegen Blähungen und zur Appetitanregung eingesetzt. Es ist ein beliebtes Küchengewürz, das frisch und getrocknet verwendet wird und dessen Einsatz auch pharmakologisch durchaus begründet ist.
Der Geschmack ist scharf, beißend würzig und etwas bitter.

Botanik

Bohnenkraut ist ein einjähriges, bis 60 cm hoch wachsendes Kraut, mit einem kräftigen vierkantigen Stängel, das von Grund auf stark verzweigt und mit zunehmendem Alter verholzt. Die Wurzeln sind ebenfalls stark verzweigt. Die Blätter sind lanzettlich und spitz auslaufend, dick, ganzrandig ohne deutlich abgesetzten Stiel. Die Blüten sind klein, stehen meist zu fünft in Scheinähren, sind bläulich-weiß und im Schlund rot punktiert. Die Nüsschen sind rundlich, eiförmig, dunkelbraun und etwa 1–1,5 mm lang, das Tausendkorngewicht beträgt 0,5–0,8 g.
Bohnenkraut braucht 2–3 Wochen zum Auflaufen.

Standort

Bohnenkraut bevorzugt sonnige Lagen und leichtere, lockere, humose Böden.
Es gilt als schlechte Vorfrucht. Bohnenkraut steht in der Fruchtfolge am besten nach gut gedüngten Hackfrüchten.

Düngung

Stallmist oder Kompost zur Vorfrucht oder im Herbst des Vorjahres. Richtwerte sind 60–80 kg/ha Stickstoff, 60 kg/ha Phosphat und bis zu 240 kg/ha Kali. Bei hoher Ertragserwartung ist mit einem Stickstoffentzug von 150 kg N/ha zu rechnen.

Sorten

Sortenbeispiele:

„Aromata" (D): Pflanze mittelhoch, dichtbuschig, Blätter glänzend, Blüte hellrosa, Blühbeginn mittelfrüh, sehr hoher Gehalt an ätherischem Öl

„Budakalaszi" (H): Pflanze hoch, locker sparrig bis dicht buschig, Blätter glänzend, Blühbeginn mittelfrüh, Blüte hellrosa, hoher Gehalt an ätherischem Öl

„Einjähriges" Blatt (div. Firmen): Pflanze sehr hoch, Wuchs locker sparrig, Blüte hellrosa, Blühbeginn mittelfrüh, Gehalt an ätherischem Öl mittelhoch

„Mestina" (BG): Pflanze mittelhoch, dicht buschig, Blüte hellrosa, Blühbeginn spät, Gehalt an ätherischem Öl hoch

„Pikanta" (CZ): Pflanze mittelhoch, dicht buschig, Blüte hellviolett, Blühbeginn mittelfrüh, Gehalt an ätherischem Öl niedrig bis mittel

„Saturn" (PL): Krautertrag ohne Stängel ca. 23 dt/ha; 60 % des Krautes sind Blätter und Blüten, 4–5 % ätherisches Öl

Über „Compact" (D) liegen noch keine näheren Informationen vor.

Anbau

Direktsaat ab Ende April bis Anfang Mai im Reihenabstand von 30–40 cm bei 3–4 kg/ha Saatgutbedarf und seichter Samenablage (1,5–2 cm). Anderenorts werden Saatstärken bis 8 kg/ha empfohlen. Die Keimdauer beträgt 2–3 Wochen. Auch ein Zweitfruchtanbau mit Aussaat Ende Juli bis Anfang August (beispielsweise nach Getreide) ist praktikabel.

Krankheiten und Schädlinge

Am Blatt verursacht Falscher Mehltau *(Peronospora saturejae-hortensis)* unregelmäßige Flecken mit blauem Pilzrasen. Rost *(Puccinia menthae)*. Fraß durch Schildkäfer *(Cassida viridis)*.

Ernte und Ertrag

Das Kraut wird mit dem Mähschneidelader bei Blühbeginn (spätestens zur Vollblüte) im Juli, bei Spätanbau im September geerntet. Der Stängel soll noch nicht sehr hart sein. Nach technischer Trocknung wird das Kraut mit der Rebelmaschine gerebelt, um die Stängelanteile in der Droge möglichst gering zu halten. Der Frischmas-

seertrag reicht von 150 dt/ha bis 450 dt/ha. 30–40 (bis 90) dt/ha getrocknetes Kraut ergeben 10–20 dt/ha gerebelte Ware. Bei nicht zu tiefem Schnitt und entsprechender Witterung (eventuell Zusatzbewässerung) ist ein Wiederaustrieb zu erwarten.
Für den Frischmarkt wird mit der Hand geschnitten und zu 50 g gebündelt. Samenertrag ca. 200 kg/ha.

Verwandte Arten

In Kultur steht manchmal auch das mehrjährige Bergbohnen- oder Winterbohnenkraut *(Satureja montana)*. Es hat eine ähnliche Inhaltsstoffzusammensetzung (hauptsächlich Carvacrol) wie das einjährige Bohnenkraut. Die Pflanzen werden (TKG 0,25–0,30 g) vorgezogen und im Abstand 50 x 40 cm gepflanzt. Bei der Ernte die verholzten Teile nicht verletzen, um einen Wiederaustrieb zu ermöglichen. Erträge 100–130 dt/ha Frischware, 30–40 dt/ha getrocknetes Kraut ab dem dritten Jahr. Nutzungsdauer 5–6 Jahre.

Brennnessel

Urtica dioica L., Große Brennnessel
Urtica urens L., Kleine Brennnessel
Brennnesselgewächse, *Urticaceae*

Sonstige Bezeichnung:
Donnernessel, Nessel, Saunessel, Hanfnessel

Gebräuchliche Pflanzenteile:
Kraut, Blatt, Wurzel, Samen (richtig: Früchte) der Großen Brennnessel, seltener der Kleinen Brennnessel

Handelsbezeichnung:
Urtica Herba – Brennnesselkraut,
Urtica Semen – Brennnesselsamen,
Urtica Radix – Brennnesselwurzel

Aufkommen:
Wildsammlung und Kultur

Verwendung und Inhaltsstoffe

Brennnesseln enthalten Flavonoide, Chlorophyll, Carotinoide, Vitamin C, Kieselsäure, Beta-Sitosterin. In den Wurzeln sind besonders Sterylglycoside, Lignane und Gerbstoffe zu finden. Ob Blutzucker senkende Stoffe (Glykokinine) enthalten sind, ist umstritten.

Die wertgebenden Inhaltsstoffe der oberirdischen Teile bewirken in vielfältigen Zubereitungen die Anregung des Körperstoffwechsels und werden bei entzündlichen Erkrankungen der ableitenden Harnwege eingesetzt. Die Blätter finden auch im Kosmetikbereich zum Desodorieren, zur Durchblutungsförderung des Haarbodens, als Färbemittel bei Seifen und Zahnpasten sowie zur Herstellung von Lebensmittelfarben Verwendung. Brennnesselspiritus dient zur äußerlichen Behandlung rheumatischer Beschwerden. In der Tiernahrung wird das Brennnesselkraut als Geflügel-Trockenfutter eingesetzt. Wenig üblich ist die Verwendung der Nesselfaser für Textilzwecke. Brennnessel-Ansätze werden im biologischen Landbau als Dünge- und Pflanzenschutzmittel verwendet.

Botanik

Die ausdauernde **Große Brennnessel** ist eine bis 1,5 m hohe krautige Pflanze, die mit einem stark verzweigten Wurzelstock überwintert. Die 4-kantigen Stängel wachsen aufrecht, sind unverzweigt und tragen gegenständige Laubblätter mit groß gesägtem Blattrand, kurzen, borstenartigen Haaren und langen Brennhaaren. Die Große Brennnessel ist zweihäusig, bildet rispenartige Blütenstände (Juni bis September), die Blüten sind unscheinbar. Die Frucht ist eine kleine Nuss. TKG 0,14 g.

Die **Kleine Brennnessel** hat wesentlich kleinere Blätter, ist einhäusig, die Früchte sind größer (TKG 0,50 g) und sie bildet keinen überwinternden Wurzelstock aus.

Standort

Die Brennnessel bevorzugt unkrautarme Böden in warmer, sonniger Lage mit guter Bodenfeuchtigkeit für den feldmäßigen Anbau. Als Folgefrucht ist Getreide wegen der Durchwuchsbekämpfung günstig. Für die Wildsammlung ist sie als allgemeiner Kulturbegleiter an vielen Standorten zu finden: Auwälder, in Ufernähe, auf Kulturflächen, auf Ödland, in der Nähe ehemaliger Lagerplätze tierischer Dünger.

Düngung

Der Nährstoffbedarf ist nicht unerheblich. Es muss mit einem Stickstoffbedarf von 150 kg/ha, zuzüglich je 30 kg N/ha nach jedem Schnitt, 60 kg Phospor/ha und 280 kg Kalium/ha, gerechnet werden.

Anbau

Prinzipiell ist ein Kleinanbau über Auslegen von 10 cm langen Wurzelausläufern (Stolonen) Mitte April (50 x 20 cm) möglich. Diese Methode ist aber zu aufwendig und bringt lückige Bestände mit sich. Deutsche Versuche haben gezeigt, dass die Direktsaat Mitte Mai (4 kg/ha Saatgutbedarf, 50 cm Reihenabstand) durch das schlechte Auflaufverhalten der kleinen Samen wenig erfolgsversprechend ist. Für die Praxis wird daher nur eine Vorkultur, also Jungpflanzenanzucht in Zapfencontainer oder ähnlichen Kulturplatten bzw. im Erdpresstopf (EP) mit 3,5–4,5 cm Topfgröße zweckmäßig sein. Bei Aussaat Anfang März 4–6 Früchte pro Topf ist ab Mitte April pflanzfertige Ware zu erwarten. Da die Brennnessel eigentlich ein Frostkeimer ist, soll die Keimruhe durch den Wechsel von hoher Anzuchttemperatur (25–30 °C) während der Auflaufphase am Tag und möglichst tiefer Temperatur in der Nacht, gebrochen werden. Der Jungpflanzenbedarf liegt bei 50.000 bis 70.000 Pflanzen/ha. Der Feldbestand ist nach dem Auspflanzen durch mechanisches Hacken unkrautfrei zu halten.

Krankheiten und Schädlinge

Rhizoctonia- und *Fusarium*-Fußfäulen können auftreten. Gerne werden Brennnesselbestände als Futterquelle für Schmetterlingsraupen genützt, z. B. Kleiner Fuchs, Tagpfauenauge. Die auf Brennnesseln zahlreich zu findenden Marienkäfer sollen nicht als Schädling betrachtet werden, da besonders die Larven wesentlich zur Bekämpfung der Blattläuse beitragen.

Ernte und Ertrag

Für die Krautgewinnung wird der Bestand bei entsprechender Wuchshöhe bzw. noch vor Blühbeginn geschnitten (Schneidlader etc.). Im ersten Standjahr wird dies 2–3mal möglich sein, in den Folgejahren 3–4mal. Das Schnittgut wird gehäckselt, um Stängel und Blätter zu trennen, und der Trocknung zugeführt. Das Eintrocknungsverhältnis beträgt 7–9 : 1. Der Blattanteil am Kraut schwankt je nach Schnitttermin zwischen 45–60 %. Demnach sind Krauterträge von 40–70 dt/ha und Blatterträge von 20–35 dt/ha Trockengut möglich. Wurzelernten sind ab dem zweiten Standjahr sinnvoll. Schwingsiebroder oder Kartoffelroder können dafür im Herbst eingesetzt werden. Die Wurzelstöcke werden grob zerrissen, gewaschen und bei 45–50 °C getrocknet. Versuche haben Frischerträge von 80–110 dt/ha bzw. 24–30 dt/ha Trockenwurzel ergeben.

BUCHWEIZEN

Fagopyrum esculentum Moench (syn. *F. sagittatum*, *F. vulgare*, *Polygonum fagopyrum*)
Knöterichgewächs, *Polygonaceae*

Sonstige Bezeichnungen:
Heiden, Heidenkorn, Schwarzes Welschkorn

Gebräuchliche Pflanzenteile:
das trockene Kraut in der Pharmazie, das Buchweizenkorn für Müllereierzeugnisse

Handelsbezeichnung:
Fagopyri Herba – Buchweizenkraut

Aufkommen:
aus Kultur; Hauptanbaugebiete: Indien, China, asiatische GUS-Republiken, Polen, Ungarn und Ägypten

Verwendung und Inhaltsstoffe

Das blühende Kraut enthält 1–8 % des Flavonglycosids Rutin („Vitamin P", besser Bioflavonoid), der Samen bis 50 % Stärke, etwas fettes Öl (6–7 %), bis 8 % Eiweiß. In der Blüte und in der Samenhülle sind chemisch unerforschte fluoreszierende Substanzen (Photosensibilisatoren) enthalten, die bei Schaf und Schwein, selten beim Menschen Vergiftungserscheinungen (Fagopyrismus) hervorrufen.
Aus blühendem Kraut bereiteter Tee wird zur Behandlung von Gefäßveränderungen bzw. zur Erhaltung der Funktionsfähigkeit des Gefäßsystems und bei Venenschwäche eingesetzt. In der Homöopathie wird die zur Zeit der Fruchtreife gewonnene Essenz angewendet. Das Mehl bzw. die Grütze aus dem Korn findet für Speisezwecke Verwendung. Zum Brotbacken ist es wegen des unzureichenden Klebergehalts nicht geeignet. Die Eiweißqualität ist wegen der hohen Lysin- und Argeningehalte aber gut. Da das Endosperm kein Gliadin enthät, wird Buchweizen auch von Zöliakiekranken vertragen.

Botanik Buchweizen ist ein einjähriges, aufrecht wachsendes Kraut, das 30–90 cm hoch wird. Am zunächst grünen Stängel, der später rötlich wird, sitzen die typischen herz-pfeilförmigen, kurz gestielten Blätter. Aus der Blattachsel wachsen die knäuelförmigen Blütenstände, die von rosa, weißlich-gelber oder gelblich-grüner Farbe sind. Während der sehr langen Blühdauer ist eine windstille, trockene und warme Witterungsperiode erforderlich. Kaum eine andere Pflanze reagiert so empfindlich auf ungünstiges Blühwetter und ist damit so unsicher in der Fruchtbildung wie Buchweizen. Zur Bestäubung ist Insektenflug notwendig. Die Frucht ist ein dreikantiges, spitzes Nüsschen von schwarzer, dunkelbrauner oder silbergrauer Farbe. TKG 19–27 g.

Standort Die Pflanze ist anspruchslos und gilt als Pionier. Lockere, trockene und saure Standorte sind eher geeignet als schwere kalkhältige Böden. Sehr fruchtbare Böden bewirken zwar üppiges Pflanzenwachstum, doch wenig Fruchtansatz und starke Lagerung. Buchweizen hat eine gute Unkraut unterdrückende Wirkung und ist eine gute Vorfrucht. In der Fruchtfolge steht er meist nach Hackfrüchten, Roggen oder nach sich selbst. Buchweizen kann auch als Stoppelfrucht nach Getreide oder Raps zur Gewinnung von blühendem Kraut – Korngewinnung geht sich zeitlich nicht aus – gestellt werden.

Düngung Keine organische Düngung (Stallmist) geben, da Massenwuchs und Lagerneigung zu befürchten ist. Eine geringe mineralische bzw. eine Vorfruchtdüngung wird ausreichen. Richtwerte: 30–50 kg/ha Stickstoff, 30 kg/ha Phosphor, 50 kg/ha Kalium (chloridfrei), wobei selbst diese Mengen oft nicht vertragen werden.

Sorten Es wird zwischen Formen mit rosa Blüten (gewöhnliche und geränderte japanische Formen) und weißlich-gelblich-grünlichen Blüten (tartarische Formen) unterschieden. Bei unbekannten Saatgutherkünften unbedingt Probeanbau durchführen.

Sortenbeispiele:

„Emka“, „Kora“ (PL), „Pyra“ (CZ), „Hajnalka“ (H), „Rutina“ (D), „Anita“, „Bambi“ (A), „Darina“, „Darja“, „Rana 60“, „Siva“ (SLO), „Empire“ (NL), „Billy“ (Canada).

Anbau Wegen der Frostempfindlichkeit erfolgt die Drillsaat erst ab Mitte Mai bis etwa 10. Juni mit einem Saataufwand von 60–80 kg/ha. Samenablage 1–2 cm tief. Möglichst satzweise säen, um widrigen Blühperioden auszuweichen und wenigstens Teilernten zu erzielen. Bereits 5–8 Tage nach der Saat sind die Keimblätter sichtbar. Der aufwachsende Bestand benötigt kaum Pflege. Durch die relativ kurze Kulturzeit (12 Wochen) sind auch höhere Anbaulagen geeignet. Die Pflanze ist sehr empfindlich gegen Hagelschlag.

Mechanische oder chemische Unkrautbekämpfung ist nicht notwendig, da der Bestand schnell schließt.

Krankheiten und Schädlinge

Buchweizen kann von den gleichen Krankheiten und Schädlingen, wie sie bei Getreide vorkommen, befallen werden. Diese sind aber meist nicht bekämpfungswürdig bzw. ohne wirtschaftliche Bedeutung. Bakteriosen sind auf Infektionen mit *Pseudomonas syringae* zurückzuführen. Der Samen wird von Fasanen und Tauben aufgenommen. Mit Rehfraß im Bestand ist zu rechnen.

Ernte und Ertrag

Für die pharmazeutische Verwendung wird das vollblühende Kraut mit Grünschneideladern möglichst hoch geschnitten, um nur die rutinreichen Blüten und Blätter zu erfassen. Der verbleibende Unterteil der Stängel wird nachgemäht und nicht verwertet. Das saftreiche Erntegut ist rasch der Trocknung zuzuführen (Bandtrockner).

Zur Korngewinnung wird wegen der langen Blühdauer meist das Blühende nicht abgewartet. Wenn ein bedeutender Teil reif geworden ist, wird gemäht. Buchweizen ist schlecht mähdruschfähig. Das Kraut wird deshalb im Schwad abgelegt oder in Garben zur Nachreife aufgestellt und erst später gedroschen. In manchen Gegenden wartet man den ersten Frost ab, bei dem die Pflanze abfriert, und drischt erst dann.

Der Kornertrag schwankt von vollständiger Missernte bis 1–2,2 t/ha. Beim Krautertrag kann je nach Schnitthöhe zwischen 3–6 t/ha Trockengut gerechnet werden.

Da die Schale des Korns für Mensch und Haustier nicht sehr bekömmlich ist, wird das Korn meist geschält. Der Schalenanteil beträgt rund 30 % und ist praktisch unverwertbar.

DILL

Anethum graveolens L *var. hortorum* Alef.
Doldenblütler, *Apiaceae (Umbelliferae)*

Sonstige Bezeichnung:
Dille

Gebräuchliche Pflanzenteile:
die in ihre Teilfrüchte zerfallenen, reifen Spaltfrüchte und das frische oder getrocknete Kraut

Handelsbezeichnung:
Fructus und *Herba Anethi* – Dillfrüchte und Dillkraut

Aufkommen:
aus Kultur

Verwendung und Inhaltsstoffe

Dill wird als Küchengewürz hauptsächlich für den Frischmarkt produziert und ganzjährig nachgefragt. Dillspitzen passen zu Salaten, Suppen, Saucen, Gemüse und Fisch. Sie besitzen einen angenehm aromatischen, würzigen Geschmack. Dillkraut wird zum Einlegen von Gemüse verwendet (v. a. Gurken). Dill kommt auch tiefgefroren auf den Markt, selten getrocknet. Die Früchte des Dills haben eine verdauungsfördernde und blähungstreibende Wirkung. Als Arzneipflanze findet er nur mehr in der Volksmedizin Verwendung. Die Früchte enthalten 2,0–5,0 %, das frische Kraut 0,3–0,5 % ätherisches Öl. Das ätherische Öl der Früchte setzt sich hauptsächlich aus d-Carvon (40–60 %) und Limonen (rund 10–40 %), das des frischen Krauts hingegen aus Phellandren (bis 50 %), Benzofuran (= Anethofuran, rund 35 %), Limonen und Carvon zusammen. Die Früchte enthalten 15–20 % fettes Öl (davon 70–80 % Petroselinsäure) und rund 20 % Eiweiß.

Botanik

Die einjährige Pflanze wird über einen Meter hoch, hat eine Pfahlwurzel, einen innen hohlen, außen gerillten zylindrischen Stängel und nadelförmige, mehrfach gefiederte Blätter und eine kurze Stängel umfassende Blattscheide. Die Blüten sind klein und kräftig gelb, die Dolden zu 20 bis 50 Strahlen haben einen Durchmesser von bis zu 20 cm. Die Spaltfrüchte sind eiförmig-elliptisch, am Rücken flachgedrückt, gelb bis rötlich-braun und von einem glatten, gelben Flügelrand umgeben. Sie zerfallen zumeist in die beiden Teilfrüchte, die bis 5 mm lang sein können. Die Früchte weisen auf der Vorderseite zwei und an der Rückseite vier Ölstriemen auf. Die Früchte behalten 2–3 Jahre ihre Keimfähigkeit. TKG: 0,9–2,1 g.

Standort

Dill ist außer auf extremem Sand – oder schlecht drainierten Böden bzw. bei stärkeren Verdichtungen – problemlos kultivierbar. Auf Staunässe und Bodenverdichtung reagiert er allerdings mit Blattverfärbungen und Kümmerwuchs. Er stellt nur mittlere Ansprüche an die Temperatur, ist aber frostgefährdet. Körnerdill verträgt trockene, Blattdill auch feuchte Lagen. Bei Produktion von Dillspitzen sollte der Acker beregnungsfähig sein.
Gut mit Stallmist gedüngte Hackfrüchte sind am besten als Vorfrucht geeignet. Er sollte nach sich selbst oder anderen Doldenblütlern erst nach längerer Anbaupause folgen. Wird Dill nach Dill gestellt, so sollten die Erntereste zumindest gründlich untergepflügt bzw. eingefräst werden. Wegen Krankheitsdruck nicht nach Petersilie oder Sellerie stellen. Dill kann auch noch nach frühräumenden Kulturen im Sommer gebaut werden. Bei Körnernutzung kann Ausfallsdill im Boden jahrelang keimfähig bleiben und ist in den Folgekulturen unter Umständen schwierig zu bekämpfen.

Düngung

Bei Körnernutzung ist eine phosphorbetonte, bei Blattnutzung eine stickstoffbetonte Düngung empfehlenswert. Überhöhte Stickstoffgaben können aber zu Lager führen.
60 kg N/ha vor dem Anbau (eine Kopfdüngung ist wegen der kurzen Vegetationszeit nicht notwendig). Bei zwei Schnitten nach dem ersten Schnitt weitere 40 kg N/ha.
Es wurden aber auch gute Erfahrungen mit einer Stickstoffgabenteilung gemacht (nach dem Auflaufen und bis 20 cm Wuchshöhe). Positiv hat sich auch eine Blattdüngung mit Harnstoff (3 %) ab 5–10 cm Wuchshöhe auf den Ertrag ausgewirkt.
Bei reiner Körnernutzung genügen 70 kg N/ha, 60 kg P_2O_5 und 100 kg K_2O/ha. Bei Blattnutzung kann die Phosphordüngung niedriger ausfallen. Auch höhere Kaligaben (bis 200 kg) werden empfohlen.

Sorten

Mit Ausnahme der spät blühenden Sorten, die sich nicht für die Körnernutzung eignen, sind die Sorten für die beiden Nutzungsrichtungen zu verwenden. Spezielle Körnerdillsorten sind nicht bekannt, allerdings wird „Gewöhnlicher“ als Körnerdillsorte empfohlen. Obwohl als Sorten registriert, handelt es sich oft nur um Selektionen.

Sorte	Land	Dolden-schieben	Krautertrag	Blattanteil	Anmerkung
Aros	S	früh-mittel	hoch	mittel-hoch	auch für unter Glas empfohlen
Blattreicher	D	spät-s.spät	hoch-s.hoch	mittel-hoch	geringe Anthozyanfärbung der Stängel
Bouquet	D	mittel	hoch	hoch	geringe Anthozyanfärbung der Stängel
Diwa	NL	spät-s.spät	hoch	mittel-hoch	geringe Anthozyanfärbung der Stängel
Dukat	div.	s.früh-früh	hoch	mittel-hoch	mittlere Anthozyanfärbung der Stängel
Elefant	D	mittelfrüh	hoch-s.hoch	mittel-hoch	tetraploid, stärkere Anthozyanfärbung
Gewöhnlicher	div.	früh	hoch	hoch	mittlere Anthozyanfärbung
Herkules	D	spät-s.spät	hoch	mittel-hoch	tetraploid, stärkere Anthozyanfärbung
Pikant	S	früh	hoch	mittel-hoch	geringe Anthozyanfärbung der Stängel
Sari	D	früh-mittel	mittel-hoch	hoch-s.hoch	geringe Anthozyanfärbung der Stängel
Tetra	div.	mittel-spät	hoch-s.hoch	mittel-hoch	tetraploid, mittlere Anthozyanfärbung
Vierling	D	mittelfrüh	hoch	mittel-hoch	tetraploid, mittlere Anthozyanfärbung

Bundessortenamt 1996

Keine näheren Hinweise über Eigenschaften liegen über die tschechische Sorte „Hanak“ (1989) vor.

Anbau

Die oft relativ niedrige Keimfähigkeit kann u. U. erhöht werden, wenn die an der Oberfläche anhaftenden keimhemmenden Stoffe mit kaltem Wasser heruntergewaschen werden. Anschließend lässt man das Saatgut an der Luft trocknen und baut an.

Das Saatbeet sollte möglichst feinkrümelig und locker sein. Der Anbau erfolgt ab März mit einem Reihenabstand von 25 bis 30 cm und einer Saatstärke von 8 bis 12 kg (Körnerdill), bei reiner Krautgewinnung auch bis 20 kg/ha. Saattiefe (1) 2–3 cm. Dünnere Saatstärken fördern die Bildung von sekundären Dolden, was bei Körnerdillgewinnung wegen der ungleichen Abreife nicht erwünscht ist. Druckrollen nach dem Säschar sorgen für guten Bodenschluss und besseren Aufgang. Zur Gewinnung von Dillspitzen kann der Anbau mit engerer Reihenweite (15 cm) und dementsprechend höherer Saatstärke auch später erfolgen. Früh-Sommeraussaaten (Juni bis Juli) gehen schnell in Blüte, ein Anbau im späten Juli bis Mitte August ist hingegen wieder möglich. Die optimale Keimtemperatur beträgt 8–10 °C, der Aufgang erfolgt 10–17 Tage nach Anbau.

Für Frischware erfolgt der Anbau meist in Sätzen. Langsame Anfangsentwicklung und später Reihenschluss machen Dill anfällig gegen Verunkrautung. Selbst gegen eine Spätverunkrautung ist er nicht gefeit. Gerade bei maschineller Ernte ist aber auf möglichst unkrautfreie Bestände zu achten.

Krankheiten und Schädlinge

In feuchten Jahren kann der Doldenbrand (Erreger: *Pseudomonas* und *Erwinia*) stärkere Ertragsdepressionen hervorrufen. Er führt zum Vergilben und Welken der Pflanzen und zum Verbräunen und Verkümmern der Dolden. Die *Erwinia*-Bakterien führen auch zur sogenannten Wurzelnassfäule, die sich durch Wuchshemmungen und Vertrocknen der Pflanze bemerkbar macht. In bestimmten Anbaugebieten ist die Fusarium-Welke (*Fusarium solani* bzw. *culmorum*) die gefürchtetste Krankheit. Sollte diese Krankheit auftreten, ist unbedingt der Standort zu wechseln. Rost *(Puccinia aethusae)*, Blattspitzendürre *(Itersonilia perplexans)*.

Blattläuse *(Cavariella aegopodii)* und Blattwanzen (*Lygus sp.)* führen zu Saugschäden und Verkrüppelungen an Blättern und Dolden, was in der Folge eine Verminderung des Samenansatzes und der Keimfähigkeit mit sich bringt.

Ernte und Ertrag

Je nach Nutzung, Saatzeit und Witterung können a) Dillspitzen 6–8 Wochen nach der Saat, b) Dillkraut bei beginnender Blüte (meist Juli) geschnitten und c) Körnerdill bei Samenreife gedroschen werden.

a) Dillspitzen für den Frischmarkt werden meist händisch über dem Boden geschnitten und sofort gebündelt. Ab 30 cm Wuchshöhe kann der Stängel bereits verholzt sein. Die Büschellänge beträgt ebenfalls ca. 30 cm. Die händische Ernte ist sehr arbeitsintensiv (15–25 Stunden je ar). 17 Büschel à 60 g pro m^2 sind möglich.
   Bei maschineller Ernte – etwa für die Tiefkühlindustrie – muss in einer Höhe von 5–7 cm über Boden geschnitten werden, um jede Verunreinigung zu vermeiden. Ein Blütenansatz gilt als qualitätsmindernd. Eine zweite Ernte ist dann möglich, wenn 10 bis 15 cm hohe Stoppeln für einen Wiederaustrieb verbleiben. Erträge: Dillspitzen 70–110 dt/ha frisch, 11–18 dt/ha trocken.
   Da Dill schnell welkt, muss frischer Dill rasch vermarktet werden, bzw. ist er nur wenige Tage bei 0 °C und sehr hoher Luftfeuchtigkeit haltbar.
b) Dill für die Konservenindustrie wird später, meist erst im Knospenstadium mit einem Mählader geerntet, weil dann ein höherer Gehalt an ätherischem Öl zu erwarten ist. Anschließend wird gewaschen und geschnitten und getrocknet (oder eingefroren). Erträge an Dillkraut: 250–350 dt/ha frisch, 20–30 dt/ha trocken. Wird das Kraut getrocknet, so darf die Trocknungstemperatur nicht mehr als 45 °C betragen, weil sonst das Kraut braun wird.
c) Wie bei allen Doldenblütlern reifen die Dolden ungleich ab und ist Dill wenig ausfallfest. Die Ernte muss also in einem noch rela-

tiv unreifen Zustand erfolgen. Wird direkt gedroschen, so soll die Hauptdolde, die die größten und aromatischsten Früchte trägt, vollreif sein (ca. Anfang September). In diesem Stadium sind die Blätter gelb und verdreht, die Früchte der Hauptdolde braun. Weniger Verluste treten allerdings auf, wenn noch vor der Vollreife gemäht und im Schwad auf die 30–40 cm hohen Stoppel abgelegt wird. Der Drusch erfolgt nach einigen Tagen der Nachreife und Trocknung dann vom Schwad weg mit dem Mähdrescher. Ertrag an Dillkörnern: 8–15 dt/ha, aus anderen Anbaugebieten wird auch von weit höheren Erträgen berichtet.

Sowohl von Dillkraut als auch von Dillkörnern wird ätherisches Öl gewonnen. Bei Kraut kann mit 40–80 kg/ha ätherischem Öl und bei Körnern mit 20–40 kg/ha Öl und Spitzen bis 100 kg/ha gerechnet werden. Carvonertrag 25–50 kg/ha.

Verwandte Arten

Im Handel befindet sich auch der indische oder japanische Dill (*Anethum sowa* Rox P.), der sich nur sehr schwer vom europäischen Dill unterscheiden lässt. Indischer Dill ist reich an Dillapiol und arm an Carvon. Seine Früchte besitzen ein höheres spezifisches Gewicht.

Dost/Oregano

Origanum vulgare L.
Lippenblütler, *Lamiaceae (Labiatae)*

Sonstige Bezeichnungen:
Oregano, Brauner Dost, Wilder Majoran, Staudenmajoran

Gebräuchliche Pflanzenteile:
die getrockneten, stängelfreien Blätter und Blüten

Handelsbezeichnung:
Herba Origanum vulgaris – Oregano, Dost

Aufkommen:
aus Kultur und teilweise noch auch aus Wildsammlung; die Handelsware stammt hauptsächlich aus den Mittelmeerländern

Verwendung und Inhaltsstoffe

Oregano gilt als wichtiges Gewürz der italienischen Küche und wird für Pizza, Tomatengerichte und Braten verwendet. Kommerziell vermarkteter Oregano bezieht sich mehr auf eine Geschmacksvorstellung als auf eine bestimmte Pflanzenart. Eine Vielzahl verschiedenster Arten wird unter „Oregano“ vermarktet (Neben *Origanum vulgare*, auch *O. heracleoticum*, *O. creticum*, *Lippia graveolens*).

Der Geschmack ist würzig aromatisch, aber auch herb, bitter und leicht zusammenziehend. Als Gewürz wird das blühende Kraut meist getrocknet, selten frisch, gerebelt, aber auch vermahlen eingesetzt.

Dost findet als leichtes Hustenmittel Verwendung, sein ätherisches Öl bzw. die Oleoresine werden in der Lebensmittel- und in der Parfumindustrie eingesetzt.

Das ätherische Öl setzt sich – je nach Herkunft, hauptsächlich aus Carvacrol und Thymol, Caryophyllen, Terpinen und p-Cymen zusammen. Der Gehalt an ätherischem Öl schwankt in einem weiten Bereich (0,3–1,5 %). Außerdem enthält Oregano noch Gerbstoffe (rund 8 %).

Oregano besitzt auch ein antimikrobielles Potential, wobei das ätherische Öl den größten Anteil zur Wirkung beiträgt.

Botanik

Die botanische Klassifizierung ist wegen des Formenreichtums sehr schwierig. *Origanum vulgare* ist eine mehrjährige 40–60 cm hohe Staude mit reich verzweigtem Wurzelstock und verholzten Ausläufern. Die Stängel sind behaart, rötlich und tragen die gegenständigen eiförmigen, gestielten Blätter, die punktförmige Einbuchtungen aufweisen. Die Bluten sind rosa, manchmal weißlich, und stehen endständig an Stamm und Zweigen. Die Nüsschen sind braun und bis 1 mm lang. TKG: 0,1–0,2 g. Die Keimfähigkeit bleibt 2–3 Jahre erhalten.

Standort

Oregano wächst auf allen trockeneren, durchlässigen Böden mit ausreichender Versorgung an organischer Substanz und einem pH-Wert möglichst über 6. Das meiste Aroma enthält er in wärmeren und trockeneren Lagen. Empfindlich gegen Staunässe.

Düngung

Da Oregano mehrere Jahre am Platz bleibt, sollte er vor Anlage reichlich mit Stallmist versorgt werden (300–400 dt/ha).

Auf normal versorgten Böden ist mit einem Bedarf von 100 kg N, 60 kg P_2O_5 und 100 kg K_2O/ha zu rechnen. Stickstoff sollte in Teilgaben nach Vegetationsbeginn und nach jedem Schnitt verabreicht werden. Hohe Nährstoffgaben sollen dem Aroma schaden.

Sorten

Es gibt keine Sorten im eigentlichen Sinn. Das im Handel erhältliche Saatgut ergibt oft ein Formengemisch, das in Geschmack und Wirkstoffgehalt recht unterschiedlich sein kann. Rot blühende Typen sollen mild, weiß blühende scharf schmecken.

In Israel wurde eine kommerzielle Sorte gezüchtet (Thymoltype No 2).

Anbau

Der Anbau kann durch Direktsaat, Vorkultur oder Stockteilung erfolgen.

Direktsaat ab Ende April mit einer Saatstärke von 4–5 kg/ha, Saattiefe 5–10 mm. Keimdauer bis zu einem Monat, Lichtkeimer.

Eine Anzucht im Glashaus kann ab Februar bei Temperaturen von 16 °C erfolgen. 1 g Saatgut ergibt rund 1.000 Pflanzen. Die Pflanzung auf dem Feld erfolgt im Verband von 50 x 50 cm.

Bei Vermehrung durch Stockteilung erfolgt diese am besten im Frühjahr. Der Ertrag ist bei dieser Vermehrungsart im ersten Vegetationsjahr schon höher.

Da Oregano mehrere Jahre das Feld besetzt, sollte der Boden regelmäßig gelockert und damit belüftet werden.

Krankheiten und Schädlinge

In unserem Klimagebiet konnten kaum Krankheiten und Schädlinge beobachtet werden. In anderen Anbaugebieten wurde das Luzernemosaikvirus beobachtet, verschiedene Raupen von Schmetterlingen, Gallmilben und Echter Mehltau.

Ernte und Ertrag

Im ersten Jahr ist nur ein Schnitt, ab dem zweiten sind zwei – manchmal auch mehr – Schnitte möglich (Anfang Juli und im September). Man beginnt mit der Ernte zu Beginn der Blüte, jedenfalls vor der Vollblüte. Der höhere Ölgehalt zur Blüte rührt daher, dass die Blüten besonders viele Öldrüsen aufweisen. Auch steigt der Gehalt an Thymol zur Blüte und im Herbst an. Gleichzeitig sinkt zu diesen Zeiten der Gehalt der Vorstufe, nämlich Terpinen, ab. Der Gehalt an Carvacrol blieb hingegen durch Blüte oder Vegetationszeitpunkt unbeeinflusst.

Im ersten Jahr ist mit Frischkrauterträgen von rund 30 dt/ha, ab dem zweiten Jahr mit bis zu 150 dt/ha zu rechnen. Der Eintrocknungsverlust beträgt rund 75 %. Durch Destillation können 2 kg ätherisches Öl pro Tonne Frischmasse bzw. rund 30 kg/ha gewonnen werden.

Bestände können 3–5 Jahre kommerziell genutzt werden.

Verwandte Arten

Der Gewürzhandel unterscheidet zwischen **spanischem Hopfen** *(Origanum onites)*, der hauptsächlich aus Griechenland und Kleinasien stammt, dem **falschen Staudenmajoran** *(Origanum vulgare* *ssp. heracleoticum*, weißblühend) und dem **mexikanischen Oregano,** der von verschiedenen Arten der Gattung Lippia stammt. Der eigentliche Dost soll nur zum geringsten Teil gehandelt werden.

DRACHENKOPF

Dracocephalum moldavica L.
Lippenblütler, *Lamiaceae (Labiatae)*

Sonstige Bezeichnungen:
Türkischer Drachenkopf,
Türkische Melisse

Gebräuchliche Pflanzenteile:
getrocknetes, blühendes Kraut

Handelsbezeichnung:
Herba Dracocephali – Drachenkopf-Kraut

Aufkommen:
aus Kultur

Verwendung und Inhaltsstoffe

Triebspitzen und Blätter des Drachenkopfs enthalten 0,2–0,5 % ätherisches Öl, das ganze Kraut 0,1–0,2 %. Das ätherische Öl setzt sich aus 30 % Citral (bewirkt den zitronenartigen Geruch der Droge), 45 % Geranylacetat, 11 % Geraniol, 3 % Nerylacetat und 0,4 % Neral zusammen. Bitterstoffe sind nicht enthalten.

Diese Zusammensetzung führt zu ähnlichen Wirkungen wie Zitronenmelisse, d. h. schwach krampflösend auf Magen und Darm, aber auch blähungstreibend, anregend auf die Gallensaftausscheidung. Drachenkopf kommt daher in Teemischungen (Magen-, Galle- und Lebertee), in der Lebensmittelindustrie als Geschmackkorrigens und für Zubereitungen wie Likör, Wermutwein und Erfrischungsgetränke zum Einsatz. Wegen seines intensiven, parfumartigen Geschmacks ist Drachenkopf nur in Mischung mit anderen Drogen zur Herstellung von Tees geeignet. Nebenwirkungen sind nicht bekannt.

Botanik

Der einjährige Drachenkopf bildet kräftige 4-kantige, kreuzgegenständig beblätterte Stängel bei 60–80 cm Wuchshöhe aus. Die länglichen Blätter sind gestielt und haben einen tief gesägten Rand. Auf der Epidermis der Blätter befinden sich Drüsenhaare, die das ätherische Öl enthalten. Die Blüten besitzen eine blau-violette, selten weiße Blumenkrone mit einem grünen Kelch, der fast bis zur Hälfte in zwei Lippen gespalten ist. Die Frucht zerfällt in vier einsamige Teilfrüchte. Die Samen sind länglich-eiförmig und von braunschwarzer Farbe, der Samennabel hat zwei charakteristische weiße Streifen. Das Tausendkorngewicht beträgt 2,0 g.

Standort

Drachenkopf gedeiht auf allen mittleren Böden in warmer, sonniger Lage mit guter Wasserversorgung. Staunässe ist zu vermeiden. Zusätzliche Wassergaben (im Knospenstadium) können die Frischmassebildung steigern. Drachenkopf ist eine frühräumende Hauptfrucht mit Ernte Ende Juli bis Anfang August.

Düngung

Die PK-Düngung erfolgt nach Ergebnissen der Bodenuntersuchung, um mittlere Versorgungsstufen zu erreichen. Bei Stickstoff muss mit 100 kg/ha, in zwei Gaben aufgeteilt, gerechnet werden.

Sorten

Derzeit gibt es mit „Arat“ (Deutschland) nur eine züchterisch bearbeitete Sorte im Handel. Angeboten wird auch „Aratora“.

Anbau

Die Direktsaat kann ab Anfang April bis spätestens Anfang Juni erfolgen. Reihenabstand 40 cm, bei einem Saatgutbedarf von 4–6 kg/ha und einer Saattiefe von 1,5–2,0 cm. Sommersaaten Mitte Juli sind möglich, bringen aber Mindererträge. Die Samen bilden bei Feuchtigkeit eine starke Schleimschicht während des Quellens aus und können dann bei Feldkontrolle wegen der anhaftenden Erde nicht wiedergefunden werden. Nach 10–12 Tagen laufen die Sämlinge auf. Durch Maschinenhacke soll der Bestand frei von Begleitkräutern bleiben.

Krankheiten und Schädlinge

Bisher traten keine Krankheiten oder Schädlinge in ertragsminderndem Umfang auf.

Ernte und Ertrag

Was den ätherischen Ölgehalt und die Massenbildung betrifft, liegt der optimale Erntetermin zur Zeit der Vollblüte. Auch ist dann der Blattanteil relativ hoch. Danach fällt der ätherische Ölgehalt ab, Blätter und Blüten vergilben, werden braun, die optimale Qualität geht verloren.

Geerntet wird das Kraut mit Mähladер oder sonstigen adaptierten Erntegeräten. Das frische Kraut wird anschließend in Trocknungsanlagen bei maximal 42 °C getrocknet. Zu beachten ist, dass die

Stiele bedeutend langsamer trocknen als die Blätter (gleich Zitronenmelisse). Die Restfeuchte soll maximal 14 % betragen. Das Eintrocknungsverhältnis liegt bei 4–5 : 1.
Die Krauterträge liegen bei 220–300 dt/ha Frischgut, bzw. 50–70 dt/ha Trockengut. Der Bestand ist sehr empfindlich gegenüber Befahren. Ein eventueller zweiter Aufwuchs bildet keinen erntewürdigen Bestand mehr.

Eibisch

Althaea officinalis L.
Malvengewächse, *Malvaceae*

Sonstige Bezeichnungen:
Heilwurz, Weiße Malve, Sammetpappel

Gebräuchliche Pflanzenteile:
die von den äußeren Rindenschichten durch Schälen befreite und getrocknete Wurzel

Handelsbezeichnung:
Radix Althaeae – Eibischwurzel
(Ph. Eur., DAB 10, Ph. Helv. VII)
und *Folium Althaeae* – Eibischblatt (ÖAB)

Aufkommen:
aus Kultur, selten aus Wildsammlung;
der Großteil der Droge stammt
aus Osteuropa

Verwendung und Inhaltsstoffe

Die Wurzel von Eibisch, die bis zu 10–15 % Schleim enthält, wird hauptsächlich zur Behandlung von entzündlichen Reizzuständen des Rachenraumes verwendet. Sie hat aber keine auswurffördernde Wirkung.
Der Schleimgehalt von Blatt- und Blütendroge beträgt 6–9 %. Tees sollten bei Zimmertemperatur hergestellt werden, damit die reichlich vorhandene Stärke durch Quellung nicht störend wirkt.
Der Schleim der Wurzel ist in Schleimzellen des Rinden- und Holzparenchyms lokalisiert. Es handelt sich dabei um Polyglykon-Schleim, dessen Saccheridkomponenten u. a. Rhamnose, Galactose und Galacturonsäure sind. Nach Ph. Eur. und ÖAB muss der Quellungsfaktor der grob gepulverten Eibischwurzel mindestens 10 betragen, sie darf nicht missfärbig sein oder dumpfig riechen.

Botanik Die wenig verzweigten Stängel des mehrjährigen Eibisch werden bis 1,8 m hoch. Die gestielten, eiförmigen Blätter erscheinen durch ihre filzige Behaarung graugrün. Der Wurzelstock ist mehrköpfig, ästig verzweigt, außen graubraun, innen weiß und dringt bis 50 cm tief ein. Die Blüten, weiß bis blassrosa, mit dünkleren Adern sind fünfblättrig und sitzen in den Blattachseln. Eibisch blüht von Juni bis September. Die gelblich-braune Frucht zerfällt in Einzelfrüchte, die den graublauen nierenförmigen etwa 2 mm großen Samen enthalten. TKG: 1,6–3,5 g.

Standort Eibisch hat keine besonderen Ansprüche. Tiefgründige, frische, steinarme Böden sind besonders geeignet, schwere oder staunasse ungeeignet. Anbaupausen von vier Jahren sind nach Malvengewächsen einzuhalten. Hackfrüchte sind die besten Vorfrüchte.

Düngung Im Herbst ist eine Stallmistgabe angebracht. Der Bedarf an Stickstoff liegt bei 100 kg N/ha, die aber geteilt werden sollten. 40–70 kg P_2O_5 und 120 (bis 180) kg K_2O/ha decken den Bedarf an diesen Nährstoffen. Der Kalidünger kann chloridhältig sein.

Sorten Außer der bulgarischen Zuchtsorte „Roussalka“ und der deutschen Sorte „Erfurter“ existieren im Prinzip nur Landrassen. „Roussalka“ soll sich durch hohen Wuchs, hohen Ertrag an getrockneten und geschälten Wurzeln und einen hohen Schleimgehalt (20 %) auszeichnen. Weiters „Robusta“ (CZ).

Anbau Für die Wurzelproduktion ist eine Anzucht im Saatbeet am besten. Diese kann im Freilandsaatbeet ab April erfolgen. Bis zum Aufgang werden 2–3 Wochen benötigt. Ab Juni – und einer Wuchshöhe von 8–10 cm – kann auf den endgültigen Platz verpflanzt werden. In Ostösterreich hat sich auch ein Pflanztermin im nächstjährigen März bis April bewährt. Dieser Pflanztermin garantiert kräftige (30 g) Setzlinge, was sich günstig auf den Wurzelertrag auswirkt. Für 100 m^2 Saatbeet werden 50 g Teilfrüchte benötigt.

Bei Vorkultur in Paperpots, Erdpresswürfel oder Breitsaat (mit nachherigem Pikieren) ab Ende Februar unter Glas kann ab Ende April ausgepflanzt und noch im selben Jahr geerntet werden. Nach der Aussaat wird mit Substrat abgedeckt und bis zur Keimung auf 20–25 °C gehalten. Danach können die Temperaturen wieder niedriger sein. Wegen der oft schlechten Keimfähigkeit können die Samen auch vorgequollen werden.

Der Direktanbau ist vor allem zur Blatt- oder Krautgewinnung geeignet. Saatstärke 4,5–6 kg/ha geschälter Samen, Saattiefe 1 cm, Reihenabstand rund 42–50 x 30 cm. Ein Schnitt pro Jahr ist bei mehrjähriger Nutzung möglich. Aussaat Anfang August bringt bessere Erträge als Frühjahrssaat. (Allerdings Gefahr von Auswinterungsverlusten.)

Auch der Anbau von Wurzelteilen ist möglich. Diese gewinnt man, indem man nach der Ernte Wurzelstöcke zerteilt. Die Wurzelteile sollten ein oder zwei Knospen und ein Stück des Wurzelstocks von mindestens 3 cm Länge umfassen. Allerdings sollen auch gehäckselte Wurzelstöcke anwachsen, wenn sie 5–10 cm lang sind und in 10 cm Tiefe abgelegt und angewalzt werden.

Von Kulturen, die zur Wurzelgewinnung bestimmt sind, können Blüten oder Samen gewonnen werden, jedoch sollte keine Blatternte erfolgen, da dies den Wurzelertrag schmälert.

Der schmal aufrechte Wuchs erleichtert zu Kulturbeginn den Einsatz mechanischer Hackgeräte. Das Anhäufeln, das manchmal empfohlen wird, führt zu stärkeren Wurzeln, was zu einem geringeren Zeitaufwand beim Schälen führt. Allerdings ist der Ertrag wegen des größeren Reihenabstandes bei Dammkultur niedriger.

Krankheiten und Schädlinge

Malvenrost *(Puccinia malvacearum)* tritt auf, wenn auch nicht so schädigend wie bei Malve.

Der Malvenflohkäfer *(Podagrica fuscicornis)* macht sich durch Lochfraß an den Blättern bemerkbar, die Malvenmotte *(Platyedra malvella)* durch Ausfressen des Samenkranzes und Blattläuse *(Medoralis althaeae)* durch Saugschäden an den Blättern.

Ernte und Ertrag

Die Blüten werden wegen des hohen Handarbeitsaufwandes kaum mehr geerntet. Für das Kilo getrockneter Blüten muss mit einem Aufwand von 15 Stunden gerechnet werden (Ertrag rund 400 kg/ha getrocknete Blüten). Die reine Blatternte ist ebenfalls zu zeitaufwendig. Hingegen kann die Ernte des blühenden Krauts (Anfang Juli) mechanisiert werden. Das Erntegut wird gehäckselt und getrocknet. Vor oder nach der Trocknung werden die Stängel mittels Windsichter entfernt. Wegen der Schleimstoffe dauert die Trocknung relativ lange, mit Temperaturen von 40–50 °C kann sie etwas beschleunigt werden.

Im ersten Jahr kann mit Krauterträgen von 80–100 dt/ha, im zweiten Jahr von 100–120 dt/ha Frischmaterial gerechnet werden. Der Eintrocknungsverlust beträgt 75 %.

Die Wurzelernte sollte wegen des dann höheren Schleimgehalts möglichst spät erfolgen. Nach dem Entfernen des Laubes werden die Wurzeln mit Schwingsieb-, Siebkettenroder oder Kartoffelvollernter (25–30 cm Tiefgang) gerodet. Die Wurzelstöcke müssen gründlich gewaschen und ausschließend zerkleinert werden. Auch

der umgekehrte Vorgang wird empfohlen. Die Wurzeln sollen nie feucht gelagert werden (Schimmelpilzgefahr).
Das früher übliche Schälen ist wegen des hohen Arbeitsaufwandes nur mehr in Niedriglohnländern üblich.
Zum Antrocknen kann mit höherer Temperatur (50 °C) gefahren werden, später mit niedrigerer (40 °C). Es ist solange zu trocknen, bis sich die Wurzeln leicht durchbrechen lassen (6 % Restfeuchte). Dies kann bis zu 75 Stunden benötigen. Werden die Wurzeln in 3–10 cm große Stücke geschnitten, erfolgt die Trocknung rascher und schonender. Solche Ware erreicht auch ungeschält ausreichende Schleimstoffgehalte. Arzneibuchqualität ist jedoch damit nicht zu erzielen. Die trockene Droge muss von weißer Farbe sein und darf nicht dumpfig riechen.
Trockene Droge nicht in Kunststoffsäcken lagern. Erträge von 80–120 dt/ha (und darüber) frische Wurzeln sind möglich. Das Eintrocknungsverhältnis beträgt 3–4 : 1. Getrocknet und geschält können 20–40 dt/ha erreicht werden.

ENGELWURZ

Angelica archangelica L.
Doldenblütler, *Apiaceae (Umbelliferae)*

Sonstige Bezeichnung:
Angelika, Erzengelwurzel

Gebräuchliche Pflanzenteile:
der getrocknete Wurzelstock mit den Wurzeln

Handelsbezeichnung:
Radix Angelicae – Angelikawurzel (ÖAB)

Aufkommen:
aus Kultur; hauptsächlich in Frankreich und Osteuropa

Verwendung und Inhaltsstoffe

Von Angelika werden sowohl die reifen Früchte, die Blätter und die Stängel verwendet, am häufigsten jedoch die Wurzeln, die getrocknet und zerkleinert in den Handel kommen. Sie soll eine verdauungsfördernde, appetitanregende, krampflösende und blähungstreibende Wirkung haben. Wurzel- und Samenöl werden in der Likör- (Benedictine, Chartreuse) und Kosmetikindustrie eingesetzt, Stängelstücke werden zu kandierten Früchten verarbeitet. Der Geschmack ist zunächst süßlich, dann würzig, bitter und durchdringend.

Der Gehalt an ätherischem Öl muss mindestens 0,3 % (ÖAB) und kann bis 1,0 % in trockenen Wurzeln betragen (v. a. Phellandren, Pinen und Limonen). Ferner enthält Angelikawurzel Cumarine bzw. Furanocumarine (Xanthotoxin, Imperatorin, Umbelliferon), Harze und organische Säuren. Die Früchte enthalten 0,8–1,5 % ätherisches Öl und ca. 25 % fettes Öl.

Botanik

Die Kulturform ist meist zwei- bis vierjährig. Sie bildet im ersten Jahr eine spindelförmige Wurzel aus, im zweiten Jahr zahlreiche Faserwurzeln, die außen (hell)braun und innen gelblich-rötlich sind, eine Länge von 30–40 cm und eine Dicke von rund 1 cm erlangen. Die runden, fein gerillten, kräftigen Stängel sind innen hohl und können eine Höhe von bis zu 2,5 m erreichen. Die Pflanze entwickelt im ersten Jahr nur eine Blattrosette.

Die großen hellgrünen Blätter sind verschiedenartig gefiedert. Die endständigen, fast kugeligen Doppeldolden (bis 20 cm Durchmesser) erscheinen im zweiten Standjahr und blühen grünlich-gelb. Die breit geflügelten Spaltfrüchte sind bis 9 mm lang, die Samen von weißlich grauer Farbe. TKG: 2–5 g. Die Früchte behalten nur tiefgefroren ihre Keimfähigkeit.

Standort

Angelika bevorzugt tiefgründige, humusreiche Böden, verträgt aber keine stauende Nässe. Wegen ihres hohen Wasserbedarfs muss in tockeneren Gebieten die Möglichkeit einer Beregnung gegeben sein. Schwere, tonige Böden sind ungeeignet. Frostunempfindlich selbst während der Vegetation. Sie ist selbstunverträglich, Anbaupause 5–6 Jahre.

Düngung

Kräftige Stallmistgaben sind empfehlenswert. Auch der Phosphor und Kalibedarf ist relativ hoch: 50–80 kg/ha P_2O_5 und 120 (bis 200 bei Wurzelnutzung) kg/ha K_2O. Da sich ein Überangebot an Stickstoff negativ auf die Wurzelentwicklung auswirkt, sollte N vorsichtig bemessen werden. 50 kg/ha N vor dem Anbau und 50 kg/ha N vor Vegetationsbeginn im zweiten Jahr sollten jedenfalls ausreichen. Borbedürftig.

Sorten

Es existieren nur Landrassen und alte Sorten „Jizerka“ (CZ) und „Budakalszi“ (H). „Sächsische“ (D).

Da das Saatgut sehr rasch seine Keimfähigkeit verliert, sollte nur frisches oder gekühlt gelagertes verwendet werden. Die Samen mit der höchsten Keimfähigkeit sind in der Hauptdolde zu finden.

Anbau

Der Direktanbau erfolgt gegen Ende des Sommers mit einer Reihenweite von rund 50 cm, einer Saattiefe von 0,5–1 cm (Lichtkeimer) in ein feinkrümeliges und abgesetztes Saatbett. Die Angaben zur Saatstärke reichen von 4 über 10–15 bis 20 kg/ha. Der Aufgang benötigt 30–40 Tage, währenddessen der Boden immer feucht gehalten werden sollte.

Praktikabel ist auch eine Jungpflanzenvorkultur im Frühjahr. Nach ca. 60 Tagen können die Pflanzen, die dann einen Durchmesser am Wurzelhals von 1–1,5 cm aufweisen, auf 50 x 40 bis 60 x 60 cm versetzt werden.

Um die Ernte zu erleichtern, die Wurzelbildung zu begünstigen und zur Unkrautbekämpfung wird oft angehäufelt.

Krankheiten und Schädlinge

An Krankheiten treten Wurzelfäulen bzw. Fußkrankheiten auf *(Rhizoctonia und Fusarium)*. Rost *(Puccinia angelicae)* führt zu Verfärbungen auf Blättern und Stielen. Falscher Mehltau *(Plasmopara angelicae)*.

Blattläuse und Blindwanzen führen zu Missbildungen der Dolde.

Ernte und Ertrag

Werden nur die Samen genutzt, so wird ab Juli des zweiten Jahres mit dem Mähdrescher geerntet. Ein Drusch aus dem Stand wird wegen der grünen Blätter kaum möglich sein. Eventuell ist im dritten Jahr eine weitere Ernte möglich. Gleichzeitige Nutzung von Samen und Wurzeln ist nicht empfehlenswert, weil die Wurzeln dann von schlechter Qualität sind. Um besonders aromatische Wurzeln zu erhalten, werden sogar solche Bestände „geköpft“, um eine Blüte zu verhindern. Die Wurzeln werden im Herbst des zweiten Jahres mit Schwingsiebrodern oder eventuell Kartoffelvollernter gerodet. Leider reißen die feineren Wurzeln, die reich an ätherischem Öl sind, leicht bei mechanischer Ernte. Sie sollten sofort gewaschen und getrocknet werden und können zur besseren Trocknung zerkleinert werden. Allerdings nicht zu stark, weil sonst ätherisches Öl verloren geht. Trocknungstemperatur 40 °C, solange bis die Wurzeln sich leicht brechen lassen. Trockene Ware sollte in luftdichten Behältern gelagert werden, um Wiederbefeuchtung und Insektenbefall zu verhindern.

Erträge von 100–130 dt/ha frische Wurzeln (= 25 dt/ha und darüber trockene Wurzeln) und 10–12 dt/ha Samen sind möglich.
Hautkontakt mit Blättern und Wurzeln sollte nach Möglichkeit vermieden werden, weil die Furocumarine zu Reizungen führen können.

Enzian, Gelber

Gentiana lutea L.
Enziangewächse *(Gentianaceae)*

Sonstige Bezeichnungen:
Edler-, Gebräuchlicher- und Großer Enzian, Bitter- oder Fieberwurz

Gebräuchliche Pflanzenteile:
der frische oder getrocknete Wurzelstock

Handelsbezeichnung:
Gentianae Radix (Ph. Eur., DAB 10, Ph. Helv. VII) – Enzianwurzel

Aufkommen:
aus Wildsammlung (jedoch in vielen Ländern unter Naturschutz) und Kultur

Verwendung und Inhaltsstoffe

Die Enzianwurzel enthält die Bitterstoffglykoside Gentiopikrin und Amarogentin (0,15–0,2 %, bitterster zur Zeit bekannter Naturstoff) und in verwandten Arten auch Amaropanin und Amaroswerin (insgesamt 3–5 %). Der Mindestbitterwert soll 10.000 betragen (Ph. Helv.).
Weiters sind enthalten: gelb gefärbte Xanthone und verschiedene Zucker (Trisaccheride, z. T. vergärbar).
Enzianwurzel wirkt appetitanregend, magenstärkend und verdauungsfördernd. Bestandteil von Magentropfen und Magentees und wird besonders auch für Essenzen und in der Spirituosenindustrie (Enzianschnaps) gebraucht.

Botanik Der Gelbe Enzian ist eine ausdauernde, bis 1,40 m hoch wachsende Staude mit einem runden, aufrechten und unverzweigten Stängel. Die kurz gestielten Blätter sind kreuzgegenständig angeordnet und haben eine elliptische, löffelartig nach innen gewölbte Form. Aus den Blattachseln erscheinen die gelbblütigen, quirlartigen Blütenstände. Blüte am natürlichen Standort erst ab dem 6.–8. Standjahr, in Kultur schon ab dem dritten bis vierten Standjahr. Samen in Kapseln, rundoval, bräunlich, flach geflügelt. Das Tausendkorngewicht beträgt 0,8–1,3 g. Die Pfahlwurzel ist mehrköpfig, bis 60 cm lang und 2–4 cm dick.

Standort Tiefgründige, steinlose und zwecks leichterer Ernte siebfähige, möglichst unkrautfreie Böden wählen. Stauende Nässe oder Moorböden sind weniger geeignet. Der pH-Wert soll nicht über 6,5 betragen, d. h. es sind nicht unbedingt kalkreiche Standorte zu wählen, jedoch kühlere Lagen. In der Fruchtfolge nach Hackfrüchten stellen. Die Kultur bleibt 4–5 Jahre auf dem Feld stehen, ein Tiefpflügen im Herbst vor der Pflanzung ist zweckmäßig.

Düngung Im Pflanzjahr noch nicht sehr nährstoffbedürftig, normalerweise reicht der Bodenvorrat. Ab dem zweiten Standjahr gelten jährliche Richtwerte von 60–80 kg/ha Stickstoff (in Teilgaben), 70–90 kg/ha Phosphor und 140–160 kg/ha Kali. Die Mineraldünger nicht auf die Blätter streuen, da sonst leicht Verbrennungen auftreten. Wegen Chlorosegefahr auf Eisenversorgung achten.

Sorten Keine Zuchtsorten, nur ökotypische Herkünfte, meist aus den Kalkalpen verfügbar (Pyrenäen, Französisches Zentralmassiv, Jura, Westalpen, nördliche Kalkalpen, auch Apennin, Karpaten und Balkan) aus Höhenlagen zwischen 250–2.500 m verfügbar. Standortgerechtes Saatgut aus Kulturbeständen von Vorteil.

Anbau Jungpflanzenvorkultur unbedingt notwendig.

1. Methode: Vorbehandlung des Samens durch feucht-kühle Lagerung über 10 Wochen in einem Torf-Sandgemisch bei 2 °Celsius (Stratifizierung). Aussaat ganzjährig möglich.

2. Methode: Breitsaat in Holzkistchen (40 x 30 cm, mit Paperpot Bh-313 – halbiert bespannt, mit Substrat aus vier Teilen TKS 1, ein Teil Landerde, ein Teil Sand) in Breitsaat im Dezember oder Jänner mit 2 g Samen pro Kistchen. Aufstellen der Kistchen im Freiland (Frost- und Schneeeinwirkung) bis April, Weiterkultur in Anzuchträumen. Die Jungpflanzen sind im selben Herbst oder folgenden Frühjahr pflanzfertig. Ein Kistchen ergibt 250 Pflanzhorste mit je 2–4 Pflanzen.

Auspflanzen mit Pflanzmaschinen im Reihenabstand von 62,5 bis 70 cm, 20 cm Abstand in der Reihe, ergibt 700–800 Pflanzhorste pro 100 m^2. Bei Vorhandensein passender Rodegeräte ist auch ein Doppelreihenanbau (Reihenabstand abwechselnd 25 cm und 70 cm, in der Reihe mit 20 cm gleichbleibend) praktikabel. Pflanzhorstebedarf dann 1.000–1.200 Stück/100 m^2.

Durch das langsame Wachstum der Jungpflanzen ist die Unkrautfreihaltung das größte Problem bei der Enziankultur und sehr arbeitsaufwendig. Es ist ein mehrmaliges mechanisches Hacken notwendig.

Das Ausschneiden der Blütenstände bringt mehr Wurzelertrag, ist aber arbeitsaufwendig.

Krankheiten und Schädlinge

Wurzelhalsfäule *(Phoma* sp.*)*, nicht parasitäre Blattvergilbungen (standortbedingte Chlorosen), Blattfleckenkrankheiten (z. B. *Cladosporium gentiane*, *Septoria gentianicola*).

Ernte und Ertrag

Die Enzianwurzeln sind meist ab dem 4.–5. Standjahr nach entsprechender Wurzelmassebildung (mindestens 300–500 g Frischwurzel pro Pflanzhorst) erntefähig. Das Kraut wird mit einem Schlegelhäcksler entfernt. Die Rodung der Wurzeln erfolgt mit Wurzelgemüseroder, Meerrettichroder oder anderen adaptierten Geräten. Zur Verwendung in der pharmazeutischen Industrie sollte wegen des höheren Bitterstoffgehaltes im Frühjahr vor dem Austrieb gerodet werden, bei Nutzung in der Spirituosenindustrie ab Spätsommer bis in den Herbst hinein. Mit zunehmendem Alter der Pflanze nimmt der Zuckergehalt zu, der Bitterstoffwert ab.

Für die pharmazeutische Industrie müssen die Wurzelstöcke geteilt, gewaschen und zügig getrocknet werden. Trocknungstemperatur 60 °C, Restfeuchte maximal 10 %. Das Eintrocknungsverhältnis beträgt 3–4 : 1. An die Spirituosenindustrie werden die erntefrischen, gewaschenen Wurzeln geliefert. Eine Zwischenlagerung im Kühllager ist möglich.

Die Ernteerträge liegen je nach Anzahl der Standjahre bei 20–40 t/ha Frischwurzel oder 5–10 t/ha Trockenwurzel.

ESTRAGON

Artemisia dracunculus L.
Korbblütler, *Asteraceae (Compositae)*

Sonstige Bezeichnungen:
Esdragon, Bertram, Dragon

Gebräuchliche Pflanzenteile:
die frischen oder getrockneten Blätter (bzw. das Kraut) und die jungen zarten Triebspitzen

Handelsbezeichnung:
Herba Dracunculi – Estragonkraut

Aufkommen:
aus Kultur

Verwendung und Inhaltsstoffe

Man unterscheidet zwischen zwei Formen: dem Russischen (oder Sibirischen, u. U. *A. dracunculoides*) und dem Aromatischen (oder Französischen bzw. Deutschen) Estragon. Ersterer hat einen bitterlichen, herben, kerbelartigen Geschmack und wird von den Abnehmern weniger geschätzt. Die Blätter des Französischen Estragons haben hingegen einen würzigen, mild-bitteren, anisartig feinen Geschmack.

Er wird hauptsächlich zu Gerichten der französischen Küche verwendet, zu Geflügel, Fleisch, Saucen, für Kräuteressig, Senf und in der Likör- und Parfumindustrie. Als Gewürz werden Blätter, Kraut und Blattspitzen frisch, getrocknet (gerebelt, vermahlen) oder tiefgefroren angeboten.

Französischer Estragon enthält 0,15–2,8 % ätherisches Öl, das sich zu 60–70 % aus Estragol (Methyl-Chavicol), ferner aus Ocimen, Sabinen, Eugenol und Elemicin zusammensetzt. Elemicin dürfte für den Menschen schädlich sein, kommt aber hauptsächlich im Russischen Estragon vor. Im Russischen ist kaum Estragol enthalten. Der Gehalt an Estragol nimmt im Laufe des Sommers ständig zu, der von Sabinen und Eugenol ab.

Neben dem ätherischen Öl, das von gelber Farbe ist, enthält Estragon noch Gerb- und Bitterstoffe.

Botanik

Der Russische Estragon ist fertil, damit samenvermehrbar, und erreicht eine Wuchshöhe bis 1,5 m. Der aromatische Estragon ist hingegen niedriger (75 cm), steril und somit nur vegetativ vermehrbar. Die Pflanze ist mehrjährig und hat kräftige, kurze Ausläufer bildende Wurzeln. Der Stängel ist grün, rotbraun und verholzt an der Basis, buschig verzweigt, die Blätter sind 3–8 cm lang, locker verteilt, lanzettlich und matt glänzend. Die Blüten sind weißlich- grün bis bräunlich-rot, unscheinbar, zu rispenartigen Blütenständen vereinigt. Nur der Russische Estragon bildet dunkelbraune ca. 1,5 mm lange Früchte aus. TKG des Russischen Estragons 0,2 g.

Standort

Außer in frostgefährdeten und staunassen Lagen gedeiht Estragon überall. Im Hinblick auf gute Qualität sind frische, humose Böden und warmes Klima besonders geeignet, sandige, strukturlose Böden dagegen kaum. Estragon ist relativ wasserbedürftig, besonders nach einem Schnitt. In der Fruchtfolge steht Estragon am besten hinter Hackfrüchten. Anbaupausen, insbesondere nach mehrjährigen Beständen, von mindestens drei Jahren sollten eingehalten werden.

Düngung

Wie bei allen mehrjährigen Kulturen ist eine Stallmistgabe vor Anlage der Kultur bzw. zur Vorkultur empfehlenswert.

Für die Grunddüngung sind mittlere Phosphorgaben von 60–70 kg/ha und Kaligaben von 120 kg/ha angebracht. Die Stickstoffgaben sollten geteilt werden, etwa 70 kg/ha vor Vegetationsbeginn und 30–40 kg/ha nach jedem Schnitt.

Sorten

Da der Aromatische Estragon keine Samen bildet, gibt es nur Saatgut vom Russischen Estragon im Handel.

In Ungarn gibt es die Sorte „Zöldzamat“ mit guten Ertragseigenschaften.

Anbau

Die Vermehrung des Französischen Estragons erfolgt nur vegetativ. Bewährt, aber arbeitsaufwendig ist eine Grünstecklingsvermehrung. Von jeder Mutterpflanze werden 10–30 etwa 5 cm lange Kopfstecklinge gewonnen, die von den unteren Blättern befreit, in ein Bewurzelungshormon getaucht und in Anzuchtplatten gesteckt werden. Im Sommer kann diese Vermehrung unter Folie und Schattierung im Freien erfolgen, zu anderen Jahreszeiten im Glashaus.

Die sicherste Methode der Vermehrung ist die durch Stockteilung. Hierzu werden nur gesunde Mutterpflanzen (3–4 Jahre alt) ausgepflügt oder gegraben und die Wurzelstöcke zerteilt (5–10 Teile). Jeder Teil sollte zumindest zwei Knospen und Adventivwurzeln haben. Für eine großflächige Produktion werden bewurzelte

Sprösslinge ca. ab Mai bei 30–40 cm Wuchshöhe ausgerissen. Es sollten nur 10–15 Sprösslinge pro Mutterpflanze gewonnen werden, weil bei einer größeren Zahl diese so geschwächt werden kann, dass sie abstirbt. Die Sprösslinge müssen sofort an ihren endgültigen Platz gepflanzt werden.

Reihenabstand: 40–60 cm, in der Reihe 30–40 cm. Für den wüchsigeren Russischen Estragon die weiteren Abstände wählen. Auf ausreichende Wasserversorgung nach dem Pflanzen ist zu achten.

Russischer Estragon kann auch in einem Reihenabstand von 50–70 cm gesät werden. Der Saatgutbedarf beträgt 4 kg/ha.

Nach der Pflanzung ist eine mechanische Unkrautbekämpfung möglich, mit Bildung der Ausläufer wird dies aber unmöglich.

Krankheiten und Schädlinge

Vor allem der zweite Schnitt ist von Rost *(Puccinia dracunculina)* gefährdet, der seine Sporenlager auf der Blattunterseite ab Juli ausbildet. Neuerdings ist *Diplodina dracunculi* aufgetreten, vereinzelt auch Fusarium-Welke.

Es kommen nur unspezifische Schädlinge wie Zikaden oder Blattwanzen vor. Ein frühzeitiges Vergilben der Blätter weist auf Nematoden hin. Eine direkte Bekämpfung gibt es nicht, einzige Möglichkeit ist ein Standortwechsel.

Ernte und Ertrag

Im ersten Jahr ist eine Ernte, ab dem zweiten Jahr sind zwei Ernten möglich. Der Schnitt erfolgt (bei einer Wuchshöhe von 60–80 cm, in manchen Gebieten auch schon ab 40 cm) in 10–15 cm Höhe über dem Boden, im ersten Jahr Ende August (bei Knospenansatz, weil höchster Gehalt an ätherischem Öl), ab dem zweiten Jahr im Juni und September. Bei günstigen Bedingungen sind auch drei Schnitte möglich.

Im ersten Jahr kann mit einem Ertrag von 30–50 dt/ha und darüber Frischmasse gerechnet werden, ab dem zweiten Jahr mit 100–140 dt/ha frischem Kraut und, nach der Entfernung der Stängelanteile mit 8,5–16 dt/ha trockener Blattware. Das Eintrocknungsverhältnis beträgt somit ca. 5 : 1, das Stängel-Blattverhältnis 2–3 : 1. Trocknungstemperatur 45 °C.

Frische Ware kommt gebündelt, frisch, grün, unbeschädigt und ohne Blüten, max. 30 cm lang in den Handel.

Pro Schnitt rechnet man mit einem ätherischen Ölertrag von bis zu 30 kg/ha. Beim ersten Schnitt ist mit einem wesentlich höheren ätherischen Ölgehalt (rund 1,5 %) zu rechnen. Trotzdem wird wegen der Verpilzungsgefahr der zweite Schnitt gegebenenfalls zur Gewinnung des ätherischen Öls herangezogen.

FENCHEL, GEWÜRZ-

Foeniculum vulgare Mill. *subsp. capillaceum var. dulce*
und *var. vulgare* Doldenblütler, *Apiaceae (Umbelliferae)*

Sonstige Bezeichnungen:
Großer Fenchel, Süßer Fenchel, Gewürzfenchel

Gebräuchliche Pflanzenteile:
die meistens in die Teilfrüchte zerfallene, getrocknete Spaltfrucht

Handelsbezeichnung:
Foeniculi Fructus – Fenchelfrüchte (Ph. Eur., DAB 10, Ph. Helv. VII), *Aetheroleum Foeniculi* – Ätherisches Fenchelöl (ÖAB)

Aufkommen:
aus Kultur; Hauptproduktionsländer: Indien, Ägypten, Pakistan, China, Argentinien, Frankreich

Verwendung und Inhaltsstoffe

Fenchelfrüchte werden vor allem als Gewürz (Brot, Gemüse, Marinaden) und in der Medizin (auswurffördernd, krampflösend, blähungstreibend und appetitanregend, z. B. für Kindertees) genutzt, das ätherische Öl für Liköre.

Sie enthalten 2–6 % ätherisches Öl, 12–18 % fettes Öl und ca. 20 % Eiweiß. Das ätherische Öl besteht hauptsächlich aus Trans-Anethol (50–60 %), (+)-Fenchon (20 %), Pinen und Methylchavicol. Die Zusammensetzung schwankt je nach Form stark.

Fenchon schmeckt bitter und kampferartig, fenchonarme Fenchelöle schmecken daher auf Grund des Vorherrschens von Trans-Anethol angenehm aromatisch, süßlich-anisartig. Fenchonhältige Früchte sind offizinell und werden als „Bitterfenchel" bezeichnet, solche ohne oder mit niedrigem Fenchongehalt als „Süß- oder Römischer Fenchel". Das ätherische Öl ist grünlich und nicht lagerfähig. Laut Ph. Eur. muss Bitterfenchel zumindest 4 % (mit mindestens 60 % Anethol und 15 % Fenchon) und der Süße Fenchel mindestens 2 % ätherisches Öl enthalten.

Botanik Bei Fenchel unterscheidet man zwischen dem Bitterfenchel *(var. vulgare)*, dem eher in südlichen Anbaugebieten anzutreffenden, wenig frostresistenten Süßen Fenchel *(var. dulce)* und dem als Gemüse genutzten Knollenfenchel *(var. azoricum)*.

Fenchel ist ausdauernd, wird jedoch vorwiegend ein- bis zweijährig, manchmal auch mehrjährig genutzt. Die Wurzel ist eine tiefgehende Pfahlwurzel, der Stängel stielrund und fein gerillt, bis zu 250 cm hoch und mehr oder weniger verästelt. Die Laubblätter sind 3–4fach gefiedert und bläulich-graugrün. Die kleinen gelben Blüten sind in einer Dolde angeordnet, die bis zu 15 cm im Durchmesser misst. Die Frucht ist eine Spaltfrucht, 6–10 mm lang, sichelförmig, bräunlich-grün bis gelb und gerippt. TKG 3,5–7 g.

Standort Außer auf zu leichten, zu alkalischen oder zu trockenen Böden wächst Fenchel auf allen Böden gut. Der Untergrund sollte locker sein, vor allem soll keine Pflugsohlenverdichtung auftreten. Auf sehr fruchtbaren Böden wird sehr viel Blattmasse gebildet.

Da die Fenchelfrüchte spät reifen, eignen sich am besten Lagen mit langem, trockenem Spätsommer. Bei strengen Wintern besteht die Gefahr des Auswinterns. Als Vorfrucht sind Hackfrüchte wie Getreide gleichermaßen geeignet, Leguminosen hinterlassen u. U. zu viel Stickstoff. Fenchel ist wegen seiner sperrigen, schlecht verrottbaren Ernterückstände unter Umständen problematisch für Folgefrüchte. Auch der Ausfall von Fenchelsamen kann in den Nachfrüchten zu Problemen führen. Es empfiehlt sich der Nachbau von Getreide. Er ist selbstunverträglich und darf nur nach sechs bis sieben Jahren an derselben Stelle gebaut werden.

Düngung Auf Stallmist soll verzichtet werden, weil dies zu Wurzelfäule führen kann. Die Stickstoffgabe sollte vorsichtig dosiert werden, weil sonst das vegetative Wachstum, zum Nachteil der Kornausbildung, gefördert wird. In der Praxis ist eine Stickstoffgabe von 80 kg N/ha bei zweijährigen Formen empfehlenswert (30–50 kg N/ha vor Anbau und ca. 30 kg N/ha im Frühjahr des zweiten Jahres). Auf Böden mit hoher Stickstoffnachlieferung kann auch gänzlich auf eine N-Düngung verzichtet werden. Phosphat fördert die Kornausbildung. Empfehlenswert sind 80 kg P_2O_5 bzw. K_2O/ha vor dem Anbau.

Sorten Wie oben erwähnt, spielt die Sortenwahl insbesondere dann eine Rolle, wenn nach DAB 10 produziert werden soll. In diesem Fall ist auf den Gehalt und die Zusammensetzung des ätherischen Öls besonders zu achten.

Weiters ist auf die Ein- und Zweijährigkeit zu achten. Einige Sorten sind eindeutig einjährig, andere nur in günstigen Jahren.

Sorte	Reife	Wuchs-höhe	Ertrag	äth. Öl	Fenchon	t-Anethol	Estragol	Wuchs-dauer
Berfena	s.früh-früh	mittel	hoch	hoch-s.hoch	hoch-s.hoch	mittel-hoch	niedrig	einj.
Chumen	s.früh-früh	mittel	–	niedrig-mittel	mittel	hoch-s.hoch	mittel	einj.
Groß-früchtiger	mittel	mittel-hoch	mittel-hoch	hoch	hoch	hoch	niedrig-mittel	zweij. u. U einj.
Magnafena	s.früh-früh	niedrig	hoch	hoch-s.hoch	hoch-s.hoch	mittel-hoch	niedrig	einj.
Romanesc	mittel	mittel-hoch	mittel-hoch	mittel-hoch	hoch	hoch	mittel	zweij. u. U einj.
Soroksári	mittel	mittel-hoch	mittel-hoch	hoch	hoch	hoch	niedrig-mittel	zweij. u. U.einj.

Bundessortenamt 1996

Keine Erfahrungen über Sorteneigenschaften liegen über die bulgarischen Sorten „Fenix“, „Mesten“ und „Pomorie“, die tschechische „Moravsky“ und die ungarische „Budakalászi“ vor.

Anbau

Heute kann nur mehr der Direktanbau, möglichst im Endabstand empfohlen werden. Entgegen den früher empfohlenen Reihenabständen von 50 cm und darüber haben neuere Versuche die Zweckmäßigkeit von engeren Reihenabständen (30–50 cm) und Bestandesdichten von 10 25 Pflanzen/m² gezeigt. Saattiefe 2–3 cm. Für einen optimalen Aufgang sollen die Samen Kontakt zu der feuchten Bodenschicht haben und mit Erde abgedeckt sein.

In Ostösterreich hat sich der Anbau von zweijährigem Fenchel bis Anfang August mit Ernte im Folgejahr bewährt. Je nach TKG liegt die Saatstärke zwischen 4–6 kg/ha, bei Einzelkornsaat auch darunter. Bei einjährigen Formen erfolgt der Anbau möglichst früh (Mitte März).

Es ist empfehlenswert, nur frisches Saatgut mit einheitlich brauner Oberfläche zu verwenden, andernfalls kann sich die Keimung lange verzögern.

Eine mehrmalige Unkrauthacke in der Jugendphase ist empfehlenswert. In etablierten Beständen verhindert die Blattmasse ein Aufkommen von Unkraut.

Krankheiten und Schädlinge

Keimlings- und Auflaufkrankheiten *(Erwinia*, *Fusarium*, *Rhizoctonia)* kann mit einer Beizung begegnet werden. Eine Gelbfärbung der Stängel mit anschließendem Vertrocknen derselben und Ausbleiben der Blüten- und Samenbildung ist auf *Cercosporidium punctum* zurückzuführen. *Phytophthora syringae* führt zur Braunfärbung und Einschnürung der Blattstiele und zum Abknicken der darüber liegenden Blätter. Stängelfleckenkrankheit *(Mycosphaerella anethi)*, Falscher Mehltau *(Plasmopara nivea)* und Alternaria zu Beginn der Blüte.

An Schädlingen können Blattläuse *(Cavariella aegipodii)* und Blattwanzen *(Lygus sp.)* bzw. Blindwanzen auftreten. In manchen Gebieten so massiv, dass es zu Totalverlusten kommt. Zuerst verkrümmen und verbräunen die jungen Blätter und Dolden und die Saugstellen werden sichtbar. Größeren Schaden kann auch die Feldmaus verursachen, die an überwinternden Wurzeln frisst.

Ernte

Die Ernte erfolgt bei Direktdrusch dann, wenn die Früchte der oberen Dolden eine graugrüne Farbe annehmen. Blätter und Stängel können zu diesem Zeitpunkt noch grün sein und zusammen mit der reichlichen Blattmasse den Drusch erschweren. Bei einjährigem Fenchel ist dies Ende Oktober bis Anfang November, bei zweijährigem früher der Fall. Späte Ernte, wenn die Früchte schon braun sind, führt zu Ausfallverlusten. Das Erntegut ist schlecht rieselfähig und kann in den Umzügen des Mähdreschers zu Verstopfungen führen.

Bei Schwaddrusch wird früher, bei möglichst hoher Stoppel gemäht, im Schwad abgelegt, auf dem Feld getrocknet (10–15 Tage) und anschließend vom Schwad weg mit Halmhebern gedroschen. Dadurch können die Körner noch nachreifen, bei Schlechtwetter kann das Mähgut allerdings auch verderben.

Die Früchte werden nach der Ernte von Verunreinigungen durch andere Pflanzenteile getrennt und rasch bei Temperaturen um 35 °C getrocknet.

Die Erträge liegen bei rund 11 bis 15 dt/ha, bei Bitterfenchel auch darüber.

Die Frucht sollte möglichst hell bleiben, einen schönen Farbeindruck machen und den typisch feinen Geruch haben.

Fingerhut, Wolliger

Digitalis lanata Ehrh.
Rachenblütler, *Scrophulariaceae*

Sonstige Bezeichnungen:
–

Gebräuchliche Pflanzenteile:
die getrockneten Laubblätter, giftig!

Handelsbezeichnung:
Folium Digitalis lanatae – Fingerhutblatt (ÖAB, DAB 10)

Aufkommen:
aus Kultur; Niederlande, USA, Großbritannien, Polen, Deutschland etc.

Verwendung und Inhaltsstoffe

Wolliger Fingerhut enthält 0,4 % bis 1,0 % herzwirksame Glykoside (Lanatosid A, B, C, D, E und dazugehörige Sekundärglykoside wie Digoxin und Digitoxin), weiters Saponine und das Enzym Digilanidase. Fingerhut ist eine wichtige pharmazeutische Industriedroge und Ausgangsmaterial für Präparate zur Kräftigung der Herzmuskulatur. Digoxin kann auch chemisch synthetisiert werden, die Gewinnung aus dem Blatt ist zur Zeit aber noch vorteilhafter. Alle Pflanzenteile sind giftig!

Botanik

Der Wollige Fingerhut ist eine zweijährige Pflanze, bildet im ersten Standjahr die zu nutzende Blattrosette und im zweiten Jahr den bis zu 1,50 m hohen Blütenstängel aus. Die Haupt- und Seitenwurzeln sind fingerdick gelblich-braun und verzweigen stark und bilden eine große Wurzelmasse. Die Blätter sind lineallanzettlich, kahl, mit bogenförmiger Nervatur. Die Blüten sind weiß oder blassockerfarben und von braunen Adern durchzogen. Der Blütenstand ist wollig behaart. Die Blüten stehen locker in einer allseits wendigen Traube. Der rötlich-braune Samen befindet sich in zweifachen Kapseln, das Tausendkorngewicht beträgt 0,3–0,5 g. Die erwerbsmäßige Kultur wird nur einjährig geführt.

Standort Fingerhut bevorzugt leichte bis mittelschwere humose Böden, leicht durchwurzelbar, auch kalkhältig, in warmen, trockenen, sonnigen Gegenden. Auf bindigen Böden kann der Aufgang erschwert sein. Als Vorfrüchte können Kartoffel, Getreide oder Zuckerrüben stehen. Wegen der Gefahr der Stängelgrundfäule *(Phoma sp.)* nicht nach sich selbst stellen. Wegen der Wurzelmasse, die Fingerhut hinterlässt, gilt er als gute Vorfrucht. Wird zweijährig kultiviert, muss nach Kahlfrösten mit Auswinterungsschäden gerechnet werden.

Düngung Als Richtwerte können für den Nährstoffbedarf angegeben werden: 80–120 kg/ha Stickstoff, (in den Niederlanden bis 180 kg N/ha), 60 kg/ha Phosphat und 80–100 kg/ha Kalium (chloridarm). Die Stickstoffgabe sollte in eine Grunddüngung vor Anbau und in eine Kopfdüngung im 6–8-Blattstadium geteilt werden. Bei einer Blattdüngung besteht die Gefahr das Blatt zu verbrennen.

Sorten Bei Fingerhut wurden in den letzten Jahren viele Auslesezüchtungen, auch über Invitro-Kulturen, auf schossfeste, raschwüchsige, blattreiche Sorten mit hoher pharmakologischer Wirksamkeit (Lanatosid C) getätigt. Diese „werkseigenen" Züchtungen stehen nicht immer allgemein zur Verfügung.

Sortenbeispiele:

„Dilacte M.I." (H): Blätter mittelgroß, Blühbeginn spät, Winterhärte gut, Schossneigung gering

„Krajovy" (CZ): Lanatosid C-Gehalt zwischen 0,1 und 0,3 %

„Oxfordi", (H): Blätter groß, Blühbeginn früh, Winterhärte sehr gut, Schossneigung hoch

„Progres" (CZ): Schossneigung mittel, Lanatosid-C Gehalt 0,6–0,9 %

„Radilan" (D): Blätter groß, Blühbeginn mittelfrüh, Winterhärte sehr gut, Schossneigung gering, Lanatosid-C Gehalt 0,8 %

„Victoria" (PL): Blätter sehr groß, Blühbeginn mittelfrüh, Winterhärte sehr gut, Schossneigung gering. 0,21 % Lanatosid C

Über die Sorten „Genova" (Ausgangsmaterial für viele Selektionen) und „VaDa" (beide NL) bzw. „Herbaria" (H) sind keine Eigenschaften bekannt.

Schnittsorten aus dem Zierpflanzenanbau sind nicht geeignet.

Anbau Es sind zwei Anbauvarianten praktikabel: Direktsaat oder Pflanzkultur. Die Direktsaat mit Einzelkornsägeräten erfolgt im Herbst oder besser im Frühjahr (Ende April) in ein sorgfältig hergerichtetes und möglichst ebenes Saatbett mit einer Saatstärke von 1,5 kg/ha. Reihenabstand 45–55 cm. In den Niederlanden erwiesen sich 25 cm am günstigsten mit Saatstärken zwischen 2 und 3 kg/ha. Seicht säen (0,5–1,5 cm) und anwalzen. In Ungarn sind Saatstärken bis 6 kg/ha üblich.

Für die Jungpflanzenvorkultur wird Ende März in Erdpresswürfel, Speedies, Cultoplants oder dgl. ausgesät, in geschützten Kulturräumen angezogen und für die Pflanzung ab Anfang Mai bereitgestellt. Der Jungpflanzenbedarf beträgt 60.000–80.000 Stück/ha bei einem Abstand von 45–55 cm zwischen und einem von 30 cm in der Reihe. 0,8 bis 1,0 Gramm Saatgut ergeben 1.000 Jungpflanzen. Auch Mehrfachbelegung im Presswürfel ist zweckmäßig.
Wegen der langsamen Jugendentwicklung ist der Feldbestand durch mehrmalige Hacke (Reihen- und Handhacke) unkrautfrei zu halten. Es ist darauf zu achten, dass die Blätter dabei möglichst frei von Erde bleiben.

Krankheiten und Schädlinge

Blattfleckenkrankheit *(Septoria digitalis* oder *Ramularia variabilis)*, Brennfleckenkrankheit *(Colletotrichum fuscum)*, Stängelgrundfäule *(Phoma sp.)*, Welke *(Phyllosticta digitalis)* und Grauschimmel *(Botrytis cineria)* und Schwarzbeinigkeit *(Pythium sp)*. Blattwanzen bei verkrüppelten, durchlöcherten Blättern *(Dicyphus sp.)*.

Ernte und Ertrag

Der Wollige Fingerhut braucht zur Erzielung optimaler Blatterträge rund 170 Vegetationstage. Obwohl der günstigste pharmazeutische Wert schon in den Augusttagen nach heißen, trockenen Perioden eintritt, werden aus Ertragsgründen allgemein erst in der zweiten Septemberhälfte die Blattrosetten mit Spinatvollerntern bzw. Mähladern geschnitten. Das Erntegut muss notfalls von Sand und anderen Fremdteilen (auch Stängeln) gesäubert (gewaschen) und rasch der Trocknung bei einer Temperatur um 50 °C zugeführt werden. Bandtrockner sind dazu am geeignetsten. Das Eintrocknungsverhältnis beträgt 5–6 : 1. Es kann mit einem Blattertrag von 20–35 dt/ha trockener Ware gerechnet werden.
Im Prinzip kann der Bestand überwintern und im Mai bis Juni des nächsten Jahres vor dem Blütenstängelaustrieb nochmals geschnitten werden. Der Handschnitt ist möglich, bringt reine Qualitäten, ist aber zu arbeitsaufwendig.
Die Restfeuchte soll nach der Trocknung max. 8 % betragen, der Fremdbesatz max. 2 %, der Sandanteil max. 3 % und die Asche max. 10 % ausmachen.
Die Verpackung erfolgt in Jutesäcken. Der Wollige Fingerhut ist in allen Pflanzenteilen giftig und das Trockengut ist getrennt von anderen Lagerbeständen zu halten.
Samenertrag ca. 500 kg/ha.

Verwandte Arten

Ursprünglich wurden die herzwirksamen Glykoside aus dem auch heute noch offizinellen (Ph. Eur., ÖAB, DAB 10, Ph. Helv. VII) Roten Fingerhut *(Digitalis purpurea* L.) gewonnen. Verwendung und Produktion sind weitgehend ident mit dem des Wolligen Fingerhuts. Es bestehen aber Unterschiede in der Inhaltsstoffzusammensetzung. Roter Fingerhut enthält Purpureaglykoside (A und B), aber keine Lanatoside. Laut DAB 10 müssen die getrockneten Blätter mindestens 0,3 % Digitoxin enthalten.

Sorten vom Roten Fingerhut

„Berggold"(D): Blattertrag hoch, Blühbeginn früh, Winterfestigkeit sehr gut, Schossneigung mittel, Gehalt an Purpureaglycosid A mittel

„De Magurele" (RO): vom Typ ähnlich Berggold, Gehalt Purpureaglycosid A niedrig bis mittel

„Radiga" (D): Blattertrag mittel, Blühbeginn früh bis mittel, Winterfestigkeit mittel bis gut, Schossneigung gering, Gehalt an Purpureaglycosid A sehr hoch

GOLDMELISSE

Monarda didyma L.
Lippenblütler, *Lamiaceae (Labiatae)*

Sonstige Bezeichnungen:
Etagenblume, Indianernessel, Oswegokraut, Pferdeminze, Rote Melisse

Gebräuchliche Pflanzenteile:
die getrockneten Zungenblüten und das getrocknete Kraut

Handelsbezeichnung:
Flores Monardae didymae – Goldmelissenblüten, *Herba Monardae* – Goldmelissenkraut

Aufkommen:
aus Kultur

Verwendung und Inhaltsstoffe

Die Blüten enthalten das Anthocyan Monardein, 0,3–1,3 % ätherisches Öl mit Phenolen sowie Gerb- und Bitterstoffen. Verwendung in der Homöopathie und für Erfrischungsgetränke als Aromatikum, als fiebersenkendes und verdauungsförderndes Mittel und auch als Schmuckdroge.

Botanik

Goldmelisse ist eine bis 150 cm hochwachsende, ausdauernde Staude mit 4-kantigen Stängeln, die häufig rot überlaufen sind. Die Blätter sind gegenständig angeordnet, breit, gezähnt und riechen aromatisch. Blüten aus Samen gezogener Pflanzen können hellrosa, rot oder violett sein. Für den Drogenanbau kommen nur intensiv scharlachrot blühende Rassen in Frage. Blüten in endständigen Quirlen mit langen Oberlippen und gespaltenen Unterlippen. Kräftiger Wurzelstock und stark ausläufertreibend. Samen rund, dunkelbraun, Tausendkorngewicht 0,6–0,8 g. Mehrjährige Kultur.

Standort

Bevorzugt tiefgründige, nährstoffreiche, feuchtere Standorte mit guter Humusversorgung. Sonnige Lagen für Blütenreichtum. Standortwechsel nach jedem Anbau, am besten nach stark gedüngten Feldfrüchten stellen.

Düngung

Sehr nährstoffbedürftig, auf reichliche Humusversorgung (Stallmist, Kompost) ist zu achten, Bedarf: 140–180 kg/ha Stickstoff, 60–80 kg/ha Phosphor, 160–200 kg/ha Kali.

Sorten

Aus dem Zierpflanzenbau sind für Schnittstaudenkulturen Zuchtsorten verfügbar z. B. „Cambridge Scarlet", „Präriebrand", „Squaw". Für den Drogenanbau scharlachrote Rassen wählen.

Anbau

Für den Drogenanbau werden nur vegetativ (Kopfstecklinge, Wurzelausläufer) vermehrte Jungpflanzen verwendet. Samenvermehrte Bestände bleiben nicht farbtreu. Auslegen der Wurzelausläufer oder Auspflanzen der bewurzelten Stecklinge im April bis Mai oder September auf Pflanzabstand von 50 x 40 cm, das ergibt 400–500 Pflanzstellen/100 m^2. Nach drei Pflanzreihen eine Pflückgasse freilassen. Alle 3–4 Jahre ist der Bestand auf einen neuen Standort zu verlegen. Goldmelisse bildet dichte Horste bzw. geschlossene Pflanzendecken, sodass die Unkrautfreihaltung wenig Probleme bereitet.

Krankheiten und Schädlinge

Echter Mehltau *(Erysiphe monardae)*, Welke (hervorgerufen durch *Phyllosticta monardicola*), gelegentlich Raupenfraß an den Blättern. Als Lagerschädling tritt die Dörrobstmotte *(Plodia interpunctella)* auf, die die zum Trocknen aufgelegten Blüten befliegt.

Ernte und Ertrag

Die Ernte erfolgt mit beginnender Blüte ab Mitte Juni bis Ende August durch 2–3mal wöchentliches Abzupfen der Zungenblüten vom Quirl. Die Farbe soll beim Trocknen erhalten bleiben. Getrocknete Blüten bleiben sehr lange hygroskopisch. Das Eintrocknungsverhältnis beträgt 7–9 : 1.

Haupterntezeit im Juli, Pflückleistung 8–12 Akh für 1 kg getrocknete Blüten, Blütenertrag 4–6 kg/100 m². Mottensichere Verpackung notwendig.
Bei Krautgewinnung erfolgt der erste Schnitt Mitte Juli bei Vollblüte und der zweite Schnitt Mitte September. Auch Blütenvornutzung und späterer Krautschnitt ist praktikabel, so die Pflanzen noch nicht vom Echten Mehltau befallen sind. Krautertrag 4–6 t/ha.

HOPFEN

Humulus lupulus L.
Hanfgewächs, *Cannabaceae, syn. Moraceae*

Sonstige Bezeichnungen:
Wilder Hopfen, Bierhopfen, Hopfenzapfen

Gebräuchliche Pflanzenteile:
die Fruchtstände der weiblichen Pflanzen, die von den Fruchtständen abgesiebten Drüsenhaare

Handelsbezeichnung:
Glandula Lupuli (ÖAB), *Lupuli stroboli* (früher *Flores Humuli*) – Hopfenzapfen

Aufkommen:
aus Kultur, selten aus Wildsammlung; die größten Anbaugebiete: Deutschland, Tschechien, Slowakei, Slowenien, USA, England, Jugoslawien und Polen

Verwendung und Inhaltsstoffe

Die wichtigsten Wirkstoffe sind die Bitterstoffe Humulon und Lupulon, aus denen die Bittersäuren (α- und β-Säure) entstehen. Ätherisches Öl (1–3 %; Myrcen, Humulen, Caryophyllen und Farnesen).
Hopfen hat eine beruhigende und appetitanregende Wirkung. Hauptverwendung in der Brauindustrie für Geschmack und Konservierung des Bieres. Daneben in Teemischungen (Beruhigungstee) und in Arzneimitteln.

Botanik

Der Hopfen ist ein ausdauerndes Schlinggewächs mit starkem, ausläufertreibendem Wurzelstock. Der Stängel ist rechtswindend, zweispitzige Kletterhaare bewirken die Rauheit. Die langgestielten,

3–5-lappigen Blätter sitzen gegenständig. Die zweihäusige Hopfenpflanze klettert über 6 m Höhe. Die männlichen Blütenstände bilden lockere Trugdolden mit unscheinbaren grünlich-weißen Blüten. Für die arzneiliche Verwendung sowie für die Brauindustrie werden nur die weiblichen Pflanzen benötigt. Diese bilden vornehmlich an den Seitentrieben dichtblütige Blütenstände, die in Scheinähren stehen. Die Blüten sind mit Lupulindrüsen besetzt und vergrößern sich später in den sogenannten Hopfenzapfen (Ausdoldung). Die Hopfendolde darf nicht befruchtet werden, da die Samenbildung den Brauwert stark herabsetzt.

Boden

Für den Hopfenanbau sind sandige Lehmböden mit guter Wasserführung geeignet. Lange Sommertage in Wein- oder Getreideklimaten fördern die Kultur.

Düngung

Neben ausreichender und regelmäßiger Zufuhr von organischer Düngung, besonders Stallmist, wird mit folgenden Richtwerten an mineralischer Düngung gerechnet: 150 kg/ha Stickstoff, 40 kg/ha Phosphor, 160 kg/ha Kalium, 40 kg/ha Magnesium. Die Stickstoffgabe ist zu unterteilen, die Hälfte im zeitigen Frühjahr, ein Viertel beim ersten Ackern und ein Viertel beim zweiten Ackern.

Sorten

Für die Brauindustrie stehen viele Zuchtsorten (Aroma- und Bitterstoffhopfen) mit dem entsprechenden Alphasäuregehalt (Brauwert) und Aroma zur Verfügung, die auch in der pharmazeutischen Industrie Verwendung finden.

Sortenbeispiele:

D: „Hersbrucker“, „Tettnanger“, „Hallertauer“; USA: „Perle“, „Northern Brewer“; CZ: „Saazer“; SLO: „Savinja Golding“, PL: „Lublin“; A: „Steirischer“ (Sanntaler), „Malling“; GB: „Fuggle“.

Anbau

Die Vermehrung des Hopfens erfolgt nur vegetativ. Als Pflanzgut dienen Setzlinge oder Fechser, die in einer Länge von 10–12 cm aus dem unterirdischen Teil der Reben (Stängel) geschnitten werden (Frühjahr oder Herbst). Pro Hektar stehen bis 3–4.000 Pflanzen, wobei verschiedene Reihen-Pflanzsysteme je nach Sorte üblich sind. Normalanlage: 1,60 m x 1,40–1,70 m, Weitraumanlage: 3,20 m x 0,80 m. Die Aufleitungsvorrichtung (Gerüste aus Holz oder Beton, Draht-Schnur-Spalier) soll mindestens 6 m hoch sein. Die Gerüsthöhe wird zur Blütezeit Ende Juni bis Anfang Juli erreicht.

Zur Vermeidung von Bodenerosion in Hanglagen wird eine Gründüngung (z. B. Raps 15–20 kg/ha Ende Juli) eingebracht. Eine Hopfenanlage wird 15–20 Jahre genutzt. Es ist mit einem Arbeitsaufwand von 1.000–1.400 Arbeitskraftstunden pro Jahr zu rechnen.

Krankheiten und Schädlinge

Falscher Mehltau *(Pseudoperonospora humuli)*, Echter Mehltau *(Sphaerotheca humuli)*, Grauschimmel *(Botrytis cinerea)*, Hopfenblattlaus *(Phorodon humuli)*, Spinnmilben *(Tetranychus urticae)*.

Ernte und Ertrag

Die Zeit von der Blüte bis zur Pflückreife beträgt meist fünf Wochen. Unter Einsatz der Hopfenkanzel werden die Reben vom Gerüst geschnitten und mit speziellen Hopfenpflückmaschinen die Blütendolden vom Stängel getrennt. Das Erntegut wird auf technischen Hopfendarren bei 60 °C sechs Stunden getrocknet. Die Doldenerträge liegen im österreichischen Schnitt bei 1.600 kg/ha (1100–2000 kg/ha).
Verarbeitungsprodukte sind weiters Hopfenpulver, Hopfenextrakt und Hopfenkonzentrat.

JOHANNISKRAUT

Hypericum perforatum L.
Hartheugewächse, *Hypericaceae*

Sonstige Bezeichnungen:
Hartheu

Gebräuchliche Pflanzenteile:
die krautigen Teile der Pflanze mit Blüte

Handelsbezeichnung:
Herba Hyperici – Johanniskraut

Aufkommen:
aus Kultur und Wildsammlung

Verwendung und Inhaltsstoffe

Bei Johanniskraut wird entweder das Kraut für Tees verwendet oder der Extrakt vorzugsweise der Blüten, dem eine nervenstärkende und antidepressive Wirkung zugeschrieben wird. Darüber hinaus soll der Extrakt eine entzündungshemmende und wundheilende Wirkung haben.

Neben dem ätherischen Öl (0,2–1 %) Gerbstoffe, Flavonoide (Rutin, Hyperosid), rötliche Anthocyane und bis zu 10 % rote Hypericine. Ob die Hypericine für die antidepressive Wirkung verantwortlich sind, ist nicht geklärt. Daher gilt der Extrakt als wirksames Prinzip. Da Hypericine die Lichtempfindlichkeit der Haut erhöhen, ist bei der Verwendung Vorsicht angebracht.

Neben dem relativ vielgestaltigen *H. perforatum* wird auch *H. maculatum* (Geflecktes Johanniskraut), *H. tetrapterum* (Geflügeltes Johanniskraut) als wirksam angesehen.

Botanik

Es handelt sich bei Johanniskraut um eine krautige mehrjährige Pflanze, die bis zu 70 cm groß wird. Die Wurzel ist reichästig und spindelförmig. Der sich verzweigende schwarzdrüsige Stängel trägt gegenständige ungestielte Blätter, die mit durchscheinenden Punkten bedeckt erscheinen. Es sind dies die ölhältigen Exkretbehälter. Der Stiel ist von *H. perforatum* zweikantig, von den anderen genannten Arten hingegen vierkantig. Die kräftig gelben Blüten mit dunklen Strichen stehen an der Spitze der Zweige. Die Kapseln springen zur Reife auf und beinhalten in den drei Fächern zahlreiche Samen. Die Samen sind zylindrisch, feinwarzig, dunkelbraun und bis 1,3 mm lang. TKG: 0,1 g.

Die Pflanze bildet gegen Ende des Sommers horizontal wachsende Legtriebe, aus denen sie im Frühjahr Blütentriebe bildet. Dadurch, dass ältere Triebe verholzen, entsteht mit der Zeit ein kräftiger Stock.

Standort

Johanniskraut bevorzugt sonnige Standorte und gedeiht auch auf mageren Böden. Schwere Böden sind kaum für Direktsaat, jedoch gut für Pflanzungen geeignet. Wegen der Mehrjährigkeit sollte der Unkrautdruck gering sein. Die Pflanze ist frosthart.

Da Johanniskraut sehr krankheitsanfällig ist, sollten lange Anbaupausen eingehalten werden. Auch Kulturen, die in ihren Ernterückständen Krankheiten hinterlassen, sollen vermieden werden. Damit ist Getreide als Vorfrucht am besten geeignet. Da die Pflanze Cadmium akkumuliert, sollte sie nur auf cadmiumarmen Standorten (< 30 mg Cd/kg Boden) kultiviert werden, damit Richt- bzw. Grenzwerte (< 0,5 mg Cd/kg) nicht überschritten werden.

Düngung

In Summe sind auf Grund des Entzugs Stickstoffgaben von etwa 100 kg/ha zu empfehlen, wobei die Gaben geteilt werden sollten. Bei zwei Schnitten ist ein Teil der Menge nach dem ersten Schnitt zu geben. 40 kg P_2O_5/ha und 120 kg K_2O/ha entsprechen bei mittleren Erträgen ebenfalls dem Entzug.

Sorten

Im Anbau weit verbreitet ist die polnische Sorte „Topaz“ (PL). Der Hypericingehalt reicht von 0,15–0,24 %.

Neuerdings wurden in der Slowakei drei Sorten registriert: „Uperikon“, „Hypera“ und „Gold“ (SK).

Um einen Bestand aufzubauen, können Samen von standortangepassten und gesunden Pflanzen selbst gesammelt bzw. von spezialisierten Samenhandlungen bezogen werden. Dabei sollten hochwachsende den niederliegenden Formen vorgezogen werden. Eine Untersuchung auf den Hypericingehalt soll sicherstellen, dass die Ware auch pharmakologisch wirksam ist.

Anbau

Der Anbau erfolgt mit Anzucht oder Direktsaat. Wegen des winzigen Saatguts (TKG: 0,1 g) ist bei Direktsaat eine sehr gute Saatbeetvorbereitung nötig. Bei einem Reihenabstand von etwa 40–50 cm ist eine Saatstärke von 0,5–2 kg/ha ausreichend. Das Saatgut darf nur seicht eingebracht und muss angepresst werden. Wegen der langen Keimdauer, sie kann bis zu vier Wochen dauern, hat sich auch eine Abdeckung mit Folie bewährt. Anbautermin ist entweder Mitte Mai mit Ernte im September oder Anfang August mit Ernte im darauf folgenden Juni.

Gepflanzte Bestände sind wesentlich ertragssicherer. Die Jungpflanzenanzucht kann ab Februar im Glashaus erfolgen. Um die Keimruhe zu durchbrechen, sind verschiedene Maßnahmen der Vorbehandlung möglich bzw. empfehlenswert (stratifizieren, vorquellen, mit Gibberilinsäure behandeln). Bei der Keimung soll die Temperatur höher sein (20 °C), später kann sie abgesenkt werden. Das gebeizte Saatgut wird in Anzuchtkästen (10 g/m^2) breitwürfig ausgebracht, angepresst, nicht mit Substrat bedeckt und feucht gehalten. Die Pflanzen sollten bald nach dem Auflaufen einzeln pikiert werden und eventuell nochmals mit Metiram behandelt werden. Ab Mitte April erfolgt die Pflanzung ins Freie in einem Reihenabstand von ca. 40 x 20–30 cm (ca. 80.000 Pflanzen/ha). Bei trockenem Wetter muss anschließend bewässert werden.

Für kleinere Flächen oder zur raschen Vermehrung selektierter Pflanzen eignet sich auch die vegetative Vermehrung über Kopfstecklinge.

Krankheiten und Schädlinge

Die Pflanze ist sehr stark durch pilzliche Erkrankungen gefährdet. Beobachtet wurden mehrmals Mischinfektionen mit *Agrimoniella*, *Alternaria*, *Colletotrichum*, *Fusarium*, *Phoma*, *Pythium*, *Rhizoctonia*, *Sclerotinia*, *Verticillium* und ein Spätbefall mit Echtem Mehltau (*Erisyphe* sp.). Pflanzen, die sich verfärben (gelb oder rot), die welken oder absterben, müssen sofort aus den Bestand entfernt werden.

Der Befall tritt oft nach dem ersten Schnitt so stark auf, dass eine weitere Nutzung des Bestandes unmöglich wird. Als Schädling kann der Johanniskrautkäfer *(Chrysomela varians)* bestandsgefährdend werden. Vereinzelt tritt auch die Johanniskrautblattwespe auf.

Ernte und Ertrag

Da die Stängel wenig Inhaltsstoffe enthalten, erfolgt der Schnitt für Teeware in einer Höhe von ca. 20 cm zur Zeit der Vollblüte. Für die Extraktherstellung sollte nur der oberste Blühhorizont von etwa 20 cm geerntet werden. Bei Direktsaat ist das im Oktober, bei Pflanzung August bis Oktober, im zweiten Standjahr generell etwa Anfang Juli. Die Ernte erfolgt mit Mähladern oder ähnlichen Geräten, für die Extraktherstellung auch mit Feldhäckslern.
Das Kraut kann frisch, meist aber getrocknet vermarktet werden. Bei Trocknung (40–60 °C) muss es zuerst gehäckselt werden. Die Lagerung erfolgt kühl, trocken und dunkel in Papier- oder Jutesäcken. Die Erträge schwanken u. a. in Abhängigkeit von der Schnitthöhe sehr stark. Pro Schnitt kann mit einem Ertrag von 100–160 dt/ha frischem Kraut, was ungefähr 25–40 dt/ha trockener Ware entspricht, gerechnet werden. Bei Direktsaat ist je nach Bestandesdichte mit niedrigeren Erträgen zu rechnen. Der Saatgutertrag kann von 200–800 kg/ha reichen.

KAMILLE

Chamomilla recutita (L.) St. RAUSCHERT
(*syn. Matricaria chamomilla* L.)
Korbblütler, *Asteraceae (Compositae)*

Sonstige Bezeichnungen:
Echte Kamille, Feldkamille

Gebräuchliche Pflanzenteile:
die getrockneten Blütenköpfchen

Handelsbezeichnung:
Matricariae Flos – Kamillenblüten (Ph. Eur., DAB 10, Ph. Helv.),
Aetheroleum Chamomillae – Ätherisches Kamillenöl (ÖAB)

Aufkommen:
aus Kultur; Hauptanbauländer: Ungarn, Ägypten, Argentinien, Spanien, Türkei

Verwendung und Inhaltsstoffe

Therapeutisch wirksam ist v. a. das ätherische Öl, das entzündungshemmend und wundheilend wirkt. Besonders bei Entzündungen des Hals-, Nasen- und Rachenraumes, bei Hautreizungen und Ekzemen und bei Krämpfen im Magen-Darm-Trakt werden Teeaufgüsse der Blütenköpfchen von Kamille eingesetzt.
Die wirksamen Verbindungen des ätherischen Öls (mindestens 0,4, besser deutlich mehr, bis 1,5 % in den Blütenköpfchen) gehören zu den cyclischen Sesquiterpenen (Chamazulen und Bisabolole) und Polyinen.
Chamazulen (> 7 % im Öl) verleiht dem ätherischen Öl seine dunkelblaue Farbe. Es wird aber erst während der Destillation aus Proazulenen (Matrizin) gebildet. Neben Chamazulen besitzen auch α-Bisabolol (30–40 % im äther.Öl) und in geringerem Ausmaß Bisabololoxide eine entzündungshemmende Wirkung.
Neben dem ätherischen Öl werden auch Flavonoide (> 2,3 %), Flavone (Apigenin, Luteolin) und ihre Glycoside als wirksam angesehen. Kamille findet nicht nur in Teezubereitungen Verwendung, sie wird auch in der kosmetischen Industrie eingesetzt, in Hautsalben, Zahnpasten etc.; Kamille kann allergische Reaktionen hervorrufen.

Botanik

Die Echte Kamille ist eine einjährige bis einjährig überwinternde Pflanze mit einer dünnen, spindelförmigen Wurzel und zahlreichen Faserwurzeln, die nicht sehr tief in den Boden eindringen. Die ästigen, leicht gerillten Stängel werden bis 80 cm hoch und tragen die wechselständigen zwei-, bis dreifach fiederteiligen Blätter. An ihren Enden sitzen die, je nach Ploidiestufe unterschiedlich großen Blütenköpfchen. Die Rand- oder Zungenblüten sind bis 8 mm lang und weiß, die Röhrenblüten oben trichterförmig und gelb. Die Früchte sind Achänen, sehr klein (0,9 x 0,3 mm) und von gelblichgrauer Farbe. Das Saatgut behält auf dem Lager 2–3 Jahre seine Keimfähigkeit, im Boden 10–15 Jahre. Obwohl Kamille eine überwinternde Art ist, braucht sie zur Keimung keine Frosttemperaturen. TKG: 0,02–0,05 g. Im Unterschied zu anderen Kamillenarten hat die Echte Kamille kegelige und hohle Blütenköpfchen mit dem typischen apfelartigen Kamillengeruch.

Standort

Kamille bevorzugt neutrale bis alkalische Böden, warme Witterung und mäßig feuchte Standorte. Sie besitzt eine große ökologische Streubreite. Unterschiedliche Klimazonen wirken sich auf den Ertrag, aber kaum auf den Gehalt und die Zusammensetzung des ätherischen Öls aus. Kamille ist winterhart im Rosettenstadium, aber empfindlich gegenüber Frost im Frühjahr nach dem Austreiben. Die Folge ist ein stark verringerter Blütenansatz.

An die Vorfrucht stellt die Kamille keine Ansprüche. Ausgefallene Samen können in der Nachfrucht Schwierigkeiten bereiten. Kamille ist selbstverträglich.

Düngung

Da der Nährstoffbedarf nicht sehr hoch ist, gedeiht Kamille auch auf mäßig versorgten Böden ausreichend. Insbesondere hohe Stickstoffgaben würden ein unerwünschtes Krautwachstum fördern. Dementsprechend niedrig ist auch der Düngebedarf (30–50 kg N in zwei Gaben, 30–50 kg P_2O_5, 80–100 kg K_2O). Der Gehalt an ätherischem Öl wird durch Düngung kaum beeinflusst, wohl aber dessen Zusammensetzung.

Stickstoff und Kali haben wegen ihrer unterschiedlichen Wirkung auf den Entwicklungszustand auch Auswirkungen auf den Gehalt an Bisaboloiden.

Bei ausreichender Bodenversorgung wird in manchen Gebieten auf eine Düngung überhaupt verzichtet.

Sorten

Je nach Herkunft unterscheidet man bei Handelsware verschiedene chemische Typen. Bei den meisten europäischen Herkünften überwiegt im ätherischen Öl das Bisabololoxid A, weshalb diese auch „chemischer Typ A" bezeichnet werden. Analog dazu überwiegt bei Typ B das Bisabololoxid B (argentinische Herkünfte) und bei Typ C das Bisabolol (spanische Herkünfte). Ferner unterscheidet man noch zwischen Bisabolonoxid A-Typen (türkische Herkunft), matricinfreien bzw. -armen Typen (Ägypten oder Türkei) und dem chemischen Typ D (uniformer Typ), bei dem keiner der Bestandteile überwiegt.

In den letzten Jahren wurde Kamille verhältnismäßig umfangreich züchterisch behandelt. Zuchtziel waren Pflanzen mit festem Blütenkopf, gleichmäßigem Blühhorizont, hohem ätherischen Ölgehalt und wünschenswerter chemischer Zusammensetzung (α-bisabolol- und chamazulenreich).

Diploid sind die Sorten „Bona", „Degumill" und „Soroksari 40". Alle anderen in der Liste angeführten Sorten sind tetraploid.

Sorte	Land	Ertrag	Wuchshöhe	Blüte	äther. Öl	Chamazulen	α-Bisabolol
Bodegold	D	hoch	hoch-s. hoch	spät	mittel	niedrig	sehr niedrig
Bona	SK	mittel-hoch	niedrig-mittel	(sehr) früh	niedrig	mittel	(sehr) hoch
BK 2	H	mittel-hoch	hoch-s. hoch	spät	niedrig-mittel	niedrig-mittel	(sehr) niedrig
Degumill	D	–	(sehr) niedrig	spät	niedrig	niedrig-mittel	hoch
Lazur	BG	mittel-hoch	hoch	(sehr) spät	hoch	niedrig-mittel	(sehr) niedrig
Lutea	SK	mittel-hoch	niedrig-mittel	(sehr) früh	mittel-hoch	niedrig-mittel	(sehr) hoch

Sorte	Land	Ertrag	Wuchshöhe	Blüte	äther. Öl	Chamazulen	α-Bisabolol
Mabamille	D	hoch	niedrig-mittel	mittelfrüh	mittel-hoch	mittel-hoch	(sehr) hoch
Manzana	D	–	(sehr) niedrig	mittelfrüh	niedrig	hoch	(sehr) hoch
Margaritar	RO	hoch	(sehr) hoch	(sehr) spät	mittel-hoch	niedrig-mittel	(sehr) niedrig
Soroksari 40	H	mittel-hoch	hoch	spät	niedrig-mittel	niedrig	(sehr) niedrig

Bundessortenamt 1996

Weiters: „Zloty lan“ (PL, tetraploid, 1,05 % äther. Öl, Bisabolol 9,3 % und 11,4 % Chamazulen im ätherischen Öl)

„Promyk“ (diploid, 0,8 % äther. Öl, Chamazulen 6,7 % und Bisabolol 8,9 % im ätherischen Öl).

Von folgenden Sorten liegen keine oder noch keine näheren Informationen vor:

„Camoflora“ (D), „Tonia“, „Goral“ (tetraploid, Bisabolol und Bisabololoxidtyp), „Novbona“ (beide SK) , „Flora“ (RO).

Anbau

Am ertragreichsten erwies sich Herbstanbau (Ende August, Anfang September). Früherer Anbau führt zu vorzeitigem Schossen mit Auswinterungsgefahr, späterer zu ungleichen Beständen.

Frühjahrsanbau ist möglich, bringt in der Regel niedrigere Erträge, allerdings bei höherem Einzelblütengewicht.

Da bei maschineller Ernte bei weitem nicht alle Köpfchen geerntet werden, kann man die an der Pflanze verbleibenden abreifen lassen und so für eine natürliche Vermehrung sorgen. Allerdings ist dann, wie an eigenen Versuchen gezeigt werden konnte, mit Ertragsdepressionen zu rechnen. Ein mehrmaliger Anbau auf demselben Feld mit frischem Saatgut ist hingegen wegen der Selbstverträglichkeit der Kamille wenig problematisch.

Wegen des winzigen Samens muss das Saatbeet sehr fein hergerichtet und rückverfestigt werden. Es sollte frei von Ernterückständen der Vorfrucht und frei von groben Erdbrocken sein. Als vorteilhaft hat sich die oberflächliche (Lichtkeimer!) Ablage in seichte Rillen erwiesen. Diese Vorgangsweise vermindert auch etwas die Gefahr, dass der leichte Samen vom Wind vertragen wird. Reihenabstand 30–35 cm. In manchen Gebieten werden auch engere Reihenabstände (12–15 cm) empfohlen. Saatstärke 1–2 kg/ha reines Saatgut. Sind die Röhrenblüten dabei, dann 3–4,5 kg/ha, bei hoher Keimfähigkeit und optimalen Bedingungen auch darunter. Nach dem Anbau kann das Saatgut etwa mit einer Cambridgewalze angepresst werden. Dies führt nicht nur zu einem besseren Bodenschluss, sondern verhindert auch das Verblasen des winzigen Saat-

guts. Da Kamille ein Lichtkeimer ist, darf sie keinesfalls mit Erde bedeckt werden. Keimung und Auflaufen erfolgt innerhalb einer Woche.
Bei Herbstanbau empfiehlt sich eine Maschinenhacke (bei entsprechendem Reihenabstand) nach dem Auflaufen und eine im darauf folgenden Frühjahr. Kamille hat zwar eine langsame Anfangsentwicklung, bildet aber später einen üppigen, dichten Bestand.

Krankheiten und Schädlinge

An Krankheiten wurden Falscher Mehltau *(Plasmopara leptosperma)* und *Alternaria sp.* am Blatt und *Fusarium sp.* an der Wurzel beobachtet.
Der Kamillenglattkäfer *(Olibrus aeneus)* frisst an den Blütenköpfen, diverse Blattläuse (z. B. *Aphis fabae*) saugen an Blättern und Trieben.

Ernte und Ertrag

Die Ernte von Hand oder mit sogenannten Pflückkämmen ist aus Kostengründen nicht vertretbar (360 Akh/ha). Seit einigen Jahren sind in Osteuropa, aber auch Italien und Argentinien Kamillenpflückmaschinen im Einsatz, die eine Pflückleistung von rund 250 kg/h getrocknete Blüten aufweisen. Bei großen Pflückmaschinen ist eine Tagesleistung von bis 3,5 ha möglich. Bei maschinell gepflückter Ware weisen die Blüten mehr oder weniger lange Stiele (> 2 cm) auf, die an sich die Qualität der Droge nicht beeinträchtigen. Allerdings werden in den Arzneibüchern noch immer praktisch stängelfreie Blüten verlangt.
Die optimale Erntereife für Blütenware ist dann gegeben, wenn ein Röhrenblütenkranz bereits im zweiten Drittel des gewölbten Blütenbodens offen ist. Je weiter die Blüte jedoch fortschreitet, desto geringer wird der Gehalt an ätherischem Öl und Chamazulen. Späte Ernte kann auch zum Zerfall der Blütenköpfchen führen.
Zur Herstellung von Teebeuteln wird blühendes Kraut verwendet, das mit dem Mählader geerntet werden kann. Die Ernte erfolgt dafür bei Vollblüte.
Der Ertrag an frischem Kraut liegt zwischen 40 und 80 dt/ha (je nach Krautanteil), an frischen Blüten bei 20–25 dt/ha.
Die Trocknung erfolgt bei 35–45°C und dauert bei guter Luftführung rund 24 Stunden. Um Trocknungskosten zu sparen, soll zuvor das Erntegut gesichtet werden (7–12 mm Sieb). Dies führt auch zu sauberer Ware. Die Schütthöhe sollte insbesondere bei Flächentrocknung nicht sehr hoch sein, um eine rasche und gleichmäßige Trocknung zu gewährleisten. Angestrebt wird eine Endfeuchte von 7–10 %, wobei vor allem auf eine ordentliche Trocknung des Blütenbodens geachtet werden muss. Die Erträge an trockenen Kamillenblüten liegen zwischen 500 und 800 kg/ha.

Frische Blüten enthalten 0,04 %, getrocknete rund 1 % ätherisches Öl. Mittags geerntete Blütenköpfchen enthalten mehr ätherisches Öl. Der Samenertrag liegt bei 150 kg/ha.

Zur Gewinnung des ätherischen Öls werden die Blütenköpfchen abgemäht. Nach der Ernte der Hauptblüten treiben erneut Blütenstiele aus, die nach einiger Zeit geerntet werden können. Das ätherische Öl ist nach Umwandlung von Prochamazulen in Chamazulen während der Destillation dunkelblau, manchmal grünlich oder bräunlich. Der Ertrag an ätherischem Öl schwankt stark je nach Witterungsverhältnissen und liegt bei 1,5–4 l/ha.

Verwandte Arten

Offizinell (Ph. Eur.) ist auch die **Römische Kamille** (*Chamaemelum nobile* (L.) All. syn. *Anthemis nobilis* L.). Man unterscheidet zwischen gefüllten (nur vegetativ vermehrbaren) und nicht gefüllten (über Samen vermehrbaren) Blütenformen. Auch die Römische Kamille enthält Azulen. Anbau ab April, Reihenabstand 50 x 25 cm, Ertrag bis 10 dt/ha trockene Blüten, ätherischer Ölgehalt 0,6–2,4 %, ätherischer Ölertrag 6–10 kg/ha.

KERBEL

Anthriscus cerifolium (L.) Hoffm. (syn. *Chaerophyllum cerefolium* Schintz. et Thall.)
Doldenblütler, *Apiaceae (Umbelliferae)*

Sonstige Bezeichnungen:
Gartenkerbel

Gebräuchliche Pflanzenteile:
die frischen oder getrockneten Blätter

Handelsbezeichnung:
Herba Cerefolii – Kerbelkraut

Aufkommen:
aus Kultur

Verwendung und Inhaltsstoffe

Kerbelblätter fanden bis jetzt hauptsächlich in frischem Zustand Verwendung. Sie gehören zu den „herbes fines“ der französischen Küche, vor allem zu Suppen, Saucen und Salaten. In letzter Zeit kommt er auch tiefgefroren oder getrocknet auf den Markt. Das Kerbelkraut enthält nur wenig ätherisches Öl (0,03 %), das sich zu rund 60 % aus Estragol (Methylchavicol) und zu 30 % Dime thoxy-allylbenzen zusammensetzt. Unter der Vielzahl der restlichen Verbindungen ist es hauptsächlich das Chavibetol, das den Geschmack des Kerbels am stärksten beeinflusst. Daneben auch Bitterstoffe und Glycoside.

Das frische Kraut hat einen süßlichen Geruch, der beim Trocknen verloren geht. Auch alte Blätter haben keine Würzkraft mehr, daher stets frisch verwenden. Kerbel hat einen aromatisch-süßlichen, anisartigen bzw. leicht an Petersilie erinnernden Geschmack.

Kerbelfrüchte enthalten rund 0,9 % ätherisches Öl und ca. 13 % Fett (v. a. Petroselin- und Linolsäure).

Botanik

Der in Kultur einjährige Kerbel besitzt ästige Stängel, die in der Blüte bis zu 70 cm hoch werden. Die Blätter sind an der Basis lang gestielt und fast ungestielt an der Spitze, zart hellgrün und mehrfach gefiedert. Auf drei- bis fünfstrahligen Dolden sitzen weiße Blüten. Die Wurzeln sind dünn spindelförmig. Die Spaltfrüchte sind länglich-nadelförmig (bis 10 mm lang) und grauschwarz, der Schnabel ist heller. TKG: 1,9–3,0 g.

Standort

Die Ansprüche sind gering. Am besten sind leichtere humose Böden ohne Staunässe geeignet. Halbschattiger Standort ist möglich. Nicht kälteempfindlich, aber heißes Wetter bekommt ihm nicht.

Düngung

Bei intensiver Produktion und Mehrschnittnutzung ist der Stickstoffbedarf von Kerbel mit 120 kg/ha, aufgeteilt in Einzelgaben, relativ hoch. Hingegen ist der Phosphorbedarf mit rund 50 kg/ha als niedrig und der Kalibedarf mit 100 kg/ha als mittel zu bezeichnen.

Sorten

Sorten und Herkünfte unterscheiden sich hauptsächlich in ihrer Blattform (glatte, krause und mooskrause Formen). In Frankreich und Belgien sind die Sorten „Brusselse Winter“, „Gewone“ und „Fijne Krul“ in Verwendung, in Deutschland „Struwelpeter“ (stark gekraust, feinblättrig) und „Einfacher“ (glattblättrig).

Anbau

Frühjahrsanbau ab März ist möglich – nur kommt der Bestand dann schnell in Blüte, was den Blattertrag mindert. Bei Anbau ab Ende Juni wird die Blüte unterdrückt und trotzdem können noch mehrere Schnitte durchgeführt werden.

Die Saatstärke beträgt etwa 10 kg/ha (oder mehr), die Reihenweite 20 cm, der Pflanzenabstand ist dicht 2–5 cm, Saattiefe 0,5 cm. Aufgang innerhalb von zwei Wochen. Bei Anlage von Doppelreihen, die sich in manchen Anbaugebieten bewährt haben, sind höhere Saatstärken nötig. Der Reihenabstand zwischen den Doppelreihen beträgt dann 10–15 cm und zwischen zwei Doppelreihen 30–40 cm. Der Anbau erfolgt meist in Sätzen.
Doppelreihen erlauben eine mechanische Unkrautbekämpfung.

Krankheiten und Schädlinge

An Krankheiten wurden hauptsächlich Falscher Mehltau *(Plasmopara nivea)* und seltener Rostpilz *(Puccinia chaerophylli)* beobachtet. Vor allem bei Saatgutproduktion ist eine Bekämpfung anzuraten.
Blattläuse können bei starkem Befall zum Absterben der Triebe führen *(Cavariella aegopodii)*. Die Kerbelmotte *(Depressaria chaerophylli)* soll Fraßschäden in zusammengesponnenen Blütenständen verursachen.

Ernte und Ertrag

Der erste Schnitt erfolgt ca. acht Wochen nach dem Anbau und zwar sobald die Pflanzen ca. 15 cm hoch sind. Das Erntegut soll ohne Blüten sein und wird gebündelt zu ca. 20 g. Die Ernte sollte jedenfalls vor dem Gelbwerden der Basalblätter erfolgen.
Man kann mit Erträgen von 70–80 dt/ha Frischmasse pro Schnitt rechnen, was nach einer allfälligen Trocknung 10–15 dt/ha Trockenware entspricht. Trocknungstemperatur 35 °C.

KNOBLAUCH

Allium sativum L.
Lauchgewächse, *Liliaceae*

Sonstige Bezeichnungen:
Knofel, Weingartenknoblauch

Gebräuchliche Pflanzenteile:
die reife, nicht getrocknete Sprosszwiebel

Handelsbezeichnung:
Bulbus Allii sativi – Knoblauchzwiebeln

Aufkommen:
aus Kultur

Verwendung und Inhaltsstoffe

In der frischen Zwiebel sind hauptsächlich ätherisches Öl (bis 0,4 %) und Alliin (0,2–1 % bezogen auf Frischgewicht) enthalten. Aus Alliin entsteht durch Zerkleinern oder bei Destillation das bakteriostatisch wirksame Allicin. Für den unangenehmen Geruch des ätherischen Öls ist das Diallylsulfid verantwortlich. In Knoblauch sind ferner schwefelhältige Peptide, Flavonoide und Vitamine (A, B_1, B_2, C) enthalten.
Die Verwendung erfolgt sowohl in der Gewürz- als auch Pharmaindustrie, besonders für Frischpflanzenpräparate. Der Geschmack ist eigentümlich süßlich-schwefelig und scharf. Knoblauch kommt als Gewürz vor allem frisch auf den Markt, aber auch in getrockneter oder gefriergetrockneter Form in Flocken, Granulat oder Pulver. Knoblauch wirkt appetitanregend, verdauungsfördernd, galletreibend und bakteriostatisch und bei längerer Einnahme angeblich auch antiarteriosklerotisch, Extrakte daraus auch blutdruck- und cholesterinsenkend.

Botanik

Knoblauch ist zwar eine ausdauernde Pflanze, wird aber nur einjährig oder einjährig überwinternd kultiviert. Die Hauptzwiebel bildet mit einer Anzahl fast gleich großer Nebenzwiebeln (Zehen, Klauen) eine von unten etwas flach gedrückte Gesamtzwiebel, die mit kurzen Saugwurzeln versehen ist. Die Haut der Gesamtzwiebel kann weiß, grünlich oder rosafarben sein. Schossende, brutzwiebeltragende Formen bilden einen runden Stängel aus, der aufrecht wächst, bis 70 cm hoch wird und bis zur Mitte beblättert ist. Die herabhängenden Laubblätter sind breit-lineal, flach, blattunterseits gekielt, spitz. Schossende Knoblauchrassen tragen eine kugelige Scheindolde mit sterilen Blüten, aus denen sich bis zu 1 cm große Brutzwiebeln (Luftzwiebeln) entwickeln. Weiters wird zwischen Winter- und Sommerformen unterschieden. Die Winterform ist wüchsiger, bringt höhere Erträge, ist aber weniger lagerfähig.

Standort Knoblauch bevorzugt etwas schwerere, lehmig-humose, tiefgründige Böden, die siebfähig sein sollen (erleichtert die Ernte). Auf leichten Standorten bleiben die Zwiebeln kleiner. Stauende Nässe wird nicht vertragen. Als Vorfrüchte sollen keine Zwiebelgewächse stehen, sondern frühräumende Feldfrüchte wie Getreide oder Raps. Standortwechsel nach jedem Anbau, Anbaupausen von mindestens fünf Jahren zwischen Arten der gleichen Familie (Zwiebel, Schnittlauch, Lauch, aber auch div. Zierpflanzen) einhalten. Nicht kälteempfindlich.

Düngung Stallmist, Kompost oder Gründüngung kommen zur Vorfrucht. An Nährstoffbedarf kann angegeben werden: 120 kg/ha Stickstoff (unterteilt), 60–100 kg/ha Phosphor und 140–170 kg/ha Kali. Neuere Untersuchungen zeigten, dass der Entzug nur bei 40 kg N/ha, 15 kg P_2O_5 und 40 kg K_2O liegt und die Düngung sich eher an diesen Entzugszahlen orientieren sollte, wobei bei Stickstoff ein Sicherheitszuschlag angebracht erscheint. Zur gleichzeitigen Unkrautbekämpfung kann vor Vegetationsbeginn ein Teil des Stickstoffs als Kalkstickstoff verabreicht werden. Knoblauch ist schwefelbedürftig (sulfathältige Phosphor- und Kalidünger verwenden).

Sorten Bei den Sorten sind Winter- und Sommerknoblauch bzw. schossende (brutzwiebeltragende) und stängellose Typen zu unterscheiden. Die Sorten variieren in Zwiebelgröße, Farbe, Virusanfälligkeit, Lagerfähigkeit und Winterhärte.

Sortenbeispiele (oft nur Herkünfte aus Anbaugebieten und wenig selektiert):

Italien: „Barion",
Ungarn: „Makoi öszi", „Öszi B15"
Frankreich: „Sprint-Primor" (weiß-rosarot), „Germidour" (Winter, violett), „Cleodor" (Winter, weiß), „Messidrome", „Thermidrome", (beide Winter, weiß)
Tschechien: „Zahorsky", „Alan" (ohne Brutzwiebeln), „Benatkan", „Dakar" „Dukat", „Jovan", „Kleon", „Lukan", „Vekan", „Vladan", „Znojmsky" (mit Brutzwiebeln)

Deutschland: „Thüringer“ (ohne Luftzwiebel), „Echo“

Österreich: „Laaer Frühjahrsknoblauch“, „Laaer Weingartenknoblauch“

Importierte Marktware entspricht nicht immer als Pflanzgut für den heimischen Anbau. Eine Beizung der Pflanzzehen gegen Fäulnis ist zweckmäßig.

Anbau

Die Vermehrung erfolgt nur vegetativ, d. h. zum Anbau gelangen nur größere Zehen (Nebenzwiebeln) oder die sogenannten Brutzwiebeln.

1. Anbaumethode: Die Zehen werden Ende September bis Mitte Oktober entweder maschinell oder händisch in Reihenabständen von 25–35 cm und mit 6–12 cm Abständen in der Reihe gelegt, meist in Beetbauweise. Pflanztiefe 5–8 cm. Der Herbstanbau bringt höhere Zwiebelgewichte. Im Frühjahr kann Mitte März bis Mitte April gelegt werden. Pflanzgutaufwand 8–12 kg/ 100 m^2, d. s. 3.000 bis 4.000 Zehen/100 m^2. Bayerische Versuchsergebnisse legen sogar Bestände bis 5.000 Zehen nahe.

2. Anbaumethode: Auslegen der Brutzwiebeln im Herbst oder Frühjahr. Die daraus erwachsenden Rundlinge (Steckzwiebeln) oder Zehen werden entweder noch im selben Herbst oder darauf folgenden Frühjahr zur Zwiebelproduktion ausgelegt. Diese Vermehrungsart ist natürlich nur mit brutzwiebeltragenden Rassen möglich, unterbindet aber zum Teil die Virusverschleppung.

Da Knoblauch den Boden schlecht deckt bzw. der Bestand spät schließt, ist der Unkrautbekämpfung besondere Aufmerksamkeit zu widmen, speziell der Spätverunkrautung vor der Ernte. Blindstriegeln im Frühjahr und manuelle Maßnahmen werden zu kombinieren sein.

Krankheiten und Schädlinge

Mosaikscheckungsvirus (gelbe Streifen oder chlorotische Flecken), bakterielle Fäulen (*Erwinia* und *Pseudomonas sp.*), Fusarium-Fäule *(Fusarium avenaceum)*, Mehlkrankheit *(Sclerotium cepivorum)*, als Lagerkrankheit Grauschimmel *(Botrytis aclada)*. Knoblauchfliege *(Suillia lurida)*. Gebietsweise wird auch von starkem Stängelälchenbefall *(Ditylenchus dipsaci)* berichtet, der sich in raschem Vergilben und Absterben der Blätter vor dem Erntetermin und faulenden Zwiebeln bemerkbar macht. Bestandesgefährdend ist die Gallmücke *(Aceria tulipae)* aufgetreten. Um den Befall mit diesen Schädlingen zu vermeiden, sollte keine Konsumware angebaut werden. Spitzendürre ist nicht parasitär, sondern ist auf Stickstoff- bzw.

mangelnde Wasserversorgung und Bodenverdichtung zurückzuführen.

Erst knapp vor der Ernte ist der Befall mit Knoblauchschwärze *(Helminthosporium allii)* sichtbar.

Ernte und Ertrag

Der günstigste Erntezeitpunkt ist erreicht, wenn das obere Drittel des Laubes abgestorben ist und sich die Zehen unter der Zwiebelhaut bereits deutlich abzeichnen. Das ist meist ab Anfang Juli bis Anfang August der Fall. Dieses Stadium soll nicht übersehen werden, da Knoblauch stark einzieht und die Ernte sich sonst schwierig gestaltet. Auch können bei zu später Ernte die Zwiebeln zerfallen. Eingesetzt werden Zwiebelroder, Rüttelscharroder, Klemmbandroder, Siebkettenroder oder Rodeschare mit anschließendem händischen Aufsammeln. Das Laub kann vor oder auch nach der Ernte entfernt werden. Der auf Schwad abgelegte Knoblauch wird einige Tage (ca. vier) auf dem Feld zum Abtrocknen liegen gelassen. Später wird das Laub bzw. der Stängel auf 1–2 cm (manchmal auch wesentlich länger), eingekürzt, die Haut abgezogen und der Knoblauch in luftigen Räumen nachgetrocknet bzw. gelagert oder der weiteren Verwendung zugeführt. Er kann auch in Satztrocknern kalt belüftet oder bei max. 35 °C nachgetrocknet werden. Für Knoblauch sind Qualitätsnormen hinsichtlich Größe der Zwiebel, Stand der Zehen etc. zu beachten. Nicht alle Sorten sind zur Langzeitlagerung geeignet. Es kann mit einem Zwiebelertrag von 140–240 dt/ha frisch und von 60–120 dt/ha nachgetrocknet und 35–100 dt/ha marktfähiger Ware gerechnet werden. 16–40 Zwiebeln ergeben ein Kilogramm. Einzelzwiebelgewicht 25–60 g, bestehend aus 8–12 Zehen.

KÖNIGSKERZE

Verbascum phlomoides L. und *Verbascum densiflorum* Bertol.
(syn. *V. thapsiforme* Schrad.)
Rachenblütler, *Scrophulariaceae*

Sonstige Bezeichnungen:
Kerzenkraut, Osterkerze, Marienkerze, Wollblume

Gebräuchliche Pflanzenteile:
die getrocknete Blumenkrone

Handelsbezeichnung:
Flos Verbasci – Königskerzenblüten (ÖAB, Ph. Helv. VII)

Aufkommen:
aus Kultur und Wildsammlung

Verwendung und Inhaltsstoffe

In allen Pflanzenteilen enthält die Königskerze Schleimstoffe (bis 2 %), in Blatt, Blüte und Frucht auch Saponine und unerforschte Bitterstoffe. In der Blüte ist die Königskerze reich an Flavonolglycosiden (Rutin). Ätherisches Öl ist nur in Spuren vorhanden, außerdem ca. 10 % Zucker. Die Droge findet hauptsächlich als Hustenmittel Verwendung, bei Katarrhen der Luftwege und als Gurgelwasser. Laut Ph.Helv. muss die Quellzahl mindestens 12 betragen.

Botanik

Die Gattung Verbascum ist sehr artenreich, bastardisiert leicht und ist nicht immer einfach zu bestimmen. Die Pflanze ist zweijährig, selten mehrjährig. Sie bildet im ersten Standjahr eine Blattrosette mit großen, ovalen, graugrünen, wolligen Blättern, im zweiten Jahr über 2 m hohe, wollig behaarte blütenreiche Stängel. Die Spindelwurzel verzweigt nur wenig. Die Blüten stehen in einer endständigen 30–80 cm langen Ähre; die Blumenkrone bis 5 cm breit, besitzt fünf große, goldgelbe Blumenblätter. Blüte: Juni bis Oktober. Die kleinen rötlich-braunen Früchte befinden sich in einer zweiklappig aufspringenden Kapsel. Das Tausendkorngewicht beträgt 0,08–0,16 g.

Standort Die Königskerze bevorzugt leichtere, lehmige Sandböden in sonniger, windgeschützter Lage (hoher Blütenstängel). Trockenheit wird nach dem Anwachsen vertragen. Überdüngte Standorte sind zu vermeiden, sonst ist die Blattentwicklung zu üppig und der Blütenreichtum lässt zu wünschen übrig.

Düngung Die Düngung kann niedrig bemessen werden. Eine organische Düngung wird nicht notwendig sein. Richtwerte sind 40–60 kg/ ha Stickstoff, bis 50 kg/ha Phosphat und bis 100 kg/ha Kalium.

Sorten Erwünscht sind großblumige Herkünfte mit dickfleischigen Blüten, die vereinzelt im Zierpflanzen-Staudensortiment zu finden sind.

Die deutsche „Polyverb" *(V. densiflorum)* ist eine tetraploide Sorte mit guter Standfestigkeit, großem, langem Blütenstand und guter Schossresistenz. Seit 1952 ist die tschechische Sorte „Zlata" mit großer Blüte und mittelhohem Wuchs bekannt.

Anbau Jungpflanzenvorkultur bei Aussaat ab Anfang März und Pikieren in Anzuchtplatten oder Erdwürfeln von mindestens 60 mm Durchmesser. Auspflanzung ins Freiland ab Mitte April bis Anfang Mai. Auch eine energiesparende Sommeranzucht für Auspflanzung Mitte bis Ende August (mit Zusatzbewässerung) ist praktikabel. Pflanzweiten: 60 cm Reihenabstand, 50 cm in der Reihe. Doppelreihen zur leichteren Blütenernte anlegen. Die Reihenabstände sind demnach 60 – 120 – 60 – 120 cm usw., das ergibt einen Pflanzenbedarf von 230 Stück pro 100 m². Die Pflanzung ist jedenfalls nicht zu dicht vorzunehmen, da die Rosette im ersten Jahr ungemein anwachsen kann.

Direktanbau mit 50–60 cm Reihenabstand und einer Saatstärke von 4–5 kg/ha im Herbst oder Frühjahr ist auch möglich.

Der Bestand ist mechanisch unkrautfrei zu halten, die Erntegassen sind zweckmäßigerweise zu mulchen.

Krankheiten und Schädlinge Blattfleckenkrankheiten durch *Ascochyta verbasci* und *Ramularia variabilis*. Echter und Falscher Mehltau *(Erysiphe cichoracearum, Peronospora verbasci)*. Besondere Beschädigung durch Blattfraß von Larven diverser Kleinschmetterlinge, z. B. Wollblumenmotte *(Nothris verbascella)* und durch den Wollblumenrüssler *(Cleops soloni)*. Überwinternde Blattrosetten werden von Mäusen *(Microtus arvalis)* und von Wühlmäusen *(Arvicola terrestris)* geschädigt. Bei der Lagerhaltung Qualitätseinbußen bis zur Unbrauchbarkeit der Droge durch Larven der Dörrobstmotte *(Plodia interpunctella)*.

Ernte und Ertrag Ernte ab Blühbeginn im zweiten Standjahr von Juli bis September. Blütenstängel schon im ersten Standjahr kommen selten vor. Das händische Abbrechen der Blüten vom Stängel muss täglich in den

Vormittagsstunden erfolgen, nachmittags sind die Blüten schlaff und ergeben eine unansehnliche bis wertlose Droge. Abgefallene Blüten (besonders in Hitzeperioden) sind als Droge nicht mehr zu verwenden. Die feinen Blütenhärchen können allergische Reaktionen (auch Augenentzündungen) hervorrufen. Die geernteten Blüten sind raschest der Trocknung zuzuführen, möglichst technische Trocknung bei 50–60 °C. Die getrockneten Blüten müssen goldgelb bleiben. Das Eintrocknungsverhältnis beträgt 8–10 : 1.
Der Pflückaufwand ist das klassische Beispiel der handarbeitsintensiven Blütenernte im Heilkräuteranbau: 10–15 Arbeitsstunden für 1 kg getrocknete Blüten.
Je nach Sommerverlauf und Standort können 8–12 kg pro 100 m^2 Blütendroge erzielt werden. Die Verpackung muss luftdicht sein, da die Blüten leicht wieder feucht werden und verbräunen.

Koriander

Coriandrum sativum L.
Doldenblütler, *Apiaceae (Umbelliferae)*

Sonstige Bezeichnung:
Wanzenkraut

Gebräuchliche Pflanzenteile:
die nicht in die Teilfrüchte zerfallene getrocknete Frucht

Handelsbezeichnung:
Fructus Coriandri – Koriander (ÖAB)

Aufkommen:
aus Kultur; Hauptanbaugebiete: Ägypten, GUS, Marokko, USA

Verwendung und Inhaltsstoffe

Die getrockneten Früchte von Koriander werden ganz oder gemahlen hauptsächlich als Gewürz (Brot, Wurst, Backwaren, Süßwaren, Lebkuchen) und als Aromastoff in der Lebensmittelindustrie verwendet. Die Getränkeindustrie braucht nur geringe Mengen (Gin). Der Geschmack ist mild-würzig, süß-scharf bis brennend. Die Blätter, die einen gänzlich anderen Geschmack aufweisen, werden in asiatischen und amerikanischen Ländern zum Würzen von Reis, Suppen und Salaten verwendet. Aromaspitze für Tabake.

In der Medizin wird er als krampflösendes, magenstärkendes und blähungstreibendes Mittel verwendet. Er hat eine anregende Wirkung auf die Magensaftsekretion. Laut ÖAB muss der Mindestgehalt an ätherischem Öl 0,5 % betragen, er kann aber bis 1,5 % reichen. 40 % des Öls befindet sich in der Fruchtschale und 60 % im Samen.

Hauptbestandteil und Hauptgeruchsträger des Samenöls ist Linalool (60 bis 70 %), daneben enthält es Geraniol, Borneol u. a. Die Früchte enthalten 20–25 % fettes Öl, das sich zu über 50 % aus Petroselin-, 30 % Öl- und ca. 8 % Palmitinsäure zusammensetzt und etwa 30 % Protein.

Der wanzenartige Geruch unreifer Früchte bzw. der Pflanze ist auf den Gehalt an Trans-Triceden zurückzuführen.

Botanik

Koriander ist eine einjährige schlanke, 40 bis 60 cm hohe Pflanze (unter günstigen Bedingungen auch höher) mit einem fein gerillten Stiel, der sich ästig vezweigt. Die unteren Blätter sind dreilappig, die oberen sind fein gefiedert und hellgrün. Koriander hat eine dünne Spindelwurzel, die sich nur wenig verzweigt. Die langgestielten kugeligen Dolden sitzen an den Enden der Stängel und blühen weiß bis rötlich. Die kugeligen Früchte sind 3–5 mm groß und können in zwei Spaltfrüchte zerfallen. Sie weisen Haupt- und Nebenrippen auf. Jede Teilfrucht ist mit zwei Ölstriemen versehen.

Koriander hat während der Vegetation einen unangenehm wanzenartigen Geruch, erst nach der Trocknung entwickelt er das würzig-süßliche Aroma. TKG: 4–10 g.

Standort

Am besten gedeiht Koriander auf eher leichten, durchlässigen Böden mit ausreichendem Kalkanteil. Schwere und nasse Standorte sagen ihm nicht zu. Obwohl er warmes Klima bevorzugt, gedeiht er noch bis Norddeutschland. Als kritische Temperatur für die Keimpflanzen gelten –9 °C, für die Pflanze im Rosettenstadium –16 °C. Zu Beginn der Vegetation ist eine ausreichende Wasserversorgung vorteilhaft, später warme und trockene Witterung.

Er stellt keine besonderen Ansprüche an die Vorfrucht. Getreide und Hackfrüchte sind gleichermaßen geeignet. Anbaupausen von 4–5 Jahren sollen eingehalten werden. Koriander gilt als schlechte Vorfrucht.

Düngung

Stallmist und falls nötig Kalk sollten bereits zur Vorfrucht gegeben werden. Hohe Stickstoffgaben fördern das vegetative Wachstum zum Nachteil des generativen. Hingegen wirken sich höhere Phosphorgaben positiv auf den Ertrag aus. Kali zeigte kaum Einfluss. 50–60 kg N, 60 kg P_2O_5 und 80 kg K_2O/ha sind angemessen.

Sorten

Es gibt großfrüchtige (TKG 7–10 g) und kleinfrüchtige (TKG 4–6 g) Herkünfte. Erstere liefern höhere Erträge, letztere weisen höhere ätherische Ölgehalte auf.

Sorte	Land	Erntereife	Standfestigkeit	Wuchshöhe	Kornertrag	ätherischer Ölgehalt
Csillag	H	sehr früh	mittel	hoch	mittel	mittel-hoch
Hrubcicky	CZ	mittel-spät	sehr gut	mittel-hoch	mittel-hoch	mittel
Jantar	UKR	mittel-spät	gut	mittel-hoch	hoch	hoch
Lozen 1	BG	früh	gut	(sehr)hoch	mittel-hoch	mittel-hoch
Sandra	RO	früh	mittel	(sehr)hoch	mittel-hoch	mittel
Thüringer	D	mittel	gut	mittel-hoch	mittel	mittel

Bundessortenamt 1996

In Bulgarien ist die Sorte „Alekseevski 247“, in Ungarn „Lucs“ und in Polen „Ursynowska“ in Verwendung. Speziell für die Verwendung als nachwachsender Rohstoff sind die Sorten „Corry“ (D) und „Petro“(D) gezüchtet.

Anbau

Ab Ende März kann mit einer Saatstärke von 16–20 kg/ha und einer Saattiefe von 2–5 cm gedrillt werden. Die Angaben über die Reihenweite variieren stark. Sie reichen von 20–60 cm, und in der Reihe von wenigen Zentimetern bis 20 cm. In unserem Klimagebiet hat sich ein Reihenabstand von 25–30 cm bewährt. Im Zuge einer evtl. händischen Unkrauthacke kann der Bestand in der Reihe etwas ausgelichtet werden, falls er zu dicht steht. Der Aufgang erfolgt innerhalb von 10 bis 14 Tagen.

Wegen seiner langsamen Jugendentwicklung sollte Koriander 1–2-mal gehackt werden. Kleinfrüchtiger Koriander deckt schneller den Boden und neigt weniger zu Spätverunkrautung als großfrüchtiger.

Die Vegetationsdauer von Auflaufen bis Reife beträgt 80–120 Tage.

Krankheiten und Schädlinge

In Österreich konnte bisher nur eine bakterielle Welke beobachtet werden, von der die Dolden zuerst befallen werden (Doldenbrand) und die dann die ganze Pflanze erfasst (*Pseudomonas sp.* und *Erwinia sp.* und *Xanthomonas* vor allem bei feuchter Witterung). Aus der Literatur ist auch *Fusarium*-Welke bekannt, die aber die ganze Pflanze gleichzeitig erfasst und *Verticillium*-Welke. Weiters wird von Rostpilzen berichtet *(Puccinia aethusae)*, erkennbar an schwarzbraunen Pusteln.

An Schädlingen treten Blattwanzen *(Lygus sp.)* auf, die Saugschäden an Triebspitzen und Dolden hervorrufen. Sie können in warmen Jahren massenhaft auftreten und überdies den Doldenbrand übertragen.

Ernte und Ertrag

Die Ernte beginnt in Österreich Mitte Juli, sobald sich der Bestand gelblich-braun gefärbt hat, aber vor der vollständigen Reife steht. Der Mähdrusch sollte morgens, nach dem Abtrocknen des Taus sehr schonend erfolgen. Die Ausfallverluste bei Drusch aus dem Stand können erheblich sein. Erfolgt der Drusch zu scharf, so zerfallen die Früchte in ihre Teilhälften, die bei der Reinigung entfernt werden müssen. Daher sollte der Korb des Mähdreschers möglichst weit geöffnet sein. Der Reinigungsabfall kann erheblich sein (bis 40 %). Schwierigkeiten kann das feuchte Stroh bereiten.

Bei Schwaddrusch sollte früher gemäht werden und das Erntegut auf dem Feld einige Tage nachreifen. Eine Vorreinigung mit sofort anschließender Trocknung ist anzustreben. Bei einer Kornfeuchtigkeit über 12 % sollte das Erntegut getrocknet werden (35 °C).

Die Erträge liegen zwischen 1.300–1.500 kg/ha, Spitzenerträge bis 2.300 kg/ha sind möglich. Ätherischer Ölertrag: 10–15 kg/ha.

Kornblume

Centaurea cyanus L.
Korbblütler, *Asteraceae (Compositae)*

Sonstige Bezeichnungen:
Blaue Cyane, Kornflockenblume, Kornnelke

Gebräuchliche Pflanzenteile:
die trockene Randblüte

Handelsbezeichnung:
Cyani Flores (sine calycibus) – Kornblumenblüten

Aufkommen:
aus Kultur; Schmuckdroge

Verwendung und Inhaltsstoffe

Kornblumen enthalten den Bitterstoff Cnicin (Centaurin), das Glykosid Cichoriin und das sehr lichtempfindliche Anthocyan-glykosid Cyanin. Die Droge hat eine harntreibende Wirkung und wird zur Teeschönung, zur Bereitung von Augentropfen und Augenkompressen und als Haarkosmetikum verwendet.

Botanik

Die Kornblume ist ein einjähriges bis einjährig überwinterndes Kraut, in Kultur bis 150 cm hoch wachsend, sonst als Ackerunkraut nur bis 80 cm, Blätter lineal-lanzettlich, die unteren häufig fiederspaltig, unterseits zum Teil filzig, Hülle eiförmig, Blüte mit dunkelblauen (selten rosa oder weißen) Blumenblättern. Schließfrüchte (700–1.600 pro Pflanze), TKG: 4–6 g. Einjährige Kulturweise.

Standort

Die Kornblume bevorzugt kalkarme, trockene, sandige Lehmböden mit mäßiger Nährstoffversorgung. In der Fruchtfolge nicht nach sich selbst und nicht nach stark gedüngten Feldfrüchten stellen. Nicht kälteempfindlich.

Düngung

Sehr mäßig nährstoffbedürftig. Stallmist oder Kompost nur zur Vorfrucht geben. Es genügen bis 60 kg/ha Stickstoff, 50 kg/ha Phosphor und 100 kg/ha Kali. Überhöhte Düngemengen führen zu sehr stützbedürftigem, krautigem Massenwuchs und wenig Blütenbildung.

Sorten

Zuchtsorten sind nicht im Handel. Auf gefüllte Herkünfte achten (im Zierpflanzenbau als Schnittkultur üblich, z. B. „Blauer Junge“).

Anbau

Eine Jungpflanzenvorkultur ist sowohl für Herbst- als auch für Frühjahrspflanzung zweckmäßig. Erstere bringt standfeste blütenreichere Pflanzen. Aussaat Mitte August für Mitte September-Pflanzung oder Aussaat Mitte März für Mitte April-Pflanzung. 10 g Samen ergeben 1.000 Jungpflanzen. Pikieren in Erdpresstopf oder Anzuchtplatten. 3–4 Wochen Anzuchtdauer. Auspflanzen ins Freiland im 6–8-Blattstadium. Pflanzweite 40 x 50 cm, nach zwei Reihen Erntegasse (mindestens 100 cm) freilassen. Pflanzenbedarf 400 Stück/100 m^2.

Über je zwei Pflanzreihen kommt als Stütze ein Blumengitter (oder Gurkengitter, Schafzaun) mit 15–20 cm Maschenweite und 120 cm Breite, das auf Pflöcken in 60–70 cm Höhe waagrecht befestigt wird. Gitterbedarf 60 Meter/100 m^2. Zwischen den Pflanzreihen und in der Erntegasse kann gemulcht werden (z. B. Stroh) bzw. ist der Bestand unkrautfrei zu halten. Eine Direktsaat der Kornblume Anfang April oder Mitte August (25 g/100 m^2) ist auch praktikabel.

Krankheiten und Schädlinge

Welkekrankheiten durch *Rhizoctonia crocorum*, *Fusarium oxysporum* oder *Verticillium alboatrum*, Blattkrankheiten durch Echten Mehltau *(Sphaerotheca fuliginea)* und *Alternaria* sp., Schwarze Bohnenblattlaus *(Aphis fabae)*, Dörrobstmotte *(Plodia interpunctella)* als Lagerschädling.

Ernte und Ertrag

Ab Blühbeginn (bei Herbstpflanzung Anfang Juni, bei Frühjahrspflanzung Ende Juni) 2–3 mal wöchentliches händisches Abbrechen der Blumenköpfchen. Zur Vermeidung des Ausbleichens rasche Trocknung bei Trocknungstemperaturen bis 60 °C notwendig (auch bei direkter Sonnenbestrahlung möglich). Ausgebleichte Partien sind als Schmuckdroge wertlos. Ernteperiode meist 8–10 Wochen. Pflückaufwand 7–8 Akh/kg getrocknete Blütenblätter. Trennung der Kelchblätter (Hülle) von den Blütenblättern durch 5–6 mm quadratische Siebe (40–50 % reine Blütenblätter).
Ertrag: 30–40 kg/100 m^2 Blumenköpfchen oder 10–14 kg/100 m^2 reine Blütenblätter (Kronblätter). Qualitätsanforderungen: max. 6 % Restfeuchte, tiefblaue Farbe, kein Kelchblätteranteil.

KREN

Armoracia rusticana Ph. Gärtn.
(syn. A. lapathifolia, Cochlearia armoracia)
Kreuzblütler, *Brassicaceae (Cruciferae)*

Sonstige Bezeichnungen:
Meerrettich, Bauernsenf, Pfefferwurzel, Waldrettich

Gebräuchliche Pflanzenteile:
die frischen Wurzelstücke (Stangen)

Handelsbezeichnung:
Armoraciae Radix – Meerrettichwurzel

Aufkommen:
aus Kultur, selten aus Wildsammlung (Kulturflüchtling)

Verwendung und Inhaltsstoffe

In der Wurzel sind hauptsächlich die Senfölglykoside Sinigrin und Gluconasturtiin enthalten, daneben auch freies Senföl, dessen Dämpfe beim Zerreiben die bekannte Reizwirkung auf Nase und Augen ausüben. Antibiotisch wirkende Stoffe sind in Spuren vorhanden. In der Homöopathie wird aus den frischen Wurzeln eine Essenz bereitet. Geriebene rohe Wurzelstücke dienen als Beilage zu Fleischgerichten und zur Bereitung pikanter Saucen. Der Geschmack ist stechend scharf.

Botanik

Die ausdauernde, jedoch nur einjährig genutzte Krenpflanze hat eine starke zylindrische Wurzel mit mehreren Vegetationskegeln (mehrköpfig). Die Blätter sind groß, langgestielt und haben gekerbte, glänzende Spreiten. Die bei praxisüblicher einjähriger Kultur nicht durchschießenden Blütenstängel werden bis 150 cm hoch, sind verzweigt und beblättert. Die Blüten sind weiß und duften. Die Frucht ist eine bauchige, elliptische Schote, die aber steril ist.

Standort

Kren soll auf tiefgründigen, humosen, mittelschweren Böden mit guter Wasserversorgung angebaut werden. Schwere, stark tonige Böden behindern die Erntearbeit. In Flussniederungen bei hoher Luftfeuchte sind optimale Erträge zu erzielen. In der Fruchtfolge ist der Kren nach stark gedüngten Gemüsearten oder Feldfrüchten zu stellen. Ein Nachbau ist möglich, doch besteht Verunkrautungsgefahr. Besser ist es vier Jahre auszusetzen bzw. Anbaupausen von vier Jahren zu anderen Kreuzblütlern einzuhalten. Winterhart. In der Folgefrucht ist der Austrieb von verbliebenen Wurzelstücken zu beachten.

Düngung

Reichliche Versorgung mit organischer Substanz wie Stallmist oder Kompost. Kren ist salzempfindlich. Richtwerte: 120–150 kg/ha Stickstoff, 40–60 kg/ha Phosphor, 140–170 kg/ha Kalium. Die Stickstoffdüngung ist zu teilen, eventuell zweimalige N-Kopfdüngung.

Sorten

Von Kren gibt es keine Zuchtsorten. Die einzelnen Anbaugebiete haben ihre eigenen Selektionen. Herkunftsbeispiele: Bayerischer, Bulgarischer, Dänischer, Edelkofener, Nederlinger, Novi Sader, Steirischer. Der Senfölgehalt, der Aromawert und die Bitterfreiheit sind zu beachten.

Anbau

Zum Anbau gelangen nur Seitenwurzeln von den Wurzeln (Stangen) der Vorjahrskultur, die sogenannten Fechser oder Wurzelschnittlinge. Die Fechser sind mindestens 1 cm stark und 30–40 cm lang und werden ab Anfang April bis Anfang Mai im Reihenabstand von 70–80 cm, bei 10–15 cm Abstand von Fechser zu Fechser maschinell ausgelegt. Der Fechserbedarf beträgt 25.000–35.000 Stück/ha bzw. 1.000–1.500 kg/ha. Im Juni oder Juli müssen die Fechser wiederum freigelegt, von den Seitenwurzeln befreit (abgerieben) und die Seitentriebe ausgegeizt (nur einköpfig) werden. Diese Maßnahme sichert glatte und gleichmäßige Stangenbildung und erleichtert die Ernte.

Der Bestand ist unkrautfrei zu halten. Eine chemische Bekämpfung ist im Vorauflauf mit den Wirkstoffen Terbutryn + Metobromuron gegen Samenunkräuter in Österreich zugelassen.

In niederschlagsärmeren Lagen ist eine Bewässerungsmöglichkeit vorzusehen.

Krankheiten und Schädlinge

Weißer Rost *(Albugo candida)* und an der Wurzel mitunter Meerrettich-Schwärze (*Verticillium*-Arten). Prinzipiell alle Kohlschädlinge, insbesondere Erdflöhe *(Phyllotreta armoraciae)* und großer Kohlweißling *(Pieris brassicae)*. Fraß durch die Rübsenblattwespe *(Athalia rosae)* an den Blättern.

Ernte und Ertrag

Nach dem Absterben des Laubes im Herbst oder auch erst im Frühjahr werden die Wurzeln mittels Krenpflug oder Schwingsiebroder möglichst tief zur Schonung der Seitenwurzeln (= künftige Fechser), ausgebaut. Die Wurzeln werden händisch aufgearbeitet (Stangen gereinigt, Fechser geschnitten, Markt- und Industrieware sortiert). Eine Lagerung ist in geeigneten Lagerräumen oder im Keller über einen längeren Zeitraum möglich. Der Ertrag an marktfähigen Wurzeln liegt bei 80–120 dt/ha. In der pharmazeutischen Industrie können auch schwächere Stangen verarbeitet werden. Gehandelt wird frische oder getrocknete Ware (Pulver) bzw. der aus der Wurzel gewonnene Saft.

Kümmel

Carum carvi L.
Doldenblütler, *Apiaceae (Umbelliferae)*

Sonstige Bezeichnungen:
Wiesenkümmel, Feldkümmel

Gebräuchliche Pflanzenteile:
die in die Teilfrüchte zerfallene, getrocknete Spaltfrucht

Handelsbezeichnung:
Fructus carvi – Kümmel (Ph. eur., ÖAB, DAB 10, Ph. Helv. VII),
Aetheroleum Carvi – Ätherisches Kümmelöl (ÖAB, DAB 10)

Aufkommen:
aus Kultur; in Ägypten, Polen, Ungarn, Türkei, Niederlande, Spanien, GUS, USA und Marokko wird Kümmel großflächig produziert

Verwendung und Inhaltsstoffe

Die Früchte des Kümmels werden ganz, gebrochen oder gemahlen hauptsächlich als Gewürz verwendet, insbesondere für Backwaren, Fleischgerichte, Käse und Suppen. Kümmel wird auch während der Destillation alkoholischen Getränken zugesezt (z. B. Akvavit, Allasch, Cloc etc.). Das ätherische Öl findet in der Lebensmittel- und Kosmetikindustrie Verwendung und neuerdings als Keimhemmungsmittel am Kartoffellager. Die Wurzel von Kümmel kann wie Karotten gekocht, die Blätter können als Salat oder in Suppen verwendet werden.
Der Geschmack der Kümmelkörner ist herb- würzig, leicht scharf, der Geruch stark aromatisch.
Die Droge wird bei Magen-, Darm- und Gallenbeschwerden eingesetzt, ist ein typisches Karminativum und fördert die Verdauung. Um als Arzneiware zu gelten, muss Kümmel laut ÖAB mindestens 3 % ätherisches Öl (DAB 4 %) enthalten. Gehalte bis 7 % sind möglich. Der Hauptbestandteil des ätherischen Öls ist (+)-Carvon (50–65 %), das dem Öl den charakteristischen Geruch verleiht. Ferner kommt (+)-Limonen (40–50 %), Carveol und Dihydrocarveol vor. Das ätherische Öl ist farblos bis leicht gelblich und bereits in relativ geringer Dosis für den Menschen toxisch.

Die Früchte enthalten etwa 12 % fettes Öl, 20 % stickstoffhältige Substanzen, 3 % Zucker und 4,5 % Stärke.

Botanik

Kümmel ist eine in der Regel zweijährige Pflanze, dessen Wildform ein weites Verbreitungsgebiet besitzt. Im ersten Jahr bildet der Kümmel nur eine Blattrosette, um im zweiten Jahr 1–3 Stängel zu bilden. Allerdings nur dann, wenn sich die Pflanze im ersten Jahr ausreichend entwickelt hat; der Wurzelhals sollte einen Mindestdurchmesser von 4 mm haben, besser über 7 mm, um sicher im zweiten Jahr zu blühen. Die relativ dicke Pfahlwurzel besitzt kaum Verästelungen und dringt tief in den Boden ein. Die Stängel sind kantig gerieft, kahl und werden bis zu 120 cm hoch. Sie tragen 5–15 Dolden auf unterschiedlicher Höhe. Die zahlreichen kleinen weißen Blüten sind fünfzählig und zumeist zwittrig. Die Blätter sind doppelt bis dreifach gefiedert.

Der Kümmel bildet Spaltfrüchte, die in zwei sichelförmige Teile zerfallen. Die meist braunen, länglich elliptischen Früchte weisen fünf heller gefärbte Rippen auf. Zwischen den Rippen befinden sich die Ölstriemen. TKG etwa 3 g.

In den letzten Jahren sind mehrere einjährige Sorten auf den Markt gekommen, die meist zarter und kürzer sind und etwas kleinere Früchte ausbilden und etwas geringere ätherische Ölgehalte aufweisen als zweijähriger Kümmel.

Standort

Obwohl Kümmel relativ anspruchslos ist, gedeiht er auf tiefgründigen, lehmigen Böden, die gut mit Kalk und Humus versorgt sind, am besten. Allerdings kann das Auflaufen behindert werden, wenn tonige Böden nach Regenfällen verkrusten. Auch sollte der Boden nicht zur Austrocknung neigen bzw. beim Schossen und während der Blüte ausreichend mit Wasser versorgt sein. Kümmel ist gegen Frost unempfindlich. Er sollte nicht nach Arten, die stark von Sclerotinia befallen werden können, stehen (Kohlgewächse, Erbsen, Bohnen). Der frühräumende Kümmel stellt eine ausgezeichnete Vorfrucht, insbesondere für Wintergetreide, dar. Anbaupausen von vier (bis sechs) Jahren sollten eingehalten werden. Ausgefallene Kümmelsamen können noch jahrelang eine lästige Verunkrautung in den Folgefrüchten verursachen.

Sorten

Man unterscheidet ein- und zweijährige Sorten. Einjährige Sorten, auch „Blonder Kümmel“ genannt *(Carum carvi L. annuum)*, weisen einen in der Regel niedrigeren ätherischen Ölgehalt auf, das Öl setzt sich aber aus denselben Komponenten zusammen wie das zweijähriger Sorten.

Einjährige Sorten:
Ungarn: „SZK-1“
Niederlande : „Karzo“
Israel: „Bian“

Zweijährige Sorten:

Sorte	Land	Reife	Kornsitz	Wuchshöhe	Kornertrag	ätherischer Ölgehalt
Bleija	NL	spät	fest	mittel	hoch-s. hoch	mittel
Niederdeutscher	D	mittel	locker	mittel-hoch	mittel	hoch-s. hoch
Rekord	CZ	mittel-spät	fest	mittel-hoch	hoch	mittel-hoch
Sylvia	DK	mittel-spät	mittel-fest	mittel-hoch	hoch	mittel
Volhouden	NL	spät	mittelfest	hoch	hoch	mittel

Bundessortenamt 1996

Weitere zweijährige Sorten:
Tschechien: „Kepron“, „Prochan“
Rumänien: „De Ghimbav“, „Mare de Roman“
Ungarn: „Hollandi“, „Maud“
Dänemark : „Kami“
Niederlande: „Mansholts Karwijzaad“
Norwegen: „Polaris“
Polen: „Konczewicki“ (4,6 % äther. Öl, 2,3 % Carvon), „Plewiski“

Düngung

Bei Anbau einer Deckfrucht, also etwa Sommergerste, sind zuerst deren Nährstoffbedürfnisse zu befriedigen. Mittlere Versorgungslage vorausgesetzt, liegen diese für Sommergerste bei etwa 70 kg N/ha, 50 kg P_2O_5/ha und 90 kg K_2O/ha. Für den Kümmel sollte ein Zuschlag erfolgen. Bei Stickstoff nur in geringem Umfang, um ein Lagern der Deckfrucht unter allen Umständen zu vermeiden, da unter lagernder Frucht der Kümmel erstickt.
Für Phosphor und Kali können hingegen höhere Zuschläge erfolgen. Vor allem eine gute Kaliversorgung dankt Kümmel. Im zweiten Jahr ist nur bei unterversorgten Böden eine PK-Gabe nötig.
Sollten die Kümmelpflanzen im Spätsommer schwach entwickelt sein, so ist zu diesem Zeitpunkt eine mäßige N-Düngung empfehlenswert. Die Pflanzen sollen nämlich wie erwähnt etwa mit einem Durchmesser von 7 mm (gemessen am Wurzelhals) in den Winter gehen, damit sie auch sicher im nächsten Jahr blühen und keine Trotzer bilden (Trotzer sind Pflanzen, die erst im dritten Standjahr blühen und Erträge liefern). Eine hohe Stickstoffgabe im Frühjahr des zweiten Jahres, dankt Kümmel zwar mit einem erhöhten Ertrag, jedoch besteht die Gefahr eines verminderten Gehalts an

ätherischem Öl. Teilgaben von jeweils 40 kg N/ha vor Anbau, im Sommer und im Frühjahr des zweiten Jahres sollten für zweijährigen Kümmel reichen. Für einjährigen Kümmel sind rund 60 kg N/ha ausreichend.

Anbau

In unserem Klimagebiet sollte zweijähriger Kümmel bis Ende Juni angebaut sein. Späterer Anbau führt im Folgejahr zu Trotzern. Allerdings konnte in Österreich in der Praxis erfolgreich Kümmel auch nach frühräumendem Getreide produziert werden.

Günstig erwies sich ein Anbau ab März bis Mai. Da bei Reinsaat im ersten Jahr kein Ertrag anfällt, wird Kümmel oft als Untersaat angebaut. Als Deckfrucht dient zumeist Sommergerste, aber auch andere Kulturen sollen geeignet sein (so wird in den Niederlanden Erbse, Bohne oder Mohn als Deckfrucht empfohlen). Von einer Gemengsaat von Deck- und Untersaat wird abgeraten (Entmischung und unterschiedliche Saattiefe). In eigenen Versuchen erwies sich ein Pflanzenabstand von ca. 30 x 5 cm als optimal. Die Saattiefe soll 1–2 cm betragen. Der Anbau erfolgt mit einer normalen Drillmaschine. Das Tausendkorngewicht schwankt beträchtlich, liegt im Schnitt aber bei ca. 3,5 g. Je nach TKG sind somit pro ha 6–10 kg Saatgut nötig. Einjähriger Kümmel sollte dichter, mit einem Reihenabstand von 20–25 cm und einer Saatstärke von 12–15 kg/ha gebaut werden. Nach holländischen Untersuchungen reichen hingegen 6 kg/ha, weil bei höherer Saatdichte zu viele Pflanzen nicht schossen.

Nach Ernte der Deckfrucht ist das Stroh zu entfernen bzw. zu häckseln, da Kümmel dann Licht braucht. Zu diesem Zeitpunkt oder zumindest vor Vegetationsbeginn im zweiten Jahr ist eine Unkrautbekämpfung mit einem Reihenhackgerät empfehlenswert.

In Österreich ist Glufosinat-Ammonium zugelassen. Es wird im zweiten Standjahr vor Vegetationsbeginn angewendet.

Krankheiten und Schädlinge

Im Allgemeinen wird Kümmel wenig von Krankheiten oder Schädlingen befallen. Neuerdings wurde *Sclerotinia sclerotiorum* an den Stängeln und Kümmelanthraknose *(Mycocentrospora acerina)* beobachtet. Letztere Krankheit macht sich durch rot-dunkelbraune Stängelflecken bemerkbar, die schließlich den ganzen Stängel umfassen. Aus anderen Anbaugebieten wird von Problemen mit Fusariose, Echtem Mehltau *(Erysiphe heraclei)* und Falschem Mehltau *(Plasmopara nivea)* berichtet.

Die Larven der Kümmelmotte *(Depressaria nervosa)* bilden bereits vor der Blüte im Bereich der Dolden Gespinste und können die gesamte Ernte durch Fraß zerstören. Die Kümmelgallmilbe *(Aceri-*

na carvi) verursacht Chlorosen und Verkräuselungen an den jungen Blättern und auch *Eryophyes pencendani* führt fallweise zu stärkeren Schäden. In der Literatur finden sich noch Hinweise auf Schädigung durch die Möhrenfliege, die Raupen von Schmetterlingen wie Schwalbenschwanz oder Gammaeule sowie durch Blindwanzen bzw. Blattläuse *(Cavariella aegipodi)*. Blattwanzen *(Lygus sp)* verursachen Ausfälle durch ihre Saugtätigkeit an Doldenstielen und jungen Früchten.

Ausfälle können auch durch Mäuse *(Microtus arvalis)* bzw. Hasen- und Rehfraß entstehen, die an den überwinternden Beständen fressen.

Ernte und Ertrag

Die Ernte erfolgt mit dem Mähdrescher (mit Schneidtischverlängerung), sobald der Bestand von einer grünen Färbung in eine rotbraune umschlägt und die Samen beginnen auszuhärten (Wachsreife). Dies ist ungefähr dann der Fall, wenn die Terminaldolde abgereift ist. Bei zu früher Ernte schrumpfen die Früchte oder werden gar schimmelig. Dabei sollte so „scharf" gedroschen werden, dass die Stielchen, auf denen die Früchte sitzen, auch von diesen getrennt werden, aber gleichzeitig nicht zu viel Bruchkorn anfällt. Bei Bruchkorn kann das ätherische Öl austreten, was zu niedrigeren Ölgehalten führt. Trommelabstand ca. 1 cm, geringe Trommeldrehzahl. Kümmel fällt relativ leicht aus, deshalb sollte am besten morgens nach Abtrocknen des Taus oder am späten Nachmittag gedroschen werden. Zum Drusch aus dem Stand sind vor allem ausfallsfeste Sorten geeignet. Ausfallsgefährdete Sorten werden besser in zwei Phasen geerntet. Nach der Mahd wird Kümmel auf hoher Stoppel (15–20 cm) im Schwad abgelegt, wenn ein Drittel der Früchte braun ist. Der Drusch erfolgt dann vom trockenen Schwad weg (etwa nach einer Woche).

In der Literatur werden Erträge von bis zu 2.500 kg/ha angegeben. In der Praxis sollte aber besser mit 1.000 bis max. 1.500 kg/ha gerechnet werden. Da die Pflanzen bei der Ernte noch relativ grün sind, fallen die Früchte meist mit einer Feuchtigkeit von 20–25 % an. Sie sollten daher vorsichtig bei rund 35 °C auf 12 % Feuchtigkeit getrocknet werden.

Dabei kann noch Kümmel zweiter Qualität anfallen, der zwar als sogenannter „Mahlkümmel" Verwendung findet, aber preislich weit schlechter abschneidet.

Verwandte Arten

Der **Echte Bergkümmel** (*Laser trilobum* [L.] Borkh.) aus der Familie der Doldenblütler ist zwar in Mitteleuropa weitgehend unbekannt, wird aber in der Türkei kultiviert. Die Früchte sind dem

Kümmel ähnlich, 7–8 mm lang und 3–4 mm breit. Sie enthalten bis 8 % ätherisches Öl, in dem die Hauptbestandteile Limonen und Perillaldehyd dominieren.

Ursprünglich aus Vorderasien stammt der **Kreuzkümmel** (Kumin, Römischer Kümmel; *Cuminum cyminum* L.), ebenfalls ein Doldenblütler, der seine Verbreitung in ganz Asien und im Mittelmeerraum fand. Seine Früchte sind 5–7 mm lang und 1–2 mm breit und besitzen eine gelblich-graue bis graubraune Farbe mit 5 hellgelben Hauptrippen. Sie enthalten 2,5–4,5 % ätherisches Öl, das sich v. a. aus Cuminaldehyd (rund 30 %), Dihydrocuminaldehyd, Myrcen, Sabinenhydrat oder je nach Herkunft auch aus anderen Komponenten zusammensetzt (z. B. Terpinen), 22 % Fett und 18 % Protein. Der Geschmack ist würzig brennend und leicht bitterlich. Er findet in diversen Gewürzmischungen Verwendung (Curry, Chutney). In Frankreich und Belgien wird er zu Gebäck verwendet, in der Schweiz und Holland zu Käse.

Weder geschmacklich noch botanisch verwandt mit dem normalen Kümmel ist der Schwarzkümmel (siehe dieser).

Kürbis, Öl-

Cucurbita pepo L. *convar. citrullina var. styriaca*
Kürbisgewächse, *Cucurbitaceae*

Sonstige Bezeichnungen:
Schalenloser Kürbis, Steirischer Ölkürbis

Gebräuchliche Pflanzenteile:
die getrockneten Samen und das daraus gepresste Öl

Handelsbezeichnung:
Semen Cucurbitae – Kürbissamen,
Oleum Cucurbitae – Kürbiskernöl

Aufkommen:
aus Kultur; Anbau im Süden und Osten Österreichs, Ungarn, Slowenien, Tschechien und in der Ukraine

Verwendung und Inhaltsstoffe

Kürbissamen (Kerne) enthalten bis 48 % Fett (45–70 % Linol-, 20–46 % Öl- und 6–12 % Palmitinsäure), 35 % Eiweiß, 3 % Kohlenhydrate, Vitamin B-Komplex, Vitamin E. Wegen seines hohen Linolsäuregehaltes ist Kürbiskernöl ein wertvolles Speiseöl. Der Pressrückstand kann als Tierfutter verwendet werden. Das darin enthaltene Protein hat wegen des niedrigen Gehaltes an den essentiellen Aminosäuren Methionin, Lysin, Threonin und Isoleucin aber nur eine geringe biologische Wertigkeit. Samen und Samengranulate werden bei Funktionsstörungen der Harnwege und der Prostata eingesetzt. Eine Wirkung gegen Eingeweidewürmer soll nicht nachgewiesen sein. Das Öl aus dem Samen wird für Speisezwecke (Kürbiskernöl) verwendet. Es hat einen nussigen Geschmack und ist von dunkelgrüner Farbe. Die Samen kommen auch als Knabberkerne in den Handel.

Botanik

Kürbis ist ein einjähriges Kraut mit liegendem Stängel, der bis 10 m lang wird und viele Seitentriebe bildet. Die Blätter sind sehr groß, herzförmig und etwas gelappt. Die Pflanze ist einhäusig, getrennt geschlechtlich. Die auffallende Blüte ist gelb, Blütezeit von Juli bis September. Die Früchte sind bis 4 kg schwer, bei Reife gelbgrün gesprenkelt und enthalten bis 600 grüne Samenkörner (60–100 g getrocknet). Die Samen der steirischen Varietät (var. *styriaca* J.Geb.) sind weichschalig (ohne Zellulose-Schalen) und mit langen Trieben. Zum Anbau kommt auch *C. pepo var. oleifera* Pietsch mit kurzen Trieben (Buschform). Das Tausendkorngewicht beträgt 140–200 g.

Standort

Kürbis bevorzugt humos-sandige Lehm- bis lehmige Sandböden in sonniger Lage. Die Wasserversorgung muss gesichert sein, jedoch darf keine stauende Nässe vorhanden sein. In der Fruchtfolge steht Kürbis nach Getreide, keinesfalls nach stark gedüngten Vorfrüchten, nach sich selbst oder nach Gurken oder Melonen.

Düngung

Die Pflanze ist nicht sehr nährstoffbedürftig, besonders eine Stickstoffüberdüngung ist zu vermeiden. Die Folge wäre eine übermäßige Blatt- und Triebentwicklung, verringerter Samenansatz und verzögerte Reife. Als Richtwerte gelten: 40–60 kg/ha Stickstoff, 80–120 kg/ha Phosphor und 120–160 kg/ha Kalium. Die Stallmist- und Kompostgaben sind besonders bei der Stickstoffbemessung zu berücksichtigen.

Sorten

An samen- und fettreichen Zuchtsorten sind in Österreich „Gleisdorfer Ölkürbis“, „Wies 371“, „Sepp“ und „Markant“ (letztere beide Buschsorten), in Ungarn „Kakai“ und „Szentesi Oliva“ bzw. „Szentesi Futo“ neben sehr vielen Landherkünften im Anbau.

Anbau

Direktsaat mit Einzelkornsägeräten nach Abklingen der Gefahr von Spätfrösten Anfang bis Mitte Mai in Reihenabständen von 180–220 cm. Saatgutbedarf 4–6 kg/ha. Sätiefe 2 cm. Sollbestand 10.000 bis 14.000 Pflanzen/ha. Die Flächen zwischen den Reihen werden mehrmals gehackt, um den Bestand unkrautfrei zu halten. Bewährt hat sich auch eine Gründüngungseinsaat von 4 kg/ha Schwedenklee und 4 kg/ha Deutschem Weidelgras. Eine chemische Unkrautbekämpfung (Bandspritzung) ist mit den Wirkstoffen Prometryn gegen Samenunkräuter und Fluazifop-P-methyl und Fenoxyprop-ethyl gegen Gräser in Österreich zugelassen.

Krankheiten und Schädlinge

1997 trat massiv das Zucchinigelbmosaikvirus (ZYMV) auf. Es macht sich durch blasenartig aufgewölbte Blattpartien und durch starr nach oben weisende Blätter und verbeulte Früchte bemerkbar. Die Verbreitung erfolgt durch Blattläuse und mechanisch durch Bearbeitungsgeräte etc. Eine Minderung kann daher nur durch Bekämpfung der Blattläuse und Vermeidung der mechanischen Verletzung erfolgen.

Andere Krankheiten wie Echter Mehltau (*Sphaerotheca fuliginea* und *Erysiphe cichoracearum*), Brennfleckenkrankheit *(Colletotrichum orbiculare)* oder Falscher Mehltau *(Pseudoperonospora cubensis)* treten zumeist in einem nicht bekämpfungswürdigen Umfang auf.

Als Lagerschädling kann im Samen die Larve der Dörrobstmotte *(Plodia interpunctella)* auftreten.

Ernte und Ertrag

Ab Mitte September brechen die Bestände zusammen, Laub, Triebe und Fruchtstängel trocknen ein. Die Früchte sollen noch einige Wochen am Feld verbleiben, zur Nachreife, zur Füllung der Samen und zur leichteren Entkernbarkeit (Trennung vom Kerngehäuse). Das Herausnehmen der Kerne von der Frucht (Entkernen) erfolgt entweder händisch oder maschinell mit der Moty-Kürbiserntemaschine, meist im Oktober. Frosteinwirkung im November schadet den Früchten oder Samen nicht. Die Kürbiskerne sind anschließend schonend zu waschen und von anhaftendem Fruchtfleisch, Samenfäden und Schleim zu trennen. Die Lufttrocknung oder die technische Trocknung soll bei 40–50 °C für 10–14 Stunden (meist im Satztrockner) auf 6–8 % Restfeuchte erfolgen. Es ist mit Erträgen von 600–1.000 kg/ha Korngewicht bzw. 30 t/ha Früchten (für Futterzwecke) zu rechnen. Verpackung lose in 50 kg Gewebe- oder Papiersäcken. Für die Speiseölgewinnung werden 2,5 kg Samenkerne für 1 l Öl benötigt.

Lavendel

Lavandula angustifolia Mill. *ssp. angustifolia syn. L. officinalis* bzw. *L. vera* und *L. hybrida (L. intermedia)*
Lippenblütler, *Lamiaceae (Labiatae)*

Sonstige Bezeichnungen:
Großer oder Echter Lavendel

Gebräuchliche Pflanzenteile:
die vor der vollständigen Entfaltung gesammelten Blüten mit Kelch

Handelsbezeichnung:
Lavandulae Flos – Lavendelblüten (DAB 10, Ph. Helv. VII)
Lavandulae Aetheroleum – Lavendelöl (ÖAB)

Aufkommen:
aus Kultur;
Hauptanbaugebiete in Frankreich, Spanien, GUS, Ungarn und Bulgarien

Verwendung und Inhaltsstoffe

Lavendelöl wird in relativ großen Mengen von der Parfum- und kosmetischen Industrie benötigt. Der Kräuterhandel braucht getrocknete Blüten (und Blättchen), die in der Volksmedizin (blähungstreibende und beruhigende Wirkung) oder als Gewürz (für Herbes de Provence-Mischungen) Verwendung finden. Der Geschmack ist herb, bitter, etwas rosmarinähnlich. Lavendel wird auch zur Herstellung von Kräuterkissen und als Mottenschutzmittel verwendet. Lavendel hat auch als Zierpflanze Bedeutung und ist eine gute Bienenweide.
Der ätherische Ölgehalt erreicht bei *L. angustifolia* in frischen Blüten maximal 1 %, in trockenen das Dreifache, bei *L. hybrida* 1,5–2 %.
Die Zusammensetzung des ätherischen Öls ist höchst komplex. Bis jetzt wurden über 150 Verbindungen festgestellt. Obwohl die beiden Hauptbestandteile, Linalool und Linalylacetat, zusammen einen Anteil von bis zu 75 % erreichen, spielen auch die anderen Bestandteile eine wichtige Rolle für das Gesamtaroma. In erwähnenswerten Mengen treten Cineol, Borneol und Campher auf. Gute Ölqualitäten sollten allerdings einen Camphergehalt von jedenfalls weniger als 10 % aufweisen und der Anteil von Linalylacetat sollte den von Linalool übersteigen. Laut DAB 10 muss der

Mindestgehalt an Ester berechnet als Linalylacetat 35 % betragen. Daneben enthalten die Blüten bis 12 % Gerbstoffe und Bitterstoffe.

Botanik Echter Lavendel *(L. angustifolia = L. officinalis = L. vera)* ist ein Halbstrauch, der eine Höhe von 60–80 cm erreicht und trockene, kalkreiche Standorte, auch in mittleren Höhenlagen, bevorzugt. Er bildet eine tiefgehende Pfahlwurzel und aufrechte, vierkantige Stängel, die unten braun verholzt und oben stark beblättert sind. Die Blätter sind 3–5 cm lang, lanzettlich schmal, die jüngeren graugrün behaart. An rund 20 cm langen einzelnen Stängeln sitzen die Blütenwirtel, die von unterschiedlicher Farbe sein können; meist violettblau (lavendelblau!), aber auch rosa oder weiß. Die Vollblüte dauert nur 6–10 Tage. Die Nüsschen sind länglich-oval bis 2 mm groß und glänzend dunkelbraun. Die Samen behalten 3–4 Jahre ihre Keimfähigkeit, keimen aber sehr langsam. TKG: etwa 1 g.

Vom Echten Lavendel sind mehrere Variäteten bekannt, die über unterschiedliches Aroma verfügen (*var. delphinensis*, feinstes Aroma, *var. fragrans*, mittleres Aroma, *var. pyrenaica*).

Der Große Speik *(L. latifolia = L. spica)* wird 40–50 cm hoch, mit verzweigten Blütenstielen, blüht vor dem echten Lavendel und verströmt einen kampferartigen Geruch. Bei uns nicht winterhart.

Hybrid-Lavendel, Lavandin *(L. hybrida = L. x intermedia)* ist ein steriler Hybrid zwischen *L. angustifolia* und *L. latifolia*, mit stärkerer vegetativer Entwicklung, größeren Achselblättern der Blüten, größeren Blättern und längeren Blütenstängeln. Es gibt Formen, die mehr *L. angustifolia* gleichen und stärker verbreitet sind, und solche, die mehr *L. latifolia* gleichen, größere Blüten aufweisen und robuster sind.

Standort Obwohl Lavendel auf fast allen Böden wächst, bevorzugt er kalkhältige, leichte und durchlässige Standorte. Nasse Standorte oder Standorte mit hohem Grundwasserspiegel sind ungeeignet. *L. latifolia* ist kälteempfindlich, die anderen Varietäten weniger. In der Vegetationsruhe werden Fröste bis -15 °C oder sogar -20 °C vertragen. Gefährlicher sind Spätfröste, die nach dem Austreiben im Frühjahr auftreten. Als Vorfrucht kommen mit Stallmist gedüngte Hackfrüchte und Leguminosen in Frage. Nach Lavendel sollte eine Anbaupause von mindestens vier Jahren eingehalten werden.

Düngung Eine kräftige Stallmistgabe im Herbst vor dem Anbau ist empfehlenswert. Zur Pflanzung sind Düngergaben von je 50–60 kg N, P_2O_5 und K_2O üblich. Im Frühjahr der Folgejahre werden je ha 60–70 kg N, P_2O_5 und K_2O ausgebracht. Höhere Stickstoffgaben sind nicht empfehlenswert, weil sich dann die Blüten zu Boden neigen und so die mechanische Ernte erschweren. Chloridhältige Kalidünger sollen die Qualität des ätherischen Öls negativ beeinflussen.

Sorten

Die größte Bedeutung in den französischen Anbaugebieten besitzen „Grosso" (70 % der Fläche) gefolgt von „Abrial" und „Super". Durch Klonenselektion entstanden die Sorten „Super A" und „Super Z", „Sumiens", „Maime", „Pom Pom" und „R. C". Von der Vielzahl der russischen, bulgarischen und ungarischen Sorten erreicht vor allem die ungarische Sorte „Budakalasz 80" ähnliche Qualitäten wie die französischen, von den angelsächsischen Sorten „Hidcote Giant". Neuerdings wurde in Tschechien die Sorte „Beta" zugelassen.

Anbau

Die Vermehrung erfolgt bei den sterilen Arten durch Stecklinge oder seltener auch durch Stockteilung, bei den fertilen Arten auch durch „Samen".

Die Aussaat zur Jungpflanzenanzucht erfolgt Anfang bis Mitte Februar im Gewächshaus. Lavendel keimt sehr unregelmäßig (hartschalig). Wechseltemperatur von 20 und 30 °C bzw. eine Gibberelinsäurebehandlung (2.000 ppm GA3) ist vorteilhaft. Die aufgelaufenen Sämlinge werden in Anzuchtplatten oder Erdpresstöpfen pikiert. Die Jugendentwicklung geht sehr langsam vor sich. Nach meist 8–10wöchiger Anzuchtdauer wird auf Abstände von 50x30 cm ausgepflanzt (60.000 Pflanzen/ha). In den großen Anbaugebieten sind für die mechanische Ernte weit größere Pflanzabstände üblich (1 x 1 m Echter Lavendel und 1 x 1,5 m Lavandin).

Stecklinge werden von zweijährigen gesunden Mutterpflanzen im Frühjahr (April bis Mai) oder ab August gewonnen. Die 15–18 cm langen Triebe werden, u. U. mit Hilfe von Wuchsstoffen, zum Bewurzeln gebracht. Das Bewurzelungsmedium besteht aus einer 20–25 cm hohen humusreichen Erdschicht und einer ca. 5 cm hohen Quarzsandschicht. Die Stecklinge werden 6–7 cm tief in dieses Bewurzelungsbett gesteckt.

Lavendel sollte regelmäßig gehackt werden, allerdings nicht zu tief, um die seichten Wurzeln nicht zu verletzen.

Die Pflanzen sollten vor der Blüte im ersten Jahr zurückgeschnitten werden, um eine starke Verzweigung anzuregen. Auch im Frühjahr des zweiten Jahres wird nochmals vor dem Austreiben zurückgeschnitten. Die Nutzungsdauer beträgt 6 bis maximal 10 Jahre.

Krankheiten und Schädlinge

Neben der Blattfleckenkrankheit *(Septoria lavandulae)* ist vor allem ein Stängelparasit *(Phoma lavandulae)* zu nennen, der junge Triebe zum Absterben bringt, aber auch Welkeerscheinungen an den Blüten hervorruft.

An tierischen Schädlingen können Blindwanzen, Zikaden, die Lavendelmotte *(Sophronia humerella)* und die Larve von *Thomasiniana lavandulae* schädigend auftreten.
Das Verkümmern der Pflanzen, das in den westlichen Anbaugebieten große Schäden anrichtete, ist auf mehrere Faktoren zurückzuführen, namentlich auf Trockenheit, zu dichte Pflanzungen und zu tiefes Hacken.

Ernte und Ertrag

Ab dem zweiten Jahr werden nur die blühenden Zweigspitzen mit speziellen Erntemaschinen oder von Hand geerntet.

Der verholzte Teil sollte nicht beschädigt werden und auch ein Rest vom krautigen Teil sollte erhalten bleiben. Erntegut, das für die Destillation bestimmt ist, sollte voll aufgeblüht und frei von Blättern sein, weil diese sonst dem ätherischen Öl ein herbes Aroma verleihen. Wird für den Trockenblumenmarkt produziert, so erfolgt die Ernte vor der Vollblüte.
Vom Echten Lavendel sind Erträge von 40–50 dt/ha frische Blüten, vom Lavandin bis 120 dt/ha möglich. Nach dem Trocknen (40–45 °C) ist eine Art Dreschen und Sieben nötig, um handelsfähige Blüten zu erhalten. Der Ertrag an solchen trockenen Blüten beläuft sich je nach Art auf 400–1.000 kg/ha. Die Erträge an ätherischem Öl erreichen mit Hybridlavendel 60 kg/ha und bei Echtem Lavendel bis 40 kg/ha.
Die Erträge steigen bis etwa zum sechsten Standjahr an und gehen dann zurück. In den englischen Anbaugebieten ist nur eine fünfjährige Nutzung üblich.

LEIN, ÖL-

Linum usitatissimum L.
Leingewächse, *Linaceae*

Sonstige Bezeichnungen:
Flachs, Öllein

Gebräuchliche Pflanzenteile:
der reife, getrocknete Samen,
das daraus kalt gepresste fette Öl

Handelsbezeichnung:
Lini Semen – Leinsamen
(Ph. Eur., DAB 10, Ph. Helv. VII),
Oleum lini – Leinöl (ÖAB)

Aufkommen:
aus Kultur; Hauptanbauländer: Kanada, Argentinien, China, Indien, GUS ,USA, Ägypten und auf Grund von Fördermaßnahmen auch EU (Faserlein insbesondere in Frankreich und Belgien)

Verwendung und Inhaltsstoffe

Leinsamen wird verschiedenen Backwaren, zumeist geröstet, zugesetzt. Nach dem Erhitzen hat er einen leichten Röstgeschmack, sonst besitzt er einen mild-öligen Geschmack. In der Medizin findet er, wegen seines Schleimgehalts bei Katarrhen des Magens, als mildes Abführmittel und als Breiumschlag Verwendung.
Leinsamen sind von einer Schicht von Schleimstoffen bedeckt (Epidermis der Samenschale), die bei Wasserzugabe quellen. Der Schleim liefert bei Hydrolyse Galaktose, Arabinose, Rhamnose, Xylose und Galakturonsäure. Durch die Quellung entsteht im Magen eine Volumsvermehrung, die zu einer mechanisch abführenden Wirkung führt. Das Quellvermögen wird mit der Quellzahl gemessen, die bei braunsamigen Genotypen 3,5–6 beträgt und bei gelbsamigen 6–9. Das DAB verlangt 4,5. Durch Züchtung ist es gelungen, Quellzahl 20 zu erreichen. Das Quellvermögen ist ein streng genetisch bedingtes Merkmal.
Leinsamen enthält 40–45 % fettes Öl, ca 3–6 % Schleimstoffe und 20–25 % Eiweiß. Er enthält auch ca. 1,5 % Linamarin, ein im Pflanzenreich weit verbreitetes cyanogenes Glykosid. Diese Ver-

bindung kann bei sehr hoher Dosis zu Vergiftungserscheinungen führen. In letzter Zeit sind über den Linamaringehalt Unsicherheiten aufgetreten. Es sollen im Leinsamen eher die Glykoside Linustatin und Neolinustatin vorkommen, aus denen durch enzymatischen Abbau Blausäure freigesetzt wird. Im Fettsäurespektrum herrschen Linolen-, Linol-, und Ölsäure vor.

Leinöl kann nicht direkt für die menschliche Ernährung verwendet werden. Es hat aber ein weites Anwendungsgebiet für technische Zwecke wie Lacke, Farben, Firnis, Linoleum etc. Der Leinkuchen oder Expeller sollte zumindest 31 % Rohprotein und 5 % Rohfett enthalten, der Extraktionsschrot 33 % Protein und 4 % Fett, dazu ca. 9 % Rohfaser und 7 % Rohasche. Leinkuchen kann an alle landwirtschaftlichen Nutztiere verfüttert werden, bevorzugt an Milchkühe und Pferde. Der Gehalt an Lysin ist allerdings gering.

Lein zählt zu jenen Pflanzen, die Cadmium akkumulieren. Der Gehalt an Cadmium kann daher relativ hoch sein. Er kann im Samen 0,3–0,6 mg/kg, im Schrot 0,08–2,06 mg/kg betragen. In Deutschland kann daher der Grenzwert für Einzelfuttermittel von 1 mg Cd/kg problematisch sein. In Österreich gilt bei Verwendung in der menschlichen Ernährung gemäß Lebensmittelbuch ein Richtwert von 0,3 mg/kg FM. Der Gehalt an Cadmium im Leinsamen wird neben dem Cd-Gehalt des Bodens vor allem auch vom pH-Wert des Bodens bestimmt. (Je niedriger der pH-Wert des Bodens ist, desto eher akkumuliert die Pflanze Cadmium.)

Botanik

Öllein ist einjährig, besitzt eine Pfahlwurzel, schlanke, lange Stängel und schmale, lanzettliche Blätter mit drei parallelen Nerven. Die meist weiße oder blaue Blüte hat fünf Blütenblätter, die sich in den Vormittagsstunden öffnen und bei sonnigem Wetter nach Mittag schließen, welken und abfallen. Die Frucht ist eine Kapsel, die bis zu zehn Samen enthalten kann. Die Samen sind flach-eiförmig, leicht geschnabelt (ca. 4–6 mm lang und 2–3 mm breit), mittelbraun (manchmal goldgelb) und matt glänzend (TKG: 6–14 g). Neben Öllein gibt es auch Faserlein, der auf hohe Faserausbeute gezüchtet wurde bzw. Kombinationsleine. Öllein ist zumeist kürzer und verzweigt stärker als Faserlein. Die mittlere Vegetationsdauer beträgt ca. 100–130 Tage. Lein ist eine ausgesprochene Langtagspflanze. Ein verspäteter Anbau kann daher zu beträchtlichen Mindererträgen führen. Die Keimung erfolgt schon ab Temperaturen von 4 °C.

Standort

Öllein hat relativ unspezifische Klimaansprüche und gedeiht im maritimen wie im kontinentalen Klima, wobei warmes, trockenes Klima die Ölbildung fördert. Seine Bodenansprüche sind nicht sehr groß. Außer auf Sand- oder sehr schweren, zur Verschlemmung neigenden Böden eignen sich die meisten Kulturböden. Der pH-Wert sollte allerdings nicht zu tief liegen (> 5,5). Öllein ist selbstunverträglich. Wurzelausscheidungen und bodenbürtige Pilze machen eine sechsjährige Anbaupause nötig. Am zweckmäßigsten sind Getreide oder Kartoffel, als Vorfrucht, ungeeignet sind Leguminosen wegen ihrer Stickstoffnachlieferung.

Düngung

Kräftige Stickstoffgaben erhöhen den Samenertrag, senken aber den Ölgehalt. Sie wirken sich auch nachteilig auf die Standfestigkeit aus. Hingegen werden bei Stickstoffmangel zuwenig Kapseln und Samen ausgebildet. Phosphor fördert die Verzweigung und den Samenansatz. Auch Kali wirkt sich positiv auf den Samenansatz aus. Chloridhältige Kalidünger sollen vermieden oder schon im Herbst des Vorjahres verabreicht werden. Eine organische Düngung oder eine Kalkung sollte spätestens im Herbst des Vorjahres gegeben werden. Einen mittleren Bodenversorgungsgrad vorausgesetzt, wird eine Stickstoffgabe von 60 kg/ha und eine Phosphat- und Kaligabe von 70 kg/ha ausreichend sein.

Sorten

Öllein wurde vergleichsweise intensiv züchterisch bearbeitet, weshalb auch relativ viele Sorten registriert sind. Im folgenden eine Auswahl von Ölleinsorten:

Braunsamige Sorten:	Frankreich: „Antares“, „Atalante“
	Großbritannien: „McGregor“
	Deutschland: „Ceres“, „Lifete“, „Lirina“, „Martin“
	Ungarn: „Barbara“, „Sandra“
	Dänemark: „Olinette“
gelbe Samenfarbe:	Deutschland: „Hella“, „Maxigold“, „Gold Merchant“
	Ungarn: „Hungarian Gold“
	USA: „Omega“

Anbau

Sobald es der Bodenzustand erlaubt (Ende März bis Anfang April), kann in einer Reihenweite von 12–20 cm gedrillt werden (Saattiefe 1,5–2 cm). In Frankreich werden Bestände von 700–800 Pflanzen/m^2 angestrebt, in Deutschland auch wegen der hohen Saatgutkosten eher 400–600 Pflanzen/m^2. Das Tausendkorngewicht schwankt in einem weiten Bereich (5–12 g). Bei einem TKG von z. B. 7 g ergäbe dies nach französichen Angaben eine Saatstärke von 80 kg/ha (mit einer 25 %igen Reserve) und nach deutschen Angaben 30–35 kg/ha. Der glatte Samen des Ölleins bewirkt, dass durch das Rütteln der Sämaschine während der Fahrt mehr Samen herausfallen als bei der Abdrehprobe oder bei rauerem Saatgut.

Da die Unkrautbekämpfung im Öllein nicht unproblematisch ist und Lein nur eine geringe Konkurrenzkraft besitzt, ist es zweckmäßig, nur möglichst unkrautarme Flächen für den Ölleinanbau heranzuziehen.

Eine mechanische Unkrautbekämpfung mit einem Hackstriegl ist möglich, nur sollte bei einem geplanten Einsatz die Saatstärke etwas erhöht werden. Es kann blind gestriegelt werden oder bei günstigen äußeren Bedingungen (geeignete Bodenfeuchte, sonniges, warmes Wetter) ab einer Wuchshöhe des Leins von 3–5 cm. Ab einer Wuchshöhe des Leins von 3 cm kann Bentazone (in Österreich zugelassen) eingesetzt werden, gegen Ungräser Sethoxydim.

Krankheiten und Schädlinge

Öllein wird im Frühjahr, vor allem im Keimblattstadium von Erdflöhen (*Longitarsus parvulus* und *Aphtona euphorbiae*) befallen. Diese kleinen schwarzen Käfer, die bei Berührung wegspringen, machen sich durch typischen Lochfraß bemerkbar. Als weiterer Schädling kann Thrips (*Thrips angusticeps* und *T. lini*) auftreten, ein Fransenflügler, der ab einer Wuchshöhe von ca. 15 cm Verdrehungen und Stauchungen an der Triebspitze verursacht.

Vor allem in westeuropäischen Anbaugebieten ist die Flachswelke *(Fusarium oxysporum var. lini)* gefürchtet, die entweder schon die Keimpflanzen schädigt oder bei größeren Pflanzen ein Vergilben und Absterben bewirkt. Der Schaden kann beträchtlich sein. Als Bekämpfung kommt nur eine weit gestellte Fruchtfolge oder eine Beizung in Frage. Weniger gefährliche Krankheiten stellen Flachsbräune *(Aureobasidium lini)*, Stängeldürre *(Phoma exigua)* und der Flachsrost *(Melamspora liniperda)* dar.

Ernte und Ertrag

Die Ernte erfolgt etwa Mitte August, sobald die Samen braun gefärbt sind und in der Kapsel rascheln und der Stängel bereits etwas, aber nicht gänzlich eingetrocknet ist. Gleichzeitig können aber noch Spätblüher auftreten, was die Ernte erschwert. Zur Ernteerleichterung wird in Nordamerika zuerst gemäht und im Schwad abgelegt und erst nach einigen Tagen gedroschen. In Westeuropa wird üblicherweise der Bestand mit einem geeigneten Mittel totgespritzt und erst dann gedroschen. In Österreich ist das Totspritzen unzulässig und daher der Drusch aus dem Stand üblich.

Dieser erfordert einige Umstellungen am Mähdrescher. Die Fahrgeschwindigkeit sollte herabgesetzt werden, die Haspel nur wenig in den Bestand eintauchen und der Wind vermindert werden, da sonst zu hohe Ernteverluste entstehen. Auch die Dreschtrommeldrehzahl sollte reduziert werden, um die Schleimepidermis nicht zu verletzen. Um einen „Trommelwickler“ mit den äußerst zähen

Leinfasern zu vermeiden, sollte der Schnitt möglichst hoch erfolgen. Auf scharfe Mähmesser ist zu achten. Die Lager der Schüttler müssen regelmäßig auf Wickler untersucht werden. Es sollten 9–12 mm Langlochsiebe eingesetzt werden. Da sich Lein besonders nach Schlechtwetterperioden schlecht ausdrischt, kann ein zweimaliges Dreschen sinnvoll sein.
Die Kornfeuchte sollte 8–13 % betragen, für die Lagerung maximal 9 %. Bei höheren Feuchtigkeitsgehalten kann es zum Quellen der Schleimepidermis und Verkleben der Samen kommen. Erträge von durchschnittlich 1.300 kg/ha sind realistisch, Spitzenerträge bis 2.500 kg/ha möglich. Bei durchschnittlich 42 % Fett sind Ölerträge von 500–600 kg/ha zu erzielen.

LIEBSTÖCKEL

Levisticum officinale W. D. J. Koch
Doldenblütler, *Apiaceae (Umbelliferae)*

Sonstige Bezeichnungen:
Bergliebstock, Lusch, Luststock, Maggikraut

Gebräuchliche Pflanzenteile:
der getrocknete Wurzelstock mit den Wurzeln

Handelsbezeichnung:
Radix Levistici (ÖAB, Ph. Helv. VII), *Herba, Folium, Fructus Levistici* – Liebstock-Wurzel, -Kraut, -Blatt, -Früchte

Aufkommen:
aus Kultur

Verwendung und Inhaltsstoffe

Liebstock enthält im Kraut bis 0,24 % und in der Wurzel 0,1–1,0 % ätherisches Öl, weiters Cumarin, Psoralen, Bergapten und Zucker. Laut ÖAB muss der Gehalt an ätherischem Öl in der Wurzel mindestens 0,5 % betragen. Darin findet man bis zu 70 % Phthalide v. a. Butylphtalid, das für den typischen (Maggi-)Geruch verantwortlich ist. Der würzige Wirkstoff der Wurzel ist das Ligustilid.

Liebstockwurzel wirkt harntreibend, gegen Magenschwäche und Verdauungsbeschwerden und findet in der Spirituosen- und Lebensmittelindustrie (für Essenzen etc.) Verwendung.
Die frischen Blätter dienen zum Würzen von Suppen, Saucen und Salaten. Der Geschmack ist zu Beginn leicht süßlich, später scharf, würzig, leicht bitter und an Sellerie erinnernd.

Botanik Liebstock ist eine ausdauernde, kräftige Pflanze mit mehrköpfigem, verzweigtem Wurzelstock, mit langen, fingerdicken Wurzeln. Die Kulturnutzung ist allerdings nur drei-/vierjährig. Die hohlen, runden, aufrechten Stängel verzweigen sich erst im oberen Bereich und erreichen, so man sie austreiben ließe, bis 2 m Wuchshöhe. Die gestielten Blätter sind glänzend, grün, bis 70 cm groß, aufgeteilt in rhombenförmige Fiederblätter. Nach oben zu werden die Blätter kleiner. Die Staude friert im Winter zurück und treibt im Frühjahr mit dicken, anfangs rötlich gefärbten Trieben wieder aus. So der Bestand nicht regelmäßig geschnitten wird, blüht er ab dem zweiten Standjahr. Die Blüten stehen in Doppel-Dolden mit gelblich-grünen Einzelblüten. Das Tausendkorngewicht des Samens beträgt 2,0–5,3 g. Das Saatgut bleibt nicht lange nach der Ernte keimfähig und sollte tiefgekühlt aufbewahrt werden.

Standort Liebstock sollte auf tiefgründigem, humosem, nährstoffreichem, feuchtem Boden stehen, bringt aber auch noch auf weniger geeigneten Böden befriedigende Erträge.

In der Fruchtfolge nicht nach sich selbst stellen, auch nicht nach anderen Doldenblütlern wie z. B. Dill, Engelwurz, Möhren, Petersilie und Sellerie. Mindestens 4–5 Jahre aussetzen. Kartoffeln und Getreide sind geeignete Vorfrüchte.

Düngung Liebstock ist sehr nährstoffbedürftig, daher auf reichliche Humusversorgung achten. Richtwerte für den Nährstoffbedarf: 120–170 kg/ha Stickstoff (in Teilgaben jeweils nach den einzelnen Schnitten), 80 kg/ha Phosphat und bis 250 kg/ha Kali. Der Stickstoffentzug kann insgesamt (Kraut und Wurzel) fast 300 kg/ha betragen.

Sorten Keine Zuchtsorten verfügbar. Aromatische, ölreiche Typen bevorzugen. Im Samenhandel „Mittelgrobblättriger“.

Anbau Für den feldmäßigen Anbau zur Blatt-Kraut-Ernte bewährt sich die Direktsaat entweder im August (mit frisch geerntetem Saatgut) oder Anfang bis Mitte April. Bei Reihenabständen von 42–65 cm beträgt der Saatgutbedarf 4–6 kg/ha (in Ungarn 10–12 kg/ha). Keimdauer 2–4 Wochen. Nach dem Auflaufen wird nicht mehr vereinzelt.

Ist eine Direktsaat aus bestimmten Gründen nicht möglich, wird eine Jungpflanzenanzucht bei Aussaat Anfang März im Erdpresswürfel, Paperpots, Anzuchtplatten (auch Mehrfachbelegung) oder dgl. durchgeführt. Da Liebstock nicht kälteempfindlich ist, kann ab Mitte April ins Freiland bei gleichen Reihenabständen wie bei der Direktsaat gepflanzt werden. In der Reihe sollen Abstände von 30–40 cm eingehalten werden. Dies ergibt einen Jungpflanzenbedarf von 50.000–60.000 Stück/ha.

Der Feldbestand ist unkrautfrei zu halten, besonders im Frühjahr ab dem zweiten Standjahr.

Krankheiten und Schädlinge

Blattläuse *(Aphis sp.)* verursachen durch Saugstiche Blattrollungen. Minierfliegen *(Acidia heraclei)* und Selleriebohrfliege *(Philophylla heraclei)*. Falscher Mehltau *(Plasmopara nivea)*, Blattfleckenkrankheit *(Septoria sp.)* und *Ramularia levistici*.

Ernte und Ertrag

Je nach Kulturmethode (Direktsaat oder Pflanzung) kann im ersten Standjahr Mitte Juli, Anfang September und Oktober, ab dem zweiten Standjahr im Juni, Juli, August und September zur Blatt-Kraut-Nutzung geschnitten werden. Balkenmäher, adaptierte Mähdrescher, Schneidlader, Grünguternter usw. sind dazu geeignet. Der Stängelanteil soll gering gehalten werden. Liegt das Gewürzwerk nicht in der Nähe, wird das Erntegut gehäckselt, die Stängel werden separiert und zügig getrocknet. Die Trocknungstemperatur kann 55–60 °C betragen, die Restfeuchte 6–8 %. Das Eintrocknungsverhältnis beträgt 7–8 : 1.

Die Blatterträge (getrocknet) liegen je nach Schnittanzahl bei 25–50 dt/ha.

Es ist auch die kombinierte Nutzung praktikabel: zwei bis drei Jahre Blattnutzung und im Herbst des letzten Jahres die Wurzelnutzung. Die Wurzeln werden gerodet, gewaschen, in 10–15 cm lange Stücke zerteilt und getrocknet. Eintrocknungsverhältnis 4 : 1. Die Wurzelerträge können 25–40 dt/ha (getrocknet) betragen. Die Fruchterträge können zwischen 400 und 1.500 kg/ha schwanken. Ein Mähdrusch ist durch die zur Ernte noch grünen Blätter erschwert.

Majoran

Majorana hortensis Moench syn. *Origanum majorana* L.
Lippenblütler, *Lamiaceae (Labiatae)*

Sonstige Bezeichnungen:
Echter Majoran, Mairandost, Wurstkraut

Gebräuchliche Pflanzenteile:
die frischen oder getrockneten Triebspitzen und Blätter bzw. das Kraut

Handelsbezeichnung:
Herba Majoranae – Majorankraut

Aufkommen:
aus Kultur; die Produktion erfolgt hauptsächlich in den Mittelmeerländern (Frankreich, Ägypten, Griechenland) sowie in Ungarn, Deutschland und in den USA

Verwendung und Inhaltsstoffe

Majoran ist eines der wichtigsten Gewürze mit einem charakteristisch würzigen, leicht bitteren und brennenden, kampferartigen Geschmack. Er findet vor allem als Wurstgewürz, aber auch in der Küche zu Fleisch, Salaten und Bratensaucen Verwendung. Neben dem gerebelten Majoran kommt auch geschnittener in den Handel, der noch Stängelteile enthält. Majoran behält auch bei längerer Lagerung seine Würzkraft. Zu Pulver vermahlener hat wegen niedriger Ölgehalte geringe Bedeutung. Majoran wirkt verdauungsfördernd und appetitanregend.
In der frischen, ganzen Pflanze schwankt der Gehalt an ätherischem Öl zwischen 0,2 und 0,4 %, die getrockneten Blätter und Blüten enthalten rund 1,3 %. Die Hauptbestandteile des ätherischen Öls sind Terpineol, Carvacrol, Borneol, Thymol, Carvon, Terpinen etc. Das Cis- bzw. Trans-Sabinenhydrat (bis 40%) wird als Hauptgeruchsträger des Majorans angesehen. Daneben enthält er noch Bitter- und Gerbstoffe und ist reich an Vitamin C.
Der Gehalt an ätherischem Öl steigt bis zur Blüte an, um dann wieder abzufallen. Die Triebspitzen enthalten mehr ätherisches Öl als die Basalblätter. Das gelb-grünliche ätherische Öl hat eine bakteriostatische und fungizide Wirkung.

Botanik

Majoran ist ein Halbstrauch, in Mitteleuropa einjährig, im Mittelmeergebiet mehrjährig (4–5 Jahre). Er hat vierkantige Stängel, die sich stark verästeln und bis 50 cm hoch werden. Die Wurzeln sind zart büschelig, neigen zur Ausbildung von Adventivwurzeln, gehen aber nicht in die Tiefe (Flachwurzler). Die Stängel sind aufrecht, stark verzweigt und vierkantig, die Laubblätter graufilzig behaart, verkehrt eiförmig, ganzrandig und kurzgestielt. Die Blüten werden von den kreisrunden, graugrünen Hochblättern verdeckt, die ihrerseits zu traubig gehäuften Köpfchen (Scheinwirtel) vereint sind. Zur Blütezeit erscheinen die weißen bis rötlichen Kronblätter. Die Nüsschen sind klein (bis 1 mm), unregelmäßig in der Form und ocker bis dunkelbraun. TKG: 0,2 g.

Standort

Feuchte und kalte, aber auch sehr sandige Böden sind für Majoran ungeeignet. Hingegen kommen durchlässige, humusreiche, auch anmoorige neutral bis kalkhältige und sich leicht erwärmende Böden besonders in Frage. Da seine Frostresistenz (nur bis maximal -7 °C) gering ist, sollen nur warme, geschützte Lagen für einen Anbau ausgewählt werden. Vor allem zum und nach dem Auflaufen braucht er viel Wärme und ausreichend Feuchtigkeit, um sich zufriedenstellend zu entwickeln. Vorfrüchte, die viel Ernterückstände hinterlassen, sind nicht geeignet, ebensowenig wie Zuckerrübe, die dem Boden zu viel Wasser entzieht, oder Kulturen die mit Bodenherbiziden behandelt wurden. Als geeignete Vorfrucht sind verschiedene Gemüsearten oder Winterweizen anzusehen. Jedenfalls sollte das Feld nur unter möglichst geringem Unkrautdruck stehen. Majoran ist selbstunverträglich, stellt aber eine gute Vorfrucht für Getreide dar.

Düngung

Was die Düngung betrifft, so haben Versuche in Frankreich ergeben, dass 150 kg N/ha (geteilt in zwei Gaben) benötigt werden. Für unsere Klimaverhältnisse werden entsprechend dem Entzug auch niedrigere Gaben genügen (ca. 80 kg N/ha geteilt in zwei Gaben). Auf unterversorgten Böden sollte die Phosphor- und Kaligabe schon zur Vorfrucht erfolgen (Bedarf ca. 40 kg P_2O_5/ha und 90 kg K_2O/ha), da Majoran sehr salzempfindlich ist. Schwefelhältige Düngemittel sollen den ätherischen Ölgehalt senken.

Kein Stallmist unmittelbar vor Majoran!

Sorten

Im Handel befinden sich zwei Gruppensorten: Knospenmajoran (Deutscher Majoran) und Blattmajoran (Französischer Staudenmajoran). Der Blattmajoran hat einen hohen Blattansatz und deutlich gestielte Blätter. Er kommt meist gerebelt in den Handel, d. h.

Blätter und Blüten ohne Stiel. Knospenmajoran hat dagegen kurz gestielte, dichter behaarte Blätter. Er wird vor der Blüte geerntet, wird geschnitten oder als Pulver gehandelt und enthält neben den Blüten und Blättern auch Stängelteile. In Mitteleuropa wird hauptsächlich Blattmajoran angebaut, weil er höhere Krauterträge und mehr Rebelware erbringt. Da seine Samenerträge aber unter diesem Klima nicht ausreichend sind, wird das Saatgut aus Süd-Frankreich oder Ägypten bezogen.

Sortenbeispiele:

„Marcelka" (CZ): im Anbau verbreitete Sorte mit hohem Blattdrogenertrag, mittlerem bis hohem Blattanteil, mittlerem ätherischen Ölgehalt und hohem Cis-Sabinen-Hydratgehalt.

„Miraz" (PL): hoher Wuchs, mittelhoher Blattdrogenertrag und hoher Blattanteil, mittlerer Gehalt an ätherischem Öl, hoch an Cis-Sabinenhydrat.

„Francia" (H): mäßiger ätherischer Ölgehalt.

Über die deutschen Sorten „Erfo" (hohe Ertragsleistung), „Marietta" und „Max" liegen noch wenig Erfahrungen vor.

Die ungarische Herkunft „Uszodi" entspricht dem Knospenmajoran.

Anbau

Die Aussaat kann ab Anfang Mai direkt ins Freie erfolgen. Hierzu ist ein feinkrümeliges, gesetztes Saatbeet notwendig, da die Ablage des kleinen Majoransaatguts sehr seicht (0,5 cm) erfolgen sollte.

Reihenabstand rund 25 cm (in Ungarn bis 50 cm). Weite Reihenabstände sind wegen der langsamen Anfangsentwicklung und demzufolge mangelnden Bodendeckung problematisch, lassen dafür aber auch eine mechanische Bodenbearbeitung zu. Zum Auflaufen sollte der Boden nicht verkrustet sein, da die Keimpflanzen nicht in der Lage sind, die Oberfläche zu durchstoßen. Die Saatstärke beträgt 6–10 kg/ha, das TKG 0,2 g.

In raueren Lagen ist eine Vorkultur im Glashaus nötig. Der Aufgang erfolgt sehr rasch, wenn Tagestemperaturen von 15 °C und Nachttemperaturen von 10 °C eingehalten werden.

Wegen der sehr langsamen Anfangsentwicklung ist die Unkrautkonkurrenz bei Majoran besonders groß. Daher sollten alle Möglichkeiten der Minderung des Unkrautbesatzes genutzt werden. Dazu gehören: eine mehrmalige Bearbeitung der Stoppel der Vorfrucht, im Frühjahr rechtzeitiges Abschleppen und mehrmaliges flaches Bearbeiten, um möglichst viele Unkräuter zum Keimen zu bringen.

Wegen seiner wenig in die Tiefe reichenden Wurzel ist mit Einsetzen des Massenwachstums besonders auf eine ausreichende Wasserversorgung zu achten. In Abhängigkeit von natürlichen Niederschlägen und Temperatur können bis zu drei Gaben zu je 20 mm notwendig werden. Allerdings sollte etwa drei Wochen vor der geplanten Ernte die Beregnung eingestellt werden, um ein Lagern zu vermeiden.

Krankheiten und Schädlinge

Von den Krankheiten sind hauptsächlich Keimlingskrankheiten zu fürchten (*Rhizoctonia*, *Fusarium*, *Pythium*, *Olpidium*, etc.). Bei Befall verfärben sich die Pflänzchen dunkelgrün bis violett und Einschnürungen treten auf. Eine Beizung des Saatgutes mit Thiram ist möglich. Weiters kann Rost *(Puccinia ruebsaamenii)*, *Septoria origanicola* und in manchen Anbaugebieten auch *Alternaria* auftreten. Letztere macht sich durch nekrotische Flecken an Blättern und Stängeln bemerkbar, die bis zum Absterben der Pflanze führen können.

An Schädlingen wurden Nematoden, Springwanzen und Erdraupen beobachtet. Mancherorts kann der Minzenblattkäfer *(Chrysomela menthastri)* stärkeren Schaden anrichten.

Ernte und Ertrag

Je nach Klimagebiet sind ein oder zwei Ernten (Mitte Juli und Ende September), bei Beregnung sogar drei Ernten, möglich. Die Ernte sollte dann erfolgen, wenn der Majoran die sogenannten „Köpfchen“ bzw. Knospen gebildet hat, aber vor der Vollblüte (ca. 10 % der Blüten bereits offen) steht. Die Pflanze enthält dann die höchste Konzentration an ätherischem Öl. In raueren Lagen wird nur eine Ernte, etwa Ende August, möglich sein.

Die Ernte erfolgt mit dem Mählader. Obwohl die ganze oberirdische Pflanze geerntet wird, soll nicht zu tief geschnitten werden (mindestens 5 cm hohe Stoppel), um eine Verschmutzung des Erntegutes mit Erde zu vermeiden. In manchen Gebieten welkt man Majoran 1–3 Tage auf dem Feld an, wobei ein erhöhtes Wetterrisiko und die Gefahr der stärkeren Verschmutzung besteht.

Die Erträge unterliegen starken Schwankungen, reichen von 80–250 dt/ha Frischkraut pro Jahr, was getrocknet 15–50 dt/ha ausmacht. Der Blattanteil des Krautes beträgt 50–60 %.

Die Trocknung (ca. 35 bis max. 45 °C) sollte rasch erfolgen, um ein Schwarzwerden der Blätter zu verhindern. Nach der Trocknung wird Majoran gerebelt und gesiebt (3,5 mm), wodurch Stängelteile und auch Sand entfernt werden. Die Droge besteht aus Blättern, Blüten und Blütenblättern und Resten von Stängeln. Ertrag an Rebelware ca. 1.600–3.000 kg/ha. Samenertrag 20–100 kg /ha.

Für die Gewinnung des ätherischen Öles wird bis zur Vollblüte gewartet. Die Destillation erbringt ca. 1,5–2 kg Öl pro Tonne Frischmasse, was ca. 25 kg ätherischem Öl pro ha entspricht.

MALVE

Malva sylvestris L. *ssp. mauritiana* (L.) Asch. et Graeb.
Malvengewächse, *Malvaceae*

Sonstige Bezeichnungen:
Blaue Malve, Käsepappel, Rosspappel, Wilde Malve

Gebräuchliche Pflanzenteile:
die getrocknete Blüte, das getrocknete Laubblatt

Handelsbezeichnung:
Flos et Folium Malvae – Malvenblüten und -blätter (ÖAB, Ph. Helv. VII)

Aufkommen:
aus Kultur und Wildsammlung

Verwendung und Inhaltsstoffe

Hauptwirkstoff sind Schleimstoffe (6–8 %), die sich sowohl im Blatt als auch in den Blüten finden. Laut ÖAB muss Blattware einen Quellungsfaktor von mindestens 8 und Blütenware von mindestens 15 aufweisen. Bei Hydrolyse liefert der Schleim Glucose, Arabinose, Rhamnose und Galactose. Die Blüte enthält das Anthocyanglykosid Malvin (zum Färben von Lebensmitteln). Ferner sind Gerbstoffe zu finden.

Malventee wird bei Erkältungskrankheiten, bei Entzündungen im Mund- und Rachenbereich und bei Magen- und Darmentzündungen eingesetzt.

Botanik

Die ein- bis zweijährige Malve hat eine lange, spindelförmige, fleischige Pfahlwurzel, die wenig verästelt ist. Die Pflanze wird bis 1,80 m hoch und ist nicht streng aufrecht. Der Stängel verzweigt sich unten, ist teilweise verholzt und nicht so stark behaart. Die Blüten (2–6) sitzen in den Blattachseln, haben fünf Blumenkronblätter, sind von einer intensiv rosavioletten Färbung mit dunkleren Längsstreifen. Die Früchte sind scheibenförmig, gelblich-graubraun und zerfallen leicht in 9–11 Teilfrüchte. Das Tausendkorngewicht beträgt 3–5 g.

Standort

Nach Möglichkeit nährstoff- und humusreiche Standorte mit lockerer Bodenstruktur wählen. Verdichtete Böden werden schlecht vertragen; sonnige Lagen erhöhen die Blühfreudigkeit. Nicht kälteempfindlich.

Düngung

Malven sind sehr nährstoffbedürftig und als Begleitpflanze typische Stickstoffanzeiger. Kräftige Stallmist- oder Kompostgabe verabreichen. Der Nährstoffbedarf kann mit 120–150 kg/ha Stickstoff, rund 60 kg Phosphat und bis 160 kg/ha Kalium angegeben werden. N-Gaben teilen.

Sorten

Hell- bis dunkelviolette Sorten im Samenfachhandel, bisweilen als Gründüngungspflanzen sogenannte Kulturmalven. Sortenbeispiele: „Sylva" und „Limula". In Tschechien ist die Sorte „Krajovy" und in Deutschland die „Dunkelviolette" eingetragen.

Anbau

Direktsaatmethode: Ab Mitte April mit Reihenabstand von 50–60 cm aussäen. Saatgutbedarf von 3–4 kg/ha. Für Blütenernte jede dritte Reihe als Erntegasse freilassen. Pflanzmethode: Jungpflanzenvorkultur mit Aussaat Anfang März oder Anfang September (6 g für 1.000 Pflanzen) und anschließendem Pikieren in Erdwürfel, Anzuchtplatten oder dgl. Ausgepflanzt ins Freiland wird ab Anfang April auf Pflanzweiten von 60 x 40 cm. Das ergibt einen Pflanzenbedarf von 300–400 Stück/100 m^2. Für die Blüten- oder Blatternte ist wieder jede dritte Reihe als Erntegasse freizulassen. Da die Malve mehrtriebig wächst und sehr sturmanfällig ist, wird eine Unterstützung z. B. mit einem Blumengitter, speziell bei Blütenernte, zweckmäßig sein.

Eine mechanische Unkrautbekämpfung während der Jugendphase bereitet keine Probleme, allerdings schließt der Bestand bald. Die Erntegassen können gemulcht werden.

Krankheiten und Schädlinge

Sehr bestandsgefährdend sind bei Blatt- oder Krauternte der Malvenrost *(Puccinia malvacearum)* und die Brennfleckenkrankheit *(Colletotrichum malvarum)*. Lochfraß an Blättern durch den Malvenflohkäfer *(Podagrica fuscicornis)*, Ausfressen der Samen durch die Malvenmotte *(Platyedra malvella)*.

Ernte und Ertrag

Erntezeit ab Blühbeginn (meist Ende Juni) bis Mitte September. Möglichst tägliches Abbrechen der Blüten mit Kelch und kurzem Stiel in den Vormittagsstunden. Die Blüte bleibt nur einen Tag offen und rollt sich dann ein. Haupternte im Juli. Pflückaufwand 10 bis 12 Arbeitskraftstunden für 1 kg getrocknete Blüten mit Kelch. Die Trocknung erfolgt entweder natürlich auf Jutedarren (sehr locker auflegen, Blüten kleben zusammen) oder künstlich bei Temperaturen nicht über 40 °C. Das Eintrocknungsverhältnis beträgt 6–7 : 1. Die getrockneten Blüten sollen eine dunkelblaue Färbung annehmen.

Die Krauternte wird bei Vollblüte Mitte Juli vorgenommen. Dabei den Mähbalken nicht zu tief führen, damit der Stängelanteil nicht zu hoch ist und der Wiederaustrieb gesichert bleibt. Ein zweiter Schnitt ist Ende August möglich, so noch nicht Malvenrost zu stark auftritt. Die reine Blattgewinnung ist wenig üblich.

Erträge: 12–20 kg/100 m^2 getrocknete Blüten mit Kelch oder 20–30 kg/100 m^2 getrocknetes Kraut (grobe Stängel abgesiebt). Die Pflanzen können milde Winter überstehen und somit kann eine zweite Saison genutzt werden.

Verwandte Arten

Als Malvenblüten oder Hibiskusblüten (Malventee) werden auch die getrockneten, dunkelroten Kelche der Sudanmalve *(Hibiscus sabdariffa)* gehandelt. Die Pflanze ist im mitteleuropäischen Raum nur in äußerst günstigen Lagen (Weinklimaten) einjährig kultivierbar.

Früher wurde auch die Schwarze Malve oder Stockrose (*Alcea rosea* L. syn. *Althea rosea*) genutzt. Diese ist zwei- bis dreijährig, wird bis 2 m hoch und hat große purpurschwarze Blüten.

MARIENDISTEL

Silybum marianum (L.) Gaertn. (syn. *Carduus marianus* L.)
Korbblütler, *Asteraceae (Compositae)*

Sonstige Bezeichnungen:
Frauendistel, Gemeine Distel, Silberdistel

Gebräuchliche Pflanzenteile:
die vom Pappus befreiten reifen Früchte

Handelsbezeichnung:
Silybi mariae (Cardui Mariae) Fructus, (DAB 10) – Mariendistelfrüchte, Stechkörner, gelegentlich auch Blatt oder Kraut

Aufkommen:
aus Kultur

Verwendung und Inhaltsstoffe

Mariendistel enthält im Samen unerforschte Scharf- und Bitterstoffe, daneben 0,1 % ätherisches Öl, Tyramin und vor allem den Wirkstoffkomplex Silymarin (1 %–1,5 %; Silybin, Silydianin und Silychristin). Laut DAB beträgt der Mindestgehalt 1 % Silymarin berechnet als Silybin.
Dem Wirkstoffkomplex der Mariendistel wird eine prophylaktische und kurative Leberwirksamkeit zugeschrieben.
Ferner enthält die Frucht rund 20–30 % fettes Öl, in dem Linol- und Ölsäure vorherrschen.

Botanik

Die Mariendistel ist eine einjährige, selten zweijährige Pflanze mit starker Pfahlwurzel und bis 2,5 m hochwachsend. Die Stängel sind rundlich, gefurcht, von der Mitte weg ästig verzweigt, nach oben zu wellig, spinnwebig behaart. Die großen derben Grundblätter bilden eine Rosette, die am Boden flach aufliegt. Die ungestielten, glänzend grünen Blätter sind sehr stark bewehrt und besonders gekennzeichnet durch die weiß gefleckte Panaschierung (chlorophyllloses Blattgewebe um die Nerven). Es gibt aber auch grünblättrige Varietäten ohne silbrige Zeichnungen. Die gipfelständigen, purpurfarbenen, auch weißen Blüten, die Juli bis August erscheinen, stehen in großen Köpfen vereint. Die Hüllblätter des Kelches sind ebenfalls sehr bewehrt (stachelspitzig). Die Früchte sind länglich-eiförmig, Größe etwa 8 x 4 mm groß, von gelblich-graubrauner bis schwarzbrauner Farbe, gestrichelt, glänzend. Hellfarbige Früchte sind unreif, weniger keimfähig und enthalten auch ungenügend Wirkstoffe. Die Samen keimen 8–14 Tage nach der Saat, die Vegetationszeit dauert 100–140 Tage. Das Tausendkorngewicht beträgt 22–35 g.

Standort

Mariendisteln tolerieren die meisten Bodentypen, so auch Moorböden oder trockene Standorte, sehr sandige Standorte sind aber nicht geeignet. Stark gedüngte Böden verursachen zu mastige Blattbildung, fördern das Lagern und erschweren den Drusch. Sonnige, windgeschützte Lagen sind geeignet. Die Mariendistel hat durch ihre unkrautunterdrückende Wirkung einen guten Vorfruchtwert.

Düngung

Mariendisteln haben ein hohes Nährstoffaneignungsvermögen und sind daher nicht nährstoffbedürftig, meist wird die Restmenge der Vorfrucht ausreichen. Stickstoff ist besonders sparsam einzusetzen, weil sonst die Blattmasse zu üppig wird und Lagergefahr droht. Deshalb ist keine Stallmistgabe vor Mariendistel angebracht und nur 20–30 bis max. 50 kg/ha Stickstoff, bis 50 kg/ha Phosphat und bis 100 kg/ha Kalium. Bei Spätsommeranbau ist keine Grunddüngung zu verabreichen.

Sorten Die pharmazeutische Industrie verfügt über eigene Selektionen, die nur dem Vertragsanbauer zur Verfügung stehen. Blührhythmus und somit ausreichende Samenbildung sind von Samenherkunft, Standort und geografischem Breitengrad abhängig. Importsaatgut entspricht nicht immer heimischen Anbaubedingungen.

„Silma" (PL): hoher Wuchs, Blätter stark bestachelt, Wirkstoffgehalt um 3,4 %, berechnet als Silybin.

„Silyb" (CZ): hoher Wuchs, bestachelt, Silybingehalt zwischen 2 und 2,4 %.

Anbau Die Aussaat direkt ins Feld mit Einzelkornsägeräten erfolgt in warmen Jahren ab Ende März bis Mitte April. Üblich sind Saatmengen von 10–14 kg/ha bei Reihenabständen von 40–50 cm. In der Reihe müssen mindestens vier Pflanzen je Laufmeter stehen. Meist stehen bei guter Kultur 10–20 Pflanzen je Laufmeter. Zu dichte Bestände bringen zu dünne Stängel und erhöhen, besonders nach Unwettern, die Lagergefahr. Allenfalls ist zu vereinzeln (aushacken).

Wenn im Kleinanbau Handernte vorgesehen ist, müssen nach zwei bis vier Reihen Erntegassen frei bleiben. Der aufwachsende Bestand ist bis zum Reihenschluss leicht durch mechanisches Hacken unkrautfrei zu halten. Später ist der Bestand so dicht, dass keine Spätverunkrautung zu befürchten ist.

Krankheiten und Schädlinge Der Befall der Blütenstände durch Grauschimmel *(Botrytis cinerea)*, verursacht Ausbleiben der Samenbildung. Befall der Blätter manchmal durch den Echten Mehltau *(Erysiphe cichoracearum)*. Starker Befall mit den Raupen des Distelfalters und von Blattläusen möglich.

Bei beginnender Fruchtreife fallen Sperling *(Passer domesticus)* und der Distelfink *(Carduelis carduelis)* stark ein.

Ernte und Ertrag Sobald der Pappus beginnt auszutreten, d. h. die ersten Köpfe weiße Spitzen zeigen, wird der Bestand gemäht und im Schwad abgelegt. Nach Abreife wird vom Schwad weg gedroschen. Ein Direktdrusch ist wegen des grünen Laubes und des noch nicht abgeschlossenen Wachstums problematisch. Für den Direktdrusch wird ein optimaler Zeitpunkt zwischen zunehmender Ertragsbildung (großer Anteil reifer Samen) und Ausfallverlust zu wählen sein. Der Schnitt sollte so hoch wie möglich erfolgen, um das Dreschwerk nicht zu sehr mit grünem Blattmaterial zu belasten.

Zur Erzielung hochwertigen Saatgutes (z. B. Basissaatgut) wird im Kleinanbau die Handernte vorzuziehen sein, wiewohl durch die starke Bewehrung der Pflanze der Umgang mit ihr recht unangenehm ist (Verletzungsgefahr). Bei der Handernte wird der Bestand mehrmals durchgeschnitten, die Köpfe werden beerntet, nachtrocknen gelassen und dann erst gedroschen. Bei fallweise vorgenommener Krauternte wird bei beginnender Blüte geschnitten, das Kraut gehäckselt und getrocknet.

Die Krauterträge können 60–80 dt/ha getrocknet ergeben, die Kornerträge belaufen sich auf 8–15 dt/ha, manchmal können auch bis 25 dt/ha erreicht werden. Die Früchte müssen auf Lagerfeuchtigkeit (max. 8 %) getrocknet werden.

MELISSE, ZITRONEN-

Melissa officinalis L.
Lippenblütler, *Lamiaceae (Labiatae)*

Sonstige Bezeichnungen:
Bienenkraut, Englische Brennnessel, Immenblatt, Römische Melisse

Gebräuchliche Pflanzenteile:
das getrocknete Laubblatt bzw. Kraut

Handelsbezeichnung:
Folium Melissae
(ÖAB, DAB 10, Ph. Helv. VII)
et Herba - Melissenblatt, Melissenkraut

Aufkommen:
aus Kultur

Verwendung und Inhaltsstoff

Zitronenmelisse enthält im Blatt bloß 0,01–0,25 % (lt. ÖAB mind. 0,05 %) ätherisches Öl mit Citral (30 %) und Citronellal (40 %) als Geruchsträger, ferner Citronellol, Linalool und Gerianol. Weiters bis 4 % Gerbstoffe, Bitterstoffe und Schleim.

Die Melisse gilt als verdauungsfördernd, blähungsmindernd, krampflösend und schweißtreibend, wird aber besonders gerne als Beruhigungsmittel eingesetzt. Melisse ist Bestandteil vieler Teemischungen, des Melissengeistes und von Kräuterlikören. Sie wird auch als Küchengewürz (Kräuterbutter, -Topfen etc.) eingesetzt.

Die Zitronenmelisse ist eine ausdauernde Pflanze mit einem mehr-

Botanik köpfigen Wurzelstock und zahlreichen bis 30 cm langen, hellbraunen bis weißen Wurzeln. Die aufrechten oder aufsteigenden, vierkantigen Stängel werden 60–80 cm hoch. Die eiförmigen, z. T. schwach herzförmigen gegenständig angeordneten Blätter riechen stark zitronenartig, sind meist grob und ziemlich regelmäßig kerbig-gesägt. Nach oben werden die Blätter kleiner, sind z. T. oberseits behaart. Die bläulich-weißlichen Blüten stehen achselständig in Scheinwirteln. Blütezeit ist Juli bis August, aber erst ab dem zweiten Standjahr. Die Samen sind länglich-eiförmig, dunkelbraun glänzend. Das TKG beträgt 0,6 g. Erwerbsmäßig wird der Bestand 3–4 Jahre genutzt. In Verwendung und Wirkung ähnlich, aber ohne Anbaubedeutung ist die Katzenmelisse *(Nepeta cataria)*, die mit der Zitronenmelisse nicht verwechselt werden soll.

Standort Melisse gedeiht üppig auf nährstoffreichen, nicht zu trockenen, warmen Böden ohne stauende Nässe. Lehmiger Sand- oder sandige Lehmböden mit guter Humusversorgung und Struktur werden bevorzugt. Niederungen mit häufigem Nebel oder wenig Luftbewegung sollen wegen der verstärkten Gefahr des Befalles mit Blattfleckenkrankheiten vermieden werden. Halbschattige Lagen werden vertragen, schattige Lagen mindern den Ölgehalt. Leichte, trockene Standorte verursachen Blattvergilbungen (Chlorose). In Junganlagen ist die Melisse frostempfindlich, es kommt auch zu Auswinterungen. In der Fruchtfolge soll die Melisse nicht nach sich selbst oder anderen Lippenblütlern (Basilikum, Majoran, Pfefferminze, Thymian, Ysop, u. a.) gestellt werden. Gute Vorfrüchte sind Kartoffeln oder andere Hackfrüchte, Futterpflanzen, Getreide. Nach Körnermais ist wegen des dort erfolgten Herbizideinsatzes Vorsicht geboten. Als Nachfrucht ist Getreide zweckmäßig.

Düngung Für die nährstoffbedürftige Melisse ist eine Stallmistgabe zur Vorkultur zweckmäßig. Entsprechend dem Entzug gelten folgende Düngerichtwerte: 150 kg/ha Stickstoff, 50 kg/ha Phosphat, 180–200 kg/ha Kalium. Phosphor und Kali werden im Herbst verabreicht, der Stickstoff in Teilgaben, zumindest nach jedem Schnitt rund 50 kg/ha. Für ein optimales Wachstum ist ein neutraler pH-Wert anzustreben. Bei niedrigem pH-Wert Kalkung vorsehen. Stallmistgaben oder Strohhäcksel im Herbst auf Altbestände gestreut, mindern die Gefahr von Frostschäden. Bei Auftreten von Chlorose kann eine Blattdüngung mit einem Eisenchelat helfen.

Sorten Es wird zwischen Typen mit niederliegenden oder aufrechten Stängeln unterschieden, die aus den Gruppensorten „Aufrechte Erfurter Melisse“ bzw. „Quedlinburger Niederliegende Melisse“ entstanden sind. Niederliegende Typen sind im ersten Standjahr schwieriger zu ernten, im zweiten Jahr schon frohwüchsiger, auch frosthärter, blattreicher, aber kleinblättriger. Aufrechte Melisse ist im ersten Jahr frohwüchsiger, hat größere Blätter, ist frostempfindlicher, der Stängelanteil ist höher. Es sind nach Möglichkeit eigene Samenvermehrungen von öl- und blattreichen Rassen aufzubauen. Importiertes Saatgut ist nicht immer für hiesige Anbaubedingungen geeignet.

Tschechien: „Citra“

Rumänien: „De Dobrotesti“

Bulgarien: „Melisa 2“

Schweiz: „Landor“

Deutschland: „Citronella“

Anbau

Für die Jungpflanzenanzucht muss ab Mitte März im Gewächshaus oder Folientunnel im Saatkistchen gesät und nach drei Wochen in Anzuchtplatten, Erdpresswürfel, usw. pikiert werden. 3 g Saatgut ergeben 1.000 Jungpflanzen. Die Auspflanzung wird ab Anfang Mai, bei Herbstpflanzung bis Mitte September vorgenommen. Pflanzweiten von 50–60 x 30–40 cm ergeben einen Jungpflanzenbedarf von 50.000–60.000 Pflanzen/ha.

Eine Direktsaat ist mit 8–10 kg/ha Saatgut im Reihenabstand von 60 cm möglich, aber langsame Jugendentwicklung und Gefahr der Verunkrautung mindern den Erfolg. Im ersten Jahr ist keine Ernte möglich. Direktsaat ist daher der Anbaupraxis nicht zu empfehlen.

Das Feld muss mehrmals gehackt, notfalls nachgejätet werden, schließt aber bald und lässt dann wenig Unkraut aufkommen.

Melisse ist empfindlich gegen chemische Unkrautbekämpfungsmittel.

Krankheiten und Schädlinge

Blattfleckenkrankheit *(Septoria melissae)*, Echter Mehltau (*Erysiphe galeopsidis)*, Rost *(Puccinia menthae)*. Dunkelbraune oder schwarze Nekrosen sind auf eine Mischinfektion von diversen Virosen zurückzuführen.

Fraßschäden durch Raupen von Kleinschmetterlingen (z. B. Schattenwickler, *Cuephasia wahlbomiana*), vom Grünen Schildkäfer *(Cassida viridis)*, Raupen vom Braunen Bär *(Arctia caja)* oder der Ampfereule *(Acronicta rumicis)*. Saugschäden durch Wanzenarten (z. B. *Lygus pratensis*) oder Zikaden (z. B. *Eupteryx atropunctata*) ergeben die typische Weißfleckigkeit und sind sehr qualitätsmindernd.

Ernte und Ertrag

Im ersten Standjahr werden ein bis maximal zwei Schnitte bei Wuchshöhen ab 40 cm Ende Juni bis Mitte Juli und spätestens Mitte September mit Balkenmäher, Mähllader oder dgl. vorgenommen. Ab dem zweiten Standjahr sind zwei bis drei Schnitte möglich, je nach Witterungsverlauf und Frohwüchsigkeit. Die Schnitte haben vor der Blüte bzw. vor zu starker Verzweigung zu erfolgen. Späte Schnitte im Herbst bringen Auswinterungsschäden. Zur Zeit trockener, heißer Perioden soll nicht tiefer als 10 cm über dem Boden geschnitten werden, um den Wiederaustrieb zu sichern.

Das frische Erntegut ist sehr druck- und quetschempfindlich, ist somit mit Sorgfalt zu manipulieren, sonst entstehen braunschwarze Flecken bei der Trocknung. Nach dem Schnitt wird das Erntegut gehäckselt, Blätter und Stängel getrennt (Sieb- und Windsichtung), gleich dem Krüllschnitt der Pfefferminze, und zügig, zweckmäßigerweise auf Bandtrocknern, bei 35–40 °C auf max. 8 % Restfeuchte getrocknet. Das Eintrocknungsverhältnis beträgt 6–7 : 1.

Im Kleinanbau ist ein Handschnitt und das händische Abstreifen der Blätter vom Stängel zur Erzeugung reiner Blattware höchster Qualität praktikabel. Das Abstreifen für 1 kg getrocknete Blätter erfordert 2–3 Stunden. Die Krauterträge liegen frisch zwischen 70–300 dt/ha, damit im ersten Standjahr bei 40–60 dt/ha Trockengut, in den Folgejahren bei 50–80 dt/ha. Es können Blatterträge von zunächst 15–30 dt/ha, in den Folgejahren von 20–40 dt/ha erzielt werden. Die Ertragsverhältnisse variieren sehr stark, je nach Standort, Wuchsfreudigkeit der Sorte, Blatt-Stängel-Verhältnis, Temperatur- und Niederschlagsverlauf während der Vegetation, Häufigkeit des Schnittes und Reststängelanteil nach der Aufbereitung. Untersuchungen haben ergeben, dass der Ölgehalt mit zunehmender Vegetationszeit, d. h. gegen Herbst zu, steigt. Saatgutertrag: ca. 300 kg/ha.

Mohn

Papaver somniferum L.
Mohngewächse, *Papaveraceae*

Sonstige Bezeichnungen:
Backmohn, Schlafmohn

Gebräuchliche Pflanzenteile:
der reife, getrocknete Samen

Handelsbezeichnung:
Semen Papaveris – Mohnsamen
Oleum Papaveris – Mohnöl

Aufkommen:
aus Kultur

Verwendung und Inhaltsstoffe

Mohnsamen werden hauptsächlich für Backwaren (Brot, Gebäck), Kuchen und Torten, aber auch Süßspeisen (Mohnnudeln, Germknödeln) verwendet. Der Samen ist ölreich (40–50 %), enthält aber nur wenig Alkaloide (0,01 %). Der Geschmack ist wenig ausgeprägt, allenfalls ölig, nach dem Erhitzen nussartig. Das fette Öl setzt sich hauptsächlich aus Linol- (70 %), Öl- (15 %), Palmitin- (6–9 %), Stearin- (2 %) und Linolensäure (1 %) zusammen und ist damit ein wertvolles Speiseöl. Als halbtrocknendes Öl ist es für Ölfarben geeignet. Daneben enthalten die Samen ca. 20–25 % Protein. Die Aminosäurezusammensetzung zeigt keine besonders erwähnenswerten Qualitätseigenschaften. Bei Verfütterung der Pressrückstände („Mohnkuchen") an Milchkühe sollen negative Effekte aufgetreten sein, die bei Extraktionsschroten nicht auftraten. Tagesgaben von bis zu 2 kg sind möglich.
An Alkaloiden sind im Samen Thebain und Codein, aber kein Morphin nachzuweisen. Den höchsten Alkaloidgehalt weist der aus der angeschnittenen, unreifen, aber ausgewachsenen Frucht gewonnene, an der Luft eingetrocknete braune Milchsaft auf. Dieser enthält an die 40 verschiedene Alkaloide, hauptsächlich Morphin, Codein und Thebain. Bei anderen Typen überwiegt der Papaverin-, Noscapin- und Narceingehalt. Der Gesamtgehalt an Alkaloiden der reifen Kapsel beträgt 0,4–1,5 %.

Für Genussmittelzwecke wird Mohn v. a. in Tschechien und auch in Österreich, für die Alkaloidgewinnung in Indien, Türkei, Ungarn und anderen Ländern gebaut.

Botanik Mohn bildet eine Pfahlwurzel mit relativ wenig Seitenwurzeln und einen aufrechten, verzweigten und borstig behaarten, etwa 100 cm langen Stängel. Die Laubblätter sind länglich-eiförmig, ungestielt und an der Unterseite blaugrün bereift. Die Größe der Blätter nimmt nach oben hin ab. Jeder Stängel endet in einer einzelnen Blüte. Die vier Blütenblätter, in Form und Farbe variabel, sind zumeist weiß mit einem basalen violetten Fleck oder rot mit einem schwärzlichen Fleck. Die Frucht ist eine Kapsel, deren äußere Form sortentypisch ist. Je nachdem, ob sich die Fruchtblätter unterhalb des Narbenkranzes der Kapsel zur Reife öffnen oder nicht, spricht man von Schütt- oder Schließmohn. Die Samen sind dick, nierenförmig bis 1,5 mm groß, meistens blaugrau oder schwarz (Backmohn), aber auch weiß oder gelb („Medizinalmohn"). TKG: 0,3–0,7 g.

Standort Mohn gedeiht am besten auf wärmeren, nährstoffreichen Böden, die ausreichend mit Kalk versorgt sind. Seine Anpassung an klimatische Bedingungen ist aber gut. Mohn ist zwar nicht besonders frostgefährdet (-5 °C werden von jungen Pflanzen ohne Schaden überstanden), bei gleichzeitigem Auftreten von Frost und starkem Wind können junge Pflanzen aber leicht abbrechen.

Als Vorfrucht kommen fast alle Kulturarten in Frage, Hauptsache sie hinterlassen einen unkrautarmen Acker. Kartoffel soll ungünstig sein. Mohn selbst gilt als gute Vorfrucht. Vor allem wegen des zunehmenden Schädlingsdrucks sollte Mohn erst nach einer Anbaupause von 3 bis 5 Jahren nach sich selbst folgen.

Düngung Mohn hat ein geringes Nährstoffaneignungsvermögen, aber einen relativ hohen Nährstoffbedarf. Da er zusätzlich empfindlich gegen höhere Salzkonzentrationen ist, sollte Mohn vorzugsweise auf Böden mit von Haus aus gutem PK-Versorgungsgrad angebaut werden. In der Anbaupraxis haben sich Stickstoffgaben von 60–80 kg N/ha, 60 kg P_2O_5/ha und 80–120 kg K_2O/ha bewährt. Auf eine ausreichende Borversorgung ist zu achten.

Obwohl sehr widersprüchliche Versuche vorliegen, kann verallgemeinert gesagt werden, dass der Einfluss der Stickstoffdüngung auf den Alkaloidgehalt gering ist.

Sorten Bis auf wenige Ausnahmen handelt es sich bei den angeführten Sorten um Schließmohnsorten.

Sortenbeispiele:

Dänemark: „Parmo“, „Legal“

Niederlande: „Mariannne“, „Rosemarie“

Österreich: „Edel-Rot“ (Schüttmohn, Blüte rot), „Edel-Weiß“ (Schüttmohn, Blüte weiß), „Florian“ (Schließmohn, Blüte rot), „Zeno“ (Winter-Schließmohn, Blüte dunkelviolett)

Polen: „Niebieski KM“, „Modry“, „Lazur“, „Przemko“

Rumänien: „Extaz“ (alkaloidreich)

Schweden: „Libra“

Slowakei: „Albin“, „Dubnik“, „Gerlach“, „Magik“, „Opal“

Ungarn: „BC 2“, „Kompolti M“, „Kek Duna“, „Kek Gemona“, „Kozmosz“ (Wintermohn), „A-1“, „Gödi-N“ (beide alkaloidreich)

Für die Alkaloidgewinnung wurden Hybride zwischen *P. somniferum* und *P. bracteatum* entwickelt. In Osteuropa werden beispielsweise die Sorten „Ankara“, „Sadovo 1235“ „Botosani“, „Modran“ und „Novinka“, in England „Reading“ (letztere weist einen hohen Codeingehalt auf) eingesetzt.

Anbau

Für die kleinen Mohnsamen ist eine sorgfältige Saatbettbereitung nötig. Wird Mohn mit der Drillmaschine (Feinsärad) angebaut, dann mit einer Reihenweite von 25–50 cm einer Saattiefe von wenigen Millimetern und einer Saatstärke von 1–1,5 kg/ha. Bei einem TKG von 0,5 g wären das ca. 200 Samen/m^2, was für den Mohn zu dicht ist, da er dann zu schwache Einzelpflanzen bildet. Deshalb wird er entweder auf 10 cm Abstand in der Reihe vereinzelt oder auf 20–25 cm zu Horsten von rund drei Pflanzen verhackt. Eine weitere Möglichkeit besteht darin, das Saatgut mit Grieß oder Sand zu versetzen, womit die Saatstärke reduziert wird und sich ein Vereinzeln erübrigt. Gut bewährt hat sich ein Anbau im Endabstand mit einer Einzelkornsämaschine, wie sie im Gemüseanbau Verwendung findet. Damit genügt eine Saatmenge von 350 g/ha. Jedenfalls werden 40, in Ungarn 65 bis 70 Pflanzen je m^2 angestrebt. Pilliertes Saatgut sollte nach dem Anbau flach angedrückt werden.

Der Anbau sollte möglichst zeitig im Frühjahr (Ende März) erfolgen, ein Anbau bis Mitte Mai ist möglich, aber mit Mindererträgen verbunden. Wintermohn wird Mitte September angebaut, sodass er noch vor Winter das 4–6-Blattstadium erreicht. Früherer Anbau ist nicht empfehlenswert, da sonst Schnee und Kälte den Pflanzen schaden können

Mohn reagiert wegen seiner langsamen Jugendentwicklung in dieser Phase empfindlich auf Unkrautkonkurrenz. Neben einer effizienten Unkrautbekämpfung in der Vorfrucht ist eine mehrmalige Reihenhacke empfehlenswert. Ab dem 6-Blatt-Stadium ist in Österreich der Wirkstoff Pyridate gegen Samenunkräuter zugelassen.

Krankheiten und Schädlinge

Von den pilzlichen Krankheitserregern sind vor allem der Falsche Mehltau *(Peronospora arborescens)* auf der Blattunterseite, die Sklerotienkrankheit *(Sclerotinia sclerotiorum)* an den Stängeln und der Wurzelbrand *(Helminthosporium papaveris)* zu beobachten, weiters Mehltau *(Erisyphe cruciferarum)* und Grauschimmel *(Botrytis cinerea)*.
Der Mohnwurzelrüssler *(Stenocarus fuliginosus)* bohrt den Stängel an, seine Larven dringen dann bis zur Wurzel vor (Schadschwelle: vier Käfer pro Meter). Hingegen frisst der Mohnkapselrüssler *(Ceuthorrhynchus macula alba)* im Inneren der Kapsel. Dies und die als Folge des Befalls auftretende Verpilzung machen ihn zum gefährlichen Schädling für das ostösterreichische Anbaugebiet.
Auch die orangerote Larve der Mohngallmücke *(Perrisia papaveris)* frisst im Kapselinneren. Durch Minierfraß am Stängel macht sich die Mohnstängelgallwespe *(Timaspis papaveris)* bemerkbar. In letzter Zeit sind verstärkt Blattläuse aufgetreten.

Ernte und Ertrag

Mohn kann bei trockenem Stängel und trockener Kapsel mit dem Mähdrescher bei wenigstens 50 cm hoher Stoppel geerntet werden. Der Drusch sollte sehr schonend erfolgen, weil verletzte Mohnkörner leicht ranzig werden, was in der Folge ganze Erntepartien unbrauchbar machen kann. Der Dreschkorb sollte daher so weit geöffnet werden, dass die Kapseln gerade noch zerschlagen werden. Die Drehzahl des Dreschkorbs wird reduziert und die Reinigung so eingestellt, dass Pflanzenteile im Erntegut verbleiben. Diese verhindern ein Quetschen der Mohnsamen in den Umläufen des Mähdreschers und können bei einer Reinigung leicht entfernt werden. Bewährt hat sich auch ein bloßes Aufdrücken der Kapseln zwischen zwei Walzen. Erntemaschinen müssen aber selbst adaptiert werden.
Die Ertragsangaben schwanken sehr stark. Aus der Literatur sind Erträge von 400–3.000 kg/ha bekannt (österreichisches Mittel 880 kg/ha). Bei Verwendung von Schüttmohn kann auch die trockene Kapsel mit Stiel für Dekorationszwecke gewonnen werden. Hierbei sind Erträge von 700 kg Mohnsamen und von 300.000–500.000 Mohnkapseln/ha (= 700 kg/ha) möglich. Die Kornfeuchte sollte bei Lagerung nicht mehr als 9 % betragen. Der Ertrag an getrockneten Kapselteilen (zur Alkaloidgewinnung) erreicht bis zu 2.000 kg/ha.
Der höchste Alkaloidgehalt wird 5–6 Wochen nach der Blüte erreicht. Zur großtechnischen Gewinnung der Alkaloide wird heute nicht mehr die Kapsel angeritzt, sondern der Bestand mit

dem Mähdrescher geerntet. Die Samen werden zur Gewinnung des Öls gepresst, aus dem Stroh und den Kapseln das Rohopium extrahiert. Der Rohopiumertrag kann 50–60 kg/ha erreichen, der an Morphin mit modernen Methoden 10–12 kg/ha.

PAPRIKA (GEWÜRZ-)

Capsicum annuum L.
Nachtschattengewächs, *Solanaceae*

Sonstige Bezeichnungen:
Spanischer Pfeffer, Chillies, Scharfer Paprika, Roter Pfeffer

Gebräuchliche Pflanzenteile:
die reife getrocknete Frucht und das gemahlene Pulver der Frucht

Handelsbezeichnung:
Fructus Capsici – Paprika (ÖAB, Ph. Helv. VII)

Aufkommen:
aus Kultur; das Haupterzeugerland ist Spanien, gefolgt von Ungarn, Jugoslawien, Bulgarien, Rumänien und Brasilien

Verwendung und Inhaltsstoffe

In der Medizin findet Paprika innerlich als magenstärkendes und blähungstreibendes Mittel und äußerlich in Form von Linimenten und Pflastern bei Rheuma und Arthritis Verwendung.

In der Küche ist er ein wichtiges Gewürz für Suppen, Saucen, Fleischgerichte, Geflügel und Gemüse. Die Lebensmittelindustrie setzt ihn u.a. in Wurstwaren, Tomatenketchup und Dressings ein.

Für die medizinische Verwendung ist der Gehalt an Capsaicinoiden entscheidend. Dieses ist ein Gemisch von zumindest fünf Säureamiden, deren wichtigstes Capsaicin ist. Sie schmecken scharf bis zu einer Verdünnung von 1 : 2 Millionen. Den höchsten Gehalt an Capsacinoiden weist die Fruchtscheidewand (Placenta) auf, Samen und Fruchtwand enthalten weniger Capsaicinoide. Der Gehalt an Capsacinoiden schwankt zwischen 0,1–0,9 % und soll laut ÖAB berechnet als Capsaicin in der trockenen Droge mindestens 0,25 % betragen.

Bei der Verwendung als Gewürz lässt sich die Schärfe durch das Entfernen der Fruchtscheidewände steuern. So schmecken „Delikatess" und „Edelsüß" kaum scharf, „Halbsüß" schon etwas schärfer, weil die Fruchtscheidewände samt Samen vor dem Mahlen entfernt werden, „Rosen" bereits deutlich scharf, weil diese Qualitätsklasse die eigenen Fruchtscheidewände enthält. Bei der Qualitätsklasse „Scharf" werden diese Pflanzenteile zugesetzt.

Neben dem Capsacinoidgehalt ist der Pigmentgehalt qualitätsbestimmend. Reife rote Früchte enthalten 0,1–0,35 % Carotinoide (Capsanthin und Capsorubin).

Für den Geschmack mitbestimmend ist der Gehalt an ätherischem Öl (0,3 %) und Zucker (6–7 %). Der Vitamin C-Gehalt ist selbst bei gemahlenem Paprika erheblich (bis 100 mg/100 g).

Botanik

Paprika ist eine in Mitteleuropa einjährige, in seiner Heimat ausdauernde Pflanze, die 20–70 cm groß wird. Von der spindelförmigen Hauptwurzel gehen zahlreiche Nebenwurzeln aus. Die krautigen, verzweigten Triebe tragen gestielte, elliptische, ganzrandige Blätter. Die Blüten, mit 5–8 Blütenblättern, sind meist weiß. Die Frucht ist eine Trockenbeere, innen hohl mit 2–3 Fächern. An den Fruchtscheidewänden sitzen zahlreiche flache, hellgelbe. scheibenförmige Samen. TKG: 5–7 g.

Standort

Da Paprika eine hohe Temperatursumme benötigt (3.200–3.600 °C), um reife Früchte zu bilden, kommt nur das pannonische Klimagebiet in Ostösterreich für einen Anbau in Frage. Paprika bevorzugt gut durchlüftete Böden mit gutem Wasserhaltevermögen. Eine Beregnungsmöglichkeit ist vorzusehen.

Er kann sowohl in eine Gemüse- als auch in eine Feldfruchtfolge gestellt werden. Wintergetreide und Mais, so keine Atrazinrückstände vorhanden, sind die geeignetsten Vorfrüchte. Zwischenfrüchte sollen wegen der Wasserkonkurrenz nicht unmittelbar vorher angebaut werden.

Düngung

Eine mittlere Stallmistgabe von 100–150 dt/ha wirkt sich besser aus als höhere Gaben. Besonderes Augenmerk sollte der Stickstoffversorgung geschenkt werden. Obwohl Stickstoff für eine rasche Anfangsentwicklung wichtig ist, verzögern große N-Mengen die Reife und senken damit auch den Pigmentgehalt. Hingegen soll sich Kali positiv auf den Pigmentgehalt auswirken.

Der Nährstoffbedarf liegt auf durchschnittlich versorgten Böden bei 50 kg N, 50 kg P_2O_5 und 100 kg K_2O/ha. Die Kaligaben können auch höher sein.

Sorten

Gewürzpaprika wird hauptsächlich in Ungarn züchterisch bearbeitet. Zuchtziele sind: Erhöhung des Pigment- und Trockensubstanzgehalts, determinierter Wuchs und Eignung zur mechanischen Ernte. Die zahlreichen Sorten unterscheiden sich aber auch in ihrer Schärfe und in ihrem Zuckergehalt.

Neben dem Namen der Zuchtstationen „Szegedi" und „Kalocsai" tragen sie zur näheren Kennzeichnung Ziffern, z. B. „Szegedi 47–25", „Szegedi F03" oder „Kalocsai Cs 631" mittelscharf, determinierter Wuchstyp; „Kalocsai 621" scharf, determinierter Wuchstyp. „Wulkan" (PL, 23 dt/ha Fruchtertrag trocken, 0,32 % Capsaicin), „Negral" (Spanien).

Anbau

Obwohl die Direktsaat kostengünstiger gegenüber der Anzucht wäre, kommt sie aus klimatischen Gründen nicht in Frage. Längere kalte Witterungsperioden führen bei Direktsaat zu Beständen, die nicht rechtzeitig reifen und schlechte Qualität und Quantität liefern.

Die Pflanzen können in Folientunnels, bei Aussaat ab Mitte März bis Anfang April, vorgezogen werden. 10 g Saatgut ergeben 1.000 Jungpflanzen. Ins Freie wird ab Mitte Mai, im 6–8-, besser noch 8–10-Blattstadium, gepflanzt. Der Reihenabstand beträgt je nach Wuchstyp 60 x 20 cm (indeterminiert), 50 x 20 cm (halbdeterminiert) und 40 x 20 cm (determinierter Wuchstyp).

Mehrmaliges Hacken ist nicht nur als Unkrautbekämpfungsmaßnahme gut, sondern durchlüftet auch den Boden, was bei Paprika besonders wichtig ist. Da in den in Frage kommenden Anbaugebieten die natürliche Wasserversorgung nicht ausreicht, ist eine künstliche Beregnung notwendig. In Ungarn konnte der Ertrag bei Bewässerung im Schnitt um 30 % gesteigert werden, der Pigmentgehalt sinkt gleichzeitig etwas. Deshalb sollte nach Mitte August keine Beregnung erfolgen.

In Österreich ist eine chemische Unkrautbekämpfung vor dem Auspflanzen mit den Wirkstoffen Trifluralin und Terbutryn + Metobromuron zugelassen.

Krankheiten und Schädlinge

Paprika kann von zahlreichen Virosen (z. B. Tabak- und Gurkenmosaikvirus) und Bakteriosen *(Pseudomonas und Xanthomonas)* befallen werden. Im Saatbeet können *Rhizoctonia solani* und *Pythium debaryanum* auftreten, im Feldbestand Grauschimmel *(Botrytis cinerea)*, Sklerotiniawelke *(Sclerotinia sclerotiorum)*, *Verticillium alboatrum* und *Alternaria solani*.

An Schädlingen werden Weiße Fliege *(Trialeurodes vaporariorum)*, Blattläuse *(Aphiden)* und Rote Spinne *(Tetranychus urticae)* beobachtet.

Bei hohen Temperaturen und Trockenheit kann es zu „Sonnenbrand“ an den Früchten kommen, der sich durch braune, später schwarze Flecken bemerkbar macht. Ausreichende Wasserversorgung und die Verwendung von Sorten mit hängenden Früchten vermindern die Gefahr des Auftretens.

Ernte und Erträge

Die Ernte erfolgt in der botanischen Vollreife, wenn sich die Früchte vollkommen rot verfärbt haben. Da eine händische Ernte nicht mehr rentabel ist, wird eine mechanische Ernte praktiziert, mit Erntemaschinen, die der Bohnenpflückmaschine nachempfunden sind. Um möglichst wenige beschädigte Früchte dabei zu erhalten, sind optimale Bestände mit früh und möglichst gleichzeitig reifenden Sorten und hohem Fruchtansatz, anzustreben. Trotzdem werden nicht alle Früchte gleichzeitig reifen. Für eine maschinelle Ernte reicht ein Anteil von 80–90 % reifer Früchte. Maschinell geerntete Ware muss binnen 24 Stunden verarbeitet d. h. getrocknet werden.

Bei händischer Ernte wird üblicherweise bei Lufttemperatur getrocknet, wobei während der Nachreife der Pigmentgehalt noch erheblich ansteigen kann (dagegen geht der Zuckergehalt zurück.). Dies macht man sich bei einem anderen Ernteverfahren zu Nutze. Der Paprika wird dabei gemäht und in Schwaden abgelegt. Die Nachreife erfolgt so auf dem Feld. Dieses Ernteverfahren liefert qualitativ hochwertigere Ware, birgt aber ein erhöhtes Wetterrisiko in sich.

Die Erträge liegen bei etwa 40–80 dt/ha frischer Rohware und bei ca. 4–8 dt/ha gemahlenem Paprika. Samenertrag ca. 100 kg/ha.

PETERSILIE

Petroselinum crispum (MILL.) ex A. W. HILL ssp. *crispum*
Doldenblütler, *Apiaceae (Umbelliferae)*

Sonstige Bezeichnungen:
Eppich, Peterlein, Silk

Gebräuchliche Pflanzenteile:
das frische oder getrocknete Blatt bzw. Kraut; die Früchte

Handelsbezeichnung:
Herba et Fructus Petroselini – Petersilienkraut und -früchte

Aufkommen:
aus Kultur

Verwendung und Inhaltsstoffe

Von Petersilie werden Wurzeln, Früchte, aber vor allem die Blätter als Gewürz verwendet. Frische, aber auch (gefrier-)getrocknete und tiefgefrorene Blätter dienen zum Würzen von Suppen, Saucen, Salaten, Kartoffeln und zum Garnieren. Große Mengen werden auch von der Lebensmittelindustrie für Fertigmenüs gebraucht. In getrockneter oder tiefgefrorener Form ist mit geringerem Aroma zu rechnen. Wurzelpetersilie kommt als Suppengemüse (Teil des sogenannten Suppengrüns) oder als getrocknetes Suppengewürz in den Handel, wird aber auch zur Laubtreiberei unter Glas eingesetzt. Die Blätter der Wurzelpetersilientypen gelten als besondes aromatisch. Schonend getrocknete Blätter enthalten 0,4–0,5 % ätherisches Öl, Früchte 2–7 %, die Wurzel 0,05–0,1 %. Je nach chemischer Rasse überwiegen in den Früchten Apiol, Myristicin oder Allyltetramethoxybenzol. Insgesamt konnten über 50 verschiedene Verbindungen im ätherischen Öl nachgewiesen werden. Wurzelöle enthalten ebenfalls Apiol und Myristicin und die Furanocumarine Bergapten und Isoimperatorin. Die frischen Blätter sind relativ reich an Vitamin C, aber auch Vitamin A und B kommen vor. Die Früchte enthalten ca. 20 % fettes Öl (ca. 70 % Petroselinsäure).

Die Früchte dienen auch zur Gewinnung des Apiols, das in der pharmazeutischen Industrie Verwendung findet und eine krampflösende und harntreibende Wirkung hat. Ätherischöl- und Apiolpräparate werden bei Menstruationsbeschwerden eingesetzt.

Botanik Die Petersilie ist zwei- bis mehrjährig und hat eine spindel- bis rübenförmige Wurzel. Im ersten Jahr bildet sie nur eine Blattrosette (ca. 35 cm hoch), aus der im zweiten Jahr ein bis 1,2 m langer, kantiger, verzweigter Stängel entsteht. Die meist glatten, oben glänzenden, dunkelgrünen Blätter sind verschiedenartig gefiedert. Neben den glatten Typen existieren krause und mooskrause Formen. Bei Wurzelpetersilie sind nur glatte Formen bekannt. Die grünlich-gelben Blüten bilden eine 10–20strahlige langgestielte Dolde. Die grünlich-graubraune Frucht hat eine breit-eiförmige Form und zerfällt in zwei längliche Teilfrüchte.

Standort Petersilie bevorzugt mittelschwere, tiefgründige und humusreiche Böden mit einem pH-Wert zwischen 6 und 7. Obwohl sie keinen spezifischen Klimaanspruch hat, bevorzugt sie mäßige Temperaturen mit hoher Luft- und Bodenfeuchte. Die Blätter vertragen leichte Fröste, die Wurzeln normale mitteleuropäische Wintertemperaturen. Die Pflanzen sind empfindlich gegen Trockenheit. Eine Möglichkeit zur künstlichen Bewässerung sollte gegeben sein. Als Vorfrucht sind die meisten Arten, bis auf Doldenblütler (Dill, Sellerie, Karotte etc.), geeignet . Nach Doldenblütlern und damit auch nach Petersilie sollte eine Anbaupause von mindestens vier Jahren eingehalten werden. Da Petersilie wenig Ernterückstände hinterlässt, gilt sie als schlechte Vorfrucht.

Düngung Außer einer Düngung mit Stallmist (zur Vorfrucht) ist eine Grunddüngung mit 50 kg N, 40 kg P_2O_5 und 80 kg K_2O/ha angebracht. Nach jedem Schnitt sollte eine N-Kopfdüngung mit 25–40 kg N/ha erfolgen. Ertragswirksam sind auch flüssige Kopfdüngungen mit Harnstoff (3 %). Petersilie ist nicht chloridempfindlich. Bei Wurzelpetersilie kann die Kopfdüngung entfallen.

Sorten Man unterscheidet zwischen Wurzel- und Schnittpetersiliensorten, bei den Schnittsorten wieder zwischen glatt-, kraus- und mooskrausblättrigen.

Sortenbeispiele:

glatt: „Festival 68“, „Gigante d’Italia“, „Einfacher Schnitt“, „Hamburger Schnitt“
kraus: „Verta“, „Grüne Perle“
mooskraus: „Wuschelkopf“, „Mooskrause“
Wurzelpetersilie: „Halblange-(Berliner)“, „Halblange-(Perfekta)“, „Fakir“

Für Trocknung oder Tiefkühlung eignen sich krause oder eine Mischung aus krausen und glatten Formen besser, weil krause Blätter besser trocknen oder tiefgefroren besser streufähig sind. Die Keimfähigkeit erhält sich ca. drei Jahre.

Bei der Sortenwahl ist auf regionale Präferenzen der Konsumenten zu achten.

Anbau

Der Anbau erfolgt ab März in Direktsaat mit einer Saatstärke von 7–10 kg/ha ins Freie (TKG = 1–1,5 g). Die Reihenweite beträgt 25–30 cm, die Saattiefe 2,5–3 cm. Auch späterer Anbau etwa bis Mitte Juli ist möglich, allerdings bei geringerem Blattertrag. Die Keimung, speziell bei zeitigem Anbau, kann sehr langsam erfolgen. Zur schnelleren Keimung kann man das Saatgut 18 Stunden lang bei rund 20 °C vorquellen und anschließend bei 30 °C rücktrocknen. Eine Ernteverfrühung kann durch Folienabdeckung erreicht werden.

Nach dem Anbau und nach jedem Schnitt ist auf eine ausreichende Wasserversorgung zu achten.

Regelmäßige Hacke wird auch bei Anwendung eines Herbizids notwendig sein.

Krankheiten und Schädlinge

Keimlingskrankheiten (z. B. *Sclerotinia sclerotiorum*) treten eher selten auf. Schon etwas häufiger tritt Blattfleckenkrankheit mit bräunlichen Punkten auf *(Septoria petroselini)*. Rost (*Puccinia rubiginosa* und *Uromyces graminis*) verursacht stäubende Pustel und Echter Mehltau (*Erysiphe heraclei* und *Leveillula lanuginosa*) blattoberseits blassgelbe Stellen und blattunterseits den typischen weißlichen Belag. Auf verschlämmten und verkrusteten Böden ist neben Sclerotinia auch mit *Phoma* und *Rhizoctonia* zu rechnen.

An den Wurzeln frisst die Made der Möhrenfliege *(Psila rosae)* und saugen Blattläuse *(Dysaphis sp.)*. Bei mangelhaftem Fruchtwechsel können Wurzelnematoden auftreten.

Ernte und Ertrag

Im Normalfall sind drei bis maximal vier Ernten möglich. Der Schnitt erfolgt bevor die Basalblätter gelb werden, der erste im Juni, der zweite im August und der dritte im Oktober. Für Industrieware wird mit dem Mählader oder mit dem Spinatvollernter bei 5–6 cm Bodenabstand geerntet. Ein hoher Blatt- und geringer Stängelanteil ist anzustreben.

Für Frischware erfolgt die Ernte auch mit der Hand, wobei höchste Erträge bei mehrmaligem Pflücken der äußeren Blätter erzielt werden. Auf jeden Fall ist auf eine saubere Ernte zu achten. Für den Frischmarkt wird die Ware gewaschen, gebündelt und kann bei -1° bis +1 °C und einer Luftfeuchtigkeit von 90–95 % bis acht Wochen gelagert werden (bei CA-Lager auch länger). Bundware muss frei von Unkräutern sein, gesund und ohne gelbe Blätter.

Bei Trocknung (40 °C) muss diese sehr rasch erfolgen, um dunkelgrüne und auch noch aromatische Ware zu erhalten. Nach dem Trocknen werden die Stängelteile entfernt. Eintrocknungsverhältnis 7 : 1.

Erträge von 50 dt/ha frischer Blattware pro Schnitt sind möglich, bei intensiver Kulturführung bis 95 dt/ha.

Eine Saatguternte ist im zweiten Standjahr möglich, wobei ein Ertrag von rund 600 kg/ha (und unter Umständen auch mehr) erzielt werden kann.

Die Wurzelernte erfolgt mit Siebkettenroder oder Raufroder in der Regel Ende Oktober. Nach dem Waschen werden die Wurzeln entweder zusammen mit anderem Gemüse zum sogenannten Suppengrün gebündelt oder bei Weiterverarbeitung vor der Tocknung (max. 40 °C) in Würfel geschnitten. Eintrocknungsverhältnis 10 : 1. Mit einem Wurzelertrag zwischen 150–250 dt/ha kann gerechnet werden.

PFEFFERMINZE

Mentha x piperita L.
Lippenblütler, *Lamiaceae (Labiatae)*

Sonstige Bezeichnungen:
Edelminze, Englische Minze, Teeminze

Gebräuchliche Pflanzenteile:
die getrockneten Laubblätter oder das trockene Kraut

Handelsbezeichnung:
Menthae Piperitae Folium, (Ph. Eur., DAB 10, Ph. Helv.) – Pfefferminzblatt, *Herba Menthae* – Pfefferminzkraut

Aufkommen:
aus Kultur

Verwendung und Inhaltsstoffe

Pfefferminze enthält in allen Organen, vor allem im Blatt, bis 2,5 % ätherisches Öl (lt. Ph. Eur. mindestens 1,2 % bei ganzen Blättern und 0,9 % bei geschnittener Droge). Der Hauptbestandteil des Öls ist Menthol (bis 50 %), das der Pfefferminze den kühlenden und erfrischenden Geschmack verleiht, weiters Menthon (10–20 %), und das für den erfrischenden Geruch verantwortliche Menthylacetat. Menthofuran (2,5–5 %) gilt als Nachweis zur Zugehörigkeit zur Art *Mentha x piperita*. Gutes Minzenöl enthält 40–45 % Menthol, 18 bis max. 40 % Menthon, ein günstiges Menthol-Menthylesterverhältnis von 5 : 1 bis 6 : 1, möglichst wenig Menthofuran (max. 5 %) und Pulegon und die Anwesenheit von Begleitstoffen (Jasmon). Pfefferminze enthält auch Gerb- und Bitterstoffe. Menge und Zusammensetzung der Inhaltsstoffe sind von Sorte bzw. Herkunft, Erntezeitpunkt, Standort und Klima abhängig und variieren stark.

Pfefferminze wirkt appetitanregend, verdauungsfördernd, blähungstreibend, krampflösend und galletreibend. Mit Unterstützung der Gerbstoffe werden Schleimhautentzündungen im Magen-Darm-Bereich günstig beeinflusst. Pfefferminze wirkt allgemein anregend auf das Nervensystem und ist Bestandteil vieler Teemischungen und Tinkturen. Wegen der anästhesierenden und kühlenden Wirkung des Menthols wird das Öl gegen Juckreiz und Schnupfen eingesetzt. Beachtliche Ölmengen werden in der Kosmetik- und Genussmittelindustrie verwendet. Der Großteil des Minzenöls stammt aus den USA und China.

Botanik

Die Pfefferminze ist ein Bastard – entstanden aus Bachminze *(Mentha aquatica)* und Grüner Minze *(Mentha spicata)* – und kann, um in ihren Merkmalen ident zu bleiben, nur vegetativ vermehrt werden. Sie ist flach wurzelnd und treibt aus einer Grundachse zahlreiche Ausläufer (Stolonen). Die ästigen, vierkantigen Stängel sind meist kahl, bei manchen Herkünften rötlich verfärbt. Die Laubblätter sind gestielt, länglich-eiförmig bis lanzettlich, messen bis 9 cm, haben oft eine violett überlaufene Nervatur und einen scharf gesägten Blattrand. Die Pfefferminze ist eine ausdauernde, krautige Staude, die im Herbst abstirbt und im Frühjahr wieder austreibt, in Kultur aber meist nur ein- bis dreijährig geführt wird. Als Langtagpflanze blüht Pfefferminze erst im Juli bis September, die Blüten sind rosa bis lila in endständigen Ähren. Im Kurztag werden vornehmlich Ausläufer gebildet. Pfefferminzsamen sind für den erwerbsmäßigen Anbau wertlos, weil daraus zahlreiche Mischformen aufwachsen bzw. sind einige Sorten überhaupt steril.

Standort Pfefferminze gedeiht gut auf frischen, humusreichen, sandigen Lehmböden in warmen, windgeschützten bis halbschattigen Lagen. Staunässe oder trockene Standorte bzw. stark verunkrautete Felder sind nicht geeignet. Gute Erfahrungen liegen auch auf Moorböden vor. Pfefferminze soll nicht nach sich selbst oder nach anderen Lippenblütlern (z. B. Melisse) in der Fruchtfolge gestellt werden. 4–5jährige Anbaupausen sind einzuhalten. Eine bewährte Vorfrucht ist die Kartoffel, Nachfrucht Getreide.

Düngung Bei der sehr nährstoffbedürftigen Pfefferminze gelten als Düngerbedarf: 120–150 kg/ha Stickstoff (unbedingt in Teilgaben: vor dem Anbau, nach dem Austrieb, vor Bestandesschluss, nach dem Schnitt), 70–90 kg/ha Phosphor und 200–250 kg/ha Kalium. Strohiger Mist oder Strohhäcksel im Herbst gelten der Humusversorgung und dem Winterschutz.

Sorten Nach Habitus, Blattfarbe, Wüchsigkeit, Resistenzeigenschaft, Winterhärte, Ölgehalt und Zusammensetzung werden hellgrüne (weiße, *Mentha x piperita var. piperita f. pallescens*) und dunkelgrüne (schwarze, *Mentha x piperita var. piperita f. piperita*) Sorten unterschieden. Im Handel sehr geläufig ist die dunkle englische Sorte „Mitcham", wiewohl ihre Anbaubedeutung abnimmt. Weitere dunkelgrüne Sorten sind „Bulgarische 36 A", „De Banat", „Krasnodarskaja", „Mentola", „Multimentha" (= Polymentha, rostresistent), „Prilukskaja I" und andere. An hellgrünen Sorten sind „Pfälzer Minze" (= Württembergische) und die „Grüne Minze" zu nennen.

Sorte	Land	Ertrag	äther. Öl	Menthol	Menthon	Menthylacetat
Columna	RO	hoch	mittel-hoch	mittel-hoch	mittel	niedrig-mittel
De Banat	RO	mittel-hoch	mittel-hoch	hoch	mittel	niedrig-mittel
Grüne Minze	A	(sehr) hoch	hoch	mittel-hoch	mittel	mittel
Krasnodarskaja	UKR	(sehr) hoch	mittel	mittel-hoch	mittel	niedrig-mittel
Mentola	CZ	mittel-hoch	mittel	hoch	mittel	niedrig-mittel
Minze A	D	mittel-hoch	mittel	hoch	mittel	niedrig-mittel
Mitcham	diverse	hoch	mittel	hoch	mittel	niedrig-mittel
Multimentha	D	hoch	hoch	mittel	hoch-s.hoch	niedrig-mittel
Prilukskaja II	UKR	hoch	mittel	mittel	mittel-hoch	mittel-hoch
Sofia	BG	mittel-hoch	mittel-hoch	mittel-hoch	hoch	niedrig-mittel
Medicka	UKR	niedrig-mittel	hoch	(sehr) hoch	niedrig	niedrig
Türk. Minze 21	TR	hoch	mittel	hoch	mittel	niedrig-mittel
541	UKR	hoch	mittel	mittel	mittel	niedrig-mittel
BP 83	YU	hoch	mittel	mittel	mittel-hoch	niedrig-mittel
36 A	BG	mittel-hoch	mittel	mittel	hoch-s.hoch	niedrig

Bundessortenamt 1996

Darüber hinaus gibt es noch eine Reihe weiterer v. a. osteuropäischer Sorten, die hier nur dem Namen nach genannt werden:

Rumänien: „Feldiora"
Moldawien: „Wysokomentolnaja1"
Tschechien: „Perpeta"
Bulgarien: „Kliment"
Russland: „Kubanskaja 6", „Lekarstwennaja 1", „Sgadka", „Tschernolistnaja"
Ukraine: „Sarja"

Anbau

Die Vermehrung erfolgt ausschließlich vegetativ über Kopfstecklinge oder Ausläufer (Stolonen).

1. Methode: Die Stolonen werden im Herbst (Mitte September bis Anfang Oktober) aus vorhandenen Anbauflächen gewonnen, d. h. die Wurzelfladen werden mit Schwingsiebrodern oder Seichtpflügen gerodet und händisch in 15–20 cm lange Stücke gerissen (mind. drei Knoten). Ein mechanisches Häckseln verursacht zu viele Verletzungen und bewährte sich in der Praxis nicht. Dieses Pflanzgut wird noch im selben Herbst bis längstens Mitte Oktober oder im darauf folgenden Frühjahr in 10 cm tiefe Furchen im Reihenabstand von 50–62 cm lückenlos abgelegt, mit Erde bedeckt und angewalzt. Unterirdische weiße Ausläufer bewurzeln sich besser als oberirdische grüne Ausläufer. Der Herbstanbau ist wesentlich günstiger als die Frühjahrsanlage. Der Stolonenbedarf beträgt 80.000–100.000 Stück/ha oder 1 t/ha. 1.000 m^2 Bestandsfläche ergibt Vermehrungsmaterial für 3.000–4.000 m^2.

2. Methode: Auspflanzen von bewurzelten Kopfstecklingen entweder im Herbst (bis Anfang Oktober) oder im Frühjahr (ab Anfang April) in Pflanzweiten von 50–60 cm x 30–40 cm, was einen Pflanzenbedarf von 50.000–60.000 Stk/ha ergibt. Stecklinge können im Frühjahr von Freilandbeständen (sobald diese austreiben) oder von im Glashaus gehaltenen „Mutterquartieren" gewonnen werden, für Herbstpflanzung ständig von Freilandquartieren.

Da die benötigte Pflanzenanzahl bei dieser Methode relativ groß ist, kann so verfahren werden, dass aus dem Aufwuchs der Kopfstecklinge Stolonen für eine weitere Anbaufläche gewonnen werden. Bestände aus Kopfstecklingen oder aus Stolonen von Kopfstecklingen bringen höhere Blatt- und Ölerträge.

In manchen Anbaugebieten wird Pflanzenmaterial maschinell ausgegraben, gehäckselt und in Reihen wieder ausgebracht.

Der Pfefferminzbestand wird ein- bis dreijährig genutzt und sodann auf einem anderen Feld neu angelegt.

Der Bestand ist durch Striegeln (vor dem Austrieb) und mechanisches Hacken bzw. händisches Nachjäten möglichst unkrautfrei zu halten. Besonderes Augenmerk ist auf Wurzelunkräuter (z. B. Quecke oder Ampfer) zu richten.

Krankheiten und Schädlinge

Die gefährlichste Krankheit ist der Minzenrost *(Puccinia menthae)*, dessen orangerote Sporenlager zuerst auf der Blattunterseite erscheinen. Bei beginnendem Befall muss sofort geschnitten werden. Die Pfefferminzanthraknose *(Sphaceloma menthae)* ruft punktartige Nekrosen hervor, die Blätter kräuseln sich und die Pflanze bildet in der Folge weniger Blätter. Vereinzelt wurde Rhizom- und Stängelfäule *(Phoma strasseri)*, die Verticillium-Welke, Echter Mehltau *(Erysiphe biocellata)* und die Blattfleckenkrankheit *(Cercospora sp.)* beobachtet.

Tierische Schädlinge: Saugschäden am Blatt durch Schwarzpunktzikaden *(Eupteryx atropunctata)*, Loch- und Blattrandfraß durch den Minzenblattkäfer (*Chrysomela menthastri* oder *coerulans*), Grüner Schildkäfer *(Cassida viridis)*. Manchmal starker Befall durch Erdflöhe auf jungen Blättern.

Ernte und Ertrag

Der erste Schnitt der Pfefferminze wird bei entsprechender Wuchshöhe und zu erwartendem optimalem Blattertrag, spätestens jedoch im Knospenstadium der Blüte oder bei beginnender Blüte um Mitte Juli (Stadium des höchsten Ölgehalts) vorgenommen. Ein zweiter, eventuell auch dritter Schnitt sollen spätestens Mitte September erfolgen. Im Kleinanbau ist ein Handschnitt üblich, bei größeren Flächen Schnitt mit einem Balkenmäher bzw. Mähläder oder adaptiertem Grünguternter.

Das frische Schnittgut wird gehäckselt und mittels Sieb- und Windsichtung werden Blatt und Stängel getrennt. Diese Aufbereitung ergibt den sogenannten Krüllschnitt. Im kleinflächigen Anbau wird auch das händische Abstreifen der Blätter vom Stängel zur Erzeugung reiner, ganzer Blattware gehandhabt.

Die Trocknung erfolgt bei Temperaturen bis max. 42 °C, am besten auf Bandtrocknern bis max. 8 % Restfeuchte. Das Eintrocknungsverhältnis beträgt 7–8 : 1.

Die Erträge schwanken sehr von Jahr zu Jahr, sind besonders vom Witterungsverlauf nach dem ersten Schnitt abhängig und liegen zwischen 300–500 dt/ha frischer Krautware bzw. 170 bis 300 dt/ha frischer Blattware, die 25–50 dt/ha getrocknete Blattware ergeben.

Verwandte Arten

Neben der Echten Pfefferminze kommen noch folgende Minzenarten zum Anbau:

Krause Minze (*Mentha crispa var. crispa*, Spearmint, als Aromatisierungsmittel von Kaugummi und Zahnpaste). Sie ist in der Kulturführung ähnlich der Pfefferminze, aber etwas widerstandsfähiger. Das ätherische Öl enthält hauptsächlich Carvon, 1,8 Cineol und Dihydrocarveol. Sorten „Erfurter" (D) , „Mencris" (RO) und „Misia" (BG).

Die **Braune Minze** *(Mentha gentilis)* hat als würzende Beigabe zu Kärntner Kasnudeln lokale Bedeutung. Ihr ätherisches Öl enthält ebenfalls hauptsächlich Carvon, 1,8 Cineol und 3-Octanol.

Weiters finden sich vereinzelt im Anbau die **Grüne Minze** *(Mentha spicata var. spicata)*, für die Ölgewinnung besonders die **Japanische Minze** (*Mentha arvensis L. var. piperascens* und *Mentha arvensis L. var. glabrata*) und die **Rundblättrige Minze** oder **Apfelminze** *(Mentha villosa)*. Die **Poleiminze** *(Mentha pulegium)* enthält im ätherischen Öl neben etwas Menthon vor allem Pulegon, das gesundheitlich bedenklich ist. In Vermehrung und Kulturführung sind die genannten Arten ähnlich der Pfefferminze zu handhaben.

RINGELBLUME

Calendula officinalis L.
Korbblütler, *Asteraceae (Compositae)*

Sonstige Bezeichnungen:
Butterblume, Gartenringelblume, Goldblume, Ringelrose, Totenblume

Gebräuchliche Pflanzenteile:
getrocknete, ganze oder zerkleinerte Blütenkörbchen

Handelsbezeichnung:
Flos Calendulae (cum oder *sine calycibus)*, seltener *Herba Calendulae* – Ringelblumenblüten mit oder ohne Kelch, Ringelblumenkraut

Aufkommen:
aus Kultur

Verwendung und Inhaltsstoffe

Ringelblumenblüten enthalten wenig ätherisches Öl (bis 0,02 %). Hauptinhaltsstoffe sind Quercetin- und Kämpferolglycoside und carotinoide Farbstoffe, die in der Lebensmittelindustrie verwendet werden. Ringelblumensalbe wirkt entzündungshemmend und dient der Wundbehandlung. Die Blüten werden in Teemischungen als Schmuckdroge verwendet. Innerlich wirken die Inhaltsstoffe krampflösend und beeinflussen die Galleausscheidung (Homöopathie).

Botanik

Die Ringelblume ist eine einjährige, selten überwinternde bis 60 cm hoch wachsende Pflanze mit einem charakteristischen, an Harz erinnernden Geruch. Die Wurzel ist eine spindelförmige, faserig verzweigte Pfahlwurzel. Der Stängel ist aufrecht, kantig, wenig verzweigt, mit wechselständig stehenden Laubblättern. Die Blätter sind klebrig, leicht behaart, die unteren verkehrt eiförmig, die oberen länglich lanzettlich, halbstängelumfassend. Die Blüten stehen einzeln an beblätterten Blattstielen. Die Blütenkörbchen sind mit zahlreichen schmal lanzettlichen Blättchen versehen. Die Strahlenblüten sind dottergelb bis orangegelb, innen sind kleine Scheibenblüten. Im Anbau werden nur „gefüllt“ blühende Formen verwendet. Der Blütendurchmesser beträgt 6–9 cm. Die Früchte sind äußerst vielgestaltig, meist kurzstachelig und mit Haken versehen (Flug-, Haken- und Larvenfrüchte). Das Tausendkorngewicht beträgt 5–12 g.

Standort

Die Ringelblume stellt geringe Ansprüche an den Boden. Auch auf Lehm- und Moorböden ist sie sehr blühwillig. Sehr trockene Standorte sind vielleicht weniger geeignet, ebenso sehr feuchte, tiefe Lagen wegen der Gefahr des verstärkten Mehltaubefalls. Wenig kälteempfindlich.

Düngung

Bei gut versorgten Böden phosphorbetont, zur Erhöhung des Blütenreichtums düngen. Der Bedarf kann mit 80–100 kg/ha Stickstoff (in Teilgaben), 80 kg/ha Phosphor und bis 120 kg/ha Kalium angegeben werden. Hohe Stickstoffversorgung kann zu einem geringeren Blütenansatz führen.

Sorten

Nur gefüllte Sorten mit dottergelber bis tieforanger Blütenfarbe (ohne brauner Mitte) aus dem Zierpflanzensortiment verwenden. Spezielle Zuchtsorten nur für den Arzneipflanzenanbau stehen nicht zur Verfügung.

Sortenbeispiele:

„Balls Orange“, „Golden King“, „Midas“, „Orange Gitana“, „Orangekugel“, „Persimmon Beauty“, „Erfurter Orangefarbige“, u. a.

Anbau

Direktsaat ins Feld ab Anfang April bei Reihenabständen von 40–60 cm und Saatgutbedarf von 50–80 g/100 m^2. Durch die Vielgestaltigkeit der Samen verstopfen die Sägeräte leicht. Bei zu dichtem Auflaufen ist notfalls die Pflanzenanzahl zu korrigieren: 8–10 cm Abstand in der Reihe bzw. 10–12 Pflanzen pro Laufmeter bzw. 20 Pflanzen pro m^2. Für die Blütenhandernte ist jede vierte Reihe als Erntegasse freizulassen. Die mechanische Unkrautfreihaltung in der Jugendphase ist kein Problem. Der Bestand schließt schnell.

Krankheiten und Schädlinge

Echter Mehltau *(Erysiphe cichoracearum)*, besonders im August. *Alternaria calendulae, Cercospora calendulae.* Vereinzelt Saugschäden an den Triebspitzen durch Blattläuse (vorwiegend *Aphis fabae*, sind auch Vektoren für Viruskrankheiten). Manchmal Blattfleckenkrankheit *(Entyloma calendulae)*.

Ernte und Ertrag

Blütenernte ab Mitte Juni bis Mitte August (je nach Höhenlage auch länger) durch ein- bis zweimaliges wöchentliches Abbrechen der Blumenköpfe per Hand, möglichst ohne Stiel. Eine maschinelle Ernte ist mit Blütenpflückmaschinen (Hege, Linz) möglich. Künstliche Trocknung ist zweckmäßig, da Köpfchen sehr langsam austrocknen. Das Eintrocknungsverhältnis beträgt 7–8 : 1. Köpfchenertrag getrocknet: 18–25 kg/100 m^2. Nach der Trocknung werden die Kelche abgerebelt, um die reinen Blütenblätter zu erhalten (ca. 50–75 % vom Köpfchengesamtgewicht). Bei Verwendung als Schmuckdroge ist eine Trocknung bei 80 °C empfehlenswert, weil bei dieser Temperatur die Farbe am besten erhalten bleibt.

Reiner Blütenertrag ohne Kelch 9–15 kg/100m^2. Der Pflückaufwand erfordert 4–6 Stunden für 1 kg reiner Blütenblätter. Die Droge ist lichtgeschützt zu verpacken, da die kräftig orangegelbe Farbe, besonders bei Verwendung als Schmuckdroge, erhalten bleiben soll.

Zur Krautgewinnung wird der Bestand Mitte Juli bei Vollblüte, jedenfalls noch vor dem Befall durch Echten Mehltau, geschnitten. Nach dem Wiederaustrieb ist ein zweiter Schnitt (nach 6–8 Wochen) möglich.

Bei Krauternte ist mit Erträgen von 25– 40 kg/ 100 m^2 zu rechnen. Samenertrag 300–600 kg/ha.

Rittersporn

Delphinium consolida (syn. *Consolida regalis* S.F. Gray)
Delphinium ajacis J. Gay
Hahnenfußgewächse *(Ranunculaceae)*

Sonstige Bezeichnungen:
Acker- oder Feldrittersporn, Adlerblume, Delphinblumen, Hafergiftblume, Lerchenklaue

Gebräuchliche Pflanzenteile:
die getrocknete ganze Blüte

Handelsbezeichnung:
Flos Delphinii Consolidae, Flos Consolidae regalis, Flos Calcatrippae – Ritterspornblüten

Aufkommen:
aus Wildsammlung oder Kultur; in Kultur meist Gartenrittersporn (*Delphinium ajacis*), auf den sich auch die Kulturbeschreibung im Wesentlichen bezieht

Verwendung und Inhaltsstoffe

Im Rittersopornkraut sind ca. 1 % Diterpen-Alkaloide und 0,3 % Mannit, in der alkaloidfreien Blüte das blaue Anthocyan-Glykosid Delphinin und das gelbe Kämpferol enthalten. Früher wurde die ganze blühende Pflanze in Aufgüssen als harntreibendes Mittel und gegen Eingeweidewürmer verwendet, heute die Blüten zum Schönen von Teemischungen, Färben von Zuckerwaren oder zur Bereitung von Augenwässer. Gelegentlich in der Homöopathie. Schmuckdroge.

Botanik

Rittersporn ist einjährig bis einjährig überwinternd, hat eine kräftige Pfahlwurzel und einen 1,20 m hohen Stängel, der sperrig verzweigt und dünn ist. Die Blätter sind 3zählig mit 2–3teiligen Blättchen und schmalen, 1–2 mm langen Zipfeln. Die Blüten sind gestielt und in wenigblütigen, endständigen Trauben angeordnet. Die Blütenhülle besteht aus fünf blumenblattartigen, blauvioletten Kelchblättern, die eigentlichen Blumenblätter sind unscheinbar. Die Früchte sind Balgkapseln mit vielen kleinen, braunen Samen. Das Tausendkorngewicht beträgt 1,9–2,5 g. Samenreife ab Mitte August.

Standort

Rittersporn ist nicht anspruchsvoll, möglichst jedoch sonnenreiche Lagen für Blütenreichtum wählen. Keine stauende Nässe, keine stark gedüngten Vorfrüchte. Nicht kälteempfindlich.

Düngung

Keine stickstoffreiche organische Düngung wie Stallmist oder dgl. verabreichen. Zu starke Düngung erhöht die Lagergefahr. Es reichen Gaben von 60 kg/ha Stickstoff, 60 kg/ha Phosphor und bis 120 kg/ha Kalium. Bei Kultur auf Mulchfolie sind die Dünger vor dem Folienverlegen zu streuen.

Sorten

Meist sind „gefüllt“ blühende Sorten aus dem Zierpflanzenbau im Anbau.

Sortenbeispiele:

„Exquisite dunkelblau“, „Blaue Pyramide“.

Anbau

Eine Direktsaat ist im Prinzip möglich, wird aber selten praktiziert. Der Saatgutaufwand wäre zu hoch, die Keimung erfolgt zu langsam und der Bestand verunkrautet vorzeitig. Jungpflanzenvorkultur bei Aussaat Anfang März im Gewächshaus und Pikieren in Anzuchtplatten. 6–8 g ergeben 1.000 Pflanzen, die Keimfähigkeit ist oft mangelhaft. Ausgepflanzt in das Freiland wird Ende April bis Anfang Mai in Beetform bei Pflanzabständen von 20–30 x 20 cm, 4–6 Reihen pro Beet. Für 100 m^2 werden 1.700 bis 2.500 Pflanzen gebraucht. Eine Erntegasse von mindestens 60 cm ist von Beet zu Beet freizulassen. Eine Pflanzenstützung ist notwendig. Als praktisch hat sich ein waagrecht gespanntes Blumengitter (120 cm breit, Maschenweite 15–20 cm) in 60–70 cm Höhe auf Holzpflöcken erwiesen.

Rittersporn ist wenig bodendeckend, daher ist auf die Unkrautfreihaltung besonders zu achten. Mechanische Bekämpfung oder Handhacke, Mulchung zumindest der Erntegassen ist empfehlenswert.

Krankheiten und Schädlinge

Echter Mehltau *(Erysiphe ranunculi)*, Welke-Fußvermorschung *(Sclerotium delphinii)*, Stängelgrundfäule *(Rhizoctonia sp.)*.

Ernte und Ertrag

Ab Blühbeginn Mitte Juni bis Ende August werden die Blüten vom Stängel händisch, mindestens 1–2mal wöchentlich, von unten nach oben abgestreift. Dabei keine grünen Blatteile miternten. Die Haupternte fällt in den Juni. Die Blüte kann notfalls eine Woche auf der Pflanze ohne Qualitätsverluste verbleiben. Der Pflückaufwand beträgt 5–7 Arbeitsstunden für 1 kg getrocknete Blüten.

Natürliche Trocknung der Blüten auf Horden (3–4 Tage), auch in der Sonne (bleichen nicht aus). Bei technischer Trocknung können Temperaturen bis 70 °C gefahren werden. Das Eintrocknungsverhältnis beträgt 3,5–4 : 1. Erwünscht ist die dukelblaue Blütenfarbe. Es können Blütenerträge von 12–20 kg/100 m^2 realisiert werden. Verpackung lose im Karton.

SAFLOR

Carthamus tinctorius L.
Korbblütler, *Asteraceae (Compositae)*

Sonstige Bezeichnungen:
Öldistel, Färberdistel, Falscher Safran

Gebräuchliche Pflanzenteile:
das fette Öl der Früchte, die Blüten

Handelsbezeichnung:
Oleum Carthami – Safloröl,
Flos Carthami – Färberdistelblüten

Aufkommen:
aus Kultur

Verwendung und Inhaltsstoffe

Ursprünglich lag die Bedeutung von Saflor in seinem Gehalt an Farbstoffen. In letzter Zeit haben diese natürlichen Farbstoffe wieder an Bedeutung gewonnen, indem sie zur Färbung von Lebensmitteln (auch als Ersatz für Safran) und Getränken herangezogen werden. Für die Farbwirkung sind zwei Stoffe verantwortlich, nämlich das rote Carthamin und das Pigment Saflorgelb. Letzteres löst sich leicht in Wasser und Alkohol, während sich Carthamin nur in Fett löst.

Seine Bedeutung als Ölpflanze erlangte Saflor erst in neuerer Zeit: einerseits wegen seiner Dürreresistenz und andererseits wegen seines hochwertigen Öles. Saflorsamen setzen sich zu 25–37 % aus fettem Öl, 12–22 % Eiweiß, 35–52 % Schalenanteilen und zu 5–11 % aus Wasser zusammen. Der Züchtung ist es gelungen, den Schalenanteil zu senken und den Ölgehalt zu erhöhen.

Im Fettsäurespektrum überwiegt die Linolsäure (C 18 : 2) mit bis zu 80 %, gefolgt von Ölsäure (C 18 : 1) 10 %, und Palmitinsäure (C 16 : 0) > 6 %. Damit ist Saflor eine der Pflanzen mit dem höchsten Anteil an Linolsäure, einer zweifach ungesättigten Fettsäure, die für die menschliche Ernährung essentiell ist. Safloröl wird daher für hochqualitative Kochöle und Margarine verwendet.

Der Ölkuchen enthält je nach Schalenanteil 19–36 % Eiweiß. Er eignet sich damit gut als Tierfutter, allerdings nicht für junge Hühner.

Botanik

Saflor ist eine einjährige, aufrechte, distelartige Pflanze. Er hat eine tiefe Pfahlwurzel und einen kräftigen Stamm, der sich im oberen Teil verästelt. Die lederartigen, gegenständigen Blätter sind eiförmig, glänzend grün und die der meisten Sorten bestachelt. Die endständigen Blütenköpfe variieren, je nach Stellung, in ihrer Größe und besitzen 20–150 Blüten, von denen jedes ein Samenkorn produzieren könnte. Sie sind anfänglich von gelboranger Farbe, später grellrot. Die modernen Sorten sind in der Regel selbst- bis schwach fremdbefruchtend. Die Wuchshöhe beträgt 60–130 cm, je nach Wachstumsbedingungen. Samengröße und -farbe sind abhängig von der Sorte und den Umweltbedingungen. Die Frucht ist eine Achäne. Zumeist sind die Samen weiß mit einem dunkelbraun-schwarzen Basalpunkt und ähneln in Form und Aussehen jenen der Sonnenblume. TKG: ca. 30–45 g.

Standort

Saflor ist an einen relativ weiten Klimabereich angepasst. Die Keimung setzt ab 5 °C ein und hat ihr Optimum bei 16 °C. Im Jugendstadium verträgt Saflor Temperaturen bis -10 °C, Blüte und Samenreife müssen aber frostfrei sein. Hohe Luftfeuchtigkeit und Nebel erhöhen die Gefahr pilzlicher Erkrankungen. Starker Regen während der Blüte kann die Befruchtung behindern. Obwohl Saflor auf Grund seines verzweigten Wurzelsystems relativ trockenresistent ist, braucht er genügend Bodenfeuchte zur Reife. Fehlende Wasserversorgung in der Keimphase kann zu starken Verlusten führen.
Saflor wächst am besten auf tiefgründigen Böden mit einer neutralen Bodenreaktion, bringt aber auch auf leichteren Böden ausreichende Erträge.
Die Kultur hat keine spezifischen Ansprüche an die Vorfrucht. Es kommen praktisch alle Feldfrüchte als Vorfrucht in Frage. Wegen seines nicht allzu hohen Stickstoffbedarfs stellen Leguminosen eine Luxusvorfrucht dar. Wegen der Krankheitsgefahr sollte Saflor nicht nach sich selbst gestellt werden.

Düngung

In der Literatur reichen die Empfehlungen für die Stickstoffdüngung von 20–200 kg N/ha. In eigenen Versuchen in Österreich erwiesen sich Gaben um 50 kg N/ha als ausreichend. Höhere Mengen hatten weder auf den Kornertrag noch auf den Fettgehalt und den Fettertrag einen positiven Einfluss. Bei ausreichender Bodenversorgung sind Gaben von 40–60 kg P_2O_5/ha und 80–100 kg K_2O/ha angebracht.

Sorten Vor allem in den Vereinigten Staaten, Canada und Australien sind eine Reihe moderner Sorten zugelassen, die aber großteils noch nicht in unserem Klimagebiet geprüft wurden.

Sortenbeispiele:

Ungarn: „Pannonia“, „Erika“, „Budakalaszi“
USA: „AC Sterling“, „AGC 353“, „A-24“
Spanien: „Alarosa“, „Alcaida“, „Marta“, „Olizor“, „SM-8“, „SM-9“, „Saffola P202“, „Sepasa 317“, „Karmona“
Italien: „Belisario“, „Bonello“, „Roberto“

Anbau Der Anbau kann mit einer Drillmaschine Ende März bis Anfang April erfolgen. In der Praxis haben sich im Trockengebiet Reihenweiten von 22 cm und in feuchteren Lagen von 40 cm bewährt. In Abhängigkeit vom Tausendkorngewicht beträgt die Saatstärke ca. 30–40 kg/ha. In manchen Gebieten werden auch deutlich niedrigere Saatstärken empfohlen (18–20 kg/ha). Bei niedrigen Saatstärken wird die Pflanze zu stärkerer Verzweigung angeregt. Zu starke Einzelpflanzen führen aber zu kleinen und teilweise unterentwickelten Köpfchen. Die Saattiefe sollte rund 3 cm, kann aber auf trockenen Sandböden oder bei Gefahr von Vogelfraß auch tiefer liegen (4–6 cm). Zur Unkrautbekämpfung sind in einigen Ländern die Wirkstoffe Benfluralin, Linuron + Monolinuron und Trifluralin zugelassen.

Krankheiten und Schädlinge Rost *(Puccinia carthami)* kann stärkere Schäden verursachen, wenn er im Jugendstadium auftritt. Saatgutbeizung und weite Fruchtfolgestellung können die Infektionsgefahr verringern. Wurzelfäule *(Phytophthora drechsleri)* wird vor allem bei hohen Temperaturen und gleichzeitig hoher Bodenfeuchte gefährlich. Der Pilz *Alternaria carthami* verursacht große, unregelmäßig braune Blattflecken und schädigt, wie auch *Botrytis cinerea*, die Köpfchen. Die Samenkörner werden taub, womit der Ertrag erheblich leiden kann. Beide Krankheiten treten verstärkt bei starken Niederschlägen und hoher Luftfeuchtigkeit auf. Im Augenblick sind diese Krankheiten die gefährlichsten in Österreich. Weiters sind Welkekrankheiten *(Verticillium dahliae)*, Fusariumfäule *(Fusarium oxysporum f. sp. carthami)* und Mehltau *(Erysiphe cichoracearum)* zu nennen.

Saflor wird auch von einer Reihe von Schädlingen befallen. In Frankreich verursachte die Saflor-Fliege *(Acanthiophilus helianthi)* große Schäden. Auch Blattläuse *(Dactynotus carthami)* und Thripse können auftreten. Saflor ist empfindlich gegen Nematoden, die Wurzelfäule verursachen.

Ernte und Ertrag Der Mähdrusch soll dann erfolgen, wenn die Blätter braun und trocken und nur mehr wenige grüne Blütenköpfe zu finden sind. In Österreich ist das meist Ende August bis Anfang September der

Fall. Die Köpfchen lassen sich dann zwischen den Fingern leicht zerreiben. Bei ganz dürren Pflanzen brechen Stängel und Blätter in kleine Teile, die nur schwer von den Samenkörnern zu trennen sind. Bei kräftigen und hohen Pflanzen sollte der Dreschtisch hoch genommen werden, um „Trommelwickler" zu vermeiden. Der Wind des Mähdreschers sollte so eingestellt sein, dass taube Körner gleich entfernt werden.

Restliche Stängelteile und taube Körner können mit einer Siebreinigung (Rundlochsiebe) entfernt werden. Saubere Ware wird deshalb angestrebt, weil taube Körner den Fettgehalt verfälschen. Bei feuchtem Erntegut ist eine Trocknung auf etwa 12 % nötig.

In Ostösterreich kann mit Erträgen um 2.000 kg/ha gerechnet werden. In guten Jahren kann der Ertrag bis 3.300 kg/ha steigen, in Kalifornien sind Erträge bis 4.800 kg möglich.

Die Ernte der Blütenblätter kann nur händisch erfolgen und ist daher äußerst zeitaufwendig. Die Blütenblätter werden nach der Vollblüte abgezupft, wenn sie schon kräftig rot sind. Da die Pflanzen ungleich abblühen, sind mehrere Pflückvorgänge notwendig. Die Blüten sollten rasch bei Temperaturen von 50–60 °C getrocknet und wegen ihrer hygroskopischen Eigenschaften luftdicht verpackt werden. Ertragserwartung: 8–10 kg/ar frische Blütenblätter und 2–3 kg/ar trocken.

SALBEI

Salvia officinalis L.
Lippenblütler, *Lamiaceae (Labiatae)*

Sonstige Bezeichnungen:
Gebräuchlicher Salbei, Gartensalbei, Edelsalbei

Gebräuchliche Pflanzenteile:
das getrocknete Laubblatt

Handelsbezeichnung:
Folium Salviae – Salbeiblätter (ÖAB, DAB 10, Ph. Helv. VII)

Aufkommen:
aus Kultur (hauptsächlich aus dem Mittelmeergebiet), zum Teil auch noch aus Sammlung

Verwendung und Inhaltsstoffe

Salbei wird in der Medizin in Form von Tees, Extrakten oder Tinkturen verwendet. Auch das ätherische Öl alleine wird eingesetzt. Bei äußerlicher Verwendung hat Salbei eine desinfizierende, entzündungshemmende und zusammenziehende (adstringierende) Wirkung und wird deshalb zum Gurgeln und Spülen bei Entzündungen des Mund- und Rachenraumes genutzt. Innerlich wird Salbei wegen seiner speichel- und schweißsekretionshemmenden Wirkung verabreicht.

In vielen Ländern ist Salbei ein beliebtes Gewürz zu Geflügel, Fleisch, Fisch, Käse, Suppen und wird auch Gewürzmischungen zugesetzt. Er hat einen würzig bitteren, leicht brennenden, an Campher erinnerenden Geschmack.

Der Mindestgehalt an ätherischem Öl beträgt 1,5 % (lt. ÖAB und DAB 10), kann aber bis 2,5 % reichen. Es setzt sich hauptsächlich aus α, ß-Thujon, 1,8-Cineol, Campher, Borneol und Bornylacetat zusammen. Weiters enthält Salbei Gerbstoffe (ca. 7 %) und Bitterstoffe (Carnosol). Der Gerbstoffgehalt muss laut ÖAB qualitativ nachweisbar sein.

Da Thujon auch toxische Eigenschaften aufweist, dürfen Salbeitee oder -präparate nicht über einen längeren Zeitraum angewendet werden.

Botanik

Salbei ist ein 50–60 cm hoher Halbstrauch mit unten verholzten und verzweigten Stängeln, die einem büschelförmigen, tiefreichenden Wurzelstock entspringen. Die gegenständig stehenden Blätter sind langgestielt, länglich eiförmig, leicht gezahnt und vor allem in der Jugendphase dicht silbrig behaart. Die Oberseite zeigt stark eingesenkte, netzförmige Nervatur, die auf der Blattunterseite stark hervortritt. Die Blüten sind zu 6–8 übereinander stehenden Scheinquirlen angeordnet und von blauer, violetter, manchmal auch weißer Farbe. Die Nüsschen sind kugelig, ca. 2 mm groß, dunkelbraun bis schwarz, mit einem weißen Nabel. TKG: 7–10 g.

In Kultur sind verschiedene Arten bzw. Unterarten, die sich außer in ihrer Wuchsform auch in ihren Inhaltsstoffen unterscheiden.

S. officinalis ssp. officinalis dalmatinischer Herkunft ist reich an α, ß-Thujon und arm an Campher. Hingegen ist Spanischer Salbei *(S. officinalis ssp. lavandufolia)* reich an Campher und enthält kaum Thujon. Er wird hauptsächlich für kosmetische Zwecke (Seifen) verwendet. *S. triloba* (Griechischer Salbei) ist reich an Cineol, soll aber nicht so aromatisch sein wie Dalmatinischer Salbei.

Standort

Besonders geeignet sind warme windgeschützte Lagen. Böden mit guter Kalkversorgung und ohne Staunässe werden bevorzugt. Stark humose Standorte sind nicht geeignet. Mit zunehmender Seehöhe des Standortes erhöht sich der Tanningehalt (kann bis 700 m Seehöhe kultiviert werden). Toleriert Trockenperioden. Mittlere Frostempfindlichkeit, aber -15 °C über mehrere Tage können den Bestand zerstören.
Als Vorfrucht eignen sich Hackfrüchte und Leguminosen, aber auch Getreide. Mit sich selbst soll Salbei verträglich sein. Als Nachfrucht eignet sich Getreide, weil darin Durchwuchs leicht bekämpft werden kann.

Düngung

Eine gute Versorgung mit organischer Substanz ist bei einer Kulturdauer von 3–4 Jahren wichtig.
Umfangreiche Versuche in Italien haben gezeigt, dass Stickstoffgaben ab dem zweiten Standjahr von 150 kg N/ha optimal sind. Diese 150 kg sollten geteilt werden, die eine Hälfte soll vor Vegetationsbeginn verabreicht werden, die zweite nach dem ersten Schnitt. Im ersten Jahr reicht eine Gabe von 50 kg N/ha. Bayerische Versuchsergebnisse legen Gaben von 120 kg N, 30 kg P_2O_5 und 140 kg K_2O/ha nahe. Nach ungarischen Empfehlungen sind Gaben von rund 60 kg K_2O/ha ausreichend.
Angeblich senken höhere Phosphatgaben den ätherischen Ölgehalt und erhöhen den Tanningehalt.

Sorten

„Bona" (PL, 30 dt/ha Drogenertrag, 1,4 % äther. Öl, 85 % der Pflanzen sind männlich steril) und „Extrakta" aus Deutschland sind beide hoch wachsende Sorten mit violetten Blüten und ähnlichem ätherischen Ölgehalt. In Tschechien ist noch die alte Sorte „Krajova" registriert.

Anbau

Mancherorts wird ein Direktanbau praktiziert. Mit einem Präzisionssägerät, aber auch in Drillsaat sind Saatstärken zwischen 4–6, aber auch bis 10 kg/ha üblich. Saattiefe 1,5 cm. Der Anbau sollte auf erwärmten Böden gegen Ende April erfolgen. Reihenweite 50–60 cm. In manchen Ländern wird auch wesentlich enger gesät (ca. 25 cm Reihenabstand) mit dementsprechend höherer Saatstärke (15 kg/ha). Aussaatzeit: zweites Aprildrittel.
Sicherer ist eine Anzucht. 8 g erbringen 1.000 Pflanzen. Anbau ab März (unter Warmglas) und Auspflanzen ab Mai (bis Ende Juni). Eine Standweite von 40 x 25 ist empfehlenswert. Engere Reihenweiten erhöhen zwar den Ertrag, erschweren aber die Erntearbeiten und die Unkrautbekämpfung. In manchen Anbaugebieten wird Salbei auch einjährig kultiviert.

Schließlich lässt sich Salbei auch vegetativ aus Kopfstecklingen vermehren. Ab Mitte Mai werden 5 cm lange Triebspitzen mit einem scharfen Messer von den Mutterpflanzen abgeschnitten, in ein Bewurzelungshormon getaucht und in ein feuchtes Sand-Torfkultursubstrat-Gemisch gesteckt. Bis zur Bewurzelung werden die Pflanzen mit Glas oder Folie abgedeckt. Nach 3–4 Wochen und einer Abhärtungsphase können die Jungpflanzen maschinell oder von Hand gepflanzt werden (50.000 Pflanzen/ha).

Vor allem bei Direktsaat wird Salbei, bedingt durch seine langsame Jugendentwicklung, durch Unkräuter stark konkurrenziert. In etablierten Beständen ist der Unkrautdruck geringer.

Um kräftige und stark austreibende Pflanzen zu erhalten, ist es ratsam im Frühjahr des zweiten Jahres die Pflanzen auf 10 cm zurückzuschneiden. Dadurch werden mehr junge Triebe mit hohem Inhaltsstoffgehalt erreicht.

Krankheiten und Schädlinge

Krankheiten und Schädlinge treten kaum auf. Vereinzelt wird von einem Befall mit Mehltau *(Erysiphe salviae)* und Rost *(Puccinia salviae)* berichtet. Mehltau kann mit Schwefelpräparaten bekämpft werden. Zikaden *(Cicadella viridis)* können in Trockenperioden gefährlich werden.

Ernte und Ertrag

Im ersten Jahr ist nur eine Ernte (Ende August), ab dem zweiten Jahr sind zwei Ernten möglich. Sie erfolgt mit dem Mählader vor der Blüte in einer Höhe von 10, besser 15 cm vom Erdboden, jedenfalls oberhalb der verholzten Teile. Eine händische Ernte ist nicht mehr rentabel. Der erste Schnitt erfolgt etwa Anfang Juni und ist ertragreicher als der zweite Ende August/Anfang September.

Die Ertragsangaben schwanken je nach Region sehr stark. In Bayern sind Erträge im ersten Jahr von 130–230 dt/ha frisches Kraut, 70–120 dt/ha frische Blätter und 10–28 dt/ha Blattdroge möglich, im zweiten Jahr kann mit 330–370 dt/ha frisches Kraut, 220–240 frische Blätter und 32–45 dt/ha Blattdroge gerechnet werden. Hingegen werden in Ungarn nur 50–80 dt/ha frisches Kraut und 25–30 dt/ha frische Blätter erwartet. In Ostösterreich ist eher ein ungarisches Ertragsniveau zu erwarten, da die Kultur oft noch vor einer nennenswerten Blattbildung vorzeitig in Blüte geht. Das Eintrocknungsverhältnis beträgt 5 : 1.

Da Salbei rasch das Aroma verliert, muss rasch, aber vorsichtig getrocknet werden (45 °C). Die Entfernung der Stängel kann sowohl vor als auch nach der Trocknung erfolgen.

Für die Gewinnung des ätherischen Öls wird Salbei in der Vollblüte geerntet. Die höchsten Ölgehalte werden zu Mittag erreicht. Erträge von 8–10 kg/ha sind realistisch. Der ätherische Ölgehalt erreicht im Frischgut 0,2–0,3 %, im Trockengut 1,2–2,5 %. Samenerträge 500–700 kg/ha.

Verwandte Arten

Im Mittelmeergebiet wird auch der zweijährige **Muskateller-Salbei** (*Salvia sclarea* L.) zur Gewinnung des blühenden Krauts, aber insbesondere des ätherischen Öls wegen genutzt (Parfum- und Waschmittelindustrie, Weinaroma). Die Pflanze gedeiht auch in Mitteleuropa. Ein Direktanbau mit 15 kg/ha ist möglich, TKG: 3,5–5 g. Sorten: „Akali“ (Ungarn), „Trakiyska“, „Boiana“ (Bulgarien). Düngung: jeweils 60 kg N, 50 kg P_2O_5 und 90 kg K_2O/ha. Kopfdüngung mit Stickstoff im Frühjahr des zweiten Jahres. Erträge um 100 dt/ha frisches, blühendes Kraut, bzw. 25 dt/ha trockenes. Ätherischer Ölgehalt 0,1–0,3 %.

SCHABZIGERKLEE

Trigonella coerulea (L.) Ser
Hülsenfrüchtler, *Fabaceae (Leguminosae)*

Sonstige Bezeichnungen:
Brotklee, Blauer Steinklee, Bisamklee

Gebräuchliche Pflanzenteile:
getrocknetes, blühendes Kraut

Handelsbezeichnung:
Herba Trigonellae coerulae –
Schabzigerklee-Kraut

Aufkommen:
aus Kultur

Verwendung und Inhaltsstoffe

Die Blätter enthalten das physiologisch unwirksame Alkaloid Trigonellin und besitzen einen würzigen Geschmack, ähnlich Liebstöckel. Das Kraut des Schabzigerklees war früher offizinell, heute wird es nur noch gelegentlich in der Volksmedizin verwendet.

Die gemahlene Krautdroge wird im Alpengebiet und Balkan als Käsegewürz (Kräuterschmelzkäse) und als Brotgewürz verwendet (Südtiroler Vintschgerl).

Botanik Der einjährige Schabzigerklee bildet aus einer Pfahlwurzel vorwiegend aufrechte Stängel, die unten kahl, oben etwas abstehend behaart sind. Die wärmeliebende Pflanze mit bleichgrüner Farbe kann bis 100 cm hoch werden. Die dreizähligen (steinkleeartigen) Laubblätter sind lang gestielt, eiförmig, lanzettlich. Die Blüten in den Achseln der oberen Laubblätter bilden kleine kopfige Trauben, sind hellblau, selten weiß, violettblau geadert und werden gerne von Bienen besucht. Blütezeit Juni bis Juli. Die Hülsen sind stielrund, länglich-eiförmig, bis 7 mm lang, geschnäbelt. Die Samen sind rundlich bis nierenförmig, 2,5 mm lang, 2,0 mm breit bis 1,2 mm dick, mit feinwarziger Oberfläche, gelbgrün bis dunkelbraun. TKG 1,2–2,7 g.

Standort Schabzigerklee gedeiht auf allen kleefähigen Böden, die nicht zu nährstoffreich sind. Nicht nach Stallmistgaben stellen. Der pH-Wert sollte neutral bis alkalisch sein. Schabzigerklee hat einen guten Vorfruchtwert.

Düngung Schabzigerklee benötigt als Nährstoffe besonders Stickstoff, Kalium, Kalzium und Mangan. Bei mittlerer Bodenversorgung sollen je ha 120 kg Stickstoff, 30 kg Phosphor, 200 kg Kalium, 20 kg Magnesium und 85 kg Kalzium verabreicht werden. Die Stickstoffgabe soll geteilt werden, 2/3 vor dem Anbau, 1/3 nach dem Schnitt. Schabzigerklee ist nicht chloridempfindlich.

Sorten Es sind keine speziellen Sorten im Handel.

Anbau Die Direktsaat erfolgt Ende April bis Anfang Mai, bis spätestens Anfang Juli, bei einem Reihenabstand von 40–50 cm, je nach Hackgerätespur. Saatgutbedarf 15–20 kg/ha. Je nach Keimfähigkeit und Bodenfeuchte läuft die Saat nach 10–14 Tagen auf.

Die Unkrautbekämpfung erfolgt mechanisch mit ein- bis zweimaligem Hacken.

Krankheiten und Schädlinge Bisher konnten keine gefährlichen Schädlinge beobachtet werden. Der Echte Mehltau kann auftreten. Gegebenenfalls vorzeitig ernten.

Ernte und Ertrag Für die Krautnutzung erfolgt die Ernte bei Blühbeginn (Juni) mit Balkenmäher oder Grüngut-Schnittlader. Ist ein zweiter Schnitt (Juli bis August) vorgesehen, wird 20 cm über dem Boden geschnitten, um einen Neuaustrieb zu sichern.

Die Trocknung erfolgt auf üblichen Trocknungsanlagen, wobei der Stängelanteil die Trocknung wesentlich verzögert. Schabzigerklee

wird erst bei der Trocknung aromatisch. Eintrocknungsverhältnis 7–9 : 1. Für die weitere Aufarbeitung kann ein Entfernen der groben Stängel notwendig (häckseln, absieben) sein. Je nach Verwendungsrichtung und Abnehmer wird Kraut mit oder ohne Stängel gehäckselt und gemahlen geliefert.
Je nach Feldbestand und Schnittanzahl sind Frischkrauterträge von 150–290 dt/ha möglich bzw. Trockenkraut von 17–34 dt/ha. Dies ergibt 11–25 dt/ha stängelfreie Ware.
Bei Drusch des samenreifen Bestandes sind 20–30 dt/ha Saatgutertrag zu erzielen.

SCHAFGARBE

Achillea millefolium L.
Korbblütler, *Asteraceae (Compositae)*

Sonstige Bezeichnungen:
Feldgarbe, Garbenkraut

Gebräuchliche Pflanzenteile:
die zur Blütezeit gesammelten und getrockneten oberirdischen Teile

Handelsbezeichnung:
Herba Millefolii – Schafgarbenkraut (ÖAB, Ph. Helv. VII)

Aufkommen:
aus Kultur und Wildsammlung

Verwendung und Inhaltsstoffe

Da die Schafgarbe ähnliche Inhaltsstoffe enthält wie die Kamille, entspricht auch ihre therapeutische Anwendung der der Kamille. Schafgarbe hat somit eine entzündungshemmende und krampflösende Wirkung. Blüten und Blätter haben einen bitteren und zusammenziehenden Geschmack. Das ätherische Öl wird von der Kosmetikindustrie in Shampoos und Salben eingesetzt.

Laut ÖAB muss das Kraut mindestens 0,2 % ätherisches Öl enthalten (die Blüten enthalten bis 0,5 %, die Stängel und Blätter nur 0,02–0,07 %). Vor allem die Blüten enthalten die Proazulene Matrizin und Millefolin, aus denen bei der Destillation das blaue (Cham-)Azulen entsteht (lt. ÖAB mindestens 0,005 %). Bei der Destillation von Blättern und Stängeln entsteht kaum Chamazulen. Als weitere Inhaltsstoffe sind das bitter schmeckende Achillin, Sesquiterpenlactone und Tannine zu nennen.

Da nicht alle Herkünfte im ätherischen Öl Azulen enthalten, sollte man sich vor Anbau größerer Flächen davon überzeugen, dass im verwendeten Pflanzenmaterial ausreichend Proazulene bzw. Chamazulen vorkommen (intensive Blaufärbung des ätherischen Öls).

Botanik Die Schafgarbe ist eine ausdauernde Staude mit einem rundlichen unter der Erde kriechenden Wurzelstock, einem innen markigen, außen schwach behaarten Stängel (15–70 cm hoch) und schmal-lanzettlichen, zwei- bis dreifach gefiederten Blättern. Die Blüten sind in einer rispigen Scheindolde angeordnet und sind schmutzig weiß bis rosa. Die Frucht ist eine Achäne, beige, 1,5 x 0,51 mm groß und flachgedrückt mit einem umfassenden, schmalen Flügelrand, aber ohne Pappus. TKG: 0,15 g.

Achillea millefolium ist eine formenreiche Sammelart, die folgende Unterarten umfasst: *ssp. millefolium* mit *forma rosea* und *purpurea*, *ssp. collina*, *ssp. sudetica*, *ssp. pannonica*. Sie unterscheiden sich in ihrer Ploidiestufe und teilweise auch in ihren Inhaltsstoffen. So sollen vor allem die tri- und tetraploiden Rassen zur Azulenbildung befähigt sein.

Standort Da die Schafgarbe ein weites Verbreitungsgebiet hat, stellt sie auch kaum Ansprüche an Standort, Klima und Vorfrucht. Zu feuchte Standorte behagen ihr allerdings nicht.

Düngung Vor der Pflanzung bzw. zu Beginn der Vegetation sind Stickstoffgaben von rund 40 kg/ha angebracht. Die zweite N-Gabe in gleicher Höhe sollte nach dem ersten Schnitt erfolgen. Eine jährliche Grunddüngung von 50 kg/ha P_2O_5 und 100 kg K_2O/ha ist empfehlenswert.

Sorten „Proa“ (D, *A. millefolium ssp. collina*) ist eine tetraploide öl- und proazulenreiche Sorte mit weissen Blüten.

„Alba“ (SK) ist eine Sorte mit mittelhohem ätherischen Ölgehalt und hohem Gehalt an Proazulen mit weißen bis hellrosa Blüten.

Wildformen sind in ihrer Inhaltsstoffzusammensetzung unsicher und damit von unsicherem medizinischem Wert.

Anbau

Bisher war die Stecklingsvermehrung üblich. Von wild wachsenden Pflanzen, die praktisch überall zu sammeln sind, können die Wurzelstöcke leicht geteilt werden. Die Pflanzung erfolgt am besten im Frühjahr, dann sind schon im ersten Jahr ausreichende Ernten zu erwarten. Allerdings ist dabei nicht sichergestellt, dass die Pflanzen die gewünschten Inhaltsstoffe in ausreichender Menge enthalten.
Auch von Wildpflanzen gesammeltes Saatgut kann in Anzuchtplatten im März angebaut und als Jungpflanze im April versetzt werden. Die optimale Keimtemperatur beträgt 20 °C. Die Pflanzabstände können 50 x 30 bzw. 40 x 40 cm betragen, die Pflanzenzahl sollte 65.000 Pflanzen/ha nicht übersteigen.
Neuerdings wurden auch mit Direktsaat gute Erfahrungen gemacht. Bei einer Saatstärke von 3 kg/ha und einem Reihenabstand von 30–50 cm wird das Saatgut Ende Sommer/ Anfang Herbst oberflächlich gedrillt.
Der Unkrautdruck ist infolge der langsamen Jugendentwicklung vor allem im ersten Jahr und jeweils nach einem Schnitt groß. In älteren Beständen entsteht Konkurrenz durch ausdauernde Unkräuter. Nur queckenfreie Flächen verwenden.
Eine mehrmalige Unkrauthacke bis zum Schließen des Bestandes sollte nicht versäumt werden.

Krankheiten und Schädlinge

An Schafgarbe wurden bisher nur wenige Krankheiten und Schädlinge beobachtet.
Welkeerscheinungen sind auf diverse Erreger zurückzuführen. *Cercospora achilleae* bewirkt, dass die Blätter von der Spitze her braun werden. Vereinzelt tritt auch Echter Mehltau *(Erysiphe cichoraceorum)* auf.
Blattläuse *(Aphis sp.)* können Saugschäden an den Triebspitzen verursachen. Fraßschäden im Stängel durch Larven des Kleinschmetterlings *Hemimene petiverella*.

Ernte und Ertrag

Im ersten Jahr wird das blühende Kraut im September geschnitten, ab dem zweiten Jahr wird eine Ernte im Juli und eine im Oktober möglich sein. Die Ernte soll in der Vollblüte erfolgen. Die Pflanzen werden etwa handbreit über dem Boden abgeschnitten.

Im ersten Jahr sind Erträge von 30–50 dt Krautware pro ha zu erwarten, in den Folgejahren bis zu 150 dt/ha. Der Eintrocknungsverlust beträgt ca. 70 %.

SCHNITTLAUCH

Allium schoenoprasum L.
Liliengewächs, *Liliaceae*

Sonstige Bezeichnungen:
Schnittling, Graslauch

Gebräuchliche Pflanzenteile:
die frischen oder getrockneten Röhrenblätter

Aufkommen:
aus Kultur

Verwendung und Inhaltsstoffe

Schnittlauch kommt hauptsächlich frisch, aber auch tiefgefroren oder gefriergetrocknet auf den Markt und wird als Gewürz zu Suppen, Eiergerichten, Salaten und als Brotbelag verwendet. Obwohl er getrocknet im Geschmack fad ist, wird er in zunehmendem Umfang für Fertigkost eingesetzt. Der scharfe Geschmack des frischen Schnittlauchs geht auf den hohen Gehalt an Lauchöl (n-Propyldisulfid) zurück. Außerdem ist Schnittlauch reich an Vitamin C und Carotin.

Botanik

Bei Schnittlauch handelt es sich um ein ausdauerndes Gewächs, das Horste mit starken Wurzelballen bildet. Die Horste entstehen durch Austrieb der Seitenknospen aus der gestauchten Sprossachse. In einem Jahr können so aus einer Primärbulbe bis zu 80 Pflanzen entstehen, die über Rhizome einen mehr oder weniger fest verbundenen Horst bilden. Die Blätter sind röhrenförmig hohl, oben spitz zusammenlaufend und werden im Schnitt 25 cm (max. 60 cm) hoch. Nach einem Schnitt können die Blätter weiterwachsen, allerdings entsteht ein eingetrockneter Blattrand. Der Blütenstand ist eine vielblütige Scheindolde von kugeliger Form und rosaroter bis violetter Farbe. Die Samen sind schwarz, dreikantig, bis 2,5 mm groß und besitzen auch den typischen Lauchgeschmack. Die Keimfähigkeit nimmt innerhalb eines Jahres sehr schnell ab. TKG: ca. 1,2 g.

Standort

Außer auf mageren Böden wächst Schnittlauch auf allen Böden, die gut mit Wasser versorgt sind. Besonders sagen ihm kalkhältige und gut mit Humus versorgte Böden zu. Er ist sehr frosthart. Nach anderen Liliengewächsen sollte er wegen des möglichen Befalls durch Zwiebelfliegen nicht gestellt werden. Hackfrüchte und anderes Gemüse sind als Vorfrucht gut geeignet.

Düngung

Vor der Saat ist eine Grunddüngung mit 80 kg N, 50 kg P_2O_5 und 160 kg K_2O/ha angebracht. Nach jedem Schnitt sind Kopfdüngungen von etwa 40 kg N/ha üblich. Frische Stallmistgaben sollen unterbleiben, da diese durch Duftstoffe den Befall mit Zwiebelfliege fördern.

Sorten

Es gibt grobröhrige, feinröhrige und Übergangsformen. Für den Anbau im Freien sind fein- und mittelgrobröhrige Sorten geeignet. Aus Polycrosszüchtungen sind einige „Hybride" auf dem Markt.
Sortenbeispiele:
„Grolau", „Wielau", „Welta", „Polycross", usw.

Anbau

Der Anbau ins Freiland erfolgt, sobald es der Bodenzustand im Frühjahr erlaubt. Auf ein nur bis zur Saattiefe gelockertes, gut abgesetztes und feinkrümeliges Saatbeet ist zu achten. Verkrustete Böden vermag der auflaufende Schnittlauch nicht oder nur schwer zu durchbrechen. Bei einem Reihenabstand von 30–40 cm sind Saatstärken von 8–12 (bis 20) kg/ha üblich. Feinröhrige Formen können auch enger gestellt werden. Eine Folienabdeckung begünstigt und beschleunigt den Aufgang. Eine vegetative Vermehrung durch Stockteilung einjähriger Pflanzen ist möglich, aber zu arbeitsaufwendig. Schnittlauchbestände bleiben 2–4 Jahre ausreichend ertragsfähig. Möglich ist auch eine Anzucht von Ballenjungpflanzen im Gewächshaus und Aussetzen mit Setzmaschine.

Da Schnittlauch eine langsame Anfangsentwicklung aufweist, ist auf die Unkrautbekämpfung in dieser Phase besonders zu achten. Mehrmaliges Hacken vermindert den Unkrautdruck. In Österreich ist der Wirkstoff Cyanamid (40 l/ha) zur Unkrautbekämpfung zugelassen. Eine solche Behandlung entspricht gleichzeitig einer Stickstoffdüngung von 13 kg N/ha.
Bewässerung nach einem Schnitt fördert den Neuaustrieb und wirkt ertragserhöhend.

Krankheiten und Schädlinge

Schnittlauch kann von Rost *(Puccinia allii)* und vor allem gegen Ende der Vegetation von Falschem Mehltau *(Peronospora destructor)* befallen werden.
Ab April ist mit Befall von Zwiebelfliege *(Delia antiqua)* zu rechnen, ab Mai mit der Lauchmotte *(Acrolepia assectella)*.

Blattvergilbungen sind auf Trockenheit oder Nährstoffmangel zurückzuführen.

Ernte und Ertrag

Zur Ernte sollten die Blätter mindestens 15 cm lang sein. Für den Frischmarkt werden sie mit Messer oder Schere knapp über dem Boden abgeschnitten, Blüten und gelbe Blätter entfernt und gebündelt. Für die Verarbeitungsindustrie wird Schnittlauch mit dem Mählader oder Spinatvollernter in ausreichender Höhe über dem Boden geschnitten, sodass eine Verschmutzung mit Erde vermieden wird.
Ab dem zweiten Jahr sind drei bis fünf Schnitte möglich, mit Jahreserträgen von ca. 300 dt/ha Frischware. Trocknungsverlust: 85 %.

SCHWARZKÜMMEL

Nigella sativa L.
Hahnenfußgewächse, *Ranunculaceae*

Sonstige Bezeichnungen:
Schwarzer (Kreuz-) Kümmel, Römischer oder Schwarzer Koriander, Echter Schwarzkümmel

Gebräuchliche Pflanzenteile:
getrocknete Samen

Handelsbezeichnung:
Semen Nigellae sativae – Schwarzkümmelsamen

Aufkommen:
aus Kultur

Verwendung und Inhaltsstoffe

Die Körnerdroge Schwarzkümmel enthält den Bitterstoff Nigellin, 0,5–1,5 % ätherisches Öl, Saponine, Gerbstoffe und ca. 30–35 % fettes Öl. Das Öl entspricht in seiner Zusammensetzung dem Mohnöl und ist daher als Speiseöl geeignet (60 % Linol-, 20 % Öl- und 10 % Palmitinsäure). Schwarzkümmel wirkt schwach harn- und blähungstreibend, fördert Gallensaft- und Muttermilchbildung. Die Verdauung wird günstig beeinflusst. Hauptsächliche Verwendung als Brotgewürz (in den Ländern des Nahen Ostens), für Backwaren und Süßspeisen. Der Geschmack ist aromatisch, anfangs bitter, dann scharf würzig, kümmelartig duftend.

Botanik

Der einjährige Schwarzkümmel bildet aus einer senkrechten, fadenförmigen Wurzel meist einfache oder wenig verästelte Stängel bis 60 cm Wuchshöhe. Die Laubblätter sind mehrfach fiederspaltig und mit lanzettlichen Abschnitten versehen. Die unteren Blätter sind gestielt, die oberen sitzend, von hellgrüner Farbe. Die nektarreichen Blüten stehen einzeln und endständig. Die fünf großen Kelchblätter können weiß, grün- oder bläulich sein. Die acht Kronblätter sind langgestielt, grünlich, bei der zugespitzten Oberlippe bläulich. Blütezeit ist je nach Anbauzeit im Juli bis August. Die Frucht ist eine blasig aufgetriebene Balgkapsel, drüsig, rau, glatt bei *Nigella arvensis* (Wildform) und *Nigella damascena* (Jungfrau im Grünen). Die Samen sind matt-schwarz und drei- bis vierkantig. Das Tausendkorngewicht beträgt 1,9–2,6 g.

Standort

Sandige Lehmböden in warmen Lagen werden bevorzugt. Zur Abreife- und Druschzeit soll es wenig Niederschlag geben. Stauende Nässe wird nicht vertragen. Der Schlag sollte wenig verunkrautet sein.

Düngung

Schwarzkümmel ist nicht anspruchsvoll. Auf gut versorgten Böden kann auf Stickstoff verzichtet werden, da Schwarzkümmel bei Überversorgung zu lagern droht. Ein N_{min}-Gehalt von 60–80 kg/ha vor dem Anbau genügt. Die Phosphatgabe ist mit 40–60 kg/ha und die Kaligabe mit 80–120 kg/ha zu veranschlagen. Stallmistgaben sind nicht zu empfehlen.

Sorten

Es sind keine speziellen Sorten im Handel.

Anbau

Die Direktsaat erfolgt im April auf Reihenabstände von 20–30 cm (mindestens doppelter Getreideabstand) mit einem Saatgutbedarf von 15–20 kg/ha. Schwarzkümmel ist ein ausgesprochener Dunkelkeimer und ist meist nach 14 Tagen aufgelaufen. Die Regulierung der Beikräuter erfolgt mechanisch mit 2–3 Hacken. Schwarzkümmel deckt schlecht den Boden.

Krankheiten und Schädlinge

Es sind bisher keine bestandesgefährdenden Krankheiten und Schädlinge aufgetreten.

Ernte und Ertrag

Ab Mitte August beginnen die Samenkapseln braun zu werden, platzen auf und rascheln. Nicht immer wird ein feldmäßiger Drusch möglich sein. Mitunter ist Mähen auf Schwad und einige Tage Nachreife zweckmäßiger. Nach dem Drusch ist der Samen auf eine maximale Restfeuchte von 13 % nachzutrocknen. Die Kornerträge betragen 15–25 dt/ha.

Senf

Sinapis alba L.
Kohlgewächse (Kreuzblütler), *Brassicaceae (Cruciferae)*

Sonstige Bezeichnung:
Gelbsenf, Weißer Senf, Gewürzsenf, Senfsaat

Gebräuchliche Pflanzenteile:
der reife, getrocknete Samen

Handelsbezeichnung:
Semen Sinapis – Senfsaat, Senfsamen (ÖAB nur *Brassica nigra*, Ph. Helv. VII)

Aufkommen:
aus Kultur; die Hauptanbaugebiete liegen in Kanada und Osteuropa

Verwendung und Inhaltsstoffe

Senf ist eine alte Kulturpflanze, die als Öl-, Gewürz-, Arznei-, Futter- und Gründüngungspflanze Verwendung fand bzw. findet.

Senfsaat schmeckt beim Kauen zunächst mild-ölig, dann aber brennend scharf. Ganze Senfkörner werden für Einlegegemüse (z. B. Gurken, Mixed Pickles), aber auch für Fischmarinaden, Saucen und Fleischwaren benötigt. Speisesenf wird aus Senfmehl (ganz oder teilweise entölt) und einer Reihe von weiteren Zutaten hergestellt (Essig, Salz, Gewürze, Zucker, Wein, Most etc.). In den angelsächsischen Ländern wird teilweise noch Speisesenf selbst im Haushalt hergestellt.

Ein aus Weißem Senf bereiteter Speisesenf behält wegen der Nichtflüchtigkeit des Senföls seine Schärfe. Dies ist auf den Gehalt an Sinalbin, einem Glucosinolat, zurückzuführen, aus dem durch das Enzym Myrosinase nach Verletzung des Gewebes das nichtflüchtige p-Hydroxybenzylisothiocyanat entsteht. Der Gehalt an Sinalbin liegt bei 2,5 % (bis 4,4 %). Senf enthält weiters 25–45 % fettes Öl und ca. 30 % Eiweiß und Schleimstoffe. Das Fettsäurespektrum weist hauptsächlich Eruca-, Öl-, Linol- und Linolensäure auf. Schließlich enthält Senf auch 0,2–1 % ätherisches Öl.

Die therapeutische Verwendung von Senf als antirheumatisches und fiebersenkendes Mittel (Senfpflaster oder -wickel) ist zurückgegangen. Senf gilt als gute Bienenweide (bis 40 kg Honig pro Hektar).

Botanik

Senf ist einjährig mit einer Vegetationszeit von 110 bis 130 Tagen. Er hat einen kantigen und haarigen Stängel, der 80–200 cm hoch wird und kräftig grüne, leierförmig gelappte, stark behaarte Blätter. Er besitzt dünne, spindelförmige Wurzeln, wobei die Hauptwurzel weniger weit eindringt als die von Raps. Der endständige Blütenstand trägt eine Doldentraube, die von unten nach oben abblüht und deren Kronenblätter intensiv gelb gefärbt sind. Die Blühdauer beträgt 20–25 Tage. Die Schoten von 1–2 cm Länge enthalten 3–7 Samen und besitzen einen abgeplatteten Schnabel von ca. 2 cm Länge. Die Samen sind kugelig, 2–2,5 mm im Durchmesser und matt gelb. TKG: 5–10 g.

Standort

Weißer Senf bevorzugt Böden mit guter Kalkversorgung und ausreichender Wasserkapazität. Er ist wenig frostempfindlich, friert aber über Winter ab, wenn im Sommer als Gründüngungspflanze angebaut. Obwohl ihm mäßig feuchtes, warmes Küstenklima am meisten zusagt, ist seine ökologische Streubreite so groß, dass er auch in kontinentalen Lagen gut gedeiht. Bezüglich der Vorfrucht ist Senf wenig anspruchsvoll. Er sollte aber nicht nach sich selbst gestellt werden, bzw. auch nicht nach oder vor anderen Kreuzblütlern (z. B. Raps oder Kohlgemüse) oder in zuckerrübenstarken Fruchtfolgen (Nematodengefahr).

Düngung

Bei ausreichender Bodenversorgung ist der Phosphorbedarf mit 60 kg P_2O_5/ha und der Kalibedarf mit 80 kg K_2O/ha zu decken. Bei Unterversorgung ist insbesondere eine erhöhte Phosphorgabe zweckmäßig. In eigenen Versuchen reichten 100 kg N/ha für gute Erträge, wobei sich eine Teilung in 50 kg/ha vor dem Anbau und 50 kg/ha vor Bestandesschluss als vorteilhaft erwies. Hohe Stickstoffgaben können zu erhöhter Lagergefahr führen. Stallmist sollte zur Vorfrucht gegeben werden.

Sorten

Die meisten eingetragenen Senfsorten sind für die Nutzung als Gründüngung gezüchtet. Nur wenige bringen davon auch ausreichende Kornerträge.

Für die Körnernutzung sollte Senf nicht zu viel Blattmasse bilden, niedrige Wuchshöhen aufweisen und ausreichende Erträge mit nötiger Qualität liefern.

Sortenbeispiele:

„Budakalaszi sarga“ (H), „Mansholts“ (NL), „Trico“ (S), „Metex“ (D), „Zlata“ CZ), „Borowska“ (PL), „Nakielska“ (PL), „Valiant“ (DK) und viele andere, von denen nicht immer klar ist, ob sie sich für die Körnerproduktion eignen.

Anbau

Der Anbau sollte möglichst zeitig im Frühjahr erfolgen. Die Saatstärke liegt je nach TKG bei 8 kg/ha, in manchen Gebieten werden auch deutlich höhere Saatmengen empfohlen (bis 15 kg/ha). Eine ausreichende Bestandesdichte ist mit 50–60 Pflanzen/m^2 gegeben. Die Reihenweite sollte zumindest 20 cm betragen, bei Einsatz von Hackgeräten etwas mehr. Saattiefe 1–2 cm.

Senf hat eine sehr rasche Jugendentwicklung und schließt schnell den Bestand. Deshalb bestehen selten Unkrautprobleme.

Krankheiten und Schädlinge

Wegen seiner engen Verwandtschaft zum Raps wird Gelbsenf von den meisten Krankheiten und Schädlingen befallen, die auch den Raps befallen.

Von der Vielzahl an pilzlichen Erregern seien hier nur der Echte und der Falsche Mehltau (*Erysiphe cruciferarum* bzw. *Peronospora brassicae*), die Weißstängeligkeit *(Sclerotinia sclerotiorum)* und die Stängelfäule *(Botrytis cinerea)* erwähnt.

An den Keimpflanzen frisst der Kohl- bzw. Rapserdfloh (*Phyllotreta nemorum* und *Psylloides chrysocephala*), an den Blüten der Rapsglanzkäfer *(v. a. Meligethes aeneus)*.

Größere Schäden verursacht die Kohlrübenblattwespe *(Athalia rosae)*. Die mattschwarze Raupe frisst zuerst an der Blattunterseite, wo sie leicht übersehen wird. Später fällt sie durch Lochfraß auf, kann aber ganze Bestände skelettieren. Eine Larve pro Pflanze kann bereits kritisch sein.

Ernte und Ertrag

Die Ernte erfolgt problemlos mit dem Mähdrescher, wenn die Samen gelb, die Stängel und Blätter weitestgehend abgestorben und die Schoten gelbbraun sind. Beim Schütteln der Pflanze scheppern die Samen in der Schote. Eine zu frühe Ernte birgt die Gefahr in sich, dass die feuchten Samen schimmelig werden und damit ihre Qualität einbüßen (eine Trocknung ist wegen der Kosten nicht üblich). Bei zu später Ernte ist wahrscheinlich ein Teil der Samen bereits ausgefallen.

Eventuell kann das Schneidwerk so wie für die Rapsernte adaptiert werden (Seitenschneidwerk).

Die Erträge schwanken je nach Witterungsverlauf relativ stark

(1.100–2.400 kg/ha). Im langjährigen Schnitt kann mit 1.700 kg/ha gerechnet werden.

Der Feuchtigkeitsgehalt sollte keinesfalls über 15 % liegen, für eine längere Lagerung bei 11–12 %.

Verwandte Arten

Neben dem Gelbsenf wird auch Schwarzer Senf (*Brassica nigra* [L.] KOCH) und Sarepta Senf oder Brauner Senf (*Brassica juncea* [L.] Czern. et Coss.) für die Senferzeugung genutzt.

Schwarzer Senf ähnelt stark dem Gelbsenf, bildet aber weniger Blattmasse, die Blätter sind anders als bei Gelbsenf dunkelgrün bereift und die Schoten bilden nicht den typisch abgeplatteten Schnabel, sondern sind linealisch vierkantig. Die Samen sind dunkelbraun bis schwarz und haben ein niedrigeres TKG (rund 2,3 g). Schwarzer Senf enthält ca. 1–1,2 % Sinigrin, aus dem ca. 0,7 % Allylsenföl (= Mindestgehalt lt. ÖAB) entstehen. Die Produktionstechnik ist weitgehend die gleiche wie bei Gelbsenf. Zur Zeit ist nur die Sorte „Giebra" bekannt. Als gefährlichster Schädling tritt die Kohlblattlaus auf. Die Erträge liegen bei 800–900 kg/ha.

Sarepta Senf ist ein Bastard zwischen *B. nigra* und *B. campestris* mit großer Formenmannigfaltigkeit. Man unterscheidet im Handel zwischen „Braunsenf" mit brauner Samenfarbe und „Orientell" mit gelber(!) Samenfarbe.

Auch **Brauner Senf** enthält Sinigrin, hat ein TKG von ca. 3 g und Erträge um 1.500 kg/ha. Sortenbeispiele: „Vitasso", „Domo" (D), „Malopolska" (PL), „Budakalaszi fekete", „Negro caballo" (H), „Vulcan", „Forge", „Lethbridge 22A" (alle Canada), „Divia", „Musta", „Ficita" (alle F), „Serub" und „Sutton" (GB).

SONNENHUT

Echinacea purpurea Moench, *E. angustifolia* DC und *E. pallida*
Korbblütler, *Asteraceae (Compositae)*

Sonstige Bezeichnungen:
Kegelblume, Igelkopf

Gebräuchliche Pflanzenteile:
das frische blühende Kraut, Wurzelstock und Wurzeln

Handelsbezeichnung:
Radix Echinaceae – Sonnenhutwurzel (DAB) *Folium* und *Herba Echinaceae* – Sonnenhutblatt und -kraut

Aufkommen:
aus Kultur; die Produktion erfolgt hauptsächlich im Vertragsanbau

Verwendung und Inhaltsstoffe

Extrakte beider Pflanzenarten werden zur äußerlichen Wundbehandlung und innerlich zur unspezifischen Steigerung der Immunabwehr eingesetzt. Hauptinhaltsstoff ist ein Depsid, das sogenannte Echinacosid, bei *E. angustifolia* zusätzlich Cynarin. Weitere Inhaltsstoffe: Polysaccheride, Alkylamide, Phenolcarbonsäureesther und ätherisches Öl. Wegen der schönen, großen, purpurfarbenen Blüten werden beide Arten auch als Zierpflanzen genutzt.

Botanik

Die ausdauernden Arten unterscheiden sich durch ihre Wuchshöhe, Blattform und ihr Wurzelsystem. *E. angustifolia* und *E. pallida* haben schmal lanzettliche Blätter, werden nur bis 80 cm hoch und haben mehrere starke, senkrecht tief in den Boden reichende, pfahlartige Wurzeln. *E. angustifolia* hat gelbe Pollen und eine Chromosomenzahl von 2n = 22. *E. pallida* hat weiße Pollen und ist tetraploid (2n = 44). *E. purpurea* hat breit-lanzettliche Blätter, wird 80–120 cm hoch und hat hellbraune, faserähnliche Wurzeln, die durch Verzweigung eines senkrechten Rhizoms einen mehrköpfigen Wurzelstock bilden. Die einsamige Schließfrucht ist hellbraun und etwa 4 mm lang. TKG: 4 g.

Standort

Die frostharten Sonnenhutarten gedeihen am besten auf humosen, nicht zu schweren, siebfähigen Böden. Zu schwere oder steinige Böden sind bei der Wurzelnutzung hinderlich. Auf eine ausreichende Wasserversorgung bei großer Trockenheit und nach der Pflanzung ist zu achten. Die Ansprüche an die Vorfrucht sind gering. Vor allem nach mehrjährigen Beständen sollten Anbaupausen eingehalten werden.

Düngung

Da bisher wenig Versuchsergebnisse vorliegen, können nur grobe Faustzahlen angegeben werden. Ca. 120 kg N/ha in Teilgaben, nach dem Pflanzen bzw. Auflaufen, vor Bestandesschluss und nach dem ersten Schnitt, wenn ein zweiter zu erwarten ist. 70 kg/ha P_2O_5 und 150 kg K_2O/ha auf gut versorgten Böden erscheinen ausreichend.

Sorten

Auf ihren medizinischen Wert gezüchtete Sorten gibt es nicht im Handel, sondern nur Ziersorten (z. B. „Rubinstern", „Verbesserter Leuchtstern").

Anbau

Bei mehrjähriger Krautnutzung hat sich der Direktanbau bewährt, bei einjähriger Wurzelnutzung die Anzucht mit Verpflanzen der Jungpflanzen.

Die Direktsaat erfolgt ab Mitte April in einer Saatstärke von 2 kg/ha (TKG 3,5 g), einer Tiefenablage von 1 cm und einem Reihenabstand von rund 40 cm. Unter Folienabdeckung kann das Auflaufen wesentlich beschleunigt werden (wird aber selten praktiziert). Die Anzucht erfolgt im Glashaus ab Mitte Februar oder im Mistbeet ab Anfang April, wobei die Verwendung von Paperpots oder Erdpresswürfeln mit 3–4 Samen/Einheit das Vereinzeln erübrigt. Das Anzuchtsubstrat sollte einen niedrigen Salzgehalt aufweisen, da Sonnenhut auf hohe Salzgehalte empfindlich reagiert.

Um die relativ schlechte Keimfähigkeit zu erhöhen, kann das Saatgut entweder 1 Monat bei 0 °C in feuchtem Sand oder Torf stratifiziert oder 24 Stunden in Wasser vorgequollen werden. Bei letztgenannter Methode ist ein Zurücktrocknen erforderlich.

Ab Mitte April kann im Abstand von ca. 40 x 30 cm ins Freie gepflanzt werden. Die Entwicklung pflanzfertiger Setzlinge dauert bei *E. angustifolia* und *E. pallida* länger als bei *E. purpurea*.

Krankheiten und Schädlinge

Es wurden bis jetzt nur wenige, auf Viren (Verdrehungen, Mosaikscheckung usw.) und Bakterien (Absterben von Triebspitzen) zurückzuführende Krankheitsbilder beobachtet.

Ernte und Ertrag

Das blühende Kraut wird händisch oder mechanisch geerntet, wenn an den Hauptblütenständen mindestens ein Röhrenblüten-

kranz geöffnet ist. *E. angustifolia* und *E. pallida* blüht im ersten Jahr kaum, ab dem zweiten Jahr Mitte Juli und Oktober, *E. purpurea* kommt schon im ersten Jahr im Oktober zur Blüte.
300 dt/ha frisches Kraut pro Schnitt sind möglich. Wird nicht das frische Kraut verarbeitet, so muss es gehäckselt und bei 40–45 °C getrocknet werden (75 dt Droge/ha Schnitt). Die Wurzeln werden im späten Herbst nach Entfernung des Laubes mit Kartoffel- oder Zuckerrübenvollerntern gerodet, zerteilt (in 5–10 cm große Stücke), gewaschen und bei 45 °C getrocknet. Sie müssen so lange getrocknet werden, bis sich die Wurzeln leicht durchbrechen lassen (20–40 Stunden).
Die Wurzelerträge liegen bei *E. angustifolia* und *E. pallida* um 100 dt/ha frisch und 25 dt/ha trocken, etwas niedriger bei *E. purpurea*. Bei zweijähriger Feldnutzung, aber ohne Krauternte, können 150 dt/ha frische und 55 dt/ha trockene Wurzeln erreicht werden.

Spitzwegerich

Plantago lanceolata L.
Wegerichgewächs, *Plantaginaceae*

Sonstige Bezeichnungen:
Lanzettblättriger oder schmalblättriger Wegerich

Gebräuchliche Pflanzenteile:
das getrocknete Laubblatt

Handelsbezeichnung:
Folium Plantaginis – Spitzwegerichblatt (ÖAB, Ph. Helv. VII, Herba DAB 10)

Aufkommen:
aus Anbau, teilweise noch aus Sammlung

Verwendung und Inhaltsstoffe

Die getrockneten Blätter von Spitzwegerich enthalten Schleim, Gummi, Harze und werden in Form von Tees, Sirup und Pastillen bei Entzündungen des Mund- und Rachenraumes eingesetzt.

Ferner enthält er Tannine, das Senföl Sulphoraphen und die Glykoside Aucubin und Catalpol (1,9–2,4 %), die bei Hydrolyse Rhamnose, Galaktose, Arabinose und Mannose liefern. Aucubin ist für die Missfärbung der Blätter bei unsachgemäßer Trocknung verantwortlich.

Botanik

Spitzwegerich ist eine weitverbreitete, ausdauernde Wiesen- und Ruderalpflanze mit einer reichfasrigen Wurzel. Die lanzettlichen, parallelnervigen Blätter sind zu einer bis zu 40 cm hohen Rosette angeordnet. Aus dieser entspringen aufrechte, bis 80 cm hohe Blütenstängel mit zylindrischen bis kegeligen Ähren. Die Ähren blühen kontinuierlich von unten nach oben auf. Die Samen sind oval bis 3,5 mm groß und von hellbrauner Farbe. TKG: 1,2 g.

Standort

Da Spitzwegerich in ganz Europa weit verbreitet ist, stellt er auch keine besonderen Standortsansprüche. Besonders geeignet sind frische, eher leicht saure, humose Böden. Nicht geeignet sind schwere, undurchlässige oder zur Austrocknung neigende Böden. Als Vorfrucht sind Leguminosen günstig, bei Anbau im Sommer frühräumendes Getreide.

Düngung

Eine Grunddüngung von 80 kg N, 50 kg P_2O_5, und 100 kg K_2O/ha ist nötig, um ausreichende Erträge zu liefern. Nach jedem Schnitt sind N-Gaben von 40 kg/ha angebracht. Stickstoff soll in Nitratform verabreicht werden.
Stallmist soll sich ungünstig auf die Kultur auswirken.

Sorten

Es existieren außer der tschechischen Sorte „Libor“ nur lokale Herkünfte. In den Anbaugebieten wird regelmäßig Saatgut selbst vermehrt.

Anbau

Im Prinzip kann vom Frühjahr weg bis in den Sommer angebaut werden. Der Reihenabstand soll 25–30 cm betragen, in manchen Gebieten werden bis zu 50 cm Reihenabstand empfohlen, sodass maschinelles Hacken möglich ist. Die Saatstärke beträgt je nach Reihenabstand 6–12 kg/ha. Ablagetiefe 1,5–2 cm. Auflaufdauer ca. 14 Tage. Wegen der Kleinheit des Saatguts ist ein feines, aber gesetztes, notfalls angewalztes Saatbeet bereitzustellen. Nach der Saat ist, insbesondere bei Trockenheit ohne Bewässerungsmöglichkeit, nochmals anzuwalzen.
Mechanische Unkrautbekämpfung ist bei genügendem Reihenabstand gut möglich.

Krankheiten und Schädlinge

Schädlinge und Krankheiten treten nur in eingeschränktem Umfang auf. Beobachtet wurden dunkelbraune, runde Flecken, die durch eine Blattfleckenkrankheit (u. a. *Phyllostica plantaginis*) hervorgerufen werden und die zu einer Qualitätsminderung der Droge führen. Welkekrankheiten haben nur lokale Bedeutung.

Ernte und Ertrag

Bei Frühjahrsanbau sind im ersten Jahr drei Schnitte, bei Anbau im Sommer nur ein Schnitt möglich. Im zweiten Jahr sollten, insbesondere bei genügender Wasser- und Stickstoffversorgung, vier Schnitte zustande kommen. In manchen Gebieten ist auch noch eine Nutzung im dritten Jahr möglich. Manchmal wird der erste Schnitt nur für Fütterungszwecke genutzt.

Der Schnitt – am besten mit dem Mählader – muss vor Erscheinen des Blütenstandes erfolgen. Es sollte garantiert werden, dass keine missfärbigen Blätter oder Erde ins Erntegut gelangen. Die Trocknung sollte sehr rasch bei Temperaturen von maximal 50 °C erfolgen, da die Blätter schnell missfärbig werden. Das Eintrocknungsverhältnis beträgt ca. 5–7 : 1.

Mit Jahreserträgen von bis zu 400 dt/ha frischem Kraut bei Vier-Schnitt-Nutzung kann gerechnet werden. Getrocknet sind das rund 70 dt/ha. Die Ernte für die eigene Samenvermehrung erfolgt etwa Mitte Juli und bringt Erträge von 400–600 kg/ha.

Verwandte Arten

In Russland ist Breitwegerich *(P. major)*, in Frankreich, England und Deutschland sind die Samen von *P. afra syn. P. psyllium* (Flohsame) als mildes Abführmittel offizinell. Mit Breitwegerich konnten keine höheren Blatterträge als mit Spitzwegerich erzielt werden.

STECHAPFEL

Datura stramonium L. *(syn. Stramonium vulgatum Gaert.)*
Nachtschattengewächs, *Solanaceae*

Sonstige Bezeichnungen:
Gemeiner Stechapfel, Asthmakraut, Dornapfel, Tollkraut, Zigeunerkraut

Gebräuchliche Pflanzenteile:
die zur Blütezeit geernteten trockenen Blätter, sehr giftig!

Handelsbezeichnung:
Stramonii Folium (DAB 10, Ph. Helv. VII) – Stechapfelblätter,
Stramonii Semen – Stechapfelsamen

Aufkommen:
aus Kultur, seltener aus Wildsammlung

Verwendung und Inhaltsstoffe

Stechapfel enthält im Blatt 0,2–0,6 %, im Samen 0,3–0,5 % Alkaloide und zwar fast ausschließlich l-Hyoscyamin, daneben Atropin und l-Scopolamin (lt. DAB 10 mind. 0,25 % Gesamt-Alkaloide berechnet als Hyoscyamin). Weiters sind im Blatt wenig ätherische Öle (0,045 %) und 4,5 % Gerbstoff, im Samen fettes Öl zu finden.

Die Droge findet Verwendung für Zubereitungen gegen Asthma. In der Homöopathie wird aus dem frischen Kraut eine Essenz und aus dem Samen eine Tinktur bei manischen Erregungszuständen bereitet. Alle Pflanzenteile sind sehr giftig!

Botanik

Stechapfel gehört zur Unkrautflora im Ackerbau, ist einjährig und verfügt über eine spindelförmige Wurzel. Die aufrechten Stängel sind einfach oder gabelästig, ziemlich rund und kahl, werden bis 120 cm hoch (auf nährstoffreichen Böden noch höher). Die gestielten Laubblätter sind eiförmig, am Rande grobbuchtig gezähnt. Die Blattfarbe ist oberseits dunkelgrün, unterseits etwas heller. Die kurzgestielten Blüten stehen aufrecht in den Astgabeln. Blütezeit Juli bis September. Aus dem Fruchtknoten bildet sich eine walnussgroße grüne Kapsel, die mit stacheligen Fortsätzen besetzt ist (kann auch unbewehrt sein). Die Kapsel springt bei der Reife vierklappig auf und verstreut die braunschwarzen, 3 mm großen Samen. Das TKG beträgt 7–8 g. Der Samen ist oft nur zu 50 % keimfähig.

Standort

Stechapfel soll auf nährstoffreichen, kalkhaltigen, nicht zu trockenen Böden angebaut werden, um gute Erträge und Alkaloidausbeuten zu erzielen. Warme, sonnige Lagen sind besonders geeignet. In der Fruchtfolge ist die Kultur nach reich gedüngten, mit Stallmist versorgten Hackfrüchten oder nach Leguminosen zu stellen. Die Pflanze ist frostempfindlich.

Düngung

Stechapfel spricht vor allem auf Stickstoff an, wenn für die Blattgewinnung Massenwuchs erwünscht ist. Organische Dünger wie Stallmist oder Kompost sollen reichlich gegeben werden. Als Nährstoffbedarf kann angegeben werden: 80–120 kg/ha Stickstoff, 50–60 kg/ha Phosphor und bis 150 kg/ha Kalium. Stickstoff kann auch als Kopfdüngung im Juni gestreut werden.

Sorten

Keine Zuchtsorten verfügbar. Je nach Herkunft werden Varietäten mit bestachelten oder unbestachelten Kapseln, mit grünen oder violett angelaufenen Stängeln und Blattstielen unterschieden. Die pharmazeutische Industrie unterhält Werkskulturen mit besonders alkaloidreichen Selektionen.

Anbau

Im großflächigen Anbau kann der Stechapfel Ende April bis Anfang Mai direkt gesät werden (Spätfröste abwarten). Saatgutbedarf 3–5 kg/ha. Standweiten: 55–70 cm Reihenabstand, in der Reihe nach dem Auflaufen auf 30–40 cm vereinzeln. Die Pflanze ist sehr frostempfindlich, der Keimverlauf stark verzögert. Mit einer Auflaufdauer von 3–5 Wochen muss gerechnet werden, das heißt, der Unkrautbekämpfung ist besondere Beachtung zu widmen. Eventuell Markiersaat einsetzen.

Für den kleinflächigen Anbau ist eine Jungpflanzenvorkultur zweckmäßiger und garantiert sichere Pflanzenbestände. Aussaat ab Anfang April, Pikieren in Anzuchtplatten oder Erdpresstöpfen von 4–5 cm Durchmesser. Ausgepflanzt wird Mitte Mai auf Pflanzweiten von 60 x 30 cm, das ergibt 500–600 Jungpflanzen für 100 m^2. Durch weitere Standräume werden gut entwickelte, große Blätter für eine rentable Blattgewinnung erzielt, die Kapselerträge (bei Samengewinnung) sinken allerdings. Nach dem Auspflanzen geht die Entwicklung nur mäßig vor sich, erst nach heißen Perioden bei Sommerbeginn kommt üppiges Wachstum auf. Der Bestand soll unkrautfrei gehalten werden.

Krankheiten und Schädlinge

Treten kaum in bekämpfungswürdigem Ausmaß auf. Welkeerscheinungen durch Bakteriose *(Xanthomonas solanacearum)* und Blattfleckenkrankheit *(Alternaria crassa)* können bei starkem Befall den Alkaloidgehalt mindern.

Ernte und Ertrag

Es sind mehrere Erntemethoden möglich. Im Kleinanbau werden ab Blühbeginn im Juli die größeren Blätter mehrmals händisch abgeschnitten. Dies ist zwar arbeitsaufwendig, setzt Erntegassen voraus, bringt aber gute Blatterträge. Die auf der Pflanze zunächst verbleibenden Kapseln können zusätzlich zur Samengewinnung geerntet werden. In den Morgenstunden ist der Alkaloidgehalt am höchsten.

Im Großanbau wird der Krautschnitt – je nach Pflanzenentwicklung und Anteil bereits aufspringender Kapseln – als Einmalernte mit Mähladern, Grünguterntern oder dgl. vorgenommen. Durch Häckseln und Windsichtung kann Krüllware, möglichst stängelfrei, erzielt werden. Der untere Teil des Hauptstängels verbleibt auf dem Feld. Da ein Samenausfall bei dieser Erntemethode nicht zu vermeiden ist, ist mit der Verunkrautung der Folgekultur zu rechnen.

Die Blatt- oder Krautware ist jedenfalls rasch zu trocknen, nach Möglichkeit auf Trocknungsanlagen bei 50–60 °C, um den Alkaloidabbau zu unterbrechen. Das Eintrocknungsverhältnis beträgt 5–7 : 1. Die Droge ist nur kurzfristig lagerbar. Oft wird auch frische Ware direkt vom Arzneimittelhersteller übernommen.

Die Samenernte wird meist nach vorhergehender Blattnutzung durch händisches Abschneiden der reifen aufgeplatzten oder gerade aufplatzenden Fruchtkapsel durchgeführt. Die Kapseln werden zur Nachreife und Nachtrocknung auf Schüttboden aufgebreitet oder künstlich getrocknet und erst später aufgearbeitet. Bei allen Pflege- und Erntearbeiten der Kultur ist immer auf die Giftigkeit des Stechapfels Bedacht zu nehmen. Je nach Erntemethode, Ernteintensität und Standweite liegen die Ertragsverhältnisse bei 20–30 kg/100 m^2 stängelreicher Blattdroge oder 10–20 kg/100 m^2 Blattdroge und bei bis zu 20 kg/100 m^2 Samen. Die Ertragszahlen schwanken je nach Witterungsverlauf sehr.

Verwandte Arten

Gelegentlich werden auch die Datura-Arten *D. sp. metel* und *D. sp. innoxia (syn. meteloides)* für arzneiliche Nutzung angebaut. Die Kulturweise kann gleich gehandhabt werden. In Polen ist die Sorte „Indianka" *(D. innoxia)*, in Bulgarien „Inka" registriert. Ertragsniveau: 17 dt/ha Droge, 0,3–0,4 % Scopolamin, 0,07 % Atropin; Saatgutertrag 10 dt/ha.

STUDENTENBLUME

Tagetes erecta L.
Korbblütler, *Asteraceae (Compositae)*

Sonstige Bezeichnungen:
Samtblume, Totenblume, Tagetes

Gebräuchliche Pflanzenteile:
getrocknete Blütenköpfchen und Blütenblätter

Handelsbezeichnung:
Tageti Flores cum oder *sine calycibus* – Studentenblumenblüten mit oder ohne Kelch

Aufkommen:
aus Kultur

Verwendung und Inhaltsstoffe

Studentenblumen enthalten hauptsächlich Carotinoide (Lutein, Helenien), Beta-Carotin, Luteinepoxid, Violaxanthin und Neoxanthin. Verwendung als Farbzusatz bei Futtermittel (Hühnerfutter) und in der Nahrungsmittelindustrie (z. B. Nudeln, Margarine, Butter). Manchmal als Schmuckdroge in Teemischungen. Xanthophyll-Werte liegen bei 6.000–12.000 mg/kg.

Botanik Die einjährige Pflanze wächst bis 120 cm hoch. Die Blätter stehen wechselständig und sind meist fiederteilig. Der Stängel ist sparrig verzweigt und trägt einzeln oder in Doldentrauben gefüllte Blüten, die halbkugelig und bis 8 cm groß sind. Die Zungenblüten sind glatt, die Blütenfarbe ist orangegelb. Blütezeit Juli bis September. Das TKG beträgt 2–3 g.

Standort Humose, sandige Lehmböden mit guter Wasserversorgung an sonnigen Standorten (für Blütenreichtum) werden bevorzugt. Keine stauende Nässe. In der Fruchtfolge stehen Studentenblumen nach stark gedüngten Feldfrüchten, aber nicht nach sich selbst. Studentenblumen haben durch die nematodenmindernde Wirkung einen guten Vorfruchtwert. Frostempfindlich, daher spätfrostgefährdete Standorte meiden.

Düngung Studentenblumen sind sehr nährstoffbedürftig. Reichliche Stallmist- oder Kompostgaben, Gründüngung. Für Blütenreichtum phosphorbetont düngen. Bedarfsrichtwerte: bis 120 kg/ha Stickstoff, bis 80 kg/ha Phosphor und bis 120 kg/ha Kalium.

Sorten Kräftig orange, gefülltblühende Sorten aus Zierpflanzenbau kommen in Frage, Gelbwert ist aber sehr sortenabhängig. Sortenbeispiele hoher Typen: „Golddollar“, „Hawaii“, „Orange Jubilee“.

Anbau Direktsaat wegen hoher Saatgutkosten, Unkrautproblematik und Kälteempfindlichkeit wenig praktikabel. Jungpflanzenanzucht in Kulturräumen (Folientunnel, Glashaus) bei Aussaat ab Ende März bis Anfang April, Pikieren in Erdpresswürfel, Anzuchtplatten usw. Für 1.000 Pflanzen werden 4 g Samen benötigt. 3–4 Wochen Anzuchtdauer, Auspflanzung ins Freiland, nachdem die Gefahr der Spätfröste vorbei ist, ab Mitte Mai. Der Pflanzabstand beträgt 50 x 50 cm, nach drei Reihen bleibt eine Erntegasse frei. Jungpflanzenbedarf für 100 m^2: 400–500 Stück.

Eine künstliche Bewässerung zum raschen Anwachsen der Setzlinge wird manchmal notwendig sein. Ein Anhäufeln der Pflanzen erhöht die Standfestigkeit bei Unwetter, die Erntegassen können gemulcht werden. Bis der Bestand schließt, sind die Flächen unkrautfrei zu halten.

Krankheiten und Schädlinge Blattläuse bei Kulturbeginn, Spinnmilben *(Tetranyclus urticae)*, bakterielle Blattfleckenkrankheit *(Pseudomonas tageti)*.

Ernte und Ertrag

Ab Blühbeginn, Anfang Juli bis Mitte September, werden die voll aufgeblühten Blüten, meist ein- bis zweimal wöchentlich, samt Kelch händisch abgebrochen. Die Pflückleistung liegt bei 1,8–2,8 kg getrocknete Köpfe pro Arbeitsstunde.
Zur leichteren Trocknung werden die Köpfe mittels eines Kompostschredders oder dgl. zerrissen. Die technische Trocknung wird bei 60–70 °C durchgeführt. Das Eintrocknungsverhältnis ist mit 6,5–7,5 : 1 anzusetzen. Es verbleibt eine Restfeuchte von 6–8 %.
Für die Erzeugung von reiner Blütenware zur Schmuckdrogenverwendung werden die Kelche in frischem Zustand abgeschnitten oder die Blütenblätter händisch vom Kelch getrennt. Das Verhältnis von Blütenblatt zu Kelchgewicht verhält sich wie 70 : 30. 10–15 kg frische Blütenköpfe ergeben 1 kg getrocknete Blütenblätter. Die Haupternte fällt im August an. Der Carotinoidgehalt nimmt gegen den Herbst hin zu, der Blütendurchmesser hingegen ab.
An Erträgen können 25–35 kg/100 m² getrocknete Blütenköpfe oder 15–22 kg/100 m² reine Blütenware erzielt werden. Verpackung lichtgeschützt in Papiersäcken zu 10–15 kg.

Studentenblume

THYMIAN

Thymus vulgaris L.
Lippenblütler, *Lamiaceae (Labiatae)*

Sonstige Bezeichnungen:
Römischer Quendel,
Echter oder Gartenthymian

Gebräuchliche Pflanzenteile:
das getrocknete Laubblatt

Handelsbezeichnung:
Thymi Herba – Thymiankraut
(Ph. Eur., DAB 10, Ph. Helv. VII),
Folium Thymi – Thymianblatt,
Aetheroleum Thymi – Ätherisches Thymianöl (ÖAB)

Aufkommen:
aus Kultur, teilweise noch aus Wildsammlung; Thymian wird in den USA, Frankreich, Griechenland, Spanien und Portugal angebaut

Verwendung und Inhaltsstoffe

Thymian wird in der Medizin als Tee oder Extrakt verwendet. Extrakte wirken schleimlösend und auswurffördernd, gleichzeitig keimhemmend und krampflindernd. Sie finden vor allem bei Keuchhusten und Bronchitis Verwendung.

Größere Mengen werden für Würzzwecke benötigt. Geruch und Geschmack sind stark aromatisch, etwas bitter, an Campher erinnernd. Thymian kommt selten frisch, meist getrocknet, grob zerkleinert, gerebelt oder in gemahlenem Zustand in den Handel. Es werden damit Fleisch-, Wurst-, Fisch-, Kartoffel-, und Teiggerichte, Salate und Saucen gewürzt. Schließlich findet er sich auch in Likören.

Der ätherische Ölgehalt von Thymiankraut sollte zumindest 1,2 % (bis 4 %) betragen, mit mindestens 0,5 % wasserdampfflüchtigen Phenolen berechnet als Thymol (lt. Ph. Eur., DAB 10). Es setzt sich hauptsächlich aus Thymol (bis 50 %), Carvacrol, p-Cymol, Linalool, Borneol u. a. zusammen. Das ätherische Öl hat eine rote Farbe mit gelblichem Stich und wird von der kosmetischen Industrie verwendet. Der höchste Gehalt an ätherischem Öl wird kurz vor der Blüte erreicht. Außerdem enthält die Pflanze noch Tannin, Gerb- und Bitterstoffe.

Botanik

Immergrüner, 30–40 cm hoher, ausdauernder Halbstrauch mit aufrechten, aufsteigenden Ästen, die mit fortschreitendem Alter stark verholzen, und kräftiger, verholzter Pfahlwurzel. Die Blätter, kurz oder ungestielt, sind länglich bis elliptisch, spitz, ganzrandig, am Rande eingerollt und vor allem auf der Blattunterseite mehr oder weniger filzig behaart. Die rosa oder weißen Blüten sitzen in den Blattachseln und bilden kugelige Scheinwirtel. Die hell- bis dunkelbraunen Nüsschen sind kugelig und werden bis 1 mm groß. TKG: 0,25 g.

Standort

Obwohl in seinem natürlichen Verbreitungsgebiet eher leichte, kalkhältige Böden vorherrschen, verträgt Thymian auch tonreiche Böden, solange sie nicht zu feucht sind. Er wird von nur leichten Frösten nicht geschädigt. Auswinterungsschäden hängen außer von der Temperatur auch von der Intensität der Nutzung ab (vor allem zu tiefer Schnitt ist schädlich). In stark frostgefährdeten Lagen ist eine Abdeckung empfehlenswert. Thymian ist nicht empfindlich gegen Trockenheit.

Thymian kann vier bis sechs Jahre genutzt werden. Deshalb kommen nur möglichst unkrautarme Standorte für eine Kultivierung in Frage. Eine Anbaupause von vier Jahren sollte eingehalten werden.

Düngung

Thymian gilt in Bezug auf die Düngung als anspruchslose Kultur, ohne dass dies durch Versuche nachgewiesen wurde. 70 kg N, 30 kg P_2O_5 und 100 kg K_2O/ha gelten als durchschnittlicher Bedarf. Wegen der Mehrjährigkeit ist eine Stallmistgabe angebracht, aber bereits zur Vorkultur, bei Bedarf auch eine Kalkung. Ab dem zweiten Standjahr sollte eine Stickstoffgabe von 60 kg/ha zu Vegetationsbeginn ausreichend sein, bzw. ist nach einem Schnitt zur Förderung des Neuaustriebs eine mäßige Stickstoffgabe angebracht.

Sorten

„Slonecko" (PL, 54 dt/ha Droge; 1,3 % äther. Öl, 78 % der Pflanzen sind männlich steril). „Aroma", „Lemona", „Mixta" (alle CZ), „Varico" (CH). Im Handel auch der frosthärtere „Deutsche Winterthymian" und der empfindlichere „Französische Sommerthymian".

Anbau

Der Direktanbau ist wegen des sehr kleinen Saatgutes schwierig, aber immerhin möglich. Auf unkrautarmen, nicht zur Verschlämmung neigenden Standorten wird in einem Reihenabstand von 25–30–45 cm ab Mitte April seicht gedrillt (0,5–1 cm) und das ausgebrachte Saatgut leicht angedrückt (Saatstärke 3–8 kg/ha). Mancherorts wird auch ein Anbau Anfang August praktiziert, der aber wegen der fehlenden Feuchtigkeit oft lückiger ausfällt als Frühjahrsanbau. Eine Beregnung zum Keimen ist nicht zu empfehlen, da durch ein etwaiges Verschlämmen des Bodens der Aufgang behindert werden kann. Sicherer, aber auch teurer ist eine Jungpflanzenanzucht bei Aussaat bis Mitte März und Pikieren in Anzuchtplatten oder Erdpresstöpfen. Ausgepflanzt wird ab Ende Mai, wenn die Pflänzchen eine Wuchshöhe von 5–7 cm erreicht haben, in einem Abstand von 40 x 30 cm. Vor dem Versetzen die Pflanzen gut gießen und nach dem Pflanzen beregnen.

Da bei Saatgutvermehrung meistens ein Formengemisch entsteht, empfiehlt sich für den Aufbau eines einheitlichen Bestandes eine vegetative Vermehrung. Dies kann durch Stockteilung oder Stecklingsvermehrung geschehen. Bei der Stockteilung erhält man bis zu 25 Ableger pro Mutterpflanze. Sie werden ab April bis zum Blattansatz in die Erde gesetzt. Die Stecklingsvermehrung kann ganzjährig erfolgen, vorzugsweise aber im Frühjahr. Die Stecklinge brauchen ca. vier Wochen zur Bewurzelung.

Unmittelbar nach einem Schnitt ist bei Trockenheit zur Erreichung hoher Erträge eine Beregnung empfehlenswert.

Krankheiten und Schädlinge

In Österreich konnte bis jetzt kein wesentlicher Schädlings- oder Krankheitsbefall beobachtet werden. In Frankreich führen Nematoden zum Absterben der Stöcke. In Deutschland ist *Botrytis*-Blatt- und Stängelfäule gefürchtet, die zum Verlust ganzer Bestände führen kann. Daneben können Echter Mehltau *(Erysiphe biocellata)* und diverse Blattfleckenkrankheiten auftreten. Aus Italien wird auch von *Alternaria oleraceae*, *Puccinia menthae*, *Aecidium thymi* und anderen Blattkrankheiten berichtet.

Ernte und Ertrag

Im ersten Jahr ist in unserem Klimagebiet mit nur einem Schnitt zu rechnen. Er sollte kurz vor der Vollblüte erfolgen, weil Thymian dann das meiste ätherische Öl enthält. Er sollte jedoch nicht später als Ende August/Anfang September erfolgen, damit die Triebe noch die notwendige Holzreife erlangen. Ab dem zweiten Jahr sind zwei Schnitte (im Juni bzw. Anfang September) möglich. Ein Schnitt im Oktober könnte die Pflanze in ihrer Überwinterungsfähigkeit schwächen.

Der Schnitt sollte tief erfolgen, weil die Basalblätter angeblich mehr ätherisches Öl enthalten. Allerdings auch nicht zu tief, weil die Stöcke sonst eingehen, bzw. zu viele verholzte Stängelteile ins Erntegut gelangen. Als Stoppel sollten somit rund 10 cm am Feld bleiben. Die Ernte kann mit Balkenmäher, umgebautem Mähdrescher oder Grünguternter erfolgen.

Nach der Ernte wird getrocknet (bei 35–40 °C) und gerebelt. Dies geschieht auf Rebelanlagen mit Hilfe sogenannter Rebelbürsten. Anschließend wird gesichtet und gesiebt.

Der Ertrag liegt nach bayerischen Erfahrungen im ersten Jahr bei 100–150 dt/ha (Frischware), 60–70 dt/ha frischer Blätter und Blüten bzw. 18–35 dt/ha Krautdroge und 12–15 dt/ha Blatt- und Blütendroge. Ab dem zweiten Standjahr kann mit 180–370 dt/ha frischer Krautware, 90–170 dt/ha frischen Blättern und Blüten bzw. 25–50 dt/ha Krautdroge und 15–45 dt/ha Blatt-und Blütendroge gerechnet werden. In Ostösterreich sollte eher mit den niedrigeren Werten der angegebenen Spannen gerechnet werden. Der höchste Ertrag wird im dritten Jahr erreicht.

Zur Gewinnung des ätherischen Öls wird bei Vollblüte geerntet. Man rechnet mit Erträgen von 25 kg/ha ätherisches Öl und mehr.

Verwandte Arten

Neben *T. vulgaris* wird auch noch **Spanischer Thymian** (*T. zygis* L.) arzneilich genutzt. Er wird auf der iberischen Halbinsel mehrjährig gebaut bzw. gesammelt, ist aber bei uns nicht winterhart. Sein ätherisches Öl ist reich an Thymol.

Quendel oder **Feldthymian** *(T. serpyllum)* kommt in unseren Breiten wild vor, ist aber vom Aussterben bedroht. Im ätherischen Öl dominiert p-Cymol und es enthält nur wenig Thymol. Quendel ist mehrjährig und weist einen flachen, sehr niedrigen Wuchs auf. Blüte rosa bis hellrot.

Zitronenthymian *(T. x citriodorus)* und **Gemeiner Thymian** *(T. pulegioides)* sind wichtige Formen des Gewürzhandels. Die Gattung ist sehr formenreich und neigt zur Bastardisierung. Sie zeichnen sich durch ein kräftiges Zitronenaroma aus. Die Wuchsform ist aufrecht, die Blütenfarbe hellrosa. Sie sind mehrjährig und nur vegetativ vermehrbar.

TOLLKIRSCHE

Atropa bella-donna L.
Nachtschattengewächse, *Solanaceae*

Sonstige Bezeichnung:
Teufelskirsche, Tollkraut, Waldnachtschatten, Wolfsbeere, Wutbeere

Gebräuchliche Pflanzenteile:
die getrockneten Laubblätter oder Laubblätter mit Blüten, Früchte und Stängelteile, sehr giftig

Handelsbezeichnung:
Belladonnae Folium – Tollkirschen-Blatt (Ph. Eur.), *Belladonnae Herba* – Tollkirschenkraut, *Radix Belladonnae* – Tollkirschenwurzel (ÖAB)

Aufkommen:
aus Wildsammlung und Kultur

Verwendung und Inhaltsstoffe

Alle Teile der Tollkirsche enthalten als wichtigste Inhaltsstoffe ein Alkaloidgemisch aus Hyoscyamin (75 %), Atropin, Scopolamin und Belladonnin in wechselnder Zusammensetzung. In den einzelnen Pflanzenteilen verteilen sich die Alkaloide wie folgt: in der Wurzel 0,5–0,8 %, in den Blättern bis 0,55 %, in den Blüten 0,40 %, im Samen 0,5–0,7 % und in den Früchten bis 0,65 % (besonders in der grünen Frucht). Laut ÖAB hat der Alkaloidgehalt der Wurzel, berechnet als Hyoscyamin, mindestens 0,45 % zu betragen.

Die anthocyanfreie Varietät, *A. belladonna. var. lutea*, sowie Pflanzen, die auf schweren Böden in höheren Lagen wachsen, sind in der Regel alkaloidreicher. Samen und unreife Früchte enthalten fast ausschließlich Atropin. Die Droge ist der Grundstoff für die Herstellung der Tollkirschen-Tinktur und des Extraktes, die frische Pflanze dient für homöopathische Zubereitungen. Tollkirschenpräparate werden bei spastischen Obstipationen, Gallensteinkoliken und Asthma eingesetzt. Die Pflanze ist in allen Teilen sehr giftig!

Botanik Die bis 150 cm hoch wachsende Tollkirsche hat einen mehrjährigen, überdauernden, dicken Wurzelstock mit Pfahlwurzel, außen gelblich-braun und grauweiß innen. Die Wurzel riecht mild, hat aber einen abweisenden Geschmack. Der aufrechte, stark verästelte Stängel ist stumpfkantig bis rund. Die wechselständig stehenden Laubblätter sind kurz gestielt, elliptisch bis eiförmig, am Ende zugespitzt, in den Stängel verlaufend, oberseits dunkelgrün, unterseits blassgrün und fein behaart. Die oberen Blätter stehen zu zwei, dabei ist eines stets kleiner. Die gestielten nickenden Blüten stehen einzeln in den Blattachseln. Die glockige Blumenkrone ist außen braun bis violett, innen schmutziggelb und purpurn geadert. Der Kelch ist fünfspaltig, die Zipfel eiförmig und zugespitzt. Blütezeit: Juli bis September. Die Frucht ist eine kugelförmige, kirschähnliche, saftige Beere mit einer Vielzahl an scheibenförmigen, braunen, 2 mm großen Samen. Die Frucht ist zunächst grün und später glänzend schwarz bis violett. Das TKG beträgt 0,9–1,3 g.

Standort Tollkirschen sollen auf tiefgründigen, lockeren, humosen und kalkhältigen Lehmböden stehen. Halbschattige Lagen werden vertragen. In der Natur besiedelt sie gerne Waldlichtungen und Kahlschläge. In der Fruchtfolge ist die Tollkirsche nach stark gedüngten Hackfrüchten zu stellen.

Düngung Die Tollkirsche ist sehr nährstoffbedürftig und eine gezielte Düngung vermag die Alkaloid-Erträge beträchtlich zu steigern. Stallmist- oder Kompostgaben sind von Vorteil. Die Tollkirsche braucht vor allem Stickstoff und Kalium. Es ist mit Richtmengen von 120 kg/ha Stickstoff, 60 kg/ha Phosphat, bis 100 kg/ha Kalium und 50 kg/ha Magnesium zu rechnen. Bei der Erstanlage sind die Mengen zu halbieren. Kobalt, in Nitratform im 5–6-Blattstadium gedüngt, soll den Alkaloidgehalt erhöhen.

Sorten Außer „Satan“ (CZ) sind keine Zuchtsorten bekannt, nur schwarz- und gelbfrüchtige Herkünfte. Züchterisch sind frohwüchsige blattreiche Sorten mit hohem Alkaloidgehalt anzustreben.

Anbau Jungpflanzenvorkultur bei Aussaat Anfang März im Gewächshaus, pikieren in Anzuchtplatten oder in Erdpresstöpfe. 2–3 g Saatgut ergeben 1.000 Jungpflanzen. Die Keimung ist sehr unterschiedlich und oft verzögert. Zweckmäßiger ist die Stratifikation der Samen im Kühlschrank für acht Wochen (Saatgut mit feuchtem Substrat in Plastikbehälter geben). Auch eine Herbstaussaat im Kistchen und Aufstellung im Freien (Kälte- und Feuchteeinwirkung) ist praktikabel. Die Jungpflanzen können ab Ende April, Anfang Mai ausgepflanzt werden (bei Herbstaussaat erst später). Pflanzweiten von 60 x 30–40 cm ergeben einen Pflanzenbedarf von 400–550 Stück/100 m². Der Bestand ist für die maschinelle Ernte unkrautfrei zu halten. Eine Zusatzbewässerung steigert deutlich den Drogenertrag.

Krankheiten und Schädlinge

Wurzelfäule bzw. Welke durch *Rhizoctonia solani* und *Phytophthora erythroseptica*. Blattkrankheiten: *Alternaria solani*, *Cercospora atropae*, *Ascochyta atropae*. Larvenfraß vom Kartoffelkäfer *(Leptinotarsa decemlineata)*. Mosaikkrankheiten.

Ernte und Ertrag

Die Ernte kann mit verschiedenen Verfahren durchgeführt werden. Zur händischen Blatternte wird der Bestand zwei- bis dreimal bei Blüte ab Ende Juni mit der Sichel durchgeschnitten.

Zur maschinellen Krauternte im ersten Standjahr wird der Mählader erst Ende August bis Anfang September eingesetzt. Zu diesem Zeitpunkt sind die höchsten Atropin-Gehalte zu erwarten. Ab dem zweiten Standjahr werden zwei Schnitte, Ende Juni und Anfang September, vorgenommen. Der Schnitt ist zum leichteren Wiederaustrieb nicht zu tief zu führen.

Durch die Aufbereitung soll eine möglichst stängelfreie Ware erzielt werden. Die rasche Trocknung wird bei 60 °C gefahren, um den enzymatischen Abbau zu unterbinden. Das Eintrocknungsverhältnis beträgt je nach Stängelanteil 6–8 : 1.

Nach drei- bis vierjähriger Krautnutzung wird die Wurzel im Herbst oder Frühjahr gerodet. Für die Trocknung werden die Wurzeln auf 10 cm lange Stücke zerkleinert, größere auch gespalten. Das Wurzeleintrocknungsverhältnis lautet 3–4 : 1.

Die höchsten Drogenerträge sind zu erzielen, wenn zum Schnittzeitpunkt die Pflanzen schon über einen hohen Fruchtanteil verfügen. Es kann je nach Standjahr mit folgenden Drogenerträgen gerechnet werden: 40–80 dt/ha Krautware, 15–25 dt/ha Blattware, 15–20 dt/ha getrocknete Wurzel und eine Alkaloidmenge von 20–25 kg/ha.

Verwandte Arten

Durch Kreuzung von *A. belladonna* mit *A. acuminata* bzw. anderen Arten wurden Hybriden gezüchtet, die sich durch hohe Alkaloidgehalte auszeichnen.

Weidenröschen

Epilobium (syn. Chamaenerion) angustifolium L. – Schmalblättriges Weidenröschen
Epilobium collinum S.G.Gmel. – Hügel-Weidenröschen
Epilobium montanum L. – Berg-Weidenröschen
Epilobium parviflorum Schreb. – Kleinblütiges Weidenröschen
Epilobium roseum Schreb. – Rosenrotes Weidenröschen und verschiedene andere kleinblütige Weidenröschen
Nachtkerzengewächse, *Onagraceae*

Gebräuchliche Pflanzenteile:
das getrocknete Kraut

Handelsbezeichnung:
Herba Epilobii – Weidenröschenkraut, Koptischer Tee, meist aus *Epilobium angustifolium*, selten rein aus *Epilobium parviflorum*, meist Formengemisch

Aufkommen:
aus Kultur und Wildsammlung

Verwendung und Inhaltsstoffe

Weidenröschen enthält etwa 10 Flavonoide, besonders Glykoside des Quercetins, Kämpferols und Myricetins, auch Gerbstoffe. Insgesamt noch wenig erforscht. Wirksam ist angeblich nur das Kleinblütige Weidenröschen. Weidenröschenkraut wirkt gegen Prostata-Hypertrophie und gegen Störung des Harnlassens (Miktion). Zur Zeit nur in der Volksmedizin üblich.

Botanik

Die Beschreibung bezieht sich im Wesentlichen auf das Schmalblättrige Weidenröschen. Es ist eine ausdauernde, bis 1,80 m hohe Pflanze mit einem dicken, verholzenden Wurzelstock. Die Sprossknospen, am Grunde des letztjährigen Sprosses angelegt und dicht mit schuppigen Blättern geschützt, überwintern unterirdisch. Daraus wachsen dicht beblätterte und selten verzweigte Stängel her-

vor. Die Stängel sind rund oder leicht kantig, oft rot überlaufen. Die weidenähnlichen Blätter sind schlaff, lanzettlich, mit gut entwickelten Seitennerven. Die zahlreichen großen, purpurroten, selten weißen Blüten stehen in langen, endständigen, pyramidenförmigen Trauben. Die Blütenknospen nicken. Die lange, schmale Kapsel ist oft rötlich. Die darin enthaltenen kleinen, glatten, länglichen Samen sind mit einem Haarschopf versehen und werden vom Wind leicht vertragen. Die Blütezeit ist von Juli bis September. Das Tausendkorngewicht beträgt 0,08–0,1 g.
Die Botanik der übrigen Formen zu beschreiben würde den Rahmen sprengen. Diese sind sehr vielgestaltig und nur durch exakte Bestimmungsschlüssel zu erkennen. Dazu sind sicher Fachleute beizuziehen, da die Weidenröschen auch leicht bastardisieren.

Standort

Weidenröschen bevorzugen feuchte, nährstoffreiche Böden, besonders auf kristallinem Muttergestein (meist saurer Reaktion) in halbschattiger Lage. Trockenperioden werden sehr schlecht vertragen.

Düngung

Zur Düngung liegen wenige Erfahrungen vor. Mittlere Gaben von 80 kg/ha Stickstoff, 50 kg/ha Phosphor und bis 120 kg/ha Kalium dürften ausreichend sein. Humus und Stallmistgaben sind von Vorteil. Jährliche Nachdüngung ist notwendig.

Sorten

Es sind keine Zuchtsorten verfügbar, nur Wildsammelherkünfte, selten aus Kulturbeständen. Bei den im Samenhandel angebotenen „Kleinblütigen Weidenröschen" handelt es sich meist um ein Formengemisch kleinblütiger und unterschiedlich hoch wachsender Typen.

Anbau

Das Weidenroschen kann ab Anfang April direkt gesät werden. Wegen des äußerst kleinen Samens ist jedoch eine Jungpflanzenvorkultur bei Aussaat Mitte März zweckmäßiger. Es kann auch horstweise (2–3 Pflanzen) in die Anzuchtplatten pikiert werden. Da Weidenröschen nicht kälteempfindlich sind, wird ab Mitte April auf Pflanzabstände von 60 x 30 cm (Schmalblättriges Weidenröschen) bzw. auf 30 x 20 cm (andere Arten) gepflanzt. Dies ergibt einen Pflanzenbedarf für 500–600 Horste bzw. 1.400–1.600 Horste/100 m^2. Bei händischem Krautschnitt sind Erntegassen anzulegen.
Die Bestände sind unkrautfrei zu halten. Obwohl die Weidenröschenarten ausdauernd sind und durch Wurzelausläufer und Samenanflug bestandserhaltend bleiben, wird es doch notwendig sein, die Kulturen alle zwei bis drei Jahre neu anzulegen.

Krankheiten und Schädlinge

Sind bisher wenig beobachtet worden. Lochfraß an den Blättern durch Käfer einer unbestimmten Art ist möglich.

Ernte und Ertrag

Der Schnitt des blühenden Krautes ist meist Mitte Juli fällig, bevor sich die Samenstände von der Pflanze übermäßig trennen. Es wird dabei die Pflanze erst bis zur Hälfte blühen. Der Schnitt ist nicht zu tief zu führen, damit die Pflanzen gleich wieder über Nebentriebe austreiben können. Der zweite Schnitt ist Mitte September weniger ertragreich und kann auch unterbleiben.
Die Trocknung wird bei 50 °C 8–10 Stunden dauern. Mit dem Kraut ist vorsichtig umzugehen, da die Samen mit den Haarbüscheln leicht verfliegen. Das Eintrocknungsverhältnis beträgt 5–6 : 1. Die Krauterträge belaufen sich auf 30–60 kg/ar.

Wermut

Artemisia absinthium L.
Korbblütler, *Asteraceae (Compositae)*

Sonstige Bezeichnungen:
Absinth, Wurmkraut, „Großer Wermut"

Gebräuchliche Pflanzenteile:
die zur Blütezeit gesammelten und getrockneten Laubblätter und blütentragenden Zweigspitzen

Handelsbezeichnung:
Herba Absinthii – Wermutkraut (ÖAB, DAB 10, Ph. Helv. VII)

Aufkommen:
aus Kultur

Verwendung und Inhaltsstoffe

Wermut wirkt wegen seines Gehalts an Bitterstoffen und ätherischem Öl appetitanregend, verdauungsfördernd und blähungstreibend. Sein Geschmack ist dementsprechend stark bitter und brennend würzig. Er wurde in großen Mengen zur Herstellung von Wermutweinen und Kräuterlikören benötigt. In den meisten Ländern ist die Herstellung von Absinthschnäpsen oder Likören mit hohem Ölgehalt wegen des gesundheitsschädlichen Thujongehalts verboten. Er findet aber auch in der Küche als Gewürz zu Eintopf oder Schaffleisch Verwendung.

Wermutkraut muss laut DAB und Ph. Helv. 0,2 % (ÖAB 0,3 %) ätherisches Öl und einen Bitterwert (ÖAB) von mind. 10.000 (DAB: 15.000, Ph. Helv. 25.000) aufweisen. Der ätherische Ölgehalt kann aber bis 0,9 % betragen und auch der Bitterwert kann höher sein. Den bitteren Geschmack verursachen v. a. die Sesquiterpenlactone Absinthin und das dazu isomere Anabsinthin (Bitterwert bis 12,7 Millionen). Die Blätter enthalten etwa 0,3 %, die Blüten etwa 0,15 % Bitterstoffe.

Die blaue Färbung des ätherischen Öls stammt vom Chamazulen, das sich aus Sesquiterpenlactonen (Artabsin) während der Destillation bildet. Es wird zwischen verschiedenen Chemotypen unterschieden, unter anderem zwischen solchen, bei denen Cis-Epoxyocimen, Thujon oder Thujylalkohol vorherrschen.

Die Pflanze ist wenig giftig und als Motten- und Insekten-Repellent bekannt.

Botanik

Wermut ist ein bis zu 1,5 m hoher, mehrjähriger Halbstrauch mit mehrköpfigem Wurzelstock. Aus diesem wachsen verästelte, unten verholzte Zweige, die durch die angedrückten Haare silbergrau wirken.

Die Blätter sind ebenfalls behaart, silbergrau und zierlich ein- bis dreifach fiederteilig. Die unteren Blätter sind langstielig, die oberen kurzstielig. Die zahlreichen grünlich-gelben Blütenköpfe stehen in einer aufrechten Rispe. Die Röhrenblüten sind zwittrig, die Zungenblüten weiblich. Blüte: Juli bis August. Die Frucht ist eine Achäne, eiförmig, graubraun und ca. 1–1,5 mm groß und 0,3 mm breit. TKG: 0,07–0,09 g.

Standort

Die Pflanze hat eine große ökologische Streubreite und wächst in Europa, Nordasien und Nordafrika unter nahezu allen Bedingungen. Hohe Erträge werden auf warmen, mäßig trockenen und nährstoffreichen Standorten erzielt. Wermut hat keine besonderen Ansprüche an die Vorfrucht.

Düngung

Wegen der langen Nutzungsdauer ist eine hohe Stallmist- oder Kompostgabe vor der Pflanzung empfehlenswert. Im ersten Jahr sind zwei N-Gaben, eine bei der Pflanzung und eine etwa eineinhalb Monate später angebracht. In den Folgejahren sind Gaben bis 140 kg N/ha in mehreren Gaben anzustreben.

Phosphor (100 kg P_2O_5/ha) und Kali (140 kg K_2O/ha) sollten vor der Pflanzung in den Boden eingearbeitet und in den darauf folgenden Jahren in geringeren Mengen oberflächlich ausgebracht werden.

Sorten Es existieren nur Herkünfte.

Anbau Normalerweise wird Wermut durch seine Früchte vermehrt, selten durch Stockteilung. Wegen des sehr kleinen Saatgutes ist eine Vorkultur der Direktsaat im Freiland vorzuziehen. Aussaat Anfang März und Pikieren in Anzuchtplatten oder Aussaat in mit Paperpots bespannte Kistchen (2–3 Korn/Pot) ohne Pikieren (Tuffs). Ab April kann ins Freiland mit einer Reihenweite von 50–70 cm und einem Abstand in der Reihe von 30–40 cm verpflanzt werden (35–60.000 Pflanzen pro ha).

Nach der Pflanzung und eventuell zur Ertragserhöhung ist eine künstliche Bewässerung vorzusehen.

Krankheiten und Schädlinge Bis jetzt konnte in Österreich nur ein später Befall mit Falschem Mehltau *(Plasmopara sulfurea)*, vereinzelt auch mit Echtem Mehltau *(Erysiphe artimisiae)* beobachtet werden. Blattläuse *(Macrosiphoniella absinthii)*. Auch im Ausland wurden kaum wirtschaftlich bedeutsame Schaderreger beobachtet.

Ernte und Ertrag Ab dem zweiten Jahr ist eine Ernte, am besten zur Zeit der Vollblüte, möglich. Für Arzneiware kommt nur eine händische Ernte in Frage, wobei die Stängel nicht mitgeerntet werden sollten, damit nicht zu viel Holz ins Erntegut gelangt. Damit auch bei mechanischer Ernte möglichst wenig verholzte Stängel anfallen und die Pflanzen auch sicher wieder austreiben, sollte relativ hoch geschnitten werden. Erträge: 40–60 dt/ha getrocknete Krautware und 10–20 dt/ha getrocknete Blattware. Die Nutzungsdauer beträgt sechs bis acht Jahre. Zur Samengewinnung erfolgt die Ernte Ende September bis Anfang Oktober. Von 100 m^2 erhält man 2–4 kg „Samen“.

Verwandte Arten In Frankreich und Italien wird, vor allem für die Likörindustrie, *A. pontica* L., der Römische Wermut, genutzt. Es handelt sich dabei um eine sterile, mehrjährige – aber nur einjährig genutzte – bis 60 cm hoch werdende Pflanze, die über Ausläufer vermehrt wird. Ihr ätherisches Öl enthält zu Beginn der Blüte nur wenig Thujon, setzt sich im Übrigen aber ganz ähnlich wie das des normalen Wermuts zusammen.

Ysop

Hyssopus officinalis L.
Lippenblütler, *Lamiaceae (Labiatae)*

Sonstige Bezeichnungen:
Eisewig, Eiserigkraut

Gebräuchliche Pflanzenteile:
das frische oder getrocknete Kraut

Handelsbezeichnung:
Herba Hyssopi – Ysopkraut

Aufkommen:
aus Kultur

Verwendung und Inhaltsstoffe

Ysop ist als Arzneidroge kaum mehr in Gebrauch. In der Volksmedizin wird ihm eine auswurffördernde Wirkung bei Husten, Asthma und Bronchitis zugeschrieben. Das Kraut findet vor allem als Gewürz Verwendung (Marinaden, Saucen, Kräuteressig), sein ätherisches Öl auch in der Parfum- und Likörindustrie. Der Geschmack ist leicht bitter, kräftig würzig und leicht minzenartig.
Das ätherische Öl (0,3 % frisch, bis 0,9 % im trockenen Kraut) setzt sich vor allem aus Pinocamphon, Isopinocamphon, α- und β-Pinen, Cineol, Linalool, Terpineol, und Pinocampheol zusammen. Ferner enthält Ysop 3–6 % Bitterstoffe (Diosmin) bzw. Gerbstoffe (rund 8 %) und Harze.
Ysop ist eine gute Bienenweide und eine ansprechende Zierpflanze.

Botanik

Ysop ist ein ausdauernder Halbstrauch (bis 60 cm) mit starker, mehrköpfiger Pfahlwurzel und mit mehreren aufrechten, mehr oder weniger verzweigten, vierkantigen Stängeln, die am Grunde verholzt sind und eine mattbraune, abblätternde Borke besitzen. Die derben Blätter sind lineal-lanzettlich, mittelgrün, fast glänzend und mit tiefliegenden Öldrüsen besetzt, die beim Reiben einen scharfaromatischen Geruch bewirken. Sie sind etwa 3,5 cm lang und 1 cm breit und am Rand leicht eingerollt. Die Blüten sitzen in den Blattachseln und sind zu einem bis 25 cm langen, ährigen Blütenstand vereinigt. Sie sind meist violettblau, selten rosa oder weißlich.

Die Nüsschen sind länglich, bis 2,5 mm lang und matt dunkelbraun. Werden sie feucht, so verschleimen sie. TKG: 1,0–1,2 g.

Die Gattung ist recht formenreich.

Standort

Entsprechend seinem natürlichen Verbreitungsgebiet (Bergregionen des Mittelmeerraumes) bevorzugt er trockenere, kalkhältige und sonnige Standorte. Er gedeiht auch auf nährstoffärmeren Böden. Grundwassernahe und feuchte Standorte sind nicht geeignet. Hinsichtlich der Vorfrucht stellt Ysop keine Ansprüche.

Düngung

Vor Anlage der Kultur ist außer Stallmist eine Grunddüngung mit 50 kg N, 60 kg P_2O_5 und 80 kg K_2O/ha angebracht. Ab dem zweiten Standjahr ist Ysop relativ genügsam. Es reichen rund 40 kg N/ha zur Beschleunigung der Frühjahrsentwicklung und nochmals 40 kg/ha nach dem ersten Schnitt.

Sorten

Außer „Blankyt“ (CZ) und „Kekviragu“ (H) und der Selektion „Perlay“ (CH) sind keine Sorten bekannt, nur – wie erwähnt – verschieden blühende Formen: *var. alba* (weiße Blüten), *var. rosea* (rosa Blüten), *var. rubia* (rotviolette Blüten) und *var. grandiflora* (großblütig).

Anbau

Ein Direktanbau ist zwar bei feuchtwarmem Wetter möglich, doch sind die Saatgutkosten dabei relativ hoch. Das Feld muss fein hergerichtet sein, das Saatgut (3–5 kg/ha) wird in einem Reihenabstand von ca. 40 cm seicht gedrillt (1–2 cm, tiefer abgelegtes Saatgut kann nicht keimen). Wegen der langsamen Jugendentwicklung ist auch die Unkrautbekämpfung aufwändig und überdies sind die Erträge im ersten Jahr sehr gering.

Empfehlenswerter ist eine Vorkultur. Bei Aussaat Anfang März in Anzuchtplatten (2 g, um Pflanzen für 100 m^2 Anbaufläche zu gewinnen) und anschließendem Pikieren ist ein Auspflanzen ab Mitte Mai im Reihenabstand 40–60 cm und in der Reihe von 30–40 cm (50–60.000 Pflanzen/ha) möglich. Bei Einsatz von Erntemaschinen sind größere Reihenweiten notwendig.

Eine Stockteilung ist aus phytosanitären Gründen nicht anzuraten, da die Gefahr der Übertragung von Krankheiten besteht. Häufige Hand- und Maschinhacke ist unerlässlich. Bei engeren Reihenabständen wird zwar das Unkraut stärker unterdrückt, die Reihenhacke aber erschwert.

Krankheiten und Schädlinge

An Krankheiten sind der Rostpilz *(Puccinia glechomae)* und Echter Mehltau *(Erysiphe polyphaga)* zu nennen, an Schädlingen die Larven von *Arima marginata* und *Chrysomela menthastri* (Minzenblattkäfer). Überdies kann Ysop von Nematoden und Zikaden befallen werden.

Ernte und Ertrag

Im ersten Jahr ist nur eine Ernte ab Beginn der Blüte bis spätestens zur Vollblüte möglich, ab dem zweiten Jahr eine im Juni und eine im September. Sie erfolgt entweder händisch (mit der Sichel) für Bündelware oder mechanisch mit dem Mählader bzw. einer Lavendelerntemaschine. Ysop sollte knapp oberhalb der verholzten Stängel geschnitten werden, weil sonst die Qualität leiden würde. Eine sofortige Trocknung bei maximal 42 °C ist vorzusehen. Im ersten Jahr ist ein Ertrag von 15–20 dt/ha realistisch, ab dem zweiten Jahr 30–40 dt/ha trockenes Kraut. Ysop kann drei bis fünf Jahre genutzt werden.

Zur Gewinnung von reiner Blattware müssen die Stängel mit Hilfe von Rebelanlagen entfernt werden; Blatt-Stängelverhältnis 1 : 2.

Zur Gewinnung des ätherischen Öls werden zur Vollblüte die Pflanzen in einen Container gehäckselt und anschließend unverzüglich destilliert. Ätherischer Ölertrag 15 bis rund 40 kg/ha.

12. Kurze Anbauanleitungen für weitere Arznei- und Gewürzpflanzenarten

Art/Botanischer Name	Kulturweise		TKG in g	Saatgutbedarf		Standweite	Erntegut
				für 1.000 Pfl. Anzucht	für 100 m² Direktsaat	bzw. Pfl./m²	
Anis *Pimpinella anisum*	einjährig	S	3,0–4,0	–	200 g	30 cm RA	Früchte
Aniskerbel *Myrrhis odorata*	mehrjährig	P	4,5	10 g		4–6	Kraut, Früchte
Barbarakraut/Winterkresse *Barbarea vulgaris*	zweijährig	S oder P	0,5–0,8	2 g	20–30 g	6–10	Blätter
Bärlauch *Allium ursinum*	mehrjährig	P	5,0–6,0	20 g	–	8–10 Horste/m²	Blätter
Beifuß *Artemisia vulgaris*	mehrjährig	P	0,2–1,0	2 g	–	3–4	Blütenknospen, Triebspitzen
Benediktenkraut *Cnicus benedictus L.*	einjährig	S	32		200 g	45 cm RA	Kraut
Bilsenkraut *Hyoscyamus niger L.*	zweijährig	S	0,7		4–6 kg	50–60 cm RA	Blatt
Borretsch/Gurkenkraut *Borago officinalis*	mehrjährig	S	20,0–30,0	–	300 g	40 cm RA	Blätter
Brunnenkresse *Nasturtium officinale*	mehrjährig	P	0,2	0,5 g	–	Fließwasser	Triebspitzen
Doppelsame/Wilde Rauke *Tiplotaxis tenuifolia*	mehrjährig	S + P	0,3–0,4	1 g	15–25 g	5–6	Blätter
Eberraute *Artemisia abrotanum*	mehrjährig	P	Stecklinge	–	–	3–4	Blätter, Triebspitzen
Etagenzwiebel *Allium viviparum*	mehrjährig	P	Zwiebel	–	–	8–10	Blattröhren
Kapuzinerkresse *Tropaeolum majus*	einjährig	P	100	250 g	–	4–5	Blätter und Blüten
Kresse *Lepidium sativum*	einjährig	S	3,8–4,2	–	100 g	30 cm RA	Blätter
Löffelkraut *Cochlearia officinalis*	zweijährig	S oder P	0,5	1 g	20–30 g	6–8	Blätter
Lorbeerstrauch *Laurus nobilis*	Kübelpflanze	P	Stecklinge	–	–	–	Blätter
Oswegokraut *Monarda fistulosum*	mehrjährig	P	0,6	1,5 g	–	4–5	Blätter, Triebspitzen

Art/Botanischer Name	Kulturweise		TKG in g	Saatgutbedarf		Standweite	Erntegut
				für 1.000 Pfl. Anzucht	für 100 m² Direktsaat	bzw. Pfl./m²	
Pimpinelle, Kl. Wiesenknopf *Sanguisorba minor*	mehrjährig	P	7,0	15 g	–	4–5	Blätter
Portulak *Portulaca oleracea*	einjährig	P + S	0,4–0,5	1 g	20–30 g	8–10	Blätter, Triebspitzen
Rosmarin *Rosmarinus officinalis*	Kübel-pflanze	oder P	1,0–1,2	2,5 g	–	4–5	Blätter, Triebspitzen
Safran *Crocus sativus*	mehrjährig	P	Sproß-knollen	–	–	25 cm	Blüten-Narben
Salatrauke/Rukola *Eruca vesicaria*	einjährig	S + P	1,7–2,0	3 g	100 g	8–10	Blätter
Sauerampfer *Rumex acetosa*	mehrjährig	S	0,8–1,0	–	100 g	30 cm RA	Blätter
Schnittknoblauch *Allium ramosum, syn. A. odorum*	mehrjährig	S + P	4, 0–5,0	6–8 g	300 g	5–6 Horste/m²	Blätter
Schnittsellerie *Apium graveolens var. secalinum*	zweijährig	S	0,5	2 g	100 g	40 cm RA	Blätter
Tripmadam *Sedum reflexum*	mehrjährig	P	0,5–0,7	1,5 g	–	10–12	Blätter
Waldmeister *Galium odoratum*	mehrjährig	S + P	5,0–7,0	15 g	100 g	8–10	Triebe, Triebspitzen
Weinraute *Ruta graveolens*	mehrjährig	P	2,0	3 g	–	4–5	Blätter, Triebspitzen
Winter-Portulak *Claytonia perfoliata syn. Montia perfoliata*	einjährig	S + P	0,5–1,0	1,5 g	100 g	20 cm RA	Blätter
Winterheckenzwiebel *Allium fistulosum*	mehrjährig	P	2,0–3,0	15 g	–	5–6 Horste/m²	Blattröhren

S = Direktsaat P = Jungpflanzen Vorkultur RA = Reihenabstand

Anhang

13. Botanische und fremdsprachige Bezeichnungen wichtiger Arznei- und Gewürzpflanzen

Botanische Bezeichnung	*Deutsch*	*Englisch*	*Französisch*
Achillea millefolium	Schafgarbe	yarrow, milfoil	millefeuille
Alcea rosea	Stockmalve	mallow rose	rose alcée
Allium fistulosum	Winterzwiebel	welsh onion	ciboule
Allium ramosum	Schnittknoblauch	chinese leek	ail chinoise
Allium sativum	Knoblauch	garlic	ail
Allium schoenoprasum	Schnittlauch	chives	ciboulette
Allium ursinum	Bärlauch	bears garlic	ail de cerf
Alcea rosea	Stockrose	hollyhock	rose tremière
Althea officinalis	Eibisch	marsh mallow	guimauve
Anethum graveolens	Dill	dill	aneth
Angelica archangelica	Engelwurz	angelica	angélique
Anthriscus cerefolium	Kerbel	chervil	cerfeuil
Armoracia rusticana	Kren, Meerrettich	horse radish	raifort sauvage
Arnica montana	Arnika	arnica	arnica
Artemisia abrotanum	Eberraute	southern wood	abrotone
Artemisia absinthium	Wermut	absinth, wormwood	grande absinthe
Artemisia dracunculus	Estragon	tarragon	estragon
Artemisia pontica	Römischer Wermut	roman wormwood	petite absinthe
Artemisia vulgaris	Beifuß	mugwort	armoise
Atropa belladonna	Tollkirsche	deadly nightshade	belladone
Barbarea vulgaris	Winterkresse	common wintercress	herbe de Ste. Barbe
Brassica iuncea	Brauner Senf	indian mustard	moutarde de chine
Brassica nigra	Schwarzer Senf	black mustard	moutarde noir
Borago officinalis	Borretsch	borage	bourrache
Calendula officinalis	Ringelblume	marigold	souci
Carum carvi	Kümmel	caraway	carvi
Carthamus tinctorius	Saflor	safflower	carthame
Capsicum annuum	Paprika	spanish pepper	piment, paprika
Centaurea cyanus	Kornblume	cornflower	bleuet
Chamomilla recutita syn. *Matricaria chamomilla*	Kamille	chamomile	matricaire, camomille

Botanische Bezeichnung	*Deutsch*	*Englisch*	*Französisch*
Chamaemaelum nobile syn. Anthemis nobilis	Römische Kamille	roman chamomile	camomille romaine
Cnicus benedictus	Benediktenkraut	blessed thistle	chardon bénit
Cochlearia officinalis	Löffelkraut	scurvy grass	cranson
Coriandrum sativum	Koriander	coriander	coriandre
Crocus sativus	Safran	saffron	safran
Cucurbita pepo v. styriaca	(Öl-)Kürbis	oilpumpkin	courge à huile
Cuminum cyminum	Röm. Kreuzkümmel	cumin	cumin
Datura stramonium	Stechapfel	thornapple	dature stramoine
Delphinium consolida	Rittersporn	branching lackspur	dauphinelle consoude
Digitalis lanata	Wolliger Fingerhut	grecian foxglove	digitale laineuse
Digitalis purpurea	Roter Fingerhut	purple foxglove	digitale pourpre
Echinacea angustifolia	Sonnenhut	cone flower	rudbeckia
Epilobium parviflorum	Weidenröschen	willowherb	épilobe
Eruca vesicaria	Rukola, Rauke	roman rocket	roquette
Fagopyrum esculentum	Buchweizen	buckwheat	sarrasin, blé noir
Foeniculum vulgare	Fenchel	fennel	fenouil
Gentiana lutea	Gelber Enzian	yellow gentian	gentiane jaune
Glycyrrhiza glabra	Süßholz	liquorice	réglisse
Humulus lupulus	Hopfen	hop	houblon
Hypericum perforatum	Johanniskraut	St. John's wort	millepertuis
Hyoscyamus niger	Bilsenkraut	henbane	jusquiame noire
Hyssopus officinalis	Ysop	hyssop	hysope
Inula helenium	Alant	elecampane	grande aunée
Laurus nobilis	Lorbeerstrauch	bay laurel	laurier commun
Lavandula officinalis	Lavendel	lavender	lavande
Lavandula hybrida	Hybridlavendel	lavandin	lavandin
Lepidum sativum	Kresse (Garten)	garden cress	cresson alénois
Levisticum officinale	Liebstöckel	lovage	livèche
Linum usitatissimum	Lein	linseed	lin oléagineux
Majorana hortensis	Majoran	marjoram	marjolaine
Malva sylvestris	Malve	common mallow	mauve

Botanische Bezeichnung	*Deutsch*	*Englisch*	*Französisch*
Marrubium vulgare	Andorn	horehound	marrube blanc
Melissa officinalis	Zitronenmelisse	common balm	mélisse
Mentha piperita	Pfefferminze	peppermint	menthe poivré
Mentha pulegium	Poleiminze	pennyroyal	menthe pouliot
Mentha spicata var. crispa	Krause Minze	spearmint	menthe crepue
Monarda didyma	Goldmelisse	bee balm	monarde
Monarda fistulosa	Oswegokraut	wild bergamot	monarde fistuleuse
Myrrhis odorata	Süßdolde, Aniskerbel	sweet sicely	cerfeuil anise
Nasturtium officinale	Brunnenkresse	water cress	cresson de fontaine
Nepeta cataria	Katzenmelisse	catnip	herbe-aux-chats
Nigella sativa	Schwarzkümmel	black cummin	nigelle
Ocimum basilicum	Basilikum	sweet basil	basilic
Origanum vulgare	Dost	wild marjoram	origan
Oenothera biennis	Nachtkerze	evening primrose	onagre
Papaver somniferum	Mohn	poppy	oeilette, pavot
Petroselinum crispum	Petersilie	parsley	persil
Pimpinella anisum	Anis	anise	anis vert
Pimpinella saxifraga	Bibernelle	burnet saxifrage	pimpinelle
Plantago afra syn. P. psyllium	Flohsame	psyllium	psyllium de Provence
Plantago lanceolata	Spitzwegerich	ribwort plantain	plantain lancéolé
Plantago major	Breitwegerich	great plantain	grand plantain
Portulaca oleracea	Portulak	pourslane	pourpier potager
Rosmarinus officinalis	Rosmarin	rosemary	romarin
Rumex acetosa	Sauerampfer	garden sorrel	grand oseille
Ruta graveolens	Weinraute	rue	rue
Salvia officinalis	Salbei	sage	sauge
Salvia sclarea	Muskateller Salbei	clary sage	sauge sclarée
Sanguisorba minor	Pimpinelle	salad burnet	petite pimprenelle
Satureja hortensis	Bohnenkraut	annual savory	sariette des jardins
Satureja montana	Winterbohnenkraut	winter savory	sariette vivace
Silybum marianum	Mariendistel	milk thistle	chardon
Sinapis alba	Weißer Senf	white mustard	moutarde blanche
Sedum reflexum	Tripmadam	tripmadam	trique madam

Botanische Bezeichnung	*Deutsch*	*Englisch*	*Französisch*
Tagetes erecta	Studentenblume	marigold	tagète
Thymus serpyllum	Quendel, Feldthymian	wild thyme	thym sauvage
Thymus vulgaris	Thymian	thyme	thym
Trigonella coerulea	Schabzigerklee	sweet trifoil	trèfle bleu
Trigonella foenum -graecum	Bockshornklee	fenugreek	fenugrec
Tropaleum majus	Kapuzinerkresse	nasturtium	capucine grande
Valeriana officinalis	Baldrian	valerian	valériane
Verbascum thapsus	Königskerze	great mullein	molène médicinale
Viola tricolor	Stiefmütterchen	pansy	pensée

14. Leitlinien für die Gute Landwirtschaftliche Praxis (GAP) von Arznei- und Gewürzpflanzen (EUROPAM, Fassung August 1998)

Allgemeines

Einleitung

Anwendungsbereich: Die Leitlinien für die Gute Landwirtschaftliche Praxis von Arznei- und Gewürzpflanzen sind zur Anwendung in Anbau und Primärverarbeitung aller solcher Pflanzen vorgesehen, die in der Europäischen Union gehandelt und verwendet werden. Deshalb beziehen sie sich auf die Produktion aller derartigen pflanzlichen Materialien, die in Lebensmittel-, Futtermittel-, Aromastoff-, und Parfümindustrie verwendet werden. Sie beziehen sich auch auf alle Methoden der Produktion einschließlich des ökologischen Landbaus in Übereinstimmung mit europäischen Regelungen.

Umwelt: Die mit der Pflanzenproduktion befassten Anbauer müssen sicherstellen, dass eine Schädigung existierender Wild-Lebensräume vermieden wird und dass sie Anstrengungen unternehmen, die Biodiversität ihrer Produktionsbetriebe zu erhalten und zu vergrößern. Wildsammlungen können durch eine spezielle Leitlinie geregelt werden.

Die **vorliegenden Leitlinien** für eine Gute Landwirtschaftliche Praxis (GAP = Good Agricultural Practice; Gute Anbaupraxis) stellen insoweit eine ergänzende Anleitung für die Produktion und die Verarbeitung des Rohmaterials dar, als sie schwerpunktmäßig auf diejenigen kritischen Maßnahmen abheben, die zur Einhaltung einer guten Qualität notwendig sind. Es wird dabei angestrebt, unzureichende Qualität durch Prävention zu minimieren.

Ein **Hauptziel** ist es sicherzustellen, dass das pflanzliche Rohmaterial den Erwartungen der Verbraucher und damit höchsten Qualitätsansprüchen genügt. Dazu gehört insbesondere, dass es

- hygienisch produziert wird, um mikrobiologischen Befall gering zu halten,
- sorgfältig hergestellt wird, um negative Einflüsse während Anbau, Verarbeitung und Lagerung einzuschränken.

Da im Laufe des Produktionsprozesses die Arznei- und Gewürzpflanzen und daraus erzeugte Produkte einer Vielzahl von mikrobiologischen und anderen Verunreinigungen ausgesetzt sind, besteht das Hauptziel der vorliegenden Richtlinien darin, dem Erzeuger Hinweise zu geben, um derartige Verunreinigungen von pflanzlichem Material weitestgehend zu vermeiden.

Alle Teilnehmer des Produktionsprozesses (vom Erzeuger bis zum Vertreiber) sind dazu aufgefordert, diese Anleitungen freiwillig einzuhalten und praktische Maßnahmen zu entwickeln, um diese Richtlinien umzusetzen.

Erzeuger, Händler und Verarbeiter von Arznei- und Gewürzpflanzen, insbesondere von teeähnlichen Erzeugnissen und pflanzlichen Arzneimitteln, sollten diese GAP-Regeln einhalten, dies in Form einer Chargen-Dokumentation (Way Bill) dokumentieren und von ihren Vertragspartnern ebenfalls deren Einhaltung verlangen.

Grundsätze und Leitlinien der Guten Landwirtschaftlichen Praxis (GAP)

1. Saatgut und Vermehrungsmaterial

Das verwendete Saatgut muss botanisch definiert sein, einschließlich der Angaben zu Varietät, Sorte, Chemotyp und Herkunft. (Diese Angaben können wie beispielhaft angeführt variieren: a) Art: Chamomilla recutita Rauschert; Sorte: Bodegold; Herkunft: Saatzuchtanstalt . . . 1996, Artikel-Nr. 4711; b) Art: Chamomilla recutita Rauschert; selbst gesammeltes Saatgut vor der Haustüre des Anwesen; Am Grundbach 5 in 97271 Kleinrinderfled am 26. 6. 1991, seither vermehrt). Das verwendete Material sollte 100%ig nachvollziehbar sein. Gleiches gilt für vegetativ vermehrtes Ausgangsmaterial. Ausgangsmaterial, das im ökologischen Landbau verwendet wird, muss als solches zertifiziert sein.

Das Ausgangsmaterial sollte den Anforderungen/Standards bezüglich Reinheit und Keimfähigkeit entsprechen (wo verfügbar, sollte zertifiziertes Saat- bzw. Vermehrungsmaterial verwendet werden). Das Ausgangsmaterial sollte möglichst frei von Schädlingen und Krankheiten sein, um ein gesundes Pflanzenwachstum sicherzustellen.

Soweit es resistente oder tolerante Arten oder Herkünfte gibt, sollten diese bevorzugt werden.

Das Vorkommen von nicht art-/sortenidentischen Pflanzen und Pflanzenteilen ist im Laufe des ganzen Produktionsprozesses (Anbau, Ernte, Trocknen, Verpacken) ständig zu kontrollieren. Solche Verunreinigungen sind umgehend zu eliminieren. Pflanzliches Material oder Saatgut, das aus genetisch veränderten Organismen stammt oder diese umfasst, muss in Übereinstimmung mit nationalen und europäischen Regelungen stehen.

2. Anbau

In Abhängigkeit von der Art des Anbaus, beispielsweise konventioneller oder ökologischer Anbau, sollte es den Anbauern erlaubt sein, unterschiedlichen (zu erarbeitenden) Standard Operating Procedures (Standardverfahrensanweisungen) für den Anbau zu folgen. Allgemein sollte Sorgfalt aufgewandt werden, um Umweltbeeinträchtigungen zu vermeiden. Die Prinzipien des guten Ackerbaus einschließlich einer angemessenen Rotation der Kulturen müssen befolgt werden.

Boden und Düngung

Arznei- und Gewürzpflanzen können nicht auf Böden angebaut werden, die mit Klärschlamm verunreinigt sind. Die Böden sollten außerdem nicht mit Schwermetallen, Rückständen von Pflanzenschutzmitteln und anderen nicht natürlich vorkommenden Chemikalien usw. kontaminiert sein. Aus diesem Grund sollte ein minimal wirksamer Chemikalieneinsatz angestrebt werden.

Organische Dünger sollten frei von menschlichen Fäkalien sein und vor der Verwendung gut kompostiert werden.

Alle anderen Düngungsmittel sollten sparsam und nach dem Bedarf der Pflanze und der einzelnen Art verwendet werden (einschließlich der Anwendung zwischen den Ernten). Der Gebrauch von Düngemitteln sollte im Einklang mit den Bemühungen stehen, eine Auswaschung gering zu halten.

Bewässerung

Bewässerung sollte soweit wie möglich minimiert werden und nur entsprechend dem Bedarf der Pflanze angewendet werden.

Das zur Bewässerung verwendete Wasser sollte nationalen und möglichen europäischen Qualitätsstandards entsprechen und frei von Verunreinigungen wie Fäkalien, Schwermetallen, Pestiziden, Herbiziden und anderen toxikologisch bedenklichen Stoffen sein.

Pflanzenpflege und Pflanzenschutz

Die Bodenbestellung sollte an Wachstum und Bedürfnisse der Pflanze angepasst sein.

Die Anwendung von Pflanzenschutzmitteln sollte weit möglichst vermieden werden. Soweit notwendig, sollte sie mit der minimal wirksamen Menge zugelassener Pflanzenschutzmittel durchgeführt werden. Rückstände an Pflanzenschutzmitteln müssen den zulässigen Höchstmengen der Europäischen Union (Europäisches Arzneibuch, Europäische Richtlinien, Codex alimentarius) entsprechen. Die Anwendung und Lagerung von Pflanzenschutzmitteln muss nach den Prinzipien der guten fachlichen Praxis des Pflanzenschutzes und in Übereinstimmung mit den gesetzlichen Regelungen des jeweiligen Landes erfolgen.

Die Anwendung darf nur durch sachkundiges Personal unter Verwendung zugelassener Geräte durchgeführt werden. Die Anwendung sollte vor der Ernte in einer Zeitspanne erfolgen, die entweder durch den Verkauf bestimmt wird, oder durch die Zulassung/Genehmigung des Pflanzenschutzmittels festgelegt ist.

Der Einsatz von Pestiziden und Herbiziden muss dokumentiert werden.

Alle Maßnahmen der Pflanzenernährung und des chemischen Pflanzenschutzes sollten die Verkehrsfähigkeit des Produktes gewährleisten. Es ist obligatorisch, dass der Abnehmer der Ware schriftlich über Art, Menge und Zeitpunkt des Einsatzes dieser Mittel informiert wird.

3. Ernte

Die Ernte sollte dann stattfinden, wenn die Pflanzen eine bestmögliche Qualität hinsichtlich ihres Verwendungszweckes haben.

Die Ernte sollte nach Möglichkeit unter trockenen Bedingungen erfolgen (Bodennässe, Tau, Regen oder außergewöhnlich hohe Luftfeuchtigkeit können ungünstig sein). Wird die Ernte unter feuchten Bedingungen durchgeführt, ist besondere Vorsicht geboten, um einen ungünstigen Einfluss der Feuchtigkeit zu vermeiden.

Verwendete Geräte sollten sowohl sauber als auch in technisch einwandfreiem Zustand sein. Diejenigen Maschinenteile, die mit dem Erntegut in Berührung kommen, einschließlich ihres Gehäuses, sollten regelmäßig gereinigt werden und frei von Öl und sonstigen Verunreinigungen (einschließlich Resten pflanzlichen Materials) sein.

Schnittvorrichtungen von Erntemaschinen müssen so eingestellt werden, dass das Aufnehmen von Erdreich auf ein Minimum beschränkt werden kann.

Bei der Ernte muss darauf geachtet werden, dass keine toxischen Unkräuter in das Erntegut gelangen.

Beschädigtes und verdorbenes Material muss sofort aussortiert werden.

Sämtliche Behältnisse, die für die Ernte verwendet werden, müssen sauber und frei von Rückständen von vorherigem Erntegut sein; nicht in Gebrauch befindliche Behältnisse sind trocken, frei von Schädlingen und unzugänglich für Mäuse und andere Nagetiere sowie Nutz- und Haustiere aufzubewahren.

Das Erntegut sollte nicht direkt mit dem Boden in Kontakt kommen. Es muss sofort gesammelt werden und unter trockenen, sauberen Umständen (z. B. in Säcken, Körben, Hängern oder Containern usw.) zum Transport gelangen.

Mechanische Beschädigung und Verdichten des Erntegutes usw., wodurch es zu unerwünschten Qualitätsänderungen kommen könnte, müssen vermieden werden. Dabei ist zu beachten, dass

- Säcke nicht überfüllt werden
- durch Aufstapeln der Säcke keine Verdichtung eintritt
- das Erntegut so transportiert und in Containern oder Beuteln/Säcken gelagert wird, dass das Auftreten von Erhitzung vermieden wird.

Die Anlieferung des frisch geernteten Pflanzenmaterials an den Verarbeitungsbetrieb muss so schnell wie möglich erfolgen, um Erhitzung zu vermeiden.

Das Erntegut muss vor Schädlingen, Mäusen/Nagetieren und Haustieren geschützt werden. Maßnahmen zur Schädlingsbekämpfung sollten dokumentiert werden.

4. Primäre Verarbeitung/Nachernteverfahren

Die primäre Verarbeitung nach der Ernte schließt Schritte der Aufbereitung wie Waschen, Einfrieren, Destillieren, Trocknen usw. ein. Alle diese Prozesse sowohl für Lebensmittel als auch für Arzneimittel müssen den europäischen und nationalen Regelungen entsprechen.

Bei der Ankunft im Verarbeitungsbetrieb muss das Erntegut sofort geladen und ausgepackt werden. Vor der Verarbeitung sollte das Material nicht direkt der Sonne ausgesetzt werden (außer wenn eine besondere Notwendigkeit hierzu besteht, z. B. Destillation), und es muss vor Regen geschützt werden.

Die Gebäude, die für die Verarbeitung von Erntegut verwendet werden, müssen sauber und gründlich belüftet sein und dürfen niemals für die Unterbringung von Tieren genutzt werden.

Die Gebäude müssen so gebaut sein, dass ein Schutz des Ernteguts vor Vögeln, Insekten, Nagetieren sowie Haustieren gegeben ist. In allen Lager-

(einschließlich Verpackungs-) und Verarbeitungsbereichen müssen angemessene Schädlingsbekämpfungsmaßnahmen wie z. B. Fallen und elektrische Insektenbekämpfungsgeräte zur Anwendung gebracht werden.

Trocknungsanlagen und Trockengestelle müssen sauber gehalten und regelmäßig gewartet werden.

Bei Lufttrocknung muss das Erntegut in dünnen Schichten ausgelegt werden. Um eine ungehinderte Luftzirkulation sicherzustellen, müssen die Trocknungsrahmen in einem ausreichenden Abstand vom Boden aufgestellt werden. Es müssen Anstrengungen unternommen werden, eine gleichmäßige Trocknung des Erntegutes zu erreichen und dadurch eine Schimmelbildung zu vermeiden.

Bei der künstlichen Trocknung mit Ölfeuerung dürfen die Abgase nicht zur Trocknung (wieder) verwendet werden. Eine Direkttrocknung sollte nicht gestattet sein, außer mit Butan-, Propan- oder Erdgas-Brennern.

Außer in den Fällen von Lufttrocknung im Freien müssen die Bedingungen (z. B. Temperatur, Dauer usw.) so ausgewählt werden, dass der Art (z. B. Wurzel, Blatt oder Blüte) und dem Gehalt wirksamer Bestandteile (z. B. ätherische Öle und andere) der herzustellenden Droge Rechnung getragen wird. Die Trocknungsbedingungen sollten dokumentiert werden.

Eine Trocknung direkt auf dem Boden und unter unmittelbarer Einwirkung von Sonnenlicht sollte vermieden werden, sofern es nicht für eine bestimmte Pflanze erforderlich ist.

Sämtliches Material muss verlesen oder gesiebt werden, um unter dem Standard liegende Produkte und Fremdkörper zu eliminieren. Die Siebe müssen in einem sauberen Zustand gehalten werden und sollten regelmäßig gewartet werden.

Es sollten deutlich als solches gekennzeichnete Abfallbehälter bereitgehalten, täglich entleert und gereinigt werden.

Das Erntegut sollte aus Gründen des Schutzes und zur Verringerung eines Schädlingsbefallrisikos unverzüglich abgepackt werden.

5. Verpacken

Nach der erneuten Kontrolle und eventuellen Entfernung von minderwertigen Materialien und fremden Bestandteilen sollte die gut getrocknete Droge in sauberen und trockenen, wenn möglich neuen Säcken, Beuteln oder Kisten verpackt werden. Die Beschriftung muss deutlich, dauerhaft angebracht und aus nicht toxischem Material sein. Sie muss den europäischen und nationalen Beschriftungsregelungen entsprechen.

Das Packmaterial sollte an einem sauberen und trockenen Platz gelagert werden, der frei von Schädlingen und unzugänglich für Vieh und Haustiere ist. Es muss sichergestellt sein, dass keine Kontamination des Produktes durch die Verwendung von Verpackungsmaterial, insbesondere im Fall von Fasersäcken, eintritt.

Wiederverwendbares Verpackungsmaterial sollte vor erneuter Verwendung gut gereinigt und vollständig getrocknet werden. Es muss sichergestellt sein, dass keine Kontamination durch die Wiederverwendung von Sackmaterial erfolgt.

6. Aufbewahrung und Transport

Verpacktes, getrocknetes Material und ätherische Öle sollen in einem trockenen, gut belüfteten Gebäude gelagert werden, in dem tägliche Temperaturschwankungen begrenzt sind und eine gute Belüftung gegeben ist. Frische Produkte (ausgenommen Basilikum) sollten zwischen 1 °C und 5 °C gelagert werden, gefrorene Produkte unterhalb von minus 18 °C (oder unterhalb von minus 20 °C für längere Lagerung). Die Lagerung von ätherischen Ölen muss angemessenen Standards für die Lagerung von Chemikalien entsprechen.

Zum Schutz vor Schädlingen, Vögeln, Nagetieren und Haustieren sind Fenster- und Türöffnungen z. B. durch Drahtgitter zu schützen.

Es wird empfohlen, verpacktes getrocknetes Erntegut folgendermaßen aufzubewahren:

- In Gebäuden mit Betonböden oder ähnlichen leicht zu reinigenden Böden,
- auf Paletten,
- mit ausreichendem Abstand zur Wand und
- sorgfältig getrennt von anderem Erntegut zur

Vermeidung von Verwechslung, Vermischung und gegenseitiger Beeinflussung.

- Produkte aus ökologischem Landbau sind getrennt aufzubewahren.

Im Falle von Pulk-Lieferungen ist für trockene Bedingungen zu sorgen, und zusätzlich ist es zur Verringerung des Risikos von Schimmelbildung und enzymatischen Prozessen äußerst empfehlenswert, belüftete Container zu verwenden.

Hilfsweise werden ausreichend belüftete Transportfahrzeuge und andere belüftete Einrichtungen empfohlen. Der Transport von ätherischen Ölen muss den einschlägigen Bestimmungen entsprechen. Nationale und europäische Transportregelungen sind zu berücksichtigen.

Begasung gegen Schädlingsbefall sollte nur durchgeführt werden, sofern dies notwendig ist und darf nur durch geschultes Personal erfolgen. Es dürfen nur zugelassene Begasungsmittel Verwendung finden. Jede Begasung gegen Schädlingsbefall sollte in der Dokumentation aufgeführt werden.

Für die Begasung von Lagern sollen entsprechend den europäischen und nationalen Regelungen nur zugelassene Substanzen verwendet werden.

Wenn Tiefkühlung oder gesättigter Dampf für die Schädlingsbekämpfung eingesetzt werden, muss die Feuchtigkeit des Materials nach der Behandlung überprüft werden.

7. Ausrüstung

Geräte für den Anbau und die Verarbeitung pflanzlichen Materials sollten zur Vermeidung eines Kontaminationsrisikos leicht zu reinigen sein.

Alle Maschinen sollten so aufgestellt sein, dass sie leicht zugänglich sind. Sie müssen gut gewartet und regelmäßig gereinigt werden. Die Geräte zur Anwendung von Düngemitteln und Pflanzenschutzmitteln müssen regelmäßig geeicht werden.

Vorzugsweise sollten nicht aus Holz bestehende Geräte verwendet werden, soweit dies nicht von der Tradition gefordert wird. Wenn Geräte aus Holz, z. B. Paletten, Horden, Bunker usw. verwendet werden, sollten sie nicht in direkten Kontakt mit Chemikalien und kontaminiertem/infiziertem Material kommen, um eine Verunreinigung pflanzlichen Materials zu vermeiden.

8. Personal und Einrichtungen

Das Personal sollte vor der Durchführung von Aufgaben, die solche Kenntnisse verlangen, eine angemessene botanische Ausbildung erhalten.

Alle Arbeitsvorgänge sollten vollständig sowohl mit der EU-Richtlinie über Lebensmittelhygiene als auch mit den allgemeinen Grundsätzen der Lebensmittelhygiene des Codex Alimentarius in Übereinstimmung stehen sowie mit der europäischen Richtlinie über die Gute Herstellungspraxis (Good Manufacturing Practice – GMP).

Mitarbeitern, die mit dem Umgang mit pflanzlichem Material betraut sind (auch diejenigen, die auf dem Feld arbeiten), sollte ein hohes Maß an persönlicher Hygiene abverlangt werden, und sie sollten eine adäquate Schulung in Bezug auf ihre Verantwortlichkeiten betreffend Hygiene erhalten haben.

Die Gebäude, in denen die Verarbeitung der Pflanzen stattfindet, müssen mit Umkleideeinrichtungen sowie Toiletten mit Handwaschgelegenheiten entsprechend den einschlägigen Regelungen ausgestattet sein.

Soweit Mitarbeiter bekanntermaßen unter durch Lebensmittel übertragbare Krankheiten einschließlich Diarrhö leiden oder Überträger solcher Krankheiten sind, muss ihnen eine Tätigkeit in jenen Bereichen, in denen pflanzliches Material bearbeitet wird, entsprechend den einschlägigen Regelungen untersagt werden.

Mitarbeiter mit offenen Wunden, Entzündungen und Hautinfektionen sollten bis zum Eintritt einer völligen Genesung aus Bereichen, in denen pflanzliches Material bearbeitet wird, fern gehalten werden oder bis zu ihrer vollständigen Wiederherstellung angemessene Schutzkleidung oder Handschuhe tragen.

Das Personal sollte vor dem Kontakt mit toxischen oder potentiell allergenen pflanzlichen Materialien durch entsprechende Schutzkleidung geschützt werden.

Das Wohl und die Gesundheit aller Mitarbeiter, die mit Anbau und Verarbeitung zu tun haben, soll gesichert werden.

9. Dokumentation

Sämtliches Ausgangsmaterial und alle Verarbeitungsstufen einschließlich des Anbauortes müssen dokumentiert sein. Aufzeichnungen über die Felder, die Vorfrucht und vorhergegangene Behandlungen sollen von allen Anbauern geführt werden.

Jede Partie aus einer zusammenhängenden Fläche muss eindeutig und unverwechselbar gekennzeichnet werden (z. B. durch Vergabe einer Chargen-Nummer). Dies sollte so frühzeitig wie möglich erfolgen.

Partien von verschiedenen Flächen dürfen nur gemischt werden, wenn garantiert wird, dass die Mischung in sich homogen ist. Derartige Mischvorgänge müssen ebenfalls dokumentiert werden.

Aufzeichnungen über Art und Menge und Zeitpunkt der bei einer Partie geernteten Materials eingesetzten Chemikalien und anderer Mittel (z. B. Düngemittel, Pestizide und Herbizide, Wachstumsregulatoren usw.) sind unerlässlich.

Der Einsatz von Begasungsmitteln wie z. B. Phosphin muss in der Chargen-Dokumentation aufgezeichnet werden.

Alle Vorgänge und Bearbeitungsschritte, die einen Einfluss auf die Qualität des Produktes haben können, müssen chargenbezogen dokumentiert werden.

Alle Abmachungen zwischen Produzent und Abnehmer sollten schriftlich festgelegt werden (Anbaurichtlinien, Anbauvertrag usw.).

In einer Way Bill (Chargen-Dokumentation) sollte dokumentiert werden, dass Anbau, Ernte und Produktion in Übereinstimmung mit den GAP-Richtlinien durchgeführt worden sind.

Zumindest sollte in der Way Bill eine Information über die geographische Definition des Anbauortes, des Ursprungslandes und des verantwortlichen Anbauers/Produzenten enthalten sein.

Die Ergebnisse der Audits sind in einem Auditbericht zu dokumentieren (Kopien aller Dokumente, Schlagkartei, Auditberichte, Analysenergebnisse), der mindestens 10 Jahre lang aufzubewahren ist.

Spezielle Umstände während der Wachstumsperiode, die die chemische Zusammensetzung beeinflussen könnten, wie z. b. extreme Wetterbedingungen, Schädlinge – besonders in der Erntezeit – müssen dokumentiert sein.

10. Schulung

Es ist außerordentlich empfehlenswert, die im Umgang mit dem Erntegut befassten Personen oder in der Leitung der Produktion eingesetzten Mitarbeiter im Hinblick auf Hygiene, geeignete Produktionstechniken und die sachgemäße Anwendung von Herbiziden und Pestiziden zu schulen.

11. Qualitätssicherung

Absprachen zwischen Produzenten und Abnehmern von Arznei- und Gewürzpflanzen bezüglich Qualitätsfragen, z. B. wirksame Prinzipien und anderer charakteristischer Inhaltsstoffe, optischen und sensorischen Eigenschaften, Keimzahlbegrenzung, Pflanzenschutzmittelrückständen und Schwermetallen müssen auf international anerkannten oder nationalen Spezifikationen beruhen und sollten in schriftlicher Form festgelegt sein.

Aus: Zeitschrift für Arznei- und Gewürzpflanzenbau, 1998; 3; 166-178)

15. Adressen und Bezugsquellen

15.1 Bezugsadressen für Saatgut

Ing. ANGELOW, Stefan
Hauptstraße 24
A-2332 Hennersdorf

CONRAD APPEL GMBH
Bismarckstraße 59
D-64293 Darmstadt

AUSTROSAAT AG
Oberlaaerstraße 279
A-1232 Wien

BORNTRÄGER UND SCHLEMMER OHG
D-67591 Offstein

N.L. CHRESTENSEN
Postfach 854
D-99016 Erfurt

ETTER-SAATEN
Obere Hauptstraße 69a
A-2424 Zurndorf

PHARMASAAT GMBH
Straße am Westbahnhof
D-06556 Artern

SAATBAU LINZ
Unterer Markt 23
A-4292 Kefermarkt

NOVARTIS SEEDS GMBH
Linzer Straße 14
A-4070 Eferding

15.2 Firmenverzeichnis für Maschinen und Geräte

Kräuter-Trocknungsanlagen und Aufbereitungsmaschinen

BÄRTSCHI-FOBRO
Dorf 1 Postfach1
CH-6152 Hüswil
Tel. +41 (0) 41 988 2121

BINDER Hans, Maschinenfabrik
D-85417 Freising-Marzling, Isarstraße 6 - 8
Tel. 08161/61066-7, Fax 0816/67068

BISO – Schrattenecker
Wurzel-Waschmaschinen
A-4974 Ort i.L.
Tel. 07751/7911

HEID Agrartechnik GmbH
A-2000 Stockerau, Ernstbrunner Straße 31
Tel. 02266/699

HEINDL Gmbh Maschinen und Anlagenbau
D-84048 Mainburg, Marktplatz 5
Tel. 08751/1676

Ing. HIEBEL Karl
A-3100 St. Pölten, Linzer Straße 50
Tel. 02742/72776

JAQUET Heinz, Verfahrenstechnik
D-85354 Pulling bei Freising, Durnecker Straße 16
Tel. 08161/13598

LAXHUBER KG
Stela Maschinenbau
D-84323 Massing/Bayern, Öttinger Str. 2
Tel. 08724/381

PETKUS WUTHA
Windsicht- und Reinigungsanlagen
D-99848 Wutha Farnroda
Tel. 036921/980, Fax 036921/98333

SAGEMÜLLER Franz GmbH
D-26345 Bockhorn, Nordstraße 30
Tel. 04453/71691

SANDVIK Process Systems Ges.m.b.H.
A-1215 Wien, Scheydgasse 44
Tel. 01/388631-0

SOCIETE S. E. R. T. T.
Zone Industrielle
F-24100 Bergerac, Rue Denis-Papin
Tel. 53.57.87.78

WINICKER & LIEBER
Drogenschneidemaschinen
Maschinenfabrik
D-26316 Varel, Hansastraße 1

Kräuter-Erntegeräte

ALMACO-NICKERSON Brothers Limited
GB-Lincoln/England, Binbrook Hill, LN3 6 BL
Tel. 0472/83498

HEGE Saatzuchtmaschinen
D-74638 Waldenburg, Hohebuch
Tel. 07942/10920

MOTY-WERK, M. Mayr
Kürbis-Erntemaschine und Aufbereitungsanlagen
A-8523 Frauental a. d. L.
Tel. 03462/2405

PARKER Bernhard, Marketing
Dorset, 5 Airfield Close, Crossways,
DT2 8 TN Großbritannien
Tel. 0044/1305-853530

VAKUUMAT-Weishäupl
Landmaschinenerzeugung
A-4552 Wartberg 220
Tel. 07587/421-0

Bewässerungsanlagen

FECO Beregnungstechnik
D-21407 Evern, Schützenstraße 5/Gewerbegebiet
Tel. 04131/9798-0

GARDENA Österreich GmbH
A-2100 Korneuburg, Stettnerweg 11–15
Tel. 02262/4545

NETAFIM Bewässerungsprodukte GmbH
D-60388 Frankfurt/Main, Flinschstraße 6

PESSL Instruments
Landwirtschaftliche Spezialmaschinen
A-8160 Weiz, Werksweg 107
Tel. 03172/5521

PFEFFER Ulrich
Gartenbaubedarf
D-73312 Geislingen, Schillerstraße 42

SAELENS GmbH (T-Tape)
D-61197 Florstadt, Dorfwiesenstraße 13
Tel. 06041/4282

STAUDINGER GmbH
Bewässerungstechnik
D-84180 Loiching, Schonbuhler Straße 5
Tel. 08731/5069-0

WILDKAMP Land- und Gartenbau-Beregnung
D-51580 Reichshof-Hunsheim, Auf d. Großstück 3

Ölpressen für diverse Saaten

AGROTRONIK
Ing. Christian Weißhäupl
A-4552 Wartberg, Hiersdorf 48
Tel. 07587/7117

HEGER
D-71083 Herrenberg-Oberjassingen, Zaberstr. 26
Tel. 7032/3035

IBG Montforts GmbH
D-41238 Mönchengladbach, An der Waldesruh 23
Tel. 02166/8682-0

STRÄHLE GmbH
D-73265 Dettingen, Robert-Bosch-Straße 11

Destillationsanlagen

CARL GmbH.
D-73033 Göppingen, Ziegelstraße 21 a–e
Tel. 07161/97 830

BINDERBERGER Alois
A-6200 Jenbach, Austraße 1
Tel. 05244/25 23

EYSSERIC et fils
F-26110 Nyons, B.P.4
Tel. 0000/75 26 24 33

15.3 Kräutervermarktung und -verarbeitung

Agrargenossenschaft CALBE
D-39234 Calbe/Saale, Brumbyer Weg 34–40

AGRI-MED Hessen
D-65468 Trebur, Wilhelm Leuschner Platz 8

BAUER Martin GmbH + Co.
D-91487 Vestenbergsgreuth, Dutendorfer Str. 5–7

BERGHOF – Kräuter GmbH
D-91560 Heilsbronn, Berghof 1

BERGKRÄUTERGENOSSENSCHAFT
A-4192 Thierberg 32

BIOFORCE AG
CH-9325 Roggwil/TG

Richard BITTNER Ges.m.b.H.
Pharmazeutische Abteilung
A-9344 Weitensfeld

CAESAR und LORETZ GmbH
D-40721 Hilden, Herderstraße 31

CHRISTOF Peter GmbH
D-97525 Schwebheim bei Schweinfurt

DRAGOCO
D-37603 Holzminden, Dragocostraße

EUROHERB
NL-3903 LK Vaenendach, Dynamostraat 12

FINK GmbH
D-71083 Herrenberg, Banzenstraße 25

GALKE Alfred GmbH
D-37535 Gittelde-Harz, Postfach 1120

GEWÜRZMÜLLER GmbH
D-70469 Stuttgart, Klagenfurterstraße 1–3

GRASSL – Enzianbrennerei
D-83471 Berchtesgaden, Salzburgerstraße 105

HERBA – Chemosan Apotheker AG
Pharmazeutische Großhandlung
A-1090 Wien, Michelbeuerngasse 9a
Tel. 01/401 04-0

M.C.M. KLOSTERFRAU Vertriebsges.m.b.H.
D-50670 Köln, Gereonsmühlengasse 1–11

KNEIPP Werke
D-86825 Bad Wörishofen, Oberhaußer Straße 3

KOTANYI GmbH
A-2120 Wolkersdorf, Johann-Galler-Straße 11

KOTTAS – Heldenberg und Sohn
Kräuter- und Drogenhaus
A-1010 Wien, Bauernmarkt 24
Tel. 01/531 21-0

KRÄUTER Mix GmbH
D-97355 Abstwind, Wiesentheider Straße 4

LAUE Hermann Gewürzwerk
A-9853 Gmünd

MARKLAND-Gewürze
Ascherslebener Gewürzmühle
D-06449 Aschersleben, Im Busch 15

MAWEA Majoranwerk
D-06449 Aschersleben, Walter-Kersten-Straße 21

Paul MÜGGENBURG GmbH & Co
D-25486 Alveshohe, Bahnhofstraße 2

NÖ Alternativproduzenten Hollabrunn
A-2020 Hollabrunn, Sonnleitenweg 2

Dr. PEITHNER KG
Erzeugung und Großhandel homöopathisch biologischer Arzneimittel
A-1223 Wien, Richard Strauß-Str. 13
Tel. 01/616 26 44-0

PHARMAPLANT Forschung- und Saatzucht
D-06556 Artern, Straße am Westbahnhof

RAPS & Co GmbH – Gewürzwerk
A-5162 Obertrum, Handelstraße 10

RHONE-POULENCE-RORER
D-50829 Köln, Nattermannallee 1

SAATBAU LINZ, Kräuter und Gewürze
A-4021 Linz, Postfach 317

Dr. Willmar SCHWABE GmbH & Co
D-76227 Karlsruhe, Willmar-Schwabe-Straße 4

Ingenieurbüro Dipl.-Ing. Jürgen SERR
D-37217 Witzenhausen, Hohlweg 14

SONNENTOR Kräuter
A-3910 Sprögnitz

Fa. TEEKANNE
A-5020 Salzburg, Münchner Bundesstraße 120
Tel. 0662/435501

VILORA
SK-06401 Stara Lubouna, Nam. Gen. Stefanika 5

VNK-Verenigdte Nederlandse Kruidencoöperatie
NL-8080 AA Elburg/Holland, Ptf. 1, Het Straatje 6

VÖLPEL GmbH & Co KG
Kräuter und Trockengemüse
D-86669 Königsmoos, St. Wolfgang Straße 1

WALDLAND Vermarktungsgesellschaft
A-3533 Oberwaltenreith 10

WIBERG, Berger & Co KG
A-5033 Salzburg, Adolf-Schemmelstr. 9

15.4 Interessenverbände

Österreichischer Verband für Arznei- und Gewürzpflanzenanbau (AGV)
A-1014 Wien, Löwelstraße 16

EUROPAM, European Herbs Growers and Producers Association Bp. 235
F-04102 Manosque Cedex, 43 Boulevard des tilleuls

Verein zur Förderung des Arznei- und Gewürzpflanzenanbaus in Bayern e.V.
D-80333 München, Max-Josef-Straße 9

16. Literatur Arznei- und Gewürzpflanzen

16.1 Gesamtdarstellungen Arzneipflanzen

BOROS, G. 1980: Heil und Teepflanzen, Verlag Eugen Ulmer, Stuttgart

BRAUN, H. u. FROHNE, D. 1987: Heilpflanzen, Lexikon für Ärzte und Apotheker. G. Fischer Verlag, Stuttgart

DACHLER, M. 1997: Arzneirohstoffe und Gewürze. In KELLER, E. (Hrsg.): Handbuch des Pflanzenbaues. Bd. 1: Grundlagen der landwirtschaftlichen Pflanzenproduktion. Verlag Eugen Ulmer, Stuttgart

DIENER, H. 1986: Arzneipflanzen und Drogen. Verlag H. Deutsch, Thun, Frankfurt

FROHNE, D. und JENSEN, V. 1985: Systematik des Pflanzenreichs unter besonderer Berücksichtigung chemischer Merkmale und pflanzlicher Drogen. Gustav Fischer Verlag, Stuttgart

GESSNER, O. 1974: Gift- und Arzneipflanzen von Mitteleuropa. Carl Winter, Universitätsverlag, Heidelberg

HOLZNER, W. (Hrsg.) 1985: Das kritische Heilpflanzenhandbuch. Verlag Orac, Wien

HOPPE, H. 1981: Taschenbuch der Drogenkunde. Walter de Gruyter, Berlin

KUBELKA, W. und LÄNGER, R. 1996: Phytokodex. Pflanzliche Arzneispezialitäten in Österreich. Österr. Apothekerverlag, Wien

PAHLOW, M. 1979: Das große Buch der Heilpflanzen, Gräfe und Unzer, München

ROTH, L., DAUNDERER, M. und KORMANN, K. 1994: Giftpflanzen – Pflanzengifte, 4. Aufl. Ecomed Verlagsgesellschaft m.b.H., Landsberg

TEUSCHER, E. 1997: Biogene Arzneimittel. 5. Aufl. Wissenschaftl. Verlagsges., Stuttgart

WAGNER, H. 1993: Pharmazeutische Biologie. Band 2. Drogen und ihre Inhaltsstoffe. 5. Aufl. Gustav Fischer Verlag, Stuttgart

WICHTL, M. (Hrsg.) 1989: Teedrogen. 2. Aufl. Wissenschaftl. Verlagsges., Stuttgart

WIEGELE, M. 1996: Kräuterheilkunde – Phytotherapie. 2. Aufl. Vereinsdruckerei-Verlag, Steyr

16.2 Gesamtdarstellungen Gewürze-, Duft- und Farbstoffpflanzen

CHARALAMBOUS, G. (Hrsg.) 1994: Spices, Herbs and Edible Fungi. Developments in food science 31, Elsevier, Amsterdam

DZEZIAK, J. D. 1989: Spices. Food Technology 43, 1, 102–116

GERHARDT, U. 1990: Gewürze in der Lebensmittelindustrie. Eigenschaften, Technologien, Verwendung. B. Behr's Verlag, Hamburg

MELCHIOR, H. u. KASTNER, H. 1974: Gewürze. Botanische und chemische Untersuchung. In: Grundlagen und Fortschritte der Lebensmitteluntersuchung. Bd. 2, Verlag Paul Parey, Berlin und Hamburg

NEY, K. H. 1987: Lebensmittelaromen. Behr's Verlag, Hamburg

ROTH, L., KORMANN, K. und SCHWEPPE, H. 1992: Färbepflanzen – Pflanzenfarbe. Verlag ecomed, Landsberg/Lech

ROTH, L. und KORMANN, K. 1996: Duftpflanzen – Pflanzendüfte. Ätherische Öle und Riechstoffe. Verlag ecomed, Landsberg/Lech

SCHWEPPE, H. 1992: Handbuch der Naturfarbstoffe. Verlag ecomed, Landsberg/Lech

SEIDEMANN, J. 1993: Würzmittel-Lexikon. Behr's Verlag, Hamburg

SIEWEK, F. 1990: Exotische Gewürze. Herkunft, Verwendung, Inhaltsstoffe. Birkhäuser Verlag, Basel

SMALL, E. 1997: Culinary herbs. NRC Research Press, Ottawa

UNDERINNER, H. 1994: Handbook of industrial seasonings. Blackie academic & professional, Glasgow

VOGEL, G. (Hrsg.) 1996: Handbuch des speziellen Gemüsebaus. Verlag Eugen Ulmer, Stuttgart

16.3 Pflanzenbauliche Gesamtdarstellungen

BAUMANN, E., FEICHTINGER, J., MÜLLENBERG, M., PANK, F. und STAHN, Th. 1990: Gewürzpflanzen. Unveröffentlichter Fahnenabzug des Deutschen Landwirtschaftsverlags, Berlin

BUCHGRABER, K., FRÜHWIRTH, P., KÖPPL, P. und KRAUTZER, P. 1997: Produktionsnischen im Pflanzenbau, Ginseng, Kümmel, Hanf und Co. Leopold Stocker-Verlag, Graz

EBERT, K. 1982: Arznei- und Gewürzpflanzen. Ein Leitfaden für Anbau und Sammlung. Wissenschaftl. Verlagsges. Stuttgart

HAY, K. M. and WATERMANN, P. G. (ed.) 1993: Volatile oil crops: Their biology, biochemistry and production. Longman Scientific & Technical, Harlow

HEEGER, E.F. 1956: Handbuch des Arznei- und Gewürzpflanzenbaues. Deutscher Bauernverlag, Berlin. Reprint 1989, Harry Deutsch-Verlag, Frankfurt

HÄLVÄ, S. und CRAKER, L. E. 1996: Manual for Northern Herb Growers. HSMP Press, Amherst

HORNOK, L. (Hrsg.), 1992: Cultivation and Processing of Medicinal Plants. John Wiley & Sons, Chichester

MINISTRY OF AGRICULTURE, FISHERIES AND FOOD 1980: Culinary and Medicinal Herbs. Ref. Book 325. Her Majesty's Stationary Office, London

MAGHAMI, P. 1979: Culture et cueillette des plantes médicinales. Hachette, Paris

SCHUSTER, W. 1992: Ölpflanzen in Europa. DLG-Verlag, Frankfurt a. M.

16.4 Ausgewählte Literatur zu einzelnen Kapiteln

3. Marktverhältnisse

LANGE, D. 1996: Untersuchungen zum Heilpflanzenhandel in Deutschland Bundesamt für Naturschutz, Bonn – Bad Godesberg

PANK, F. 1998: Der Arznei- und Gewürzpflanzenmarkt in der EU. Z. f. Arznei- u. Gewürzpfl. 3,2, 77–81

SIEGL, J. 1995: Ätherische Öle – eine Marktanalyse. Herba Germanica 3, 35–46

VERLET, N. 1994: An overview of the medicinal and aromatic plant industry. In: Proc. of the Intern. Meeting „Cultivation and improvement of medicinal and aromatic plants", Trento

VERLET, N. 1993: Commercial aspects of volatile oil crops. In HAY, K. M. and P. G. WATERMAN, 1993: Volatile oil crops: Their biology, biochemistry and production. Longman Scientific & Technical, London

VERLET, N. and LECLERCQ, G. 1997: Towards a Model of Technical and Economic Optimization of Specialist Minor Crops. CD-ROM im Auftrag der Europäischen Kommission

4. Vermarktung und Produktpalette

BELL, L. 1987: Packaging and shipping of fresh herbs. In: SIMON, J. and GRANT, L. (ed.): Proc. of First National Herb Growing and Marketing Conference. Purdue University, West Lafayette

CANTWELL, M. I. and REID, M. S. 1993: Postharvest Physiology and Handling of Fresh Culinary Herbs. J. of Herbs, Spices & Medicinal Plants 1, 3, 93–127

4.2 Verwendungsmöglichkeiten

BENTZ, H., MEINECKE, Ch. und RICHTER, H. 1989: Tierärztliche Drogenkunde. VEB Gustav Fischer Verlag, Jena

BEZZI, A. 1994: Uso di piante „insetticide-pesticide" nella lotta contro alcuni parasitti di piante coltivate. Proc.Intern. meeting cultivation and improvement of medicinal and aromatic plants, Trento

CALKIN, R. R. und JELLINEK, J. St. 1994: Perfumery, Practice and Principles. John Wiley & Sons, New York

CLUTTON, D. W. 1995: Speciality products. In: LEA A. G. H. und PIGOTT, J. R. (ed.): Fermented beverage production, Blackie academic & professional, Glasgow

LEUNG, A. Y. and FOSTER, S. 1996: Encyclopedia of common natural ingredients used in food, drugs, and cosmetics. 2nd ed. John Wiley & Sons, New York

LINDBERG-MADSEN, H. und BERTELSEN, G. 1995: Spices as antioxidants. Trends in Food Science & Technology 6, 271–277

LYDON, J. und DUKE, S. O. 1989: The Potential of Pesticides from Plants. In: CRAKER, L. E. und SIMON, J. A. (Hrsg.): Herbs, Spices, and Medicinal Plants: Recent Advances in Botany, Horticulture, and Pharmacology, Vol 4. Oryx Press, Phoenix, Arizona

ISMAN, M.B. 1994: Botanical insecticides and antifeedants : new sources and perspectives. Pesticide Res. J. 6, 1, 11–19

MATHEIS, G. 1989: Natürliche Aromen und ihre Rohstoffe. dragoco bericht 34, 2, 43

NAKATANI, N . 1996: Antioxidants from Spices and Herbs. SHAHIDI, F. (Hrsg.): Natural Antioxidants. Chemistry, Health effects, and Applications. AOCS Press, Champaign, Illinois

NEY, K. H. 1987: Lebensmittelaromen. Behr's Verlag, Hamburg

RASSMANN, H. W. 1989: Rohstoffe in der Riech- und Geschmackstoffindustrie. dragoco report 4, 95

SEIDEMANN, J. 1993: Würzmittel-Lexikon. Behr's Verlag Hamburg

TAYLOR, D. 1991: Natürliche Kräuter und Gewürzextrakte. dragoco bericht 36, 2, 64–72

THOMANN, R. J. und BAUERMANN, U. 1993: Anwendungsfälle von Arznei- und Gewürzpflanzen im Non-food-Bereich. Herba Germanica 1, 1, 56–62

UNDERINNER, H. 1994: Handbook of industrial seasonings. Blackie academic & professional, Glasgow

WÜSTENFELD, H. und HAESELER, G. 1996: Trinkbranntweine und Liköre. 5. Aufl. Blackwell Wissenschaftsverlag, Berlin,Wien

6.3 Düngung

BOMME, U. und NAST, D. 1998: Nährstoffentzug und ordnungsgemäße Düngung im Feldanbau von Heil- und Gewürzpflanzen. Z. f. Arznei- u. Gewürzpfl. 3, 2, 82–90

DACHLER, M. 1992: Varieties and nitrogen requirements from some spice plants grown for seed. Acta horticulturae 306, 88–99

6.4.3. Sorten und Herkünfte

BUNDESSORTENAMT (Hrsg.), 1996: Beschreibende Sortenliste Heil-und Gewürzpflanzen. Landbuch-Verlag, Hannover

6.4.1.1 Züchtungsmethoden

BALKO, Ch. und STEIN, M. 1991: Moderne Methoden der Pflanzenzüchtung und Möglichkeiten ihrer Anwendung bei Arznei- und Gewürzpflanzen. Drogenreport, 6, 4, 55–66

DIEKMANN, W. 1997: Biotechnologische Methoden in der Arzneipflanzenzüchtung. Drogenreport 10, 18, 80–85

FRANZ, Ch. 1996: Züchtungsforschung und Züchtung an Arznei- und Gewürzpflanzen in ausgewählten Ländern Europas und des Mittelmeergebietes. Z. f. Arznei- u. Gewürzpfl. 1, 30–38

PANK, F. 1996: Projekte der Züchtungsforschung an Arznei- und Gewürzpflanzen in Einrichtungen des Bundes und der Länder in der Bundesrepublik Deutschland. Z. f. Arznei- u. Gewürzpfl. 2, 70–75

PANK, F. und HEINE, H. 1998: Ziele und Methoden der Arznei- und Gewürzpflanzenzüchtung und verfügbare Sorten in Deutschland. Z. f. Arznei- u. Gewürzpfl. 3, 3–4, 125–138

SCHULZ, H. 1997: Qualitätsverbesserung ätherischer Ölpflanzen durch Züchtung. dragoco report 6, 225–243

6.5. Bestandespflege

HEROLD, H. 1997: Anwendung von Pflanzenschutzmitteln in Arznei- und Gewürzpflanzen aus rechtlicher Sicht. Z. f. Arznei- u. Gewürzpfl. 2, 2, 100–102

KIRCHNER, O. und RADEMACHER, B. 1962: Krankheiten und Beschädigungen der Gemüse- und Küchenkräuter. Bd. VI, Verlag Eugen Ulmer, Stuttgart

MÜHLE, E. 1956: Die Krankheiten und Schädlinge der Arznei-, Gewürz- und Duftpflanzen. Akademie Verlag, Berlin

PANK, F. 1997: Chemische Unkrautbekämpfung im Arznei- und Gewürzpflanzenbau. Z. f. Arznei- u. Gewürzpfl. 2,1, 24–38

SPAAR, D., KLEINHEMPEL, H. und FRITZSCHE F. 1990: Diagnose von Krankheiten und Beschädigungen an Kulturpflanzen; Öl- und Faserpflanzen. Springer-Verlag, Berlin

VETTER, A., PANK, F., DUBIEL, U. und OVERKAMP, J. 1990: Empfehlungen und Richtwerte für die Beregnung von Arznei- und Gewürzpflanzen. Feldwirtschaft 31(5) 213–215

6.6 Erntetechnik

FRÖBUS, I., BAIER. CH. und PLESCHER, A. 1997: Erntemaschine für spezielle Arznei-, Gewürz- und Aromapflanzen – Auswertung eines Pilotprojekts. Drogenreport 10, 18, 32–36

GALAMBOSI, B. 1991: Harvesting and Cleaning Herb Seeds. The Herb, Spice, and Medicinal Plant Digest, 9, 3. University of Massachusetts, Amherst

HECHT, H. et al. 1992: Mechanisierung der Blütendrogenernte. Landtechnik 47, 6, 276–280

Kuratorium für Technik und Bauwesen in der Landwirtschaft, 1990: Mähdruschernte von Sonderfrüchten. KTBL-Arbeitspapier 139, Darmstadt

7.1 Mechanische Aufbereitung

WALTHER, F. 1993: Funktion, Einsatzbereich und Effektivität von Drogenschneidemaschinen der Firma Winicker und Lieber. Herba Germanica 1, 1, 85–89

7.2.2 Künstliche Trocknung

BAKER, C. (ed.) 1997: Industrial drying of foods. Blacky Academic & Professional, (Imprint of Chapman & Hall), London

BINDER, J. 1994: Moderne Technologien der Nacherntebehandlung in der Drogenwirtschaft zur Erzielung hoher Qualitäten. Herba Germanica 2, 2, 120–123

HEINDL, A. und MÜLLER, J. 1997: Trocknung von Arznei- und Gewürzpflanzen. Z. f. Arznei- u. Gewürzpfl. 2, 2, 90–97

JAQUET, H. 1994: Aufbereitung, Trocknung und Verarbeitung von Heil- und Gewürzpflanzen auf industrieller Basis. Herba Germanica 2, 2, 124–127

LAXHUBER, S. 1998: Neue Trends bei der Trocknung von Arzneipflanzen und Kräutern. Drogenreport 11, 19, 37–42

SAGEMÜLLER, F. 1994: Rationelle Verarbeitung von Arznei- und Gewürzpflanzen beim landwirtschaftlichen Erzeuger. Herba Germanica, 2, 2, 133–136

7.2.3 Tieffrieren

DOHMES, G. 1982: Über den Vitamin-C-Gehalt von mitteleuropäischen Gewürzkräutern und dessen Stabilität beim Tiefgefrieren und Gefriertrocknen. Dissertation, Rheinische Friedrich-Wilhelms-Universität, Bonn

7.3.1 Destillation

HANNING, H. J., HEROLD, M. und RÖHL, W. 1988: Resultate der Gewinnung ätherischer Öle nach der Containertechnologie. Drogenreport 1, 1, 73–87

MARTEL, M. 1988: Destillation continue de plantes aromatiques. Compte-rendue des 2ièmes rencontres techniques et économiques de plantes aromatiques et médicinales. C.F.P.P.A. Nyons

MITCHELL, A. R. und CROWE, F. J.: Peppermint Oil Yield and Composition from Mini and Industrial Distilleries. J.of Herbs, Spices and Med. Plants 4, 1, 81–88

TULEY DE SILVA, K. (ed) 1995: A manual on the essential oil industry. United Nations Industrial Development Organization, Vienna

8. Qualitätskriterien

BRANTNER, A., FRANK, B., SCHNEIDER, E., FRANZ, Ch. und MÁTHÉ, A. 1997: Richtlinien für die Gute Landwirtschaftliche Praxis von Arznei- und Gewürzpflanzen (GAP-Regeln). Z. f. Arznei- u. Gewürzpfl. 2, 4, 204–206

BUCKENHÜSKES, H. J. 1998: Hygiensche Aspekte bei der Verwendung von Gewürzen. Z. f. Arznei- u. Gewürzpfl. 3, 1, 21–30

GASSNER, G., HOHMANN, B. und DEUTSCHMANN, F. 1989: Mikroskopische Untersuchung pflanzlicher Lebensmittel. Gustav Fischerverlag, Stuttgart

GRÜNSFELDER, M. 1991: Makroskopische und mikroskopische Untersuchung von Arzneidrogen. Georg Thieme Verlag, Stuttgart

HAHN, H. und MICHAELSEN, I. 1996: Mikroskopische Diagnostik pflanzlicher Nahrungs-, Genuß- und Futtermittel, einschließlich Gewürze. Springer Verlag Berlin-Heidelberg

KABELITZ, L. 1997: Korrekturmaßnahmen bei Qualitätsmängeln von Drogen. Drogenreport, 10, 17, 51–54

PELZMANN, H. und SCHMIED, E. 1998: Qualitätshandbuch für Tee- und Gewürzkräuter. Österreichischer Agrarverlag, Wien

STEINHOFF, B., 1997: Qualitätskontrolle pflanzlicher Drogen und ihrer Zubereitungen unter Berücksichtigung neuer rechtlicher Regelungen. Z. Arznei- u. Gewürzpfl. 2, 10–14

9. Lagerhaltung

BERGER, H. 1996: Vorrats- und Materialschädlinge. Verlag Jugend und Volk Gesmbh, Wien

HANNIG, H. J., 1994: Lagerhaltung von Arznei- und Gewürzdrogen. Herba Germanica 2, 2, 137–147

SCHNEIDER, E. und KUTSCHER, V. 1997: Umweltfreundlicher Vorratsschutz im Kräuterlager. Drogenreport 10, 16, 37–40

STEIN, W. 1986: Vorratsschädlinge und Hausungeziefer. Verlag Eugen Ulmer, Stuttgart

9.2 Mikrobielle Verunreinigung

ANDREWS, L. S., AHMEDNA, M., GRODNER, R. M., LIUZZO, J. A., MURANO, P. S., MURANO, E. A., RAO, R. M., SHANE, S. and WILSON, P. W. 1998: Food preservation Using Ionizing Radiation. Rev. Environ. Contam. Toxicol. 154, 1–53

10. Verpackung

STEHLE, G. 1997: Verpacken von Lebensmitteln. Behr's Verlag, Hamburg

PÄÄKÖNEN, K., MALMSTEN, T. und HYVÖNEN, L. 1990: Drying, packaging, and storage effects on quality of basil, marjoram and wild marjoram. J. Food Sci. 55, 1373–1377

11. Pflanzen

Arnika

BOMME, U., MITTERMEIER, M. und REGENHARDT, I. 1995: Ergebnisse zur Entwicklung eines Verfahrens für den feldmäßigen Anbau von *Arnica montana* L. 1. Mitt. Drogenreport 8, 12; 5–10. 2. Mitt. Drogenreport 8, 13, 3–11

Baldrian

CZABAJSKA, W., JARUZELSKI, M. and UBYSZ, D. 1976: New methods in the cultivation of *Valeriana officinalis*. Planta medica 30, 9–13

HÖRNER-FÜCKEL, I. 1989: Ontogenetische Einflüsse auf Wachstum, Ertrag und Wirkstoffgehalt von *Valeriana officinalis L.*, Baldrian. Dissertation an der Universität Gießen

HOUGHTON, P. J. (ed.) 1997: Valerian. harwood academic publishers, Amsterdam

PANK, E. und F., GNUSOWSKI, B. 1991: Förderung des Anbaues von Baldrian (*Valeriana off.*) durch Saatgutbeizung. Drogenreport 4, 5, 42–45

Brennnessel

BOMME, U. und UNTERHOLZNER, S. 1994: Versuchsergebnisse zum günstigsten Kulturverfahren für den Feldanbau von Großer Brennnessel, *Urtica dioica* L. Drogenreport 6, 11, 8–12

Buchweizen

HONERMEIER, B. 1996: Buchweizen. Z. f. Arznei- u. Gewürzpfl. 1, 3, 123–127

Dill

MHEEN, H. J van der, und BOSCH, H. 1994: Teelt van dillekruid en dillezaad. Teelthandleiding 59, Proefstation voor de Akkerbouw en de Groenteteelt in de Vollegrond, Lelystad

Drachenkopf

PANK, F., ENNET, D. und BUSCHBECK, E. 1989: Inkulturnahme von Drachenkopf *Dracocephalum moldavica* L. 1. Mitt. Pharmazeutische Verwendung, botanische Charakterisierung, Entwicklung des Produktionsverfahrens und Züchtungsziele. Drogenreport 2, 2, 18–22

MÜLLER, H. R. und PANK, F. 1989: 2. Mitt. Ergebnisse von Versuchen zur Anbautechnik. Drogenreport 2, 3, 87–99

MÜLLER, H.-R. und PANK, F. 1991: 3. Mitt. Anbauverfahren. Drogenreport 4, 5, 34–38

Engelwurz

TREMBLAY, N., MICHAUD, M. and LAFLAMME, L. 1994: Optimization of Angelica planting densities and production cycles for medicinal purposes. Acta Horticulturae 390, 97–102

Fenchel

PANK, F., MÜLLER, H. R., REICHARDT, I., HANNIG, J., PLESCHER, A. und WENDEL, M. 1989: 1. Mitt. Anbau von Fenchel *(Foeniculum vulgare)* im Direktsaatverfahren. Drogenreport 2, 2, 38

LANDI, R. 1994: Problemi colturali del finocchio da seme *(Foeniculum vulgare* Mill.*)* in Italia e possibilità di diffonderne la coltivazione. Proc.Intern. meeting cultivation and improvement of medicinal and aromatic plants. Trento

MÜLLER, H. R. und PANK, F. 1989: 2. Mitt. Ergebnisse von Versuchen zur Anbautechnik. Drogenreport 2, 3, 100

MÜLLER, H. R. und PANK, F. 1991: 4. Mitt. Anbauverfahren. Drogenreport 4, 5, 27

REICHARD, I. und PANK, F. 1991: 5. Mitt. Methodik und Ergebnisse der Züchtung. Drogenreport 4, 6, 45

Fingerhut

MHEEN van der, H. J. und ZWANEPOL, S. 1993: Teelt van digitalis lanata. Teelthandleiding 50, Proefstation voor de Akkerbouw en de Groenteteelt in de Vollegrond, Lelystad

Enzian, Gelber

MENGHINI, A. 1994: La coltivazione di *Gentiana lutea* in differenti località italiane. Proc.Intern. meeting cultivation and improvement of medicinal and aromatic plants, Trento

KRETSCHMER, M. und FRANZ, CH. 1997: Versuche zur Feldaussaat von *Gentiana lutea*. Gemüse 1, 8–11

FRANZ, Ch., BEZZI, A. und BELLIARDO, F. 1996: Variabilty and breeding of *Gentiana lutea* L. with respect to bitter substances. Atti del Convegno „Genziana e specie amaro-aromatiche". Camerino

Goldmelisse

PELZMANN, H. 1987: Erfahrungen mit dem Anbau der Goldmelisse *(Monarda didyma)* zur Blüten- und Krautgewinnung. Economia Trentina 3, 169–171

Hopfen

KOHLMANN, H. und KASTNER, A. 1975: Der Hopfen. Hopfenverlag, Wolnzach

Johanniskraut

BOMME, U. 1997: Produktionstechnologie von Johanniskraut *(Hypericum perforatum)*. Z. f. Arznei- und Gewürzpfl. 2, 127–134

HANNIG, H. J., PLESCHER, A. und VOLLRATH, G. 1995: Erfahrungen beim großflächigen Anbau von Johanniskraut. Anforderungen an die industrielle Verwertung. Herba Germanica 3, 3, 96

PLESCHER, A. 1997: Effizienter und umweltgerechter Anbau von Johanniskraut. Drogenreport 10, 17, 22–26

Kamille

BEZZI, A. und AIELLO, N. 1994: La coltivazione della Camomilla comune. *(Chamomilla recutita* L. Rauschert). L'Informatore Agrario, 50, 22, 63–77

RÖHRICHT, Ch., MÄNICKE, S. und GRUNERT, M. 1997: Der Anbau von Kamille (*Chamomilla recutita* (L.)Rauschert) in Sachsen. Z. f. Arznei- u. Gewürzpfl. 2, 135–146

PLESCHER, A. 1997: Verfahrenstechnische Entwicklungen zum Anbau von Kamille. Z. f. Arznei- u. Gewürzpfl. 4, 193–201

SCHILCHER, H., 1987: Die Kamille. Wissenschaftl. Verlagsgesellschaft, Stuttgart

Knoblauch

BOMME, U., REGENHARDT, I. und SCHILLING, W. 1996: Optimierung des Feldanbaus von Knoblauch (*Allium sativum* L). Z. f. Arznei- u. Gewürzpfl. 1, 2, 55

BREWSTER, J. L. 1994: Onions and other Vegetable Alliums. CAB International, Wallingford

Koriander

DIEDERICHSON, A. 1996: Coriander, *Coriandrum sativum* L. Inter. Plant Genetic Resources Institute, Rom

WAGNER, H. 1993: Maximierung der Samenerträge und wertgebenden Inhaltsstoffe von Fenchel *(Foeniculum vulgare)* und Koriander *(Coriandrum sativum)* durch pflanzenbauliche Maßnahmen an zwei verschiedenen Standorten. Dissertation an der Universität Hohenheim.

Kümmel

GRONBACH, G. 1996: Einfluß unterschiedlicher ökologischer Bedingungen auf Kornertrag und wertgebende Inhaltsstoffe von Kümmel bei mineralischer und organischer N-Düngung. Dissertation an der Universität Stuttgart-Hohenheim

MÜLLER, H. R., PANK, F. und PLESCHER, A. 1989: Anbauverfahren Kümmel (*Carum carvi* L.) 1. Mitt. Anbauverfahren Blanksaat. Drogenreport 2, 3, 77
2. Mitt. 1991 Bewertung verschiedener Kulturen hinsichtlich Eignung zum Deckfruchtanbau. Drogenreport 4, 4, 35

NEMETH, E., (ed) 1998: Caraway, The Genus *Carum.*, harwood academic publishers, Amsterdam

WANDER, J. G. N. und ZWANEPOL, S. 1994: Teelt van Karwij. Teelthandleiding Nr. 60, Proefstation voor de Akkerbouw en de Groenteteelt in de Vollegrond, Lelystad

Kürbis

KULMER, G. und WEBER, J. 1997: Kürbisse in Küche und Garten. Leopold Stocker-Verlag, Graz

SCHUSTER, W. 1977: Der Ölkürbis. Fortschritte in Acker- und Pflanzenbau. Heft 4. Verlag Paul Parey, Berlin

Lavendel

BONARI, E., CIONI, P. L., MORELLI, I. 1985: Effet de la densite de plantation sur une culture du lavandin. Influence sur la qualité et la quantité. Plantes médicinales et phytothérapie tome XIX, 2, 98–108

GRAS, R. et CHIAVERINI, J. 1980: Incidences du milieu et des techniques culturales sur la longévité du lavandin „Abria". Ann. agron. 31, 2 191–218

PORTER, N. G., SHAW, M. L. and HURNDELL, L. C. 1982: Preliminary studies of lavender as an essential oil crop for New Zealand. N. Z. J. of Agric. Res. 25, 389–394

Lein, Öl-

FRIEDT, W. und BICKERT, CH. 1992: Wie Sie jetzt Öllein rentabel anbauen können. DLG-Mitt. 3, 42-44

Liebstöckel

MHEEN, H. J. van der: Teeltonderzoek wortelgewaskruiden angelica, levisticum, en valeriaan 1987–1993. Proefstation voor de Akkerbouw en de Groenteteelt in de Vollegrond, Lelystad

Majoran

DUBIEL, U. 1988: Der Majoran und sein Anbau im Einzugsbereich des VEB Majoranwerks Aschersleben. Drogenreport 1, 1, 65

FRANZ, Ch. und AUER, M. 1991: Majoran-Züchtung nach sensorischen Qualitätskriterien. Drogenreport 4, 6, 31

Mariendistel

CZABAJSKA, W., KAZMIERCZAK, K. und LUDWICZ, E. 1993: Biologische Züchtungsuntersuchungen bei der Mariendistel, *Silybum marianum* L. Drogenreport 6, 10, 3–7

ZALECKI, R. und KORDONA, St. 1993: Der Anbau der Mariendistel (*Silybum marianum* L.) in Polen. Drogenreport 6, 10, 7–11

Mohn

BERNÁTH, J. (ed). 1998: Poppy. harwood publisher, Amsterdam

Paprika

SOMOS, A. 1984: The Paprika. Akademiai Kiado, Budapest

Petersilie

HARTMANN, H. D. 1996: Die Produktion von Petersilie. Gemüse 32, 5, 359

STAHN, Th. 1989: Möglichkeiten pflanzenbaulich-biologischer Beeinflussung des Wachstums von *Petroselinum crispum* im Freilandanbau zur verbesserten Versorgung mit frischem Petersilienlaub. Dissertation an der Humboldt Universität Berlin

WIJK, van C. A. Ph. und MHEEN van der, H. J. 1992: Teelt van Peterselie en bladselderij. Teelthandleiding 46, Proefstation voor de Akkerbouw en de Groenteteelt in de Vollegrond, Lelystad

Pfefferminze

DUBIEL, HEROLD, E. M., PANK, F., RUST, H., SCHMIDT, W. und STEIN, M. 1988: 30 Jahre „Multimentha *(Mentha piperita)*. Drogenreport 1, 1, 31–64

STAHN, Th. und BOMME, U. 1997: Beurteilung eines großen Sortiments von *Mentha x piperita*-Herkünften. Z. f. Arznei- u. Gewürzpfl. 2, 4, 164-172

BECHIS, St., Del TREPPO, S., GHIOTTI, G. und PICCAROLO, P. 1992: Speciale Menta, Origine e importanza della coltura, Tecnica colturale e produzione dell'essenza, Prove di trapianto meccanico, Prove di raccolta e prove di distillazione. L'informatore agrario 48, 57–77

Ringelblume

HEROLD, M., PANK, F., MENZEL, E., KALTOFEN, H., LOOGK, E. und RUST, H. 1991: Verfahrenstechnische Entwicklungen zum Anbau von *Chamomilla recutita* und *Calendula officinalis* für die Gewinnung von Blütendrogen. Drogenreport 2, 2 , 43–62

ISAAC, O. 1992: Die Ringelblume. Wissenschaftl. Verlagsges., Stuttgart

Saflor

SMITH, J. R., 1996: Safflower. AOCS Press, Champaign, Illinois

Salbei

BEZZI, A. 1994: Selezione clonale e constituzione di varieta di Salvia *(Salvia officinalis* L.*)*. Proc. Intern. meeting cultivation and improvement of medicinal and aromatic plants, Trento

REY, CH. 1991: Incidence de la date et de la hauteur de coupe en première année de culture sur la productivité de la sauge officinale et du thym vulgaire. Rev. suisse Vitic. Arboric. Hortic, 23, 2, 137–143

REY, CH. 1995: Comparaison du semis direct et du plant motté pour la mise en place de la sauge officinale *(Salvia officinalis)*, Rev. suisse de Vitic., Arboric. Hortic. 27, 6, 375–381

Schabzigerklee

RANDHAWA, G. S., GILL, B. S., SAINI, S. S. und SINGH, J.: Agronomic Technology for Production of Fenugreek *(Trigonella foenum graecum* L.*)* Seeds. J. of Herbs, Spices & Med. Plants 4, 3, 43–49

Schnittlauch

BREWSTER, J. L. 1994: Onions and other Vegetable Alliums. CAB International, Wallingford

Senf

HACKL, G. 1996: Gelbsenf *Sinapis alba* L., eine alte Kulturpflanze. Z. f. Arznei- u. Gewürzpfl. 1, 2, 48–54

Sonnenhut

BAUER, R. und WAGNER, H. 1990: Echinacea, Handbuch für Ärzte, Apotheker und andere Naturwissenschafter. Wissenschaftl. Verlagsges. Stuttgart

FRANKE, R., SCHENK, R., SCHASER, J. und NAGELL, A. 1997: Einfluß von Anbaumaßnahmen auf Ertrag und Inhaltsstoffe von *Echinacea pallida* (Nutt.) Nutt. Z. f. Arznei- u. Gewürzpfl. 4, 173–185

FRÖBUS, I. , SONNENSCHEIN, M., DICKMANN, W. und MUSIELSKI, H. 1997: Blaßfarbene Kegelblume *(Echinacea pallida)* – Versuche zum Anbauverfahren. Drogenreport 10, 18, 12–17

Stechapfel

DEMEYER, K. und DEJAEGERE, R.: Nitrogen and Alkaloid Accumulation and Partitioning in *Datura stramonium* L. J. of Herbs, Spices and Med. Plants 5,3,15–24

Thymian

MHEEN, van der und ZWANEPOL, S.: Teelt van thijm. Teelthandleiding 49, Proefstation voor de Akkerbouw en de Groenteteelt in de Vollegrond, Lelystad

16.5 Zeitschriften

Acta horticulturae, Section for spice, medicinal and aromatic plants Bd. 73, 96, 108, 132, 144, 188, 208, 331, 390, 426. ISHS, Wageningen, NL

Drogenreport, Artemisia e. V. Wissenschaftlich-technischer Informationskreis Artern, Deutschland

Gemüse, BLV-Verlagsges. und Verlag Eugen Ulmer, Stuttgart

Herbalia, ITEIPMEI, Chemillé, Frankreich

Herba Polonika, IRIPZ (Research Institute of Medicinal Plants), Poznan, Polen

Journal of Herbs, Spices & Medicinal Plants, The Haworth Press, Binghamton, USA

Planta medica, Natural Products and Medicinal Plant Research, Thieme Verlag, Stuttgart

Review of Aromatic and Medicinal Plants, CAB Abstracts, CAB International, Wallingford, UK

The Journal of Essential Oil Research, Allured Publishing Corporation, Carol Stream, IL, USA

Zeitschrift für Arznei- und Gewürzpflanzen, Hippokrates Verlag, Stuttgart

Zeitschrift für Phytotherapie, Hippokrates Verlag, Stuttgart

17. Tabellenverzeichnis

Seite

Tab. 1: Durchschnittlicher Fettgehalt (% in FS) und Fettsäuregehalt in % der Gesamtfettsäure einiger ölhältiger Pflanzen 27

Tab. 2: Einteilung der wichtigsten Arznei- und Gewürzpflanzen nach Wirkstoffen, genutzten Pflanzenteilen und Nutzungsdauer 28

Tab. 3: Geschätzte Anbauflächen (in ha) von Arznei- und Gewürzpflanzen in einigen europäischen Ländern 32

Tab. 4: Einsatzmöglichkeiten von verschiedenen Arten im Non-food-Bereich 43

Tab. 5: Standortansprüche einiger Arznei- und Gewürzpflanzen 48

Tab. 6: Kälteempfindlichkeit einiger Arznei- und Gewürzpflanzen 48

Tab. 7: Nährstoffentzug durch verschiedene Arznei- und Gewürzpflanzen 51

Tab. 8: Zuchtziele bei ausgewählten Arznei- und Gewürzpflanzen 57

Tab. 9: Kennzahlen für getopfte Arznei- und Gewürzpflanzen 65

Tab. 10: Wichtige Kennzahlen für Saatgut von Arznei- und Gewürzpflanzen 67

Tab. 11: Beispiele für den Arbeitszeitbedarf bei händischer Ernte von Blatt und Blüten 82

Tab. 12: Empfohlene Mähdreschereinstellungen bei der Ernte von Körnerdrogen 89

Tab. 13: Gebräuchliche Trocknungsverfahren für Arzneipflanzen 96

Tab. 14: Wichtige Qualitätsmerkmale von Arznei- und Gewürzpflanzen 105

Tab. 15: Qualitätskriterien für Gewürze laut Österreichischem Lebensmittelbuch 108

Tab. 16: Qualitätskriterien nach dem Österreichischen Arzneibuch (ÖAB) 108

Tab. 17: Mikrobiologische Richt- und Grenzwerte für Gewürze nach dem deutschen Lebensmittel- und Bedarfsgegenständegesetz 110

Tab. 18: Höchstzulässige Pestizidrückstände laut Europäischem Arzneibuch (in mg/kg = ppm) 111

Tab. 19: Richtwerte für Blei- und Cadmiumgehalte laut Österr. Lebensmittelbuch (3. Aufl.) in µg/kg FM 113

Tab. 20: Richtwerte für Blei-, Cadmium-, und Quecksilbergehalte in Arznei- und Gewürzpflanzen in Deutschland (BGA 1993) 113

Tab. 21: Faktoren, die bei der Lagerung beachtet werden sollten 116

Tab. 22: Verpackungsarten und -größen 122

18. Abbildungsverzeichnis

Seite

Abb. 1: Vermarktungswege von Arznei- und Gewürzpflanzen 35
Abb. 2: Invitro Vermehrung nach Zenk 64
Abb. 3: Aufbereitung des Erntegutes 91
Abb. 4: Arbeitsablauf bei der Krauternte und -aufbereitung 93
Abb. 5: Arbeitsablauf bei der Wurzelernte und -aufbereitung 93
Abb. 6: Hordentrocknung 99
Abb. 7: Schematische Darstellung der Wasserdampfdestillation 103
Abb. 8: Tierische Vorratsschädlinge 118/119
Abb. 9: Beispiele für eine korrekte Etikettierung 124

19. Sachregister

Seite
Abgrenzungsverordnung 12
Absinth 304
Absinthin 29, 305
Achillea millefolium 59, **275**
Ackerstiefmütterchen 29, 67, **129**
Aetheroleum Carvi 213
Aetheroleum Chamomillae 191
Aetheroleum Foeniculi 177
Aetheroleum Thymi 295
Alant 28, 48, 51, 67, **131**
Alantwurzel 131
Alcea rosea 238
Alkaloide 23, 29, 43, 245, 290
Allicin 22
Alliin 30, 199
Allium fistulosum 311
Allium ramosum 311
Allium sativum 199
Allium schoenoprasum 59, **278**
Allium ursinum 310
Allium viviparum 310
Althea officinalis 57, **165**
Althea rosea 238
Amarogentin 29, 171
Anabsinthin 305
Anethol 28, 177
Anethum graveolens 57
Anethum graveolens L. var. hortorum 156
Anethum sowa 160
Angelica archangelica 57, **168**
Angelika 168
Angelikawurzel 43, 108
Anis 108, 310
Aniskerbel 310
Anthemis nobilis 196
Anthriscus cerifolium 196
Antifeedant 43
Antioxidans 43
Apfelminze 261
Apiol 28, 253
Apium graveolens var. secalium 311
Arbeitsablauf (Krauternte) 93
Arbeitsablauf (Wurzelernte) 93
Armoracia lapathifolia 210
Armoracia rusticana 210
Armoraciae Radix 210
Arnica montana 57, 134
Arnika 28, 29, 48, 51, 57, 67, **134**
Arnikablüten 108
Arnikawurzeln 108
Aromen 17, 39
Artemisia abrotanum 310
Artemisia absinthium 304
Artemisia dracunculus 57, **174**
Artemisia pontica 306
Artemisia vulgaris 310
Arzneipflanzen 11
Ätherische Öldrogen 115
Ätherische Öle 19, 28, 29, 30, 38
Atmosphäre, modifizierte 36
Atropa acuminata 301
Atropa bella-donna 299
Atropin 29, 299
Aufbereitung des Erntegutes 91
Aufbereitung, Mechanische 92
Aufbereitung, Thermische 94
Auflaufkrankheiten 70
Auslesezüchtung 54
Aussehen 106
Australischer Diebskäfer 119
Azulen 28, 29, 134, 196, 275

Bachminze 257
Backmohn 245
Backwarengewürze 40
Baldrian 28, 48, 51, 57, 67, **136**
Balsam 141

Bandtrockner . . . 99
Barbarakraut . . . 310
Barbarea vulgaris . . . 310
Bärlauch . . . 310
Basilici Herba . . . 141
Basilicnkraut . . . 141
Basilikum . . . 28, 43, 48, 51, 57, 65, 67, 108, **141**
Bauernsenf . . . 210
Beifuß . . . 310
Belladonnae Folium . . . 299
Belladonnae Herba . . . 299
Benediktenkraut . . . 310
Beregnung von Blüten- und Körnerdrogen . . . 78
Beregnung von Krautdrogen . . . 78
Beregnung von Wurzeldrogen . . . 78
Bergbohnenkraut . . . 51
Bergdotterblume . . . 134
Bergkümmel, Echter . . . 217
Bergwohlverleih . . . 134
Bertram . . . 174
Bestandespflege . . . 69
Bestrahlung . . . 117
Betriebswirtschaft . . . 45
Bewässerung . . . 77
Bewässerungsempfehlungen . . . 79
Bewässerungstechnik . . . 79
Bibernelle . . . 28, 48, 52, 67, **144**
Bibernellwurzel . . . 144
Bienenkraut . . . 241
Bierhopfen . . . 186
Bilsenkraut . . . 310
Bisabolol . . . 28, 192, 193
Bisabololoxide . . . 192
Bitterfenchel . . . 177
Bitterstoff Cnicin . . . 30, 209
Bitterstoffe . . . 23, 29, 171, 186
Bitterwert . . . 23, 305
Bitterwurz . . . 171
Blasenfüße . . . 71
Blatternte . . . 83
Blattfleckenkrankheiten . . . 70
Blattkäfer . . . 73
Blattläuse . . . 71
Blattmajoran . . . 233
Blattwespen . . . 72
Blei . . . 112
Blütenernte . . . 80
Bockshornklee . . . 29, 48, 52, 67, 89, **146**
Bockshornsame . . . 108
Bockspetersilie . . . 144
Bohnenkraut . . . 28, 48, 52, 57, 65, 67, 108, **148**
Bohrfliegen . . . 72
Borago officinalis . . . 310
Bornylisovaleriant . . . 137
Borretsch . . . 27, 29, 48, 52, 65, 310
Brassica juncea . . . 285
Brassica nigra . . . 285
Braunsenf . . . 89
Breitwegerich . . . 290
Brennnessel . . . 29, 67, **150**
Brennnessel, Große . . . 52, 150, 151
Brennnessel, Kleine . . . 150, 151
Brotkäfer . . . 118
Brotklee . . . 273
Brunnenkresse . . . 310
Buchweizen . . . 29, 57, 67, **153**
Bulbus (Zwiebel) . . . 13
Bulbus Allii sativi . . . 199
Butterblume . . . 261
Butylphtalid . . . 229

Cadmium . . . 112
Calendula officinalis . . . 58, **261**
Campher . . . 28, 270
Capsacinoide . . . 30, 249
Capsaicin . . . 22, 249
Capsicum annuum . . . 249
Carduus marianus . . . 238
Carotinoide . . . 30, 250, 262, 293
Carthamin . . . 266
Carthamus tinctorius . . . 58, **266**
Carum carvi L. annuum . . . 214
Carum carvi . . . 58, **214**
Carvacrol . . . 28, 148, 150, 161, 232, 296
Carvon . . . 28, 156, 213, 261
Centaurea cyanus L. . . . 208
Chaerophyllum cerefolium . . . 196
Chamaemelum nobile . . . 196
Chamazulen . . . 28, 192, 305
Chamomilla recutita . . . 58, **191**

Chavibetol . . . 28, 197
Chillies . . . 43, 249
Chrysanthemum . . . 43
Cineol . . . 28
Citral . . . 28, 163, 241
Citronellal . . . 28, 241
Claytonia perfoliata syn. Montia perfoliata . . . 311
Cnicin . . . 209
Cnicus benedictus L. . . . 310
Cochlearia armoracia . . . 210
Cochlearia officinalis . . . 310
Codein . . . 29, 245
Coriandrum sativum . . . 58, **205**
Crocus sativus . . . 311
Cucurbita pepo var. Styriaca . . . 218
Cumarin . . . 25, 28, 42, 169, 229
Cuminaldehyd . . . 218
Cuminum cyminum . . . 218
Cyane, Blaue . . . 208
Cyani Flores . . . 208
Cymol . . . 28, 148

Dampfdestillation . . . 102
Datura sp. innoxia . . . 293
Datura sp. metel . . . 293
Datura stramonium . . . 290
d-Carvon . . . 156
Delphinium ajacis . . . 264
Delphinium consolida . . . 264
Depsid . . . 28
Destillation . . . 101
Deutscher Arzneimittel-Codex (DAC) . . . 16
Deutsches Arzneibuch (DAB) . . . 15
Digitalis lanata . . . 57, 181
Digitalis purpurea . . . 57, 183
Digitoxin . . . 184
Digoxin . . . 29, 181
Dill . . . 28, 43, 48, 52, 57, 65, 67, 89, **156**
Dill, Japanischer . . . 160
Dillsamen . . . 43
Doppelsame . . . 310
Dornapfel . . . 290
Dörrobstmotte . . . 119
Dost . . . 28, 48, 52, 67, 108, **160**
Drachenkopf . . . 28, 52, 57, 67, **163**
Dracocephalum moldavica . . . 57, **163**
Drahtwürmer . . . 73
Dreifaltigkeitskraut . . . 129
Droge . . . 11
Düngung . . . 49

Eberraute . . . 310
Echinacea angustifolia . . . 286
Echinacea pallida . . . 286
Echinacea purpurea . . . 286
Echinacosid . . . 28, 286
Edelminze . . . 256
Edelsalbei . . . 269
EG-Verordnungen . . . 74
Eibisch . . . 29, 48, 52, 57, 68, **165**
Eibischblatt . . . 108
Eibischwurzel . . . 108
Eintrocknungsverhältnis . . . 94
Einzelhandelsverpackung . . . 122
Eiserigkraut . . . 307
Eisewig . . . 307
Energiebedarf . . . 97
Engelwurz . . . 28, 48, 52, 57, 68, 89, **168**
Engerlinge . . . 73
Enzian, Gelber . . . 29, 48, 57, 68, **171**
Epilobium angustifolium . . . 302
Epilobium parviflorum . . . 302
Eppich . . . 253
Erdflöhe . . . 73
Ernte von Körnerdrogen . . . 87
Ernte, händische . . . 82
Erntetechnik . . . 80
Eruca vesicaria . . . 311
Erzengelwurzel . . . 168
Estragol . . . 141, 174, 197
Estragon . . . 28, 48, 52, 57, 65, 108, **174**
Estragon, Deutscher . . . 52
Estragon, Französischer . . . 174
Estragon, Russischer . . . 68, 174
Etagentrockner . . . 99
Etagenzwiebel . . . 310
Etikettierung . . . 123
Eulenraupen . . . 72
Extrakte . . . 38, 40
Extraktion . . . 104

Fagopyri Herba 153
Fagopyrismus 153
Fagopyrum esculentum 57, **153**
Färberdistel 266
Farbstoffe 266
Fechser 60
Feldgarbe 275
Feldkamille 191
Feldkapazität 78
Feldkümmel 213
Feldstiefmütterchen 129
Feldthymian 298
Fenchel, Gewürz- 28, 48, 52, 57, 65, 68, 89, 108, **177**
Fenchel, Römischer 177
Fenchel, Süßer 177
Fenchon 28, 177
Fette Öle 26, 29
Fingerhut, Roter 48, 57, **183**
Fingerhut, Wolliger 29, 48, 57, 68, **181**
Fingerhutblatt 108
Flachs 225
Flavonoide 25, 29, 302
Flavonolglycoside 29, 203
Flavonolglykosid Rutin 129, 153
Fliegen 72
Flohsame 290
Florentiner Flasche 101, 103
Flores Monardae didymae 184
Flos (Blüte) 13
Flos Arnicae 134
Flos Calcatrippae 264
Flos Calendulae 261
Flos Carthami 266
Flos Consolidae regalis 264
Flos Delphinii Consolidae 264
Flos et Folium Malvae 236
Flos Verbasci 203
Flüssigkonservierung 38
Foeniculi Fructus 177
Foeniculum vulgare 57, **177**
Folium (Blatt) 13
Folium Althaeae 165
Folium Digitalis lanatae 181
Folium Echinaceae 286
Folium Melissae 241
Folium Plantaginis 288
Folium Salviae 269
Folium Thymi 295
Frauendistel 238
Freistrahltrockner 100
Frische Ware 36
Fruchtfolge 48
Fructus (Frucht) 13
Fructus Anethi 156
Fructus Capsici 249
Fructus Carvi 213
Fructus Coriandri 205
Furanonderivat 29

Galium odoratum 311
Gallmücken 72
Gallwespen 72
Garbenkraut 275
Gartenkerbel 196
Gartenringelblume 261
Gartensalbei 269
Gartenthymian 295
Gefriegetrocknete Kräuter 37, 100
Gelbsenf 89, **282**
Gentiana lutea 57, **171**
Gentianae Radix 171
Gentiopikrin 29, 171
Genussmittel 43
Geranylacetat 28, 163
Gerbstoffe 24, 28, 270, 307
Gewebekultur 64
Gewürze 16
Gewürze, Getrocknete 37
Gewürzfenchel 177
Gewürzmischungen 40
Gewürzsenf 282
Gewürzzubereitungen 40
Glandula Lupuli 186
Glanzkäfer 73
Glucosinolate (Senföl) 22
Glycosiddrogen 115
Glycoside 29
Glykoside, Herzwirksame 18, 24, 29
Goldmelisse 30, 68, 184

Goldrute . . . 57
Graslauch . . . 278
Großverpackung . . . 121
Grünfuttertrocknungsanlagen . . . 97
Gurkenkraut . . . 310

Haarmücken . . . 72
Hackstriegel . . . 75
Haploidenmethode . . . 56
Harnapparat . . . 29
Hartheu . . . 188
Hautflügler . . . 72
Heiden . . . 153
Heidenkorn . . . 153
Helenalin . . . 28, 134
Helenin . . . 28, 131
Helenkraut . . . 131
Herba (Kraut) . . . 13
Herba Absinthii . . . 304
Herba Anethi . . . 156
Herba Cerefolii . . . 196
Herba Dracocephali . . . 163
Herba Dracunculi . . . 174
Herba Echinaceae . . . 286
Herba Epilobii . . . 302
Herba et Fructus Petroselini . . . 253
Herba Hyperici . . . 188
Herba Hyssopi . . . 307
Herba Majoranae . . . 232
Herba Melissae . . . 241
Herba Menthae . . . 256
Herba Millefolii . . . 275
Herba Monardae . . . 184
Herba Origanum vulgaris . . . 160
Herba Trigonellae coerulae . . . 273
Herba Violae tricoloris . . . 129
Heu, Griechisches . . . 146
Hexenkraut . . . 136
Hibiscus sabdariffa . . . 238
Homöopathisches Arzneibuch (HAB) . . . 16
Hopfen . . . 29, **186**
Hopfen, Spanischer . . . 162
Hopfen, Wilder . . . 186
Hordentrockner . . . 99
Humulon . . . 29, 186
Humulus lupulus . . . 186
Hybrid-Lavendel . . . 222
Hybridzüchtung . . . 55
Hyoscyamin . . . 29, 291, 299
Hyoscyamus niger L. . . . 310
Hypericin . . . 28, 189
Hypericum maculatum . . . 189
Hypericum perforatum . . . 57, **188**
Hypericum tetrapterum . . . 189
Hyssopus officinalis . . . 59, 307

Identität . . . 106
Igelkopf . . . 286
Immenblatt . . . 241
Indianernessel . . . 184
Insektizid . . . 43
Inula helenium . . . 131
Inulin . . . 28, 131
Invitro-Vermehrung . . . 56, 64
Isoeugenol . . . 28
Isoquercitrin . . . 29

Johanniskraut . . . 28, 52, 57, 68, **188**

Käfer . . . 73
Kälteempfindlichkeit . . . 48
Kamille, Echte . . . 28, 48, 52, 58, 68, **191**
Kamille, Römische . . . 43, 196
Kämpferol . . . 29, 262
Kapuzinerkresse . . . 310
Kartoffelvollernter . . . 85
Käsepappel . . . 336
Katzenkraut . . . 136
Katzenmelisse . . . 242
Kegelblume . . . 286
Keimfähigkeit . . . 67
Keimhemmer . . . 43
Kerbel . . . 28, 65, 68, **196**
Kerzenkraut . . . 203
Knoblauch . . . 30, 48, 52, **199**
Knofel . . . 199
Knospenmajoran . . . 233
Kohlweißlinge . . . 72
Königskerze . . . 29, 48, 58, 68, **203**
Königskerzenblüte . . . 108

Königskraut . . . 141
Kopfstecklinge . . . 60
Koriander . . . 28, 48, 52, 58, 68, 108, **205**
Kornblume . . . 30, 48, 52, 68, **208**
Kornflockenblume . . . 208
Kornnelke . . . 208
Körperpflegemittel . . . 41
Kosmetika . . . 18
Kosmetikverordnung . . . 18
Krankheiten . . . 70
Kräuter, Tiefgefrorene . . . 36
Kräuterdieb . . . 118
Krauternte . . . 83, 93
Kren (Meerrettich) . . . 30, 48, 52, **210**
Kresse . . . 310
Kreuzkümmel . . . 218, 280
Kreuzungszüchtung . . . 55
Krüllschnitt . . . 84
Kugelkäfer . . . 118
Kumin . . . 218
Kümmel . . 28, 43, 48, 52, 58, 68, 89, 108, 109, **213**
Kümmel, Römischer . . . 218
Kümmel, Schwarzer . . . 280
Kürbis, Öl- . . . 68, 218
Kürbis, Schalenloser . . . 218

Lagerhaltung . . . 115
Lagerräume . . . 116
Lanatosid . . . 29, 181
Landbau, biologischer . . . 51, 77
Landbau, ökologischer . . . 77
Laser trilobum . . . 217
Lauchöl . . . 278
Laurus nobilis . . . 310
Lavandin . . . 222
Lavandula angustifolia . . . 221
Lavandula hybrida . . . 222
Lavandulae Aetheroleum . . . 221
Lavandulae Flos . . . 221
Lavendel . . . 28, 48, 65, 68, **221**
Lebensmittelkennzeichnungsverordnung . . . 123
Lein . . . 29, 52, 58
Lein, Öl- . . . 68, 89, **225**
Lepidium sativum . . . 310
Levisticum officinale . . . 58, 229
Liebstöckel . . . 28, 48, 52, 58, 65, 68, 89, **229**
Liebstöckelwurzel . . . 109
Limonen . . . 156, 213
Linalool . . . 28, 141, 206, 221
Linalylacetat . . . 28, 221
Lini Semen . . . 225
Linolsäure . . . 29, 30, 197, 219
Linum usitatissimum . . . 58, **225**
Lippia graveolens . . . 161
Löffelkraut . . . 310
Lorbeerblatt . . . 43
Lorbeerstrauch . . . 310
Luftzwiebeln . . . 200
Lupuli stroboli . . . 186
Lupulon . . . 29, 186
Lusch . . . 229
Lutein . . . 293

Maggikraut . . . 229
Mähdreschereinstellungen . . . 89
Mählader . . . 83
Mairandost . . . 232
Majoran . . . 28, 43, 48, 52, 58, 65, 68, **232**
Majoran, Deutscher . . . 233
Majoran, Echter . . . 232
Majoran, ganz . . . 108
Majorana hortensis . . . 58, **232**
Majoran, Wilder . . . 160
Malva sylvestris . . . 236
Malve . . . 29, 48, 52, 68, **236**
Malve, Blaue . . . 52
Malve, Schwarze . . . 238
Malve, Weiße . . . 165
Malvenblatt . . . 109
Malvenblüte . . . 109
Mariendistel . . . 29, 48, 58, 68, 89, **238**
Marktverhältnisse . . . 31
Matricaria chamomilla . . . 191
Matricariae Flos . . . 191
Matrizin . . . 28, 192, 276
Meerrettich . . . 30, **210**
Mehlmotte . . . 119
Mehltaupilze, Echte . . . 70
Mehltaupilze, Falsche . . . 71
Melissa officinalis . . . 58, **241**

Melisse . . . 28, 48, 68
Melisse, Römische . . . 241
Melisse, Rote . . . 184
Melisse, Türkische . . . 163
Melisse, Zitronen- . . . 58, **241**
Melissenblatt . . . 109
Mentha aquatica . . . 257
Mentha arvenis L. var. glabrata . . . 261
Mentha arvenis L. var. piperascens . . . 261
Mentha crispa var. crispa . . . 261
Mentha gentilis . . . 261
Mentha pulegium . . . 261
Mentha spicata var. spicata . . . 261
Mentha spicata . . . 257
Mentha villosa . . . 261
Mentha x piperita . . . 58, **256**
Menthae Piperitae Folium . . . 256
Menthol . . . 28, 257
Menthon . . . 28, 257
Menthylacetat . . . 257
Methylchavicol . . . 28, 141, 174, 197
Mikrowellentrocknung . . . 100
Milben . . . 73
Millefolin . . . 28, 276
Minierfliegen . . . 72
Minze . . . 48
Minze, Braune . . . 261
Minze, Englische . . . 256
Minze, Grüne . . . 257, 261
Minze, Japanische . . . 261
Minze, Krause . . . 43, 261
Minze, Rundblättrige . . . 261
Mohn . . . 27, 29, 48, 53, 58, 68, **245**
Monarda didyma . . . 184
Monarda fistulosum . . . 310
Monardein . . . 184
Monardin . . . 30
Morphin . . . 29, 245
Motten . . . 73
Mücken . . . 72
Muskatellersalbei . . . 58, 273
Mutation . . . 55
Mutationszüchtung . . . 55
Myristicin . . . 28, 253
Myrrhis odorata . . . 310

Nachtkerze . . . 27, 58
Nährstoffentzug . . . 51
Nasskonservieren . . . 101
Nasturtium officinale . . . 310
Neem . . . 43
Nematoden . . . 73
Nepeta cataria . . . 242
Nessel . . . 150
Nigella arvensis . . . 281
Nigella damascena . . . 281
Nigella sativa . . . 280
Non-food-Bereich . . . 42
Normalsaatgut . . . 59

Ocimen . . . 28, 174
Ocimum basilicum . . . 57, 141
Ocimum canum . . . 142
Ocimum sanctum . . . 142
Oenothera biennis . . . 58
offizinelle (Drogen) . . . 11
Öldistel . . . 266
Oleoresine . . . 39
Oleum Carthami . . . 266
Oleum Cucurbitae . . . 218
Oleum lini . . . 225
Oleum Papaveris . . . 245
Ölkürbis, Steirischer . . . 27, 30, 48, 218
Öllein . . . 27, 48, **225**
Oregano . . . 43, 58, **160**
Oregano, Mexikanischer . . . 163
Origanum creticum . . . 161
Origanum heracleoticum . . . 161
Origanum majorana . . . 232
Origanum onites . . . 162
Origanum vulgare ssp. heracleoticum . . . 163
Origanum vulgare . . . 58, **160**
Österreichisches Arzneibuch (ÖAB) . . . 12
Oswegokraut . . . 184, 310

Panaschierung . . . 239
Papaver bracteatum . . . 247
Papaver somniferum . . . 58, **245**, 247
Paprika, Gewürz- . . . 30, 48, 68, **249**
p-Cymol . . . 148
pestizide Wirkung . . . 42

Pestizidrückstände 105, 111
Peterlein 253
Petersilie 28, 53, 58, 66, 68, **253**
Petroselinsäure 197, 206
Petroselinum crispum 58, **253**
Pfeffer, Roter 249
Pfeffer, Spanischer 249
Pfefferminze 28, 43, 48, 53, 58, 66, **256**
Pfefferwurzel 210
Pferdeminze 184
Pflanzenanzucht 61
Pflanzenschutz 69
Pflanzung 61, 63
Pflückmaschine 81
Phellandren 28, 156, 169
Phenole 42
Phtalide 28, 229
Phytopharmaka 12
Pikieren 62, 63
Pimpinella anisum 310
Pimpinella saxifraga 144
Pimpinellae Radix 144
Pimpinelle 65, 310
Pimpinellin 144
Pinen 28
Pinocamphon 28, 307
Plantago afra syn. 290
Plantago lanceolata 59, **288**
Plantago major 290
Plantago psyllium 290
Poleiminze 261
Polyglykonschleim 29, 165
Polyploidisierung 55
Portulaca oleracea 311
Portulak 311
Potential, antimikrobielles 42
Produktionstechnik 47
Produktionsweise, biologische 74
Produktionsweise, ökologische 74
Pulegon 257, 261

Qualitätskriterien 105
Qualitätsmerkmale, Äußere 105
Qualitätsmerkmale, Innere 105
Quecksilber 112
Quellzahl 24
Quendel 298
Quendel, Römischer 295
Quercetinglycoside 29, 262
Quersiebvorratsroder 85

Radhacken 75
Radionukleide, Natürliche und künstliche . 105, 112
Radix (Wurzel) 13
Radix Althaeae 165
Radix Angelicae 168
Radix Belladonnae 299
Radix Echinaceae 286
Radix Inulae 131
Radix Levistici 229
Rauke, Wilde 310
Rebelanlagen 93
Reihenhackbürsten 76
Reihenhackgeräte 76
Reinheit 106
Repellent 43
Rhizoma (Wurzelstock) 13
Ringelblume 29, 48, 53, 58, 68, **261**
Rittersporn 30, 48, 68, **264**
Rosmarin 43, 66, 108, 311
Rosmarinus officinalis 311
Rostpilze 71
Rübenvollernter 85
Rukola 311
Rumex acetosa 311
Rüsselkäfer 73
Ruta graveolens 311
Rutin 29, 203
Rüttelscharroder 85

Saatgut 59
Saatgut, Graduiertes 59
Saatgut, Inkrustiertes 59
Saatgut, Kalibriertes 59
Saatgut, Pilliertes 59
Saatgutbedarf 67
Sabinenhydrat 28, 232
Saflor 27, 30, 48, 53, 58, 68, **266**
Saflorgelb 266
Safran 311

Safran, Falscher . . . 266
Salatrauke . . . 311
Salbei . . . 28, 43, 48, 53, 58, 66, 68, 89, 108, **269**
Salbei, Griechischer . . . 270
Salbei, Spanischer . . . 270
Salbeiblatt . . . 109
Salvia officinalis . . . 58, **269**
Salvia sclarea . . . 58, 273
Salvia triloba . . . 270
Sammetpappel . . . 165
Samtblume . . . 293
Sandstiefmütterchen . . . 129
Sanguisorba minor . . . 311
Saponine . . . 25
Sarepta Senf . . . 285
Sätechnik . . . 66
Satureja hortensis . . . 57, 148
Satureja montana . . . 150
Saturejae Herba . . . 148
Satztrockner . . . 97
Sauerampfer . . . 311
Schabzigerklee . . . 53, 67, 68, **273**
Schädlinge . . . 71
Schädlingsbekämpfung, biologische . . . 73
Schafgarbe . . . 28, 48, 53, 59, 69, **275**
Schafgarbenkraut . . . 109
Scharfstoffe . . . 22, 30
Schildkäfer . . . 73
Schildläuse . . . 71
Schittknoblauch . . . 66, 311
Schlafmohn . . . 245
Schleim . . . 146, 165, 288
Schleimstoffe . . . 24, 29, 203, 225, 236
Schmetterlinge . . . 72
Schnaken . . . 72
Schnecken . . . 73
Schneidemaschinen . . . 92
Schneidlader . . . 81
Schnittknoblauch . . . 66, 311
Schnittlauch . . . 30, 48, 59, 66, 69, **278**
Schnittling . . . 278
Schnittpetersilie . . . 254
Schnittsellerie . . . 311
Schwaddrusch . . . 88
Schwalbenschwanz . . . 72
Schwarzkümmel, Echter . . . 27, 28, 69, **280**
Schwergutabscheider . . . 92
Schwingscharroder . . . 85
Schwingsiebroder . . . 85
Seasonings . . . 41
Sedum reflexum . . . 311
Semen (Samen) . . . 13
Semen Cucurbitae . . . 218
Semen Foenugraeci . . . 146
Semen Nigellae sativae . . . 280
Semen Papaveris . . . 245
Semen Sinapis . . . 282
Senf . . . 27, 30, 48, 53, 108, **282**
Senf, Brauner . . . 285
Senf, Gelber, Sarepta . . . 69
Senf, Schwarzer . . . 285
Senf, Weißer . . . 282
Senföl . . . 282
Senfölglykoside . . . 211
Senfsaat . . . 282
Senfsame . . . 109
Sichtung . . . 93
Siebkettenroder . . . 85
Silberdistel . . . 238
Silk . . . 253
Silybi mariae Fructus . . . 238
Silybin . . . 29
Silybum marianum . . . 58, 238
Silydianin . . . 29
Silymarin . . . 239
Silymarinkomplex . . . 29
Sinalbin . . . 22, 30, 282
Sinapis alba . . . 282
Sinigrin . . . 22, 30, 211, 285
Sirupe . . . 40
Solidago virgaurea . . . 57
Sommerbohnenkraut . . . 148
Sommerknoblauch . . . 200
Sonnenhut . . . 28, 48, **286**
Sonnenhut, Roter . . . 53, 69
Spearmint . . . 261
Speichermotte . . . 119
Speik . . . 48, 222
Spitzwegerich . . . 29, 48, 53, 59, 69, **288**
Spitzwegerichblatt . . . 109

Springschwänze 71
Spurenelemente, Toxische 105, 112
Standortansprüche 48
Standortwahl 47
Staudenmajoran 66, 160
Staudenmajoran, Falscher 162
Staudenmajoran, Französischer 233
Stechapfel 29, 48, 69, **290**
Steinklee, Blauer 273
Stiefmütterchen 48
Stiefmütterchenkraut 109, 129
Stockrose 238
Stolonen 60
Stramonii Folium 290
Stramonii Semen 290
Studentenblume 30, 48, 69, 293
Sudanmalve 238
Sulfidverbindungen 30
Suppenbasil 141

Tabakkäfer 118
Tagetes erecta 293
Tageti Flores 293
Teeminze 256
Terpinen 28
Teufelskirsche 299
Thebain 245
Thripse 71
Thujon 28, 270, 304, 305, 306
Thujylalkohol 28, 29
Thymi Herba 295
Thymian 28, 43, 48, 53, 59, 66, 69, 108, **295**
Thymian, Gemeiner 299
Thymian, Spanischer 298
Thymol 28, 161, 296
Thymus pulegioides 299
Thymus serpyllum 298
Thymus vulgaris 59, **295**
Thymus x citrodorus 299
Thymus zygis 298
Tieffrieren 100
Tinkturen 38, 40
Tiplotaxis tenuifolia 310
TKG (Tausendkorngewicht) 67
Tollkirsche 29, 48, **299**
Tollkirschenwurzel 109
Tollkraut 299
Topfkultur 65
Trauermücken 72
Trigonella coerulea 273
Trigonella foenum graecum 146
Trigonellin 273
Tripmadam 311
Trockenhorden 95
Trocknung, Künstliche 95
Trocknung, Natürliche 95
Trocknungsanlagen 97
Trocknungstemperatur 95
Trommeltrockner 100
Tropaeolum majus 310
Tuber (Knolle) 13

Umfallkrankheiten 70
Unkrautbekämpfung, chemische 77
Unkrautregulierung, Mechanische 75
Urtica dioica 150
Urtica Herba 150
Urtica Radix 150
Urtica Semen 150
Urtica urens 150

Valepotriaten 137
Valeranon 28, 137
Valerensäure 28, 137
Valeriana edulis 137
Valeriana officinalis 57, **136**
Valeriana wallichii 137
Valerianae Radix 136
Veilchen, Dreifaches 129
Verbascum densiflorum 58, **203**
Verbascum phlomoides 203
Vermarktung 35
Vermarktungsformen 36
Vermarktungswege 35
Vermehrung, Vegetative 60
Vermehrungskrankheiten 70
Verpackung 121
Verpackungsmaterial 121
Verunreinigungen, Mikrobielle 117
Verunreinigungen, Mikrobiologische 105, 109

Verunreinigungen, Tierische 105, 109
Verwendung, Pharmazeutische 39
Verwendungsmöglichkeiten 39
Viola tricolor 129
Vögel 73
Vorfrucht 49
Vorratsschädlinge, Tierische 118

Waldmeister 311
Waldnachtschatten 299
Waldrettich 210
Wanzen 71
Wanzenkraut 205
Waschanlagen 93
Wasserdestillation 101
Wegerich, Lanzettblättriger 288
Wegerich, Schmalblättriger 288
Weidenröschen 29, 48, 69, **302**
Weidenröschen, Kleinblütiges 302
Weidenröschen, Schmalblättriges 302
Weingartenknoblauch 199
Weinraute 311
Welschkorn, Schwarzes 153
Wermut 28, 29, 48, 69, **304**
Wermut, Römischer 306
Wermutkraut 109
Wickler 72
Wiesenknopf, Kleiner 310
Wiesenkümmel 213
Windsichtung 93
Winterheckenzwiebel 311
Winterknoblauch 48, 200
Winterkresse 310
Winter-Portulak 311
Wollblume 203
Wollkrautkäfer 119
Wurmkraut 304
Wurstgewürze 40
Wurzelausläufer 60
Wurzelernte 85, 93
Wurzelfliegen 72
Wurzelpetersilie 253, 254
Wurzelschnittling 60
Wurzelstockernte 85
Wutbeere 299

Ysop 28, 48, 59, 69, **307**

Zehrwespen 72
Zikaden 71
Zitronenmelisse 53, 66, **241**
Zitronenthymian 299
Züchtung 53
Züchtungsmethoden 54
Zuchtziele 57
Zünsler 72

γ-Linolensäure 26
γ-Strahlen 55, 117

Michael Dachler

Helmut Pelzmann

Die Autoren

Michael Dachler studierte Landwirtschaft an der Universität für Bodenkultur mit dem Spezialgebiet Pflanzenproduktion.

Neben seiner Tätigkeit mit Arznei- und Gewürzpflanzen beschäftigt er sich auch mit anderen Sonderkulturen bzw. mit Fragen der Pflanzenernährung und Düngung.

Derzeit ist er Leiter des Instituts für Agrarökologie am Bundesamt und Forschungszentrum für Landwirtschaft in Wien.

Helmut Pelzmann beschäftigt sich seit Jahren mit Arznei- und Gewürzpflanzen an der Versuchsstation für speziellen Pflanzenbau in Wies, Steiermark.

www.avbuch.at

avBUCH

Die bewährten Ratgeber für naturnahes Gärtnern

Andrea Thek
Heilkräuter
für naturnahe Gärten

80 Seiten, durchgehend farbige Abbildungen, broschiert
ISBN 978-3-7040-2278-3

Dieses Buch stellt kultivierte, aber auch wild wachsende Heilkräuter vor. Anregungen und Pflegetipps helfen bei der Pflanzung im Garten. Ausführliche Porträts beschreiben die einzelnen Arten und ihre Heilwirkung. Zahlreiche Rezepte für die kulinarische Zubereitung und heilende Anwendung machen den Band zu einem Begleiter für alle, die sich mit Heilkräutern und deren Wirkung auseinandersetzten möchten.

Preise zzgl. Versandspesen/Preisänderung vorbehalten. Erhältlich auch im Buchhandel.

Österreichischer Agrarverlag: Sturzgasse 1A, A-1141 Wien,
Tel.: 0043(0)1/982 33 44, Fax: 0043(0)1/982 33 44-459, E-Mail: buch@avbuch.at